微观经济学教程

李建琴　史晋川　编著

ZHEJIANG UNIVERSITY PRESS
浙江大学出版社

图书在版编目（CIP）数据

微观经济学教程 / 李建琴,史晋川编著. —杭州：浙江
大学出版社，2006.9(2024.12 重印)
ISBN 978-7-308-04860-6

Ⅰ.微…　Ⅱ.①李…②史…　Ⅲ.微观经济学—高等
学校—教材　Ⅳ.F016

中国版本图书馆 CIP 数据核字(2006)第 092321 号

微观经济学教程

李建琴　史晋川　编著

责任编辑	傅百荣	
出版发行	浙江大学出版社	
	（杭州市天目山路 148 号　邮政编码 310007）	
	（网址:http://www.zjupress.com）	
排　　版	杭州青翎图文设计有限公司	
印　　刷	杭州宏雅印刷有限公司	
开　　本	787mm×960mm　1/16	
印　　张	23.25	
字　　数	443 千	
版 印 次	2006 年 9 月第 1 版　2024 年 12 月第 14 次印刷	
书　　号	ISBN 978-7-308-04860-6	
定　　价	49.00 元	

内容简介

本书分为绪论、价格机制、消费者行为、生产者行为、完全竞争的产品市场、不完全竞争的产品市场、博弈论与决策行为、要素市场、一般均衡与福利经济学、市场失灵与政府干预十章,全面而系统地阐述了微观经济理论的主要内容。本书的最大特点是吸取了国内外教材的优点,既有清晰的逻辑和条理,又穿插了生动有趣的案例以增强初学者的理解和阅读的趣味性。全书深入浅出,既适合于高等院校经济管理各相关专业用做教材,也可作为普通读者了解微观经济学的读物。

内容简介

目　　录

第一章　绪　论 …………………………………………………………… 1

　第一节　经济学与资源配置问题 ………………………………………… 1

　　一、经济学的定义 ……………………………………………………… 1

　　二、资源配置问题 ……………………………………………………… 2

　　三、经济体制的功能 …………………………………………………… 4

　第二节　经济学基本理论的分类 ………………………………………… 5

　　一、微观经济学 ………………………………………………………… 5

　　二、宏观经济学 ………………………………………………………… 6

　　三、某些比较分析 ……………………………………………………… 7

　第三节　经济变量与经济模型 …………………………………………… 8

　　一、经济变量 …………………………………………………………… 8

　　二、经济模型 …………………………………………………………… 9

　第四节　经济分析方法 …………………………………………………… 11

　　一、均衡分析 …………………………………………………………… 11

　　二、静态分析、比较静态分析和动态分析 …………………………… 12

　　三、实证分析和规范分析 ……………………………………………… 13

第二章　价格机制 ………………………………………………………… 15

　第一节　需求分析 ………………………………………………………… 15

　　一、需求、需求量及其影响因素 ……………………………………… 15

　　二、需求函数、需求表与需求曲线 …………………………………… 20

　　三、需求量的变化与需求的变化 ……………………………………… 22

　　四、个别需求与市场需求 ……………………………………………… 24

　　五、需求弹性 …………………………………………………………… 25

　第二节　供给分析 ………………………………………………………… 34

　　一、供给、供给量及其影响因素 ……………………………………… 34

　　二、供给函数、供给表与供给曲线 …………………………………… 36

　　三、供给量的变化与供给的变化 ……………………………………… 38

　　四、个别供给与市场供给 ···39

　　五、供给弹性 ···40

　第三节　均衡价格的形成与变动 ·····································42

　　一、均衡价格及其形成 ···42

　　二、均衡价格的变动 ··44

　　三、动态效应:蛛网模型 ··49

　第四节　政府干预的效应 ···52

　　一、价格干预 ···52

　　二、生产配额 ···55

　　三、税收归宿 ···56

　　四、禁毒与犯罪 ··57

第三章　消费者行为 ···62

　第一节　边际效用分析 ··62

　　一、欲望与效用 ··62

　　二、总效用与边际效用 ···65

　　三、消费者均衡 ··68

　　四、需求曲线的推导 ···72

　　五、消费者剩余 ··74

　第二节　无差异曲线分析 ···75

　　一、消费者偏好 ··75

　　二、无差异曲线 ··76

　　三、消费预算线 ··80

　　四、消费者均衡 ··83

　　五、需求曲线的推导 ···84

　第三节　价格、收入变化的需求效应 ·······························85

　　一、替代效应、收入效应和价格效应 ······························85

　　二、低档商品的替代效应和收入效应 ······························88

　　三、收入消费曲线和恩格尔曲线 ····································93

第四章　生产者行为 ···99

　第一节　生产者 ···99

　　一、企业及其目标 ···99

　　二、企业的组织形式 ···100

　　三、企业的边界 …………………………………………… 102

　第二节　生产分析 …………………………………………… 104

　　一、生产与生产函数 ………………………………………… 104

　　二、短期生产分析 …………………………………………… 106

　　三、长期生产分析 …………………………………………… 114

　第三节　成本分析 …………………………………………… 126

　　一、成本分类 ………………………………………………… 126

　　二、短期成本分析 …………………………………………… 130

　　三、长期成本分析 …………………………………………… 136

　第四节　利润最大化的条件 ………………………………… 140

　　一、总收益、平均收益和边际收益 ………………………… 140

　　二、总收益曲线、平均收益曲线和边际收益曲线 ………… 141

　　三、利润最大化的条件 ……………………………………… 143

第五章　完全竞争的产品市场 ……………………………… 148

　第一节　完全竞争市场的基本特征 ………………………… 148

　　一、市场结构的分类 ………………………………………… 148

　　二、完全竞争的条件 ………………………………………… 150

　　三、厂商的收益曲线 ………………………………………… 152

　第二节　厂商的短期供给决定 ……………………………… 155

　　一、供给决定:总量分析法 ………………………………… 156

　　二、供给决定:边际分析法 ………………………………… 158

　　三、厂商的短期供给曲线 …………………………………… 161

　　四、短期生产者剩余 ………………………………………… 162

　第三节　完全竞争市场的短期均衡 ………………………… 163

　　一、行业的短期供给曲线 …………………………………… 163

　　二、市场的短期均衡 ………………………………………… 165

　第四节　完全竞争市场的长期均衡 ………………………… 165

　　一、厂商的长期均衡 ………………………………………… 166

　　二、行业的长期均衡 ………………………………………… 169

　　三、完全竞争市场的效率 …………………………………… 172

第六章　不完全竞争的产品市场 …………………………… 179

　第一节　完全垄断市场 ……………………………………… 179

一、完全垄断市场的特征与成因 ··· 179
二、完全垄断厂商的收益曲线 ··· 182
三、完全垄断厂商的均衡 ··· 184
四、价格歧视理论 ··· 187
五、两部收费 ··· 192
第二节 垄断竞争市场 ··· 194
一、垄断竞争市场的基本特征 ··· 194
二、垄断竞争厂商的需求曲线 ··· 195
三、垄断竞争厂商的均衡 ··· 197
四、垄断竞争的方式 ··· 200
第三节 寡头垄断市场 ··· 205
一、寡头垄断市场的特征与成因 ··· 206
二、寡头竞争模型 ··· 207
三、寡头垄断厂商的勾结与定价策略 ·· 214
第四节 不完全竞争市场的效率与比较 ··· 219
一、完全垄断市场的效率 ··· 219
二、垄断竞争市场的效率 ··· 220
三、寡头垄断市场的效率 ··· 222
四、不完全竞争市场与完全竞争市场的比较 ································· 222

第七章 博弈论与决策行为 ·· 227

第一节 博弈论概述 ··· 227
一、博弈论的产生 ··· 227
二、博弈的基本要素 ··· 230
三、博弈的分类方式 ··· 232
四、博弈的表达方式 ··· 234
第二节 博弈均衡 ··· 236
一、上策和上策均衡 ··· 236
二、纳什均衡 ··· 239
三、子博弈和子博弈精炼纳什均衡 ·· 241
第三节 经济中的博弈 ··· 245
一、厂商之间的博弈 ··· 245
二、买者与卖者之间的博弈 ··· 251

第八章　要素市场……………………………………………………… 255

　第一节　要素的需求…………………………………………………… 255

　　一、派生需求………………………………………………………… 255

　　二、厂商使用要素的原则…………………………………………… 257

　　三、厂商对要素的需求……………………………………………… 259

　　四、要素的市场需求曲线…………………………………………… 264

　第二节　要素的供给…………………………………………………… 265

　　一、要素的供给者及其供给要素的原则…………………………… 265

　　二、完全竞争条件下要素价格的决定……………………………… 271

　　三、不完全竞争条件下要素价格的决定…………………………… 271

　第三节　工资、利息、地租和利润的决定…………………………… 272

　　一、劳动市场:工资的决定………………………………………… 272

　　二、资本市场:利息率的决定……………………………………… 278

　　三、土地市场:地租的决定………………………………………… 281

　　四、企业家市场:正常利润的决定………………………………… 284

　第四节　洛伦茨曲线和基尼系数……………………………………… 286

　　一、欧拉定理………………………………………………………… 286

　　二、洛伦茨曲线和基尼系数………………………………………… 287

第九章　一般均衡与福利经济学……………………………………… 292

　第一节　一般均衡及其存在性………………………………………… 292

　　一、局部均衡与一般均衡…………………………………………… 292

　　二、一般均衡的存在性……………………………………………… 294

　第二节　简单的一般均衡模型………………………………………… 295

　　一、经济循环流程…………………………………………………… 295

　　二、瓦尔拉斯一般均衡模型………………………………………… 295

　　三、交换的一般均衡………………………………………………… 298

　　四、生产的一般均衡………………………………………………… 301

　　五、交换与生产的一般均衡………………………………………… 304

　第三节　福利经济学…………………………………………………… 306

　　一、庇古的福利经济学……………………………………………… 306

　　二、帕累托最优……………………………………………………… 307

　　三、社会福利函数…………………………………………………… 308

第十章　市场失灵与政府干预……………………………………………… 311

　第一节　垄断及其规制…………………………………………………… 311

　　一、垄断及其低效率…………………………………………………… 311

　　二、对垄断的经济规制………………………………………………… 313

　　三、反垄断立法………………………………………………………… 314

　第二节　信息不完全与信息不对称……………………………………… 318

　　一、信息不完全和信息不对称………………………………………… 318

　　二、逆向选择和信息沟通……………………………………………… 321

　　三、道德风险及其防范………………………………………………… 324

　　四、委托人—代理人问题……………………………………………… 327

　第三节　外部性及其矫正………………………………………………… 330

　　一、外部性及其影响…………………………………………………… 330

　　二、外部性的矫正:政府干预…………………………………………… 332

　　三、产权与科斯定理…………………………………………………… 336

　第四节　公共物品与公共选择…………………………………………… 339

　　一、公共物品的特征…………………………………………………… 339

　　二、公共物品与资源配置……………………………………………… 341

　　三、公共选择…………………………………………………………… 350

参考文献……………………………………………………………………… 361

后　记………………………………………………………………………… 362

第一章 绪 论

在开始微观经济学的学习之前,你可能会想:什么是经济学? 什么是微观经济学? 学习经济学有什么意义? 怎样才能学好经济学? 的确,经济学是一门自成体系的较为完美的学科,尤其是微观经济学部分,具有严密的逻辑性。同时,经济学自身所用的分析方法,又使一些人望而生畏,甚至在自习的过程中,感觉到经济学的枯燥乏味。本章将从经济学的定义出发,介绍经济学的基本概念、基本理论和基本方法,让你一开始就对经济学有一个基本的了解。至于学习经济学的意义,随着学习的深入,相信你自己会慢慢体会到的。

第一节 经济学与资源配置问题

一、经济学的定义

经济学被视为社会科学中相对较为成熟的一门学科,甚至被称为"社会科学的皇后",一个重要的原因可能是经济学所运用的研究方法较多地具有以自然科学的标准来作判断的"科学性"。但是,到目前为止,经济学还仍然缺乏一个统一的被人们公认的定义。

18 世纪的英国经济学家 A.斯密认为,经济学是一门研究社会财富问题的科学(《国民财富的性质和原因的研究》,1776 年)。19 世纪的英国经济学家 A.马歇尔认为,经济学是一门研究人类日常生活的科学(《经济学原理》,1890 年)。20 世纪初期的另一位英国经济学家 L.罗宾斯指出,经济学是一门研究关于目的与具有各种可供选择性用途的手段之间相互关系的人类行为的科学(《经济科学的性质与意义》,1932 年)。20 世纪中期后的一位美国经济学家 P.A.萨缪尔森则提出了一个曾经广为流传的定义:经济学研究人和社会如何作出最终抉择,在使用或不使用货币的情形下,利用各种具有不同用途的稀缺生产资源,在现在或将来生产各种物品,并把物品分配给社会的各个成员或集团以供消费。因而,经济学是一门研究改善资源配置形式所需的代价和可能得到的利益的科学(《经济学》第 11 版,1980

年)。

从近几十年来经济学学科发展看,尽管经济学家在给经济学下定义时众说纷纭,但绝大多数的经济学家越来越一致地趋向于把经济学看作是一门研究资源配置问题的科学。例如,L.G.雷诺兹认为:经济学所研究的是如何配置稀缺的生产资源以满足人们的需要;O.埃克斯坦则更直截了当地说:经济学从根本上来说,就是研究稀缺性资源配置问题的学问;萨缪尔森、诺德豪斯著《经济学》(第 16 版)也认为经济学研究的是社会如何利用稀缺的资源以生产有价值的商品,并将它们分配给不同的个人。由此可见,经济学所研究的核心问题就是资源的配置问题。

二、资源配置问题

资源配置问题的产生是由人类欲望及需要的特点与资源本身的特点所决定的。

一方面,人类的欲望及由此派生的需要具有无限性和多样性两个重要特点。人类欲望的无限性主要表现在:人类在社会活动及自身的生存发展过程中,不会因一时的欲望得到满足而停止追求,而是会不断地增加和扩张自身的欲望。旧的欲望满足后,新的欲望又会产生。因此,人类欲望的增长和变化是永无止境的。例如,你有了吃的、穿的、住的,你就会想要吃得更好、穿得更好、住得更好,还想要吃、穿、住以外的东西,比如手机、家电、小汽车等。人类欲望的多样性主要表现在:各个时期或阶段中,人类欲望都不是单一的,而是多种多样且愈来愈丰富多彩。例如,人类不仅要满足自身的吃、穿、住、行这些不同的基本需要,而且在满足这些基本需要的过程中,还会产生出如何用各种不同的和更好的方式来满足各种基本需要的欲望,更不用说还会产生与人类如何进一步从各方面来发展与自身有关的各种欲望。

另一方面,人类所拥有的资源其本身也具有两个重要的特点:稀缺性和用途的可选择性。从人类所拥有的资源的基本种类来看,资源包括了自然资源(如河流、耕地、矿山等)、人力资源(如科技人才、管理人才、技术工人等)和物资资源(如机器、设备等)。人类的各种欲望都必须靠利用各种资源生产出来的各种各样的产品和劳务才能得以满足。所谓资源的稀缺性(Scarcity)是指在各个时期中,与人类的欲望及其所派生的需求相比较,资源在数量上总是显得相对不足。或者说,人类所拥有的可以用来满足自身欲望的手段总赶不上人类所希望的那么多,欲望的增长往往超过了满足欲望的手段的增加。所谓资源的用途的可选择性(Alternative)则是指,不仅不同的资源在生产中具有不同的用途,而且相同的资源也同样可以在不同的生产中加以利用来生产不同的产品。

正是因为上述人类欲望的特点和人类所拥有的资源的特点,决定了资源配置问题不仅是社会经济活动所面临的基本问题,同时也成为经济学研究的核心问题,即人类应该如何合理地配置稀缺的资源来更好地满足自身的需求。一个简单的例子是:由人类的欲望所派生的基本需要包括了吃、穿、住、行,而且在现代社会中,人们不仅要穿棉织品,还要穿各种化纤织品;同时,土地又是一种最为典型的稀缺性资源,土地的用途又是极其广泛的。因此,人们在经济活动中就必须考虑,用多少土地作为耕地来种粮食、种棉花,以尽量满足人们吃饭和穿棉织品的需要;用多少土地来盖房子,以尽量满足人们住的需要;用多少土地来修筑道路,以满足人们行的需要;用多少土地来开发石油,既满足人们穿化纤织品的需要,又满足人们住和行的需要(如用石油做燃料取暖、生产汽油等产品)。这个极其简单的例子,所说的就是土地资源的配置问题。

　　经济学家们也常使用"生产可能性曲线"来说明资源配置问题。所谓生产可能性边界(Production-Possibility Frontier),是指在一定的技术水平条件下,充分有效地利用各种资源所能生产的各种物品按不同比例组合的最大可能产量。假定社会只需要生产食品(用 X 表示)和衣服(用 Y 表示),则社会的生产可能性边界可用图 1-1 中的生产可能性曲线 PPC (Production-Possibility Curve)来表示。

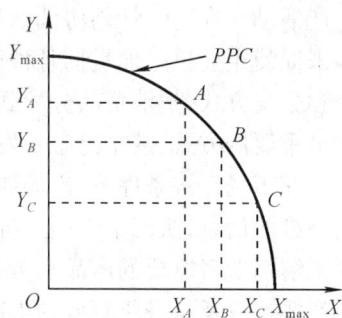

图 1-1　生产可能性边界

　　在 PPC 曲线上,除了 Y_{max} 和 X_{max} 两点外,任何一点都代表了两种产品的不同比例的最大产量组合。它表明在资源已经被充分利用的假定下,人们在利用稀缺性资源进行生产的过程中,若要增加一种产品的生产,势必同时就要减少另一种产品的生产。由于它反映了在所需生产的两种产品之间在生产上存在着一定的可以相互转换的关系,因此,PPC 曲线也称为"生产转换曲线"。在 PPC 曲线上,人们为多生产一个单位的某种产品就必须放弃生产的另一种产品的数量,就是这两种产品生产的边际转换率(Marginal Rate of Transfer,MRT),或者说,在资源既定的条件下,多生产一单位某种产品的机会成本就是所必须放弃的另一种产品的数量。一般而言,由于资源的数量有限和生产要素之间的非完全可替代性,边际转换率即机会成本具有递增的性质,即随着人们生产的某一种产品的数量不断增加,为增加该产品同样一个单位的产量所必须放弃的另一种产品的数量将越来越大。

　　在生产可能性边界的研究中,资源配置问题主要表现为:人们在生产可能性边界上应选择哪一点来进行生产,以使得所生产出来的产品的组合能较好地满足社会中人们的需要。此外,从社会经济发展的动态过程来看,每一个社会都应该通过科学技术的进步,来努力扩展其生产可能性边界,提高资源配置的效率。

三、经济体制的功能

在许多经济学家看来,经济体制就是用来就某一地区内的生产、投入和消费作出决定并实施和完成这些决定的一整套的机制和组织机构。在比较经济体制的理论分析中,一种基本的经济体制分类,是把经济体制分成为计划经济和市场经济。

在计划经济条件下,有关投资、生产、分配、消费的决策都是由中央计划机构在宏观水平上作出的。中央计划机构直接或间接地(通过其分支机构)把各种生产指令下达到成千上万个企业,这些指令对怎样使用劳动力、资金等各种生产要素和生产多少数量的各种产品,作出十分详尽的规定,所有企业都必须遵循这些指令进行生产活动。在这一计划协调的过程中,中央计划机构也设计出一些适当的刺激措施来促使企业更好地贯彻各种计划指令。同时,中央计划机构也通过各种计划指令和分配方式,把消费品分配到各家各户。总之,在计划经济中,计划是资源配置的最重要的方式,甚至是唯一发挥作用的方式。

在市场经济条件下,市场提供了促使各种经济主体(企业和居民)作出资源利用决策的信息,协调了不同经济主体之间的活动。在市场经济中,一方面,企业必须了解消费者需要的产品和劳务,也必须知道生产这些产品所需要的技术和各种生产要素以及自身所具备的生产能力。另一方面,居民也必须了解他们在提供各种生产要素时所能获得的收入,知道各种产品的市场价格和能够获得各种产品的地方。因此,在市场经济中,企业和居民都必须依靠从市场上得到的各种信息作出生产和消费决策,市场是资源配置的最重要的方式。当然,市场经济的一个非常重要的前提是财产权利的界定,而国家在保护合法的财产权利方面起着无可替代的作用。

历史的进程已经证明,市场经济在解决资源配置问题上是一种比计划经济更有效率的经济体制。但是,在任何一种现代的市场经济中,都离不开政府的调节,政府在调控宏观经济运行、保护公平竞争、促进收入的公平分配、提供公共产品等许多经济活动领域,都发挥着十分重要的作用。或者说,在现代市场经济中,经济运行的一般特征是:市场调节经济活动,政府校正市场偏差。

第二节 经济学基本理论的分类

一、微观经济学

微观经济学(Microeconomics)或微观经济理论研究的是市场经济中单个经济主体——企业或居民的经济行为,以及与单个经济主体的经济活动相对应的各种经济变量的决定。

在微观经济学中,企业往往被称为"厂商",它是指利用各种资源来组织生产、提供产品和劳务的经济单位。因此,在研究厂商行为方面,微观经济学主要是研究厂商如何把可加利用的资源用在各种不同产品的生产上以获取最大的利润。相应的经济变量则涉及到生产成本、供给数量、供给价格、收益和利润等。同样,在微观经济学中,居民又往往被称为"家庭"或"居民户",他们是各种生产要素的供应者和各种商品、劳务的消费者。在家庭的行为研究方面,微观经济学主要是研究家庭如何把所获得的一定数量的收入合理地花费在各种商品和劳务的购买与消费上,以得到最大程度的满足。相应地,经济变量则涉及到个人收入、产品和劳务的价格、需求数量、居民的效用等。因而,可以简要概括地说,微观经济学研究的是厂商的利润最大化和家庭的满足程度或效用最大化。

从资源配置的方面来看,微观经济学所研究的基本问题是:

1. 生产什么? 生产什么的问题主要是指社会经济中应该生产何种产品,以及各种产品应该生产多少数量。

2. 如何生产? 如何生产的问题主要是指应该采取何种技术来有效地生产出各种产品,它涉及到对生产工艺和生产要素组合的选择。

3. 为谁生产? 为谁生产的问题是指怎样在社会经济生活中分配各种已生产出来的产品,或者说,是指全部产品如何在居民之间进行分配。

微观经济理论的研究表明,在市场经济中,上述三个基本的经济问题主要是由市场来解决的。具体地说,一方面,厂商和居民在市场上的供求活动产生了市场价格;另一方面,市场价格又发挥着调节市场供求活动的作用。在这一过程中,将会产生资源有效配置的结果。这种通过市场供求关系和市场价格机制解决资源配置问题的方式,可以用图 1-2 来表示。

由于在市场解决资源配置问题的过程中,市场价格机制起着极为重要的作用,所以,微观经济学也往往被称为"价格理论"。也就是说,关于市场价格的确定,以及市场价格对生产、消费和分配的作用,是微观经济学研究的基本内容。

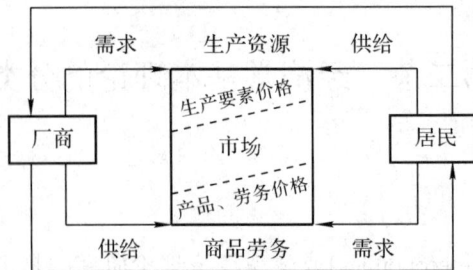

图 1-2　　市场与资源配置问题

二、宏观经济学

宏观经济学(Macroeconomics)或宏观经济理论研究的是一国社会经济活动的总体图景以及对各种相应的经济变量的全社会加总数、平均数和比率数的决定。

宏观经济学所研究的问题,包括经济增长、经济周期、通货膨胀、财政收支、国际收支、失业等与一国经济总体活动有关的问题,所涉及到的主要经济变量也是一些与此相应的经济总量,如国民收入、国民生产总值、投资、储蓄、消费、货币供应量和货币需求量、财政赤字、进出口额、通货膨胀率、失业率、利息率等。

尽管宏观经济学所研究的问题涉及到一个很广的范围,但宏观经济学所研究的基本问题仍然可以概括为:

1. 生产资源的充分利用问题,即如何解决由于有效需求不足等原因引起的资源闲置问题,以提高资源在总体上被利用的程度。

2. 经济稳定问题,即研究一国经济发生总体上波动的原因,找出对付经济周期性波动和稳定经济总体运行的政策措施。

3. 经济增长问题,即探索促进一国经济的生产能力和产品、劳务供应量持续增长的方法。

宏观经济理论的研究表明,上述宏观经济的基本问题的解决,在很大程度上是由一个国家的政府来承担的。政府之所以必须在宏观经济的调控方面承担起非常重要的职责的主要原因,在于市场在协调社会经济活动时存在着一些所谓"市场失灵"的领域,其中一个重要的方面就是宏观经济活动领域。在市场经济中,经常会发生较大的周期性经济波动,在经济波动过程中往往伴随着大量的失业或(和)通货膨胀,而市场机制在解决经济波动问题和促使经济自行恢复稳定方面的作用是十分有限的。在这方面,一个典型的例子就是发生在 20 世纪 20 年代末期和 30 年代初期的世界性经济大危机。正是在这场大危机后,出现了现代的宏观经济学——凯恩斯经济理论。这一理论表明,在市场经济缺乏自动恢复均衡的机制时,政府对宏观经济的干预是完全必要的。

三、某些比较分析

为了更好地理解经济学基本理论的两个重要组成部分——微观经济学和宏观经济学的相互联系与区别,进行一些简单概括的比较分析是十分有用的。在理论研究方面,微观经济学和宏观经济学的主要差异表现在以下三个方面:

1.从研究的主体来看,微观经济学研究的是经济的个体,也即社会经济中的"原子",而宏观经济学研究的则是一国经济总体。也可以说,前者研究的是厂商、居民这些个别主体的经济行为,后者研究的是国民经济的总体活动。在这里,值得注意的一点是,某些微观经济理论在研究中可能涉及到了所有的个别主体,即全部的厂商和居民(如一般均衡理论),但是,只要这种研究没有涉及到将所有个别主体的经济活动加总的问题,那么,它就仍然是微观经济分析,而不是宏观经济分析。

2.从研究的经济变量来看,微观经济学研究的是经济活动中的个量,如某种产品的供给、需求和市场价格,而宏观经济学研究的则是经济活动的总量,如总供给、总需求和总体价格水平(一般物价水平)。

3.从经济运行和经济调节方面来看,微观经济学所强调的是市场及其价格机制对经济活动的协调作用,重点研究市场的功能,而宏观经济学所强调的是政府对经济活动的调节和控制,重点研究政府的作用。

尽管存在上述差异,微观经济学和宏观经济学也不是两个截然不同或互不相关的部分。作为经济学基本理论的两个重要组成部分,微观经济学和宏观经济学事实上也存在着十分密切的理论联系。由于微观经济学和宏观经济学都是以市场经济的运行作为其研究对象的,所以,一方面,宏观经济学的研究不能完全脱离微观经济学的研究,或者说,宏观经济学的研究必须以一定的微观经济理论作为它的分析基础,这也就是通常经济学家所说的宏观经济理论的微观基础问题;另一方面,微观经济学的研究是以资源的充分利用为前提的,而宏观经济学所研究的主要内容正是资源的充分利用问题,因为不解决资源总量的利用程度问题,实际上也就无法真正分析资源配置的优化问题。此外,在微观经济和宏观经济的理论研究中,都有一个重要的前提,那就是假定市场经济制度是既定的。换言之,在微观和宏观经济的理论研究中,都不考虑关于制度的差异和变化问题。

第三节　经济变量与经济模型

一、经济变量

在任何一个社会的经济活动过程中,人们都可以观察到许多由一定的数值反映出来的经济现象。这些反映着一定经济现象的数值,在不同的观察时期会显示出不同的结果。经济学家把这些数值称为经济变量。简而言之,经济变量(Economic Variables)是指在社会经济活动中其数值可以变化的事物。正因为经济变量的数值在不同的时期是会变化的,所以人们往往用文字或数量符号而不是具体的数字来表示经济变量。

经济生活是十分纷繁复杂的,相应的经济变量也是种类繁多的。下面所介绍的只是一些非常基本的或常用的经济变量概念。

1.存量和流量。存量(Stock)是指人们在某一个时点上所观察到的或所测定的经济变量。例如,资本数量、货币数量、人口数量等都是社会经济中的存量。存量的大小是没有时间维度的,同一属于存量的经济变量的大小,只是在不同的时点上反映出来。以一国的人口数量为例,一国在 t 年的人口数量一般是指该国在 t 年中某一时点(如 7 月 1 日)所测定的人口数量。如果我们说该国 $t+1$(第二年)的人口数量增加了,这即意味着在第二年的某一时点(也是 7 月 1 日)所测定的人口数量大于上一年的人口数量。

流量(Flow)是指人们在某一个时期内所观察到的或所测定的经济变量。例如,国民生产总值、投资、货币供应量、人口出生数量等都是社会经济中的流量。流量的大小是具有时间维度的,因为它是在一定的观察时期中的两个不同的时点之间所测度的量。以一国的国民生产总值为例,一国在 t 年的国民生产总值是指该国从 t 年的 1 月 1 日零点起到同年的 12 月 31 日 24 点止这一个时期中本国居民所生产的全部最终产品和劳务的市场价值总和。

存量和流量之间的相互关系主要表现在,一定时点上的存量制约或影响着以后一个时期的流量的变化,而某一时期中流量的变化又会引起以后某一时点上的存量的变化。一个简单的例子是:某一年份中一国人口数量的多少将会直接影响到该国的人口出生数和人口死亡数。在其他条件不变时,人口基数愈大,人口出生数和人口死亡数也就愈大。反过来看,人口出生数和人口死亡数又会影响人口数量的变化。当人口出生数大于同期的人口死亡数时,整个社会的人口数量自然就增加了。此外,在存量的内部结构和流量的内部结构之间也存在着相同的内在联系。例如，人们在社会经济活动中，可以通过改变投资的结构来逐步改变资本的总量结构。

2. 内生变量和外生变量。内生变量和外生变量是一种与经济模型的建立和分析有关的经济变量的类型划分。在一个由数个经济变量构成的经济模型中，一些变量是在模型内部由模型内的其他经济变量决定的，这些变量称为内生变量（Endogenous Variables）；还有一些变量则是由经济模型以外的因素决定的，这些变量称为外生变量（Exogenous Variables）。一般说来，在数学形式的经济模型中，自变量往往就是外生变量，因变量则往往就是内生变量。必须注意的是，内生变量和外生变量的划分不是机械的或一成不变的，由于所建立的经济模型存在差异，某一个模型中的内生变量，也可能是另一个模型中的外生变量；反之亦然。

3. 常数和参数。常数（Constant）与变量相反，是不变的量。常数在经济模型中可以单独存在，也可以与变量相连。与变量相连的常数也称作为该变量的系数。参数（Parameter）是指在经济模型中可能变化的常数。当参数在经济模型中是一个不变的数值时，也可称为常数。此外，由于参数一般是已知的或可知的，与外生变量相似，所以，在经济模型中，有时也把参数与外生变量统称为参数。

二、经济模型

经济模型（Economic Models）是指用来描述与所研究的经济现象有关的经济变量之间的相互依存关系的理论结构。作为一种经济理论结构，经济模型的建立可以使用文字，也可以使用数学方程和几何图形。在现代经济分析中，越来越多的经济学家倾向于使用数学方程和几何图形的方法来建立经济模型。所以，狭义的经济模型往往就是指用数学方法建立起来的经济模型。

1. 数理模型和计量模型。用数学方法建立起来的经济模型，又可以分成为两种类型：一是数理模型，二是计量模型。数理模型是在数理经济学的分析中建立的经济模型，它往往使用数学定理来确立其分析的假定前提，利用数学方程来表述一组经济变量之间的相互关系，通过数学公式的推导来得到分析的结论。在经济分析中利用数理模型，可以使概念的表述更为简练和精确，推理的逻辑更加严密，结论更具科学性。一般认为，数理经济学的鼻祖是法国经济学家 A. 古尔诺。到了19 世纪 70 年代以后，随着"边际革命"的发生和新古典经济学的产生，数理经济学才作为一个相对独立的经济学分支出现，经济学者也开始愈来愈多地在经济分析中使用数理经济的分析方法和建立数理经济模型。

计量模型是在经济计量学的分析中所使用的经济模型。它的特点是把经济理论、数学和统计学结合在一起，来研究社会经济活动的变化。经济计量学最早是由挪威经济学家 R. 弗瑞希在 1926 年提出来的，其主要内容包括建立模型、估算参数、验证理论以及预测未来和规划政策等四个组成部分。建立模型就是根据所研究的问题,在一定的经济理论的指导下,把经济现象中的有关经济变量用一组在数学上彼此独立、互不矛盾、完整有解,在统计估算时考虑到随机因素,并能互相识别的联立方程表示出来。估算参数就是运用数理统计方法,根据实际统计资料来估算模型中包含的各种参数值。验证理论就是运用检验统计假定的原理,验证已经估算出参数值的模型所包括的变量、变量的结合方式和结合程度,是否能较好地反映客观实际,以便确定是否要对所依据的经济理论及相应的经济模型进行一定程度的修订。预测未来和规划政策,则要求解出已经估算出参数值的模型的内生变量,或把前期的有关经济变量代入模型的方程式中,得出下一期的预测值,以作为政策规划的依据。

图 1-3 反映了经济学、数学和统计学三者之间的相互关系。通过这些关系可以看出数理经济学和计量经济学以及数理模型和计量模型的联系与区别。在图 1-3 中,E 代表经济学,M 代表数学,S 代表统计学。经济学和数学的结合($E + M$)形成数理经济学,经济学和统计学的结合($E + S$)形成经济统计学,数学和统计学的结合($M + S$)形成数理统计学,而经济学、数学和统计学三者的结合($E + M + S$)则形成了经济计量学。

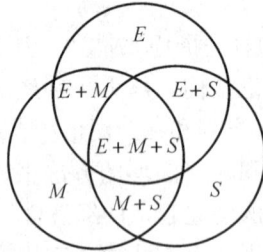

图 1-3　经济学、数学和统计学的关系

2.方程式。在利用数学方法建立经济模型时,往往是通过方程式把一组经济变量联系在一起,用来表示一定的经济关系的。一般来说,经济模型中的方程式可以分为以下两类:

(1)定义方程式。它也称恒等式,是指两个含义(或数量)完全相同而形式不同的变量或式子之间的恒等关系。例如,一国经济在一定时期中的货币数量(M)乘以相应货币数量的平均流通速度(V)一定等于该国经济同一时期中的总产出量(Y)乘以一般物价水平(P),用公式表示即 $MV = YP$。此外,当利用经济模型来分析经济的均衡状态时,模型中的定义方程式也可以称为均衡方程式。例如,某一产品市场均衡的条件是该产品在一定市场价格水平下的供给量(Q_s)等于需求量(Q_d),用定义方程式表示即 $Q_s = Q_d$。

(2)行为方程式。它也称函数式,是指反映一个经济变量如何会由于另一个或另几个经济变量的变化而有规则地变动的公式,主要用来描绘人们在作出选择时的经济行为。例如,反映消费者对某种产品的需求量(Q_d)是与该产品的市场价格(P)呈反方向变动的关系,即可以用函数式 $Q_d = a - bP$(a,b 都为常数,并且 $b >$ 0)来表示。这一函数式表明,市场价格(P)越高,消费者对产品的需求量(Q_d)越少。因而它是一个反映消费者需求行为的方程式。此外,函数式中包括的经济变量的依存关系也可以是由技术和工艺条件(如生产函数)决定的,同样也可以是由政策、法令等制度因素(如税收函数)决定的。

最后,需要指出的一点是,由于经济现象是十分复杂和变化多端的,所以,任何经济模型的建立,都必须运用科学的抽象法,舍弃一些影响较小的或次要的因素和变量,而在模型中保留一些重要的或主要的经济变量。由于人们观察经济现象的角度不一样,对同一经济现象往往会有不同的看法,因此,即使在研究同一经济现象的过程中,也完全可能会建立起许多不同的经济模型。这些不同的经济模型之间的主要区别,不外乎在于包括的变量不同、包括的变量的数值不同,以及对变量的特点所作出的假定不同。

第四节 经济分析方法

一、均衡分析

均衡分析是微观经济学和宏观经济学中都经常运用的经济分析方法。

均衡原是物理学中的一个概念,其本意是指某一物体当同时受到两个大小相等、方向相反的外力作用时,该物体处于静止不动的状态。马歇尔把均衡概念用于经济分析后,经济均衡是指经济决策者(如厂商或居民)在权衡或抉择其使用资源的方式时,认为重新调整其资源配置的方法已不能获得更多的好处,从而不再改变其经济行为的状态;或者是指相互抗衡的经济力量处于势均力敌的状态。法国经济学家 A. 古尔诺认为,经济均衡是一种自动寻求、自动保持或力求自动巩固的经济状况。

均衡分析有以下两种基本的分析方法:

1. 局部均衡分析(Partial Equilibrium)。假定某种商品(或生产要素)的价格只取决于它本身的供求状况,而不受其他商品(或生产要素)的供求状况的影响,则对该商品(或生产要素)的价格如何在供给和需求两种相反的力量作用下达到均衡的分析,称为局部均衡分析。简言之,局部均衡分析是一种在其他条件不变的假定前提下分析单个商品(或生产要素)的供求和价格如何达到均衡的方法。局部均衡分析最早由英国经济学家、新古典学派的创始人 A. 马歇尔在《经济学原理》(1890年)一书中加以使用。

2. 一般均衡分析(General Equilibrium)。一般均衡分析的特点,在于从市场上所有商品和生产要素的供给、需求和价格是相互影响、相互依存的前提出发,考察所有商品和生产要素的供给和需求同时达到均衡时的价格决定问题。一般均衡分析最早由法国经济学家、洛桑学派的创始人 L. 瓦尔拉斯在《纯粹经济学要义》(1874 年)一书中提出。

二、静态分析、比较静态分析和动态分析

静态分析、比较静态分析和动态分析都是微观经济学和宏观经济学中经常使用的分析方法,由此建立的理论也可以相应地分别称为静态经济学、比较静态经济学和动态经济学。

静态和动态的划分,最早是由美国经济学家 J.B. 克拉克在《财富的分配》一书中明确提出来的。按照克拉克的说法,静态经济学所研究的是在人口、资本数量、生产组织、生产技术和需求状况等被假定为是固定不变的社会里起作用的经济规律。动态经济学所研究的则是在现实的社会中起作用的各种经济力量怎样引起经济的变动。

静态分析(Static Analysis)就是分析在某一时期中经济现象的均衡状态以及有关的经济变量达到均衡状态所需具备的条件,但不涉及经济达到均衡状态的过程。由此可见,在静态分析中,经济状况是毫无变化的,只是一期一期地简单地重复着同一运行状况,或者说,从一个时期到下一个时期的均衡状态是保持不变的。因此,在静态分析的经济模型中,无需给经济变量确定时期。

比较静态分析(Comparative Static Analysis)是指原有的各种条件发生了变化后,分析和比较经济现象如何在新的条件下达到新的均衡状态,也就是说,对从一个时期的均衡状态到另一个时期的均衡状态的变化作比较分析。由此可见,比较静态分析所要涉及的不是各个时期中保持不变的相同的均衡状态,而是不同时期中不同的均衡状态。因此,只有当社会经济的变化都是由一个新的均衡状态接替前一个均衡状态时,比较静态分析才能适用。如果社会经济从一个均衡状态进入了持续一个时期以上的失衡状态,比较静态分析就无能为力了。此外,即使社会经济活动是一个新的均衡接着一个旧的均衡,比较静态分析也不能解释社会经济在各个时期由旧的均衡状态达到新的均衡状态的实际变化途径。简单地说,比较静态分析只涉及两个或两个以上时期的不同均衡状态的比较分析,并不涉及一种均衡状态到另一种均衡状态的变化过程。

动态分析(Dynamic Analysis)认为,在分析社会经济现象的变化时,与所研究的经济现象有关的经济变量的时间必须明显地表示出来,并且某些经济变量在某一时期中的数值,要受到以前时期的有关经济变量数值的制约。因此,动态分析经济模型,要求把经济运行过程划分为连续的分析"期间"(或时期),从而考察有关经济变量在后续的各个期间的变化情况。可以说,动态分析最重要的特点是结合时间因素来考察社会经济运行中经济状态变化的过程。由于动态分析所研究的是与经济现象有关的各种经济变量的数值在各个时期的变化过程,同时,众所周知,一个处于失衡状态的经济体系就是一个各种经济变量不断变动的体系,因此,对于处于失衡状态的经济状况的分析,必须使用动态分析方法。

倘若从上述分析方法所涉及的时间因素来概括一下它们的特点,可以简单地说,静态分析本质上只涉及一个时期的均衡状态;比较静态分析本质上只涉及两个(或两个以上)时期的新旧均衡状态,但不涉及均衡的变化过程和从均衡到失衡的过程;动态分析则涉及到经济变量从一个时期到另一时期的变化过程,这种变化可以是从均衡到均衡,也可以是从均衡到失衡,再到均衡。

三、实证分析和规范分析

实证分析(Positive Analysis)属于实证经济学研究,它作出与经济行为有关的假定,然后分析和预测经济行为所产生的后果,实证分析所力求说明的问题是"是什么",或者说,它所研究的问题是,如果经济主体作出某种选择,将会产生何种后果。

规范分析(Normative Analysis)则属于规范经济学研究,它以一定的价值判断作为出发点,提出经济行为的标准,并研究如何才能使经济行为及相应的后果符合根据一定的价值判断得出的标准。因而规范分析所力求回答的问题是"应该是什么",即应该作出这种选择,还是作出另一种选择。

经济学的主要研究目的之一,是在一定的假定前提下,分析与经济现象或与现有的经济变量之间的内在关系,由此得出相应的理论或提出相应的假说。科学的理论和假说,不仅要能够反映或解释已经观察到的事实,还要能够对有关经济现象将来可能会出现的情况作出正确的预测。这里所涉及的即是实证分析的问题。但是,经济学研究的目的并不局限于描述、解释已经观察到的现象,并据以预测将来可能发生的情况。经济学研究的最终目的,还在于在实证分析的基础上,为企业、居民和政府旨在实现某种目标提供行之有效的行动方针和政策处方。这时所涉及的则是规范分析的问题。

在微观经济学理论中,大量的问题是与实证分析有关的问题,也有一些问题的研究是与规范分析相联系的。例如,收入、价格对需求的影响,生产技术、成本对供给的影响,供给和需求的变化对均衡价格的影响,对这些问题的研究都与实证分析有关。而对收入分配的公平与否,是否应该对某种外部经济(如污染)加以控制,如何提供和应提供多少数量的某种公共产品等问题的研究,都与规范分析有关。

练习与思考

一、名词解释

经济学　资源的稀缺性　生产可能性边界　边际转换率　微观经济学　宏观经济学　存量与流量　内生变量与外生变量　经济模型　局部均衡　一般均衡　实证分析　规范分析　静态分析　比较静态分析　动态分析

二、分析题

1. 指出下列事件涉及微观经济学还是宏观经济学或者两者均涉及?

　(a)本月失业增多

　(b)一家医药公司发明了一种新药并且开始销售

　(c)一家银行贷款给一家大公司,但是回绝了一家小公司的贷款

　(d)利息率对于所有借贷者都下降

　(e)工会要求增加工资并改善健康保险

　(f)石油价格上升

2. 下述两种陈述哪个是实证分析,哪个是规范分析? 有何不同?

　(a)汽油配给制(分配给个人每年可购买汽油的最大限额)是一个糟糕的社会政策,因为它阻碍了竞争市场体制的运转。

　(b)汽油配给制是一项使更多人失大于得的政策。

3. 举例说明一个社会生产资源的配置可以采用哪些不同方式方法?

4. 为什么说微观经济分析离不开边际分析方法?

5. 经济学中均衡的含义是什么?

6. 什么是经济模型? 经济学家为什么要使用模型?

三、讨论题

1. 都说"经济学是社会科学的皇后",你认为呢?

2. 你为什么要学经济学?

3. 人是自利的还是利他的?

4. 社会为什么有分工和交易?

第二章　价格机制

微观经济学所研究的资源配置问题主要通过价格机制来实现的,因此均衡价格理论是微观经济学的核心内容。均衡价格理论是以 A. 马歇尔建立的体系为依据的。该理论认为,在市场经济中,需求和供给是相互作用的两种最基本的力量,这两种力量的相互作用决定了市场的均衡价格及其变动。因此,对于需求和供给在经济学中的重要作用,19 世纪的历史学家和作家卡莱尔曾做过一个形象的说明:"只要教鹦鹉学会说供给和需求,就能把它培养成一个经济学家。"此话尽管有夸张之处,但基本上体现了需求和供给在经济学中的重要性。本章从需求、供给的分析入手,讨论均衡价格的形成和变动,并运用均衡价格模型对某些现实问题做出简要的经济解释。

第一节　需求分析

一、需求、需求量及其影响因素

需求(Demand)是指消费者在某一特定时间内的每一价格水平上对某种商品或劳务愿意并且能够购买的数量。需求量(Quantity Demanded)是指消费者在某一特定时间内的某一价格水平上对某种商品或劳务愿意而且能够购买的数量。

需求与欲望(Wants)是两个不同的概念。欲望或购买欲望是指人们对某种物品感到缺乏,希望得到的一种心理现象,而需求则是具有购买能力的有效需求。因此,微观经济学在讨论需求概念时强调从三个方面加以认识。首先,作为需求,必须有购买的欲望。其次,作为需求,必须有购买的能力,即货币支付能力。如果消费者对一种商品虽然有购买欲望,但是没有货币支付能力,就不能算作需求;相反,如果有货币支付能力,但没有购买欲望,也不能算作需求。如漂亮的别墅、名贵的汽车、华美的服饰都是人们所向往的,如果你有足够的货币支付能力,就构成对这些商品的需求,否则,就只是一种欲望,还不能算作需求;相反,对于有足够货币支付能力但不抽烟不喝酒的人来说,因没有购买欲望也不会有对烟酒的需求。最后,在讨论需求量时必须强调其是一个流量概念,即它是特定时间内的变化量,必须具有特定的时间单位,如果没有时间单位,需求量就会变成一个毫无意义的数字。例如,某一城市对小轿车的需求量为1000辆,这个数字就是毫无意义的;但是说该城市每个月对小轿车的需求量为1000辆,就很容易明白这句话的含义。

例2.1　睡帽和汽车

鸦片战争以后,英国商人为打开中国这个广阔的市场而欣喜若狂。当时英国棉纺织业中心曼彻斯特的商人估计,中国有4亿人,假如有1亿人晚上戴睡帽,每人每年仅用两顶,整个曼彻斯特的棉纺厂日夜加班也不够,何况还要做衣服呢!于是他们把大量洋布运到中国。结果与他们的梦想相反,中国人没有戴睡帽的习惯,衣服也用自产的丝绸或土布,洋布根本卖不出去。

1999年6月的上海车展是在上海少有的漫长雨季中进行的,参观者人头攒动,但看的多,买的少。在私人汽车最大的市场北京,作为晴雨表的北方汽车交易市场,该年上半年的销售量只相当于上一年同期的1/3。尽管当年全国轿车产量可达75万辆,但一季度销售量不过11.7万辆。面对这种局面,汽车厂家一片哀鸣。

睡帽的故事说明有支付能力但没有购买欲望不能算是需求,汽车的故事说明有购买欲望但没有支付能力也不能称为需求。

商品的需求是由诸多因素决定的。在经济运行中,除了随机因素外,对一种商品的需求经常起作用的变量有:该商品的价格、相关商品的价格、消费者的货币收入、消费者的偏好、消费者对未来的预期、消费季节、消费习惯、社会收入分配的平均程度以及社会制度等等。这类因素构成了市场环境,属于客观因素。同时,广告宣传、产品展销、咨询服务等推销手段也可以影响人们对商品的需求,这类因素则属于主观因素。在上述影响需求的众多因素中,其中最为重要的因素有以下几种:

1. 商品自身的价格

一种商品的价格是决定该商品需求量的一个最重要和最直接的因素。在一般情况下,消费者对某种商品的需求量与该商品的价格成反方向变化,即价格下降时,需求量增加;价格上升时,需求量减少,这被称为需求定理。例如,在炎烈的夏天,冰淇淋的价格下降,人们就会增加对冰淇淋的购买量;相反,冰淇淋价格上升,人们会减少对冰淇淋的购买量。

是否所有消费者对所有商品或劳务的需求都满足需求定理呢?有人认为,消费者对某些商品或劳务的需求量并不与其价格成反方向变化,而是恰好相反,这被称为需求定理的例外。如人们对一些价格昂贵才足以显示身份和地位的炫耀性商品,就可能具有价格高购买价格低反而不买的行为。当然,至于炫耀性商品到底是什么,它是因人而异的,也是因同一人在不同时期而异的,它可能是名贵的首饰,也可能是正宗的名牌服装、鞋子、手表、箱包等等。

例2.2　违背需求定理的丝绸产品

丝绸是中国古老文明的象征,丝绸产品也是中国传统的大宗出口产品,出口到130多个国家和地区。在20世纪80年代末以前,中国的丝绸产品在意大利乃至整个欧洲都非常热销,意大利的上层社会把其作为富有和身份的象征;但是80年代末以后,随着中国乡镇丝绸企业的崛起,大量廉价的丝绸产品充斥意大利市场,上层社会就失去了对中国丝绸产品的兴趣;由于丝绸的清洗保养相对较难,一般消费者也不喜欢纯丝绸产品,于是商人们发现,丝绸产品的价格低廉了,需求量反而下降了。因此,一般认为,当时的中国丝绸产品在意大利市场上具有向右上方倾斜的需求曲线。

事实上,对于到底有没有一条向右上方倾斜的需求曲线,经济学界争论已久。2001年汪丁丁教授曾经在《经济学消息报》上发表几篇文章,引发了一场关于"有没有向右上方倾斜的需求曲线?"的争论,以后这样的争论有过多次。汪教授始终认为,在某些情况下,向右上方倾斜的需求曲线是存在的。但张五常教授则坚持"向上倾斜的需求曲线是可能的,但在现实世界里没有"。

2. 相关商品的价格

在其他条件不变的情况下,如果某种商品的价格变化不会引起另一种商品的需求变化,那么这两种商品就是无关商品,或者称为独立商品;相反,如果某种商品的价格变化会引起另一种商品的需求变化,那么这两种商品就是相关商品。所以,某种商品的相关商品的价格变化也会引起对该商品需求的变化,并且根据这种变化的方向的不同,可以把相关商品划分为替代商品和互补商品,它们之间分别存在着替代关系和互补关系。

替代商品(Substitutes)是指交替使用可以满足人们同一种欲望或需要的两种或多种商品。例如,咖啡和茶、牛肉和猪肉、可乐与雪碧、红色的毛衣与蓝色的毛衣、不同品牌的同种产品等,都是替代商品,人们只要消费其中的一种就能获得相同或相似的满足。

如果两种商品是替代商品,一种商品的价格变化就会引起消费者对另一种商品的需求发生同方向变化,即一种商品的价格下降,会引起消费者对另一种商品的需求减少;一种商品的价格上升,会引起消费者对另一种商品的需求增加。例如,可乐和雪碧都属碳酸饮料类,它们满足相类似的欲望,对于一般的消费者来说,当可乐价格下降时就会增加对可乐的需求量,从而减少对雪碧的需求。

互补商品(Complements)是指搭配着使用才能共同满足人们某一种欲望或需要的两种或多种商品。例如,汽车和汽油、收录机和磁带、网球和网球拍、电脑的硬件与软件、电与所有的家电产品等,都是十分典型的互补商品。它们两者之中缺其一就不能满足人们的某一需要。

如果两种商品是互补商品,一种商品的价格变化就会引起对另一种商品的需求发生反方向变化,即一种商品的价格下降,会引起对另一种商品的需求增加;一种商品的价格上升,会引起对另一种商品的需求减少。例如,当汽油价格上涨时,人们就会减少对汽车的需求。

特别地,有些商品可能是完全替代商品或完全互补商品。例如,对于一个喝西瓜汁和黄瓜汁没有任何差异的人来说,一杯西瓜汁和一杯黄瓜汁就是完全替代的,其替代比例为1:1;而对于配一副近视眼镜的人来说,会选一个镜架和两个镜片,镜架与镜片总是1:2的固定搭配。因此,所谓的完全替代商品,不仅指交替使用可以满足人们同一种欲望或需要的两种商品,而且这两种商品的替代比例是固定的;所谓的完全互补商品,不仅指搭配使用才能共同满足人们某一种欲望或需要的两种商品,而且这两种商品的搭配使用比例也是固定的。现实中,当人们认定两种商品是完全互补时,就会按照固定的搭配比例予以出售和购买,如左鞋和右鞋一起出售和购买,我们称之为一双鞋;一个镜架和两个镜片一起出售和购买,我们称之为一副眼镜。

例2.3 互补的数码相机与数码冲印

数码冲印是将数码相机的文档转换成传统照片的冲印技术,随着数码相机的畅销和普遍使用,数码冲印发展迅猛。2002年初杭州市只有三家公司提供数码业务,到2003初已变成了20家,数码冲印设备的价格从180万元跌到100万元,一张5英寸照片的冲印费用也从2元跌到了0.7元。与此同时,由于数码相机价格一路下跌,数码冲印业务量暴涨。

3.消费者的收入水平

消费者收入水平的变化会引起其对某种商品的需求发生同方向或反方向变化。如果消费者收入水平的变化引起对某种商品的需求发生同方向变化,则该商品是正常商品(Normal Goods);如果消费者收入水平的变化引起对某种商品的需求发生反方向变化,则该商品是低档商品(Inferior Goods)。

实际中,所谓正常商品和低档商品是因不同消费者而异的,也是因同一消费者在不同时期而异的。例如,随着收入水平的上升,有些人会购买自行车,而另一些原先骑自行车的人现在买了小汽车。那么,对于前者而言,自行车是正常商品,对于后者来说,自行车原先是正常商品,但现在是低档商品。

例2.4 "三大件"50年三大变

随着经济社会的发展和收入水平的不断提高,人们生活用品的档次不断提高,品种日益繁多。"自行车、手表、缝纫机、尼龙蚊帐、绣花被"曾经是20世纪五六十年代中国新嫁娘最为眼热的时尚。那时,"永久"、"凤凰"、"飞鸽"自行车,"无敌"缝纫机都是紧俏物资,要票证才能买到。然而,到80年代末,几乎人手一表,自行车已很普遍,摩托车也开始进入寻常百姓家,缝纫机则在短缺了20余年后,从市场上迅速饱和之后就被淘汰了,购买成衣、时装成为服装消费的主流。彩电、冰箱、洗衣机是80年代的新三件,彩电难买也曾贯穿整个80年代。但是,进入90年代,先是完成了彩色电视机代替黑白电视机的过程,接着录像机代替了录音机,影碟机又代替了录像机,随之空调、热水器、微波炉、家用电脑以及长期以来最能代表身份地位的电话也开始进入普通人家。"三大件"用语用得越来越少,每个家庭的电器数量早已突破"三大件"。至今,一户中拥有两三台电视机的不在少数,一户中拥有电话、手机的也不在少数。可以说,大屏幕彩电、空调、电脑已成为当今流行的新"三大件",当然,不少家庭已拥有了更现代的"三大件",即一套自己的住房、上网电脑和家庭轿车。

人们生活水平的提高总是不断地通过其消费的商品和劳务来体现。随着收入水平的上升,一些原先消费的正常商品逐渐变成了低档商品,而一些原先根本不可能消费的商品和劳务变成了正常商品。人们收入水平及生活水平的提高就是在不断地把某些商品变成低档商品,而把另一些商品变成正常商品的更迭过程中实现的。事实上,在人们的吃、穿、住、用、行等方面无不体现着这一变化。

4.消费者的偏好

消费者对某种商品感兴趣和偏爱,被称为消费者的偏好(Tastes or Preference)。如果消费者偏好某种商品,自然对该商品的需求较大;相反,如果消费者不偏好某种商品,自然对该商品的需求较小甚至没有需求。

消费者的偏好可以是由一个国家或民族的历史形成的,如中国人偏好吃猪肉,外国人偏好吃牛肉;也可以是一时兴起的社会风尚,如国内一度兴起的"健身热"使健身器材成了热门货;当然,也可能是由于个人的地域位置、家庭背景、知识水平、工作环境甚至个人观念等所决定的,如偏好什么样的饮食,偏好什么样的发型,偏好什么样的服饰等。

现实中,广告宣传能够改变人们原先的偏好,并形成新的偏好。如,对于一个早餐喜欢吃稀饭油条的中国人来说,当通过广告宣传获悉早上喝牛奶吃面包更有利于身体健康时,很可能改掉长期形成的早餐习惯,改为喝牛奶和吃面包了。

5.消费者的预期

消费者的预期(Expectations),一是价格预期,二是收入预期。当消费者预期某种商品的价格不久将会上涨时,现在对这种商品的需求就会增加;相反,当消费者预期某种商品价格不久将会下降时,现在对这种商品的需求就会减少。例如,某一消费者预期未来一个月内电脑价格将大幅下降,他可能会耐心等待电脑价格下降以后再购买;反之,如果消费者预期未来住房的价格还要不断上涨,他就会想办法尽早购买。如果某种商品对某消费者来说是正常商品,那么当消费者预期自身的未来收入将减少时,对该商品的需求就会减少;相反,当消费者预期自身的未来收入将增加时,对该商品的需求就会增加。相反,如果某种商品对某消费者来说是低档商品,那么当消费者预期其未来收入减少时,对该商品的需求就会增加;相反,当消费者预期其未来收入增加时,对该商品的需求就会减少。

例2.5 预期对消费需求的影响

1988年夏天,我国将进行"价格闯关"的种种传闻出现后,人们预测各种商品会全面涨价,由此触发了全国性的抢购风潮。一时间,像皮夹克、鸭绒被、毛毯等冬令商品也伴着赤日炎炎的盛夏的汗水涌出了商店,流进了千家万户。甚至不制冷的电冰箱,不摇头的电风扇和漏水的洗衣机也被抢购一空,还出现一家抢购几百公斤食盐的奇闻。但是经过1988年的抢购风潮,人们吸取了经验和教训,认识到我国物价改革在稳步而合理地进行,因此,在以后的物价改革中,尽管1994年物价水平上涨率达21.3%,但人们对价格的预期心理是稳定的,没有出现大的抢购风潮。

1997年以来,我国的总体物价上涨率为负,但我国居民消费需求一直不旺。引起我国居民消费需求不旺的原因是多方面的,其中收支预期就是影响居民消费需求的一个重要原因。一方面,经济结构转型升级、企业体制改革和农村富余劳动力向非农产业转移所带来的就业压力,使城乡居民就业稳定性减弱,再就业困难加大,与就业直接相关的收入不乐观。同时,在社会各阶层的收入结构中,工资等持久性收入比重减少,其他临时性收入比重增加,从而居民对未来不能形成可靠的收入预期。另一方面,居民对自己承担的改革成本和社会保障制度的保障程度预期不明确,同时住房商品化、教育体制改革、医疗体制改革等使得人们预期未来的支出增加。因此,体制性变革、新旧体制的磨擦导致居民产生紧缩消费、增加储蓄的预防心理。只要居民对未来收入和支出的预期没有实质性改变,我国居民的消费需求就难以启动。

二、需求函数、需求表与需求曲线

需求定理(The Law of Demand)表明:在一般情况下,消费者对某种商品的需求量与其价格成反方向变化。即当某种商品的价格下降时,消费者对该商品的需求量增加;当某种商品的价格上升时,消费者对该商品的需求量减少。经济学的表述是丰富多彩的,需求定理的内涵也可以用需求函数、需求表或需求曲线来加以表述。

1. 需求函数

需求函数(Demand Function)反映一定时期某商品的各种可能的需求量和影响需求量的各种因素之间的关系。如果考虑某种商品的需求量 Q_d 由该商品本身的价格 P、相关商品价格 P_r、消费者收入 M、消费者偏好 T 和消费者预期 E 等五种因素决定,那么,该商品的需求函数可表示为:

$$Q_d = f(P, P_r, M, T, E) \tag{2-1}$$

这是一个较为复杂的需求函数。微观经济学认为,影响一种商品需求量的最重要的因素是该商品本身的价格,因而简单地假设其他因素(即相关商品价格、消费者收入水平、消费者偏好、消费者的价格预期等)不变,而集中研究该商品的价格与其需求量之间的关系。在这样的假设前提下,一种商品需求量的变化唯一地取决于这种商品的价格,需求函数就表示商品自身价格与其需求量之间的关系,这个简单的需求函数可以写作:

$$Q_d = f(P) \tag{2-2}$$

如果更进一步,某种商品价格与需求量之间的这种关系是线性关系,需求函数可进一步写为:

$$Q_d = a - bP(a, b \text{ 为常数}, b > 0) \tag{2-3}$$

2. 需求表

需求表(Demand Schedule)反映消费者在某一特定时间对某一商品的需求量同这种商品的价格之间存在的一一对应关系。不同的价格对应不同的需求量。例如,当可乐的价格为 1 元/杯时,某个三口之家每个月对可乐的需求量为 100 杯;当价格为 2 元/杯时,需求量下降到 90 杯;随着可乐价格的不断上升,该家庭每月购买的可乐数量越来越少;当可乐价格上升到 6 元/杯时,该家庭对可乐的需求量已经减少了一半,只剩下 50 杯。该家庭对可乐的各种价格—数量组合可用需求表2-1来表示。

表 2-1　可乐的需求表

价格—数量组合	价　格(元/杯)	需求量(杯/月)
a	1	100
b	2	90
c	3	80
d	4	70
e	5	60
f	6	50

表 2-1 是某一家庭每个月对可乐的需求表,它用数字表示了可乐的价格和该家庭对可乐的需求量之间的函数关系,说明了在各种价格下该家庭对可乐的需求量。显然,根据可乐的价格与需求量的数据分析,可以知道,该家庭对可乐的需求量与其价格成反方向变化。

3. 需求曲线

如果把需求表 2-1 中的各个组合描述在横轴为需求量(Q),纵轴为价格(P)的直角坐标系中,并将各个组合连接起来,就可以得到一条向右下方倾斜的需求曲线 D,如图 2-1 所示。

需求曲线(Demand Curve)反映在其他条件不变的情况下商品的需求量与商品

价格之间的一一对应关系。它可以表述为在不同价格水平下消费者愿意并能够购买的商品数量，也可以表述为消费者愿意为各种数量的商品支付的价格，即需求价格（Demand Price）。需求曲线上的每一个点，如图 2-1 中，需求曲线 D 上的 a，b，c，d，e，f 等各个点，都表示一个特定的价格与其对应的需求量的组合。

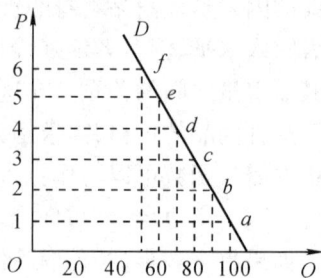

图 2-1　可乐的需求曲线

　　需求曲线向右下方倾斜，即斜率为负，反映了需求定理的内涵，即价格和需求量呈反方向变动。实际中，价格和需求量之间的关系可以是线性的，也可以是非线性的。当两者之间存在线性关系时，需求曲线是一条向右下方倾斜的直线，直线上各点的斜率相等，如图 2-1 所示；当两者之间存在非线性关系时，需求曲线则是一条向右下方倾斜的曲线，曲线上各点的斜率不同，如图 2-2 所示。为了便于说明，经济学中通常用线性关系来解释价格与需求量之间的变动情况。

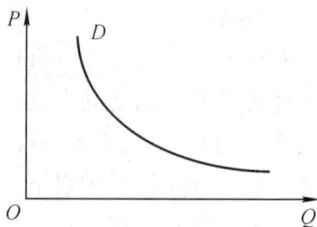

图 2-2　需求曲线

三、需求量的变化与需求的变化

　　由于需求量与需求是两个不同的概念，因此需求量的变化和需求的变化也是不同的。

　　1. 需求量的变化

　　需求量的变化（Change in the Quantity Demanded）是指在影响需求的其他因素（相关商品价格、消费者收入、消费者偏好、消费者预期等）不变的情况下，只是由于商品本身价格的变化而引起的消费者愿意而且能够购买的商品数量的变化。即当某种商品本身的价格上升时，对该商品的需求量减少；而当某种商品本身的价格下降时，对该商品的需求量增加。如，当可乐的价格上升时，消费者对可乐的需求量减少；而当可乐的价格下降时，消费者对可乐的需求量增加。

　　在需求表中，需求量的变化表现为同一需求表中价格—数量组合的移动。如表 2-1 中，当可乐的价格从 1 元/杯上升为 2 元/杯时，该家庭每月对可乐的需求量从 100 杯减少为 90 杯，从而可乐的价格—数量组合从 a 移动到 b。

　　从需求曲线来看，需求量的变化又可以表现为同一需求曲线上的点的移动。如图 2-1 中，当可乐的价格从 1 元/杯上升为 2 元/杯时，该家庭每月对可乐的需求量从 100 杯减少为 90 杯，从而同一需求曲线 D 上的点 a 移动到点 b。

2. 需求的变化

需求的变化(Change in Demand)是指在商品本身价格不变的情况下,由于其他因素(相关商品价格、消费者收入、消费者偏好、消费者预期等)的变化而引起的消费者愿意而且能够购买的商品数量的变化。例如,替代品价格的上升和互补品价格的下降都会使消费者对某种商品的需求增加,而替代品价格的下降和互补品价格的上升都会使消费者对某种商品的需求减少;消费者收入水平的上升会使消费者对正常商品的需求增加,而对低档商品的需求减少。

假定科学家通过研究发现,可乐中含有的某种成分将导致身体的肥胖,那么这一消息将会通过改变消费者的偏好而减少消费者对可乐的需求;如果雪碧的价格下降而可乐的价格保持不变,那么消费者会减少对可乐的需求量而增加对雪碧的需求;如果汉堡包的价格下降,那么消费者因增加汉堡包的需求量从而增加与之搭配消费的可乐的需求;如果某消费者的收入水平上升,而可乐对该消费者来说是一种正常商品,那么该消费者就会增加对可乐的需求。

在需求表中,需求的变化将是整个表的变化。在表 2-1 中,假如该家庭的月收入增加,从而每个月对可乐的需求增加 10 杯,这意味着在可乐的每一个价格水平上,该家庭每个月对该可乐的需求量都增加了 10 杯。

从需求曲线来看,需求的变化是整条需求曲线的移动。当某些因素的变化引起需求增加时,需求曲线向右上方移动;相反,当某些因素的变化引起需求减少时,需求曲线向左下方移动。具体如图 2-3 所示,当影响一个家庭对可乐的需求的某一因素发生变化后,如果该家庭对可乐的需求增加,该家庭对可乐的需求曲线就由 D_0 向右移动至 D_1;如果该家庭对可乐的需求减少,该家庭对可乐的需求曲线由 D_0 向左移动至 D_2。显然,需求的变化意味着同一价格水平上需求量的增加或减少,如保持价格 P_0 不变,需求量由原来的 Q_0 增加至 Q_1 或减少至 Q_2。

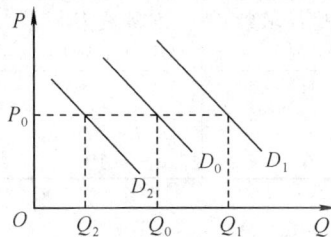

图 2-3　需求的变化

综上所述,需求量的变化表现为同一需求曲线上点的移动,故价格变化是需求量变化的原因。而需求的变化表现为整条需求曲线的移动,故价格变化是需求变化的结果。

假如以某家庭对可乐的需求为例,就可以考察各种因素的变化所引起的该家庭对可乐的需求量的变动或需求的变动,见表2-2。

表2-2　可乐的需求量或需求的变动

影响因素	需求量的变动或需求的变动	在图上的表现
可乐的价格	需求量的变动	需求曲线上点的移动
家庭的收入	需求的变动	整条需求曲线的移动
家庭对可乐的偏好	需求的变动	整条需求曲线的移动
雪碧或汉堡包的价格	需求的变动	整条需求曲线的移动
可乐的预期价格	需求的变动	整条需求曲线的移动
家庭的数量	需求的变动	整条需求曲线的移动

四、个别需求与市场需求

1. 个别需求

在一定的市场价格水平条件下,各个消费者由于收入水平、偏好、预期等不同,对某种商品的需求量亦不相同。个别需求(Individual Demand)是指单个消费者在一定时间内在每一个价格水平上对某种商品的需求量。假设,柑橘市场仅由 A,B,C 三个家庭构成,其个别需求函数分别为:

$$Q_{d_1} = a_1 - b_1 P = 9 - 5P \tag{2-4}$$

$$Q_{d_2} = a_2 - b_2 P = 13 - 5P \tag{2-5}$$

$$Q_{d_3} = a_3 - b_3 P = 39 - 15P \tag{2-6}$$

根据式(2-4)、(2-5)、(2-6)的个别需求函数,列出需求表与个别需求曲线,如表2-3和图2-4所示。

表2-3　柑橘市场的个别需求表

价格(元)	A 家庭需求量（千克）	B 家庭需求量（千克）	C 家庭需求量（千克）
1.8	0	4	12
1.2	3	7	21
0.6	6	10	30

2. 市场需求

在一个特定的市场中,所有消费者在一定时间内对某种商品的需求的总和,称之为市场需求(Market Demand)。因此,市场需求函数是全部个别需求函数的加总。在上例中,由三个家庭构成的柑橘市场的市场需求函数为:

$$Q_d = Q_{d_1} + Q_{d_2} + Q_{d_3}$$

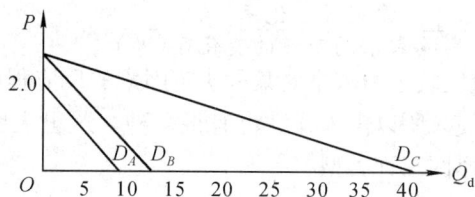

图 2-4 柑橘市场的个别需求曲线

$$= (a_1 + a_2 + a_3) - (b_1 + b_2 + b_3)P$$

$$= \begin{cases} 61 - 25P & (P \leqslant 1.8) \\ 52 - 20P & (1.8 < P \leqslant 2.6) \end{cases} \tag{2-7}$$

根据上述市场需求函数,可以得到市场需求表 2-4 及市场需求曲线(见图 2-5)。

表 2-4 柑橘市场需求表

价　　格(元)	市场需求量(千克)
1.8	16
1.2	31
0.6	46

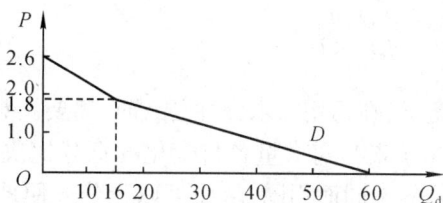

图 2-5 柑橘的市场需求曲线

五、需求弹性

某商品价格的变化会带来消费者对其需求量的变化,消费者收入水平、替代品或互补品价格或其他因素的变动也会使该商品的需求发生变动。如果可乐的价格提高了 0.50 元,那么一个家庭每月对可乐的需求量会发生多大的变化呢? 为了精确地测定需求量对价格变动或收入等其他因素变动的敏感性或反应程度,经济学借用了"弹性"这个物理学上的概念作为衡量尺度。所谓弹性(Elasticity)是指因变量对自变量相对变化的反应程度。当弹性概念被用于经济学时,它以一个经济变量变动的百分比相应于另一个经济变量变动的百分比之比来反应经济变量之间的变动的敏感程度。需求弹性就是指某种商品的需求量对影响需求量的各因素变化所作出的反应程度。公式如下:

$$需求弹性 = \frac{需求量变化率(\%)}{影响需求的变量的变化率(\%)}$$

需求弹性定量地反映了需求量对某种决定因素的反应程度。由于商品需求量变化可由多种因素引起，所以需求弹性也有很多种。这里主要介绍需求的价格弹性、收入弹性和交叉弹性三种类型。

1.需求的价格弹性

(1)需求价格弹性及其分类

需求的价格弹性(Price Elasticity of Demand)，又简称为需求弹性，是用来表示某种商品的需求量对其价格变化所作出的反应程度的一个概念。需求的价格弹性可以用某种商品需求量变化的百分比与该商品价格变化的百分比之比来表示，其值称为需求价格弹性系数。用公式可表示为：

$$需求的价格弹性 = \frac{某商品需求量变化的百分比}{该商品价格变化的百分比}$$

如果用 E_d 表示需求的价格弹性系数，用 P 表示价格，ΔP 表示价格的变化量，Q 和 ΔQ 分别代表需求量和需求量的变化量，那么，需求的价格弹性公式的一般形式为：

$$E_d = \frac{\dfrac{\Delta Q}{Q}}{\dfrac{\Delta P}{P}} = \frac{\Delta Q}{\Delta P} \cdot \frac{P}{Q} \tag{2-8}$$

根据需求弹性的定义，在运用需求弹性公式时，需要注意以下四点：

第一，由于 E_d 是由价格与需求量各自变化的百分比决定的，因而 E_d 的数值不会因选用的计量单位的不同而不同，从而可以十分方便地比较具有不同计量单位的商品的需求价格弹性的大小，例如报纸和葡萄酒。但是，同一变量的计量单位在公式中必须是相同的。

第二，E_d 的数值一般是负数，因为根据需求定理，某种商品的需求量与其价格成反方向。但在衡量需求弹性大小时，为了方便，一般都取其绝对值 $|E_d|$。即重要的是数值，而不是符号。

第三，E_d 的绝对值不仅随商品种类的不同而不同，而且在同一商品的一条既定的直线型需求曲线上，它随价格的不同而不同。因为根据公式，需求的价格弹性由 $\dfrac{\Delta Q}{\Delta P}$ 和 $\dfrac{P}{Q}$ 两个因素构成，其中 $\dfrac{\Delta Q}{\Delta P}$ 是需求曲线斜率的倒数；$\dfrac{P}{Q}$ 则由需求曲线上所测量的点的位置决定，而在一条直线型需求曲线上，从左上方向右下方向移动，每个点的斜率值相等，但 P 与 Q 的比值不同，因而弹性也不同。

第四，某一商品的需求在价格变化时的弹性是高还是低，可根据 $|E_d|$ 的数值大小分为以下五种类型：

①当 $0<|E_d|<1$ 时,表示价格的任何变动会引起需求量较小幅度的变动,或者,需求量变动的幅度小于价格变动的幅度,即 $\left|\dfrac{\Delta Q}{Q}\right|<\left|\dfrac{\Delta P}{P}\right|$。这种情况称为需求缺乏弹性。如果需求是缺乏弹性的,需求曲线的形状比较陡峭,见图 2-6(a)。

②当 $1<|E_d|<\infty$,表示价格的任何变动会引起需求量较大幅度的变动,或者,需求量变动的幅度大于价格变动的幅度,即 $\left|\dfrac{\Delta Q}{Q}\right|>\left|\dfrac{\Delta P}{P}\right|$。这种情况称为需求富有弹性。如果需求是富有弹性的,需求曲线的形状比较平坦,见图 2-6(b)。

③当 $|E_d|=1$ 时,表示价格的任何变动会引起需求量同等程度的变动,即 $\left|\dfrac{\Delta Q}{Q}\right|=\left|\dfrac{\Delta P}{P}\right|$。这种情况称为需求具有单位弹性。例如,需求函数 $Q=\dfrac{1}{P}$,具有单位弹性。具有单位弹性的商品的需求曲线如图 2-6(c)所示。

④当 $|E_d|=\infty$ 时,表示价格的任何变动会引起需求量无穷大的变动,称为需求完全有弹性,又称为需求具有无限弹性。如果需求完全有弹性,需求曲线就是一水平线,见图 2-6(d)。

⑤当 $|E_d|=0$ 时,表示不管价格如何变动,需求量固定不变,称为需求完全无弹性,又称为需求完全缺乏弹性。如果需求完全无弹性,需求曲线就是一垂线,见图 2-6(e)。

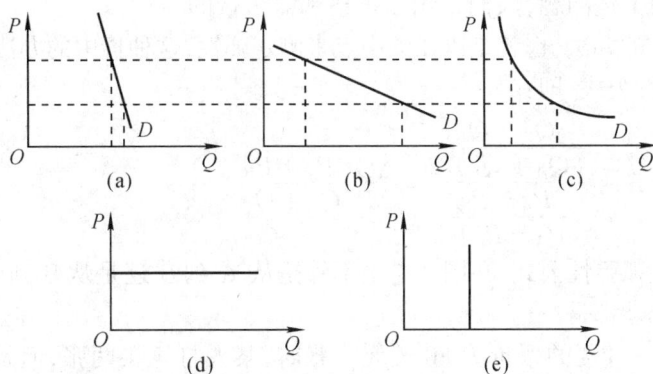

图 2-6　需求价格弹性的类型

例 2.6　医疗保健定价

很多发展中国家都提供有医疗保健补贴,并向消费者收取一部分费用用以弥补部分医疗服务的成本。如果一个国家提高医疗服务定价,这对穷困家庭和富有家庭有何影响?在非洲的象牙海岸,穷困家庭对医疗服务的需求价格弹性为 0.47,而富有家庭为 0.29。这意味着如果医疗服务的定价上升 10%,将使穷困家庭享受的医疗服务减少 4.7%,而富有家庭则减少 2.9%。在秘鲁,穷困家庭和富有家庭之间需求弹性的差距更大:分别为 0.67 和 0.03。因此,由于穷人对价格更为敏感,当价格上升时,他们获得的医疗服务将有更大的减少。

(2)需求价格弹性的计算

需求价格弹性的计算方法有两种:需求曲线上某一点的弹性,叫点弹性(Point Elasticity);需求曲线上两点之间弧的弹性,叫弧弹性(Arc Elasticity)。一般来说,当价格变动较小时,可用点弹性;当价格变动较大时,则用弧弹性。

当已知某商品的需求曲线,要考察其中某一段的弹性时,就是要计算两点之间的弧弹性。弧弹性的计算如果直接用弹性系数的定义公式(2-8),就会发现由于选取的初始位置点不同,P,Q 的取值就不一样,从而 E_d 值也不一样。

在图 2-7 中,假设 A 点代表 $Q_A = 6$,$P_A = 12$;B 点表示 $Q_B = 12$,$P_B = 6$。如果初始的位置在 A,则当价格从 12 下降到 6 时,需求量会从 6 增加到 12,计算得出的弹性值为 -2;如果初始的位置在 B,则当价格从 6 上升到 12 时,需求量会从 12 减少到 6,计算得出的弹性值为 -0.5。显然,初始位置点的选择将影响弹性值的大小。从 A 到 B 与从 B 到 A 按照弹性定义公式计算所得到的弹性值是不同的。

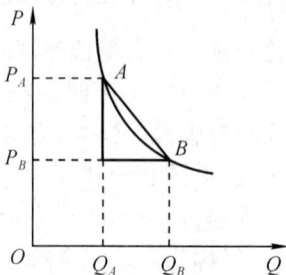

图 2-7 弧弹性的计算

为了解决上述问题,人们采用以价格和需求量的平均数为基数的办法,也就是以弧的中点来测定弹性,这种折中的办法称为中点公式,又称弧弹性公式,即:

$$E_d = \frac{\dfrac{Q_A - Q_B}{(Q_A + Q_B)/2}}{\dfrac{P_A - P_B}{(P_A + P_B)/2}} = \frac{\Delta Q}{\Delta P} \cdot \frac{P_A + P_B}{Q_A + Q_B} \tag{2-9}$$

按照上述弧弹性公式,在图 2-7 中不管是从 A 到 B 还是从 B 到 A,计算得到的需求价格弹性都是 -1。

例题 2.1 球赛的票价为 80 美元一张时,某人打算买两张,但票价涨到 100 美元一张时,他决定在家看电视转播。试求该人对球赛门票的需求价格弹性。

解 根据弧弹性公式(2-9),可得该人对球赛门票的需求价格弹性为:

$$E_d = \frac{\dfrac{0 - 2}{(0 + 2)/2}}{\dfrac{100 - 80}{(80 + 100)/2}} = -9$$

当 ΔP 趋近于 0,从而 ΔQ 也趋向于 0 时,我们要计算的是需求曲线上某一点的弹性。在图 2-7 中,当 ΔP 趋近于 0,从而 ΔQ 也趋向于 0 时,点 A 与点 B 将重

合为一点,因此要求的实际上是这个点的弹性。点弹性的计算公式可以表示为:

$$E_d = \lim_{\Delta P \to 0} \frac{\Delta Q}{\Delta P} \times \frac{P}{Q} = \frac{dQ}{dP} \times \frac{P}{Q} \tag{2-10}$$

例题 2.2 某商品的需求函数为 $Q = 100 - 2P$,试求 $P = 10$ 时的点弹性。

解 根据公式可以解出 $\frac{dQ}{dP} = -2$,由 $P = 10$ 得 $Q = 100 - 2P = 80$,代入式 (2-10)得:

$$E_d = \frac{dQ}{dP} \times \frac{P}{Q} = -2 \times \frac{P}{100 - 2P} = -0.25$$

(3)直线型需求曲线上弹性值的变化

需求曲线的斜率表示需求曲线在某一点的切线的"倾斜程度",需求曲线的点弹性表示需求曲线的某一点上需求量变化对价格变化的反映程度,它等于斜率的倒数乘以价格与数量的比值。一条向右下方倾斜的需求曲线上某一点的斜率是 $\frac{dP}{dQ}$,而点弹性是 $\frac{dQ}{dP} \times \frac{P}{Q}$。当需求曲线为一直线时,各点的斜率相等,而各点的弹性随价格—数量比的变化而变化,因此,需求曲线上每个点的弹性值都不相等。具体来说,由于每个点的斜率相等,而从左上方向右下方移动,随着价格的下降,曲线上各点的 $\frac{P}{Q}$ 的比值越来越小,因此,随着价格的下降,各点的弹性值也是递减的。在图 2-8 中,CF 为一直线型需求曲线,价格为 P_1 时需求量为 Q_1,价格为 P_2 时需求量为 Q_2。我们考察点 R 到点 H 的变化,即价格从 P_1 降至 P_2 时的需求价格弹性。根据公式

$$E_d = \frac{\Delta Q}{\Delta P} \times \frac{P}{Q}$$

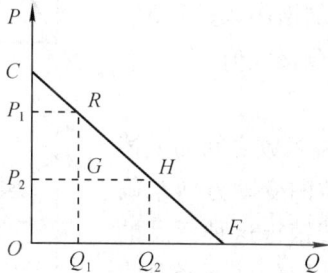

图 2-8 直线型需求曲线上的点弹性

因为 $\Delta Q = Q_1 Q_2, Q = Q_1$; $\Delta P = P_1 P_2,\ P = P_1$

所以,$E_d = \frac{Q_1 Q_2}{P_1 P_2} \times \frac{OP_1}{OQ_1} = \frac{GH}{RG} \times \frac{OP_1}{OQ_1} \tag{2-11}$

又因为 $\triangle RGH$ 与 $\triangle RQ_1F$ 相似，$RQ_1 = OP_1$，所以 $\dfrac{GH}{RG} = \dfrac{Q_1F}{RQ_1} = \dfrac{Q_1F}{OP_1}$

所以，$E_d = \dfrac{GH}{RG} \times \dfrac{OP_1}{OQ_1} = \dfrac{Q_1F}{OP_1} \times \dfrac{OP_1}{OQ_1} = \dfrac{Q_1F}{OQ_1}$

同样，由于 $\triangle CP_1R$ 与 $\triangle RQ_1F$ 相似，可得到

$$E_d = \frac{Q_1F}{OQ_1} = \frac{RF}{RC} \tag{2-12}$$

从上述推导中，我们可以得到关于直线型需求曲线上点弹性的如下结论：

当 R 位于 CF 中点上方（$RF > RC$）时，$|E_d| > 1$；

当 R 位于 CF 中点（$R = CF/2$）时，$|E_d| = 1$；

当 R 位于 CF 中点下方（$RF < RC$）时，$|E_d| < 1$。

(4)需求价格弹性与总收益的关系

一种产品的需求价格弹性与企业的总收益函数有密切的关系。设某企业生产的产品所面对的市场需求函数为：

$$Q_d = a - bP \tag{2-13}$$

即：$P = \dfrac{a}{b} - \dfrac{1}{b}Q_d \tag{2-14}$

则总收益函数 TR 为：$TR = P \times Q_d \tag{2-15}$

以式(2-14)代入式(2-15)，可知总收益函数 TR 为一抛物线，如图 2-9(a)所示：

$$TR = \frac{a}{b}Q_d - \frac{1}{b}Q_d^2 \tag{2-16}$$

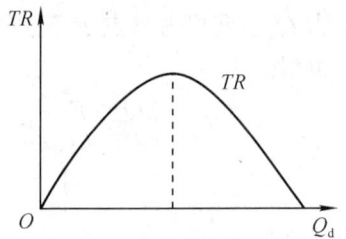

(a) 总收益曲线

从图 2-9 中的需求曲线及其弹性值可以看出，当 $|E_d| > 1$ 时，TR 为 Q_d 的增函数；当 $|E_d| = 1$ 时，$dTR/dQ_d = 0$，TR 达到极大值，当 $|E_d| < 1$ 时，TR 为 Q_d 的减函数。

需求的价格弹性与总收益函数之间的上述关系告诉我们，可以从总收益的变动方向来确定一种商品的弹性的大小：若销售这种商品的总收益与其价格成反向变动，即价格下降总收益增加，价格上涨总收益减少，则该商品属于需求富有弹性的商品；若销售这种商品的总收益与其价格变动无关，说明无论价格上涨或下降，总收益都不变，则该商品的需求价格弹性为单位弹性；若销售这种商品的总收益与其价格成

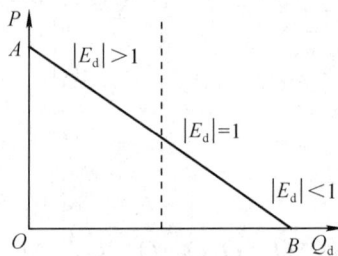

(b) 需求曲线与需求价格弹性

图 2-9　总收益曲线与
需求价格弹性

同方向变动,即价格下降总收益下降,价格上涨总收益也增加,则该商品属于需求缺乏弹性的商品。

相反,如果我们知道某种商品的需求价格弹性,就可以采用不同的价格策略。比如,对于一种需求富有弹性的商品,因降低价格带来的销售量的增加幅度超过其价格下降的幅度,从而销售量的增加所增加的收益超过其价格下降所减少的收益,最终总收益增加,因此就可以采取"薄利多销"的方法来促销;相反,对于一种需求缺乏弹性的商品,因降低价格带来的销售量的增加幅度小于其价格下降的幅度,从而销售量的增加所增加的收益小于其价格下降所减少的收益,最终总收益减少,因此就不能采取"薄利多销"的方法来促销,只有采用提价的方法才能促销。

例 2.7　富有弹性的电话市场

在中国电信市场上,电话用户及其电话业务的价格弹性非常大,价格的降低对于刺激用户数量和话务量的增长具有极大的作用。以 1999 年的电信资费调整为例,当时固定电话初装费由平均每部 1010 元下降到 725 元;移动电话入网费由每部 800 元下调到 500 元。在降价的刺激下,当年的 3 月至 6 月,全国就新增固定电话和移动电话用户 1050 万户。按平均每部电话年支付费用 1000 元计算,短短 4 个月可以扩大中国电信市场消费达 100 多亿元。而 2001 年 7 月 1 日,国家财政部、产业信息部联合发文取消初装费后,全国各地的电话装机用户大幅度上升。仅当年 7 月份一个月,北京市就有 13 万用户申请安装电话,平均每天有 5000 用户在申请装机,相当于以前 4 个多月的申请量。而在杭州,取消电话初装费两个多月后,杭州的电话市场特别是城乡结合部及农村市场也出现了空前的火暴场面。每天前往电信部门登记装电话的客户络绎不绝,最高一天甚至超过以前一天登记数的 10 倍。萧山区甚至出现了一个月发展农村电话 2.7 万户的高峰,一个月新装电话农户就超过以往一年的数量。淳安县也出现了一天受理装机 1485 部的场面。

(5)需求价格弹性的决定因素

需求的价格弹性在很大程度上取决于需求曲线的形状,而影响需求曲线形状的因素很多,因此决定需求价格弹性的因素也很多,其中主要有以下几种:

①商品的种类。如果某种商品是日常生活所必需的,那么需求弹性较小,如盐、大米、水等,不会由于涨价而少买很多,也不会由于降价而多买很多,通常我们将需求缺乏弹性的商品称之为必需品。而非生活必需品的需求弹性就比较大,如汽车、旅游、各种装饰用品等,其需求对价格的变化比较敏感,我们将这些富有弹性的商品称之为奢侈品。

②商品的替代性。很容易被其他商品所代替的商品富有弹性,如梨可由其他水果代替,当梨的价格上涨时,就可以多买其他水果,梨的需求量自然减少很多。而不易被其他商品所代替的商品,则缺乏弹性,尽管价格上涨,也只好购买。

③占总支出的比例。某种商品在购买者家庭总消费支出中所占比例愈大,其弹性愈大;反之则愈小。因为,占总支出比例较小的商品,如食盐、火柴等,其价格涨跌对每个家庭的需求量的影响较小,或者说消费者对该商品的价格变化不会很敏感,因而需求弹性较小;相反,如果某种商品是一项大开支,那么价格变化后,消费者会对其需求重新慎重考虑,因而弹性较大。

④产品的耐用程度。愈是耐用的产品,需求弹性愈小。例如,家具可以使用多年,即使价格下降,也不会在短期内重新购置。相反,对于一次性使用商品,如餐巾纸、纸杯等,需求对价格的变化较敏感,因而弹性较大。

⑤商品类别的大小。需求弹性的大小还与所考察的商品类别的大小有关。如果考察的是某一大类商品,如牙膏、饮料、服装、食品,那么它们的替代品很少,需求弹性很小;如果考察是某一大类商品中的某一种,如佳洁士牙膏、可口可乐、雅戈尔西装、小笼包子等,那么它们的替代品很多,需求弹性就很大。

⑥时间的长短。需求价格弹性也是时间的函数。随着时间的变化,需求弹性也会发生变化。一般来说,在较长时间内,生活习惯可以改变,也会有新的替代品出现,因而富有弹性。

表2-5列举了一些商品需求价格弹性的估计值,可以对照以上几种影响因素分析一下,为什么这些商品会有不同的弹性值。

表 2-5　部分商品需求弹性估计值

商品名称	短期	长期
盐	—	0.1
烟	—	0.35
水	—	0.4
啤酒	—	0.8
住房	—	1.0
医疗服务	0.6	—
汽油	0.2	0.5
汽车	—	1.5
雪佛莱汽车	—	4.0
家用电	0.1	1.9
家用煤气	0.1	10.7
公共汽车	2.0	2.2
飞机旅行	0.1	2.4
电影	0.9	3.7

资料来源:Hendrik S. Houthakker & Lester D. Taylor 著,《美国的消费需求 1929—1970》。哈佛大学出版社,1970 年。转引自黄亚钧、姜纬著,《微观经济学教程》,复旦大学出版社,1995 年。

2.需求的交叉价格弹性

需求的交叉价格弹性(Cross Elasticity of Demand)表示在商品 X 的价格 P_X 不变的条件下,另一商品 Y 的价格 P_Y 的变动所引起的商品 X 的需求量 Q_X 的变动程度。Q_X 的变动百分比与由此引起 Q_X 的变动的 P_Y 的变动百分比之比,就是需求交叉价格弹性系数。需求的交叉价格弹性系数的公式可以表示为:

$$E_{XY} = \frac{\mathrm{d}Q_X}{\mathrm{d}P_Y} \times \frac{P_Y}{Q_X} \tag{2-17}$$

例题 2.3 设 $Q_X = f(P_X, P_Y) = 25 - 2P_X + P_Y, P_X = 3, P_Y = 5$,求 X 和 Y 商品的需求交叉弹性 E_{XY}。

解 将 $\mathrm{d}Q_X/\mathrm{d}P_Y = 1$ 代入式(2-17),得:

$$E_{XY} = \frac{\mathrm{d}Q_X}{\mathrm{d}P_Y} \times \frac{P_Y}{Q_X} = \frac{P_Y}{25 - 2P_X + P_Y} \tag{2-18}$$

再将 $P_X = 3, P_Y = 5$,代入式(2-18),得 $E_{XY} \approx 0.21$,即 P_Y 变动 1%,Q_X 变动约 0.21%。

E_{XY} 一般不取绝对值,因为 E_{XY} 的符号反映商品之间的不同关系:

(1)$E_{XY} > 0$,表示 X 和 Y 为替代商品,如猪肉与鱼、钢笔与圆珠笔、各种水果等。

(2)$E_{XY} < 0$,表示 X 和 Y 为互补商品,如电与电饭煲、汽车与汽油、钢笔与墨水等。

(3)$E_{XY} = 0$,表示 X 和 Y 之间无替代、互补关系,或称为独立商品,如食盐与食糖。

3.需求的收入弹性

需求的收入弹性(Income Elasticity of Demand)是指在商品价格不变的条件下,消费者收入水平 M 的变化所引起的对某种商品需求量 Q 的变化,两者变化率之比率即为需求的收入弹性系数,可以用公式表示为:

$$E_{\mathrm{m}} = \frac{\mathrm{d}Q}{\mathrm{d}M} \times \frac{M}{Q} \tag{2-19}$$

E_{m} 一般也不取绝对值,其符号的大小反映了商品的不同性质:

(1)$E_{\mathrm{m}} > 0$,表示为正常商品,反映对某种商品的需求量 Q 与消费者收入 M 呈同方向变化,即当消费者收入增加时,对该商品的需求增加,消费者收入减少时,对该商品的需求减少。若 $E_{\mathrm{m}} > 1$,表示为奢侈品,说明 M 变动所引起的对该商品需求量的变化幅度大于 M 的变化幅度,如时装、旅游等;$0 < E_{\mathrm{m}} < 1$,表示为必需品,说明 M 变动所引起的对该商品需求量的变化幅度小于 M 的变化幅度,如粮食、盐等。

(2)$E_{\mathrm{m}} < 0$,表示为劣等商品,反映对某种商品的需求量 Q 与消费者收入 M

呈反方向变化,即当消费者收入增加时,对该商品的需求减少;当消费者收入减少时,对该商品的需求增加。劣等商品并不一定是质量低劣的商品,主要是相对于人们的收入水平来说,那些消费层次较低的商品。由于人们的收入增加后,转向中高档商品的消费,因而对这些商品的需求反而减少了。具体来说,什么是劣等商品,是因人而异的,也是因同一人在不同时期的不同收入水平而异的。

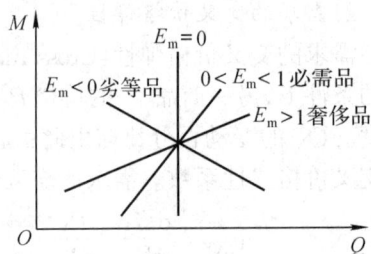

图 2-10 不同的商品需求与收入水平

随着消费者收入的增加,对不同性质的商品需求量的增加是各不相同的。在横轴为各种商品的需求量,纵横为消费者收入水平的直角坐标系中,可以将需求的收入弹性归纳为四种情况,如图 2-10 所示。

第二节 供给分析

一、供给、供给量及其影响因素

供给(Supply)是指生产者在某一特定时间内在每一价格水平上对某种商品愿意并且能够提供的数量。供给量(Quantity Supplied)是指生产者在某一特定时间内的某一价格水平上对某种商品愿意而且能够提供的数量。

微观经济学在讨论供给概念时也强调从三个方面加以认识。首先,必须有供给的意愿。其次,必须有供给的能力,即生产能力。因此,如果生产者对一种商品虽然有供给意愿,但是没有生产能力,就不能算作供给;相反,如果有生产能力,但没有供给意愿,也不能算作供给。最后,在讨论供给量时强调它是一个流量,即必须有一定的时间单位。例,如果说某汽车制造厂小轿车的供给量为 1000 辆,这个数字就是毫无意义的。相反,如果说某汽车制造厂每天的供给量为 1000 辆,那么就很容易知道该汽车制造厂的生产规模。

影响供给(量)的因素很多,其中经常发生作用的有商品本身的价格、投入及成本、生产技术水平、生产者预期、自然条件等。

1.商品本身的价格

假定其他条件不变,生产者对某种商品的供给量与其价格成同方向变化,即当商品价格上升时,生产者对其的供给量增加;当商品价格下降时,生产者对其的供给量减少,这被称为供给定理。假如你是可乐的经营者,那么,当可乐的价格高时,出售可乐是有利可图的,因此,作为可乐的卖者,你工作的时间会延长,甚至会购买许多生产可乐的设备,并雇用更多工人,生产出更多的可乐。相反,当可乐的价格低时,对你的经营不太有利,因此,你会缩减生产,供给较少的可乐。当可乐的价格低到某一水平时,你会选择完全停止营业,你的供给量减少为零。

2. 投入及成本的变化

投入即是生产中所需的生产要素。投入的价格水平直接影响到产出(产品)的生产成本。投入的价格水平下降时,商品的生产成本随之下降,生产者愿意在原来的价格下提供更多的商品,结果供给增加;反之,投入的价格水平上升时,商品的生产成本随之上升,生产者愿意在原来的价格下提供更少的商品,结果供给减少。

3. 生产技术水平的变化

生产技术进步,可以简单地定义为用既定的资源生产出更多的产品数量。因此,当生产技术进步时,生产者的生产成本一般会降低,从而会在原来的价格水平下供给更多的商品。

例 2.8　新技术与新产品

现实生活中,我们能够观察到许多商品,如电视机、空调、冰箱、计算机、计算器、手机、电子表等,近十多年来,销售量成倍上升,但价格却一直在下降。为什么这些商品的质量越来越好,价格却越来越低? 主要原因是生产这些产品的成本在不断下降。那么为什么生产这些产品的成本会不断下降呢? 那是因为这些行业都是技术进步很快的行业,而技术进步可以降低产品生产的成本。

以袖珍计算器为例,在 20 世纪 70 年代初,它还是高科技产品,生产成本很高,价格很贵,数量也很少。到了 80 年代,它已经变成了成熟产品,技术进步使其成本大幅度下降,相应的产量增加,价格也下降。到了 90 年代以后,袖珍计算器已经被当作工艺简单的小玩意,一款精巧而实用的计算器,已经能够非常廉价地购买到。

再以手机为例,在中国,1994 拥有一款体积庞大的"大哥大",是财富和身份的象征,当时一款现在看来非常笨拙的移动电话,价格高达 2 万元,是绝对的奢侈品,能够买得起这样手机的人寥寥无几。然而,十年之后的今天,当我们走在大街上时,满目看到的都是挂着、拿着手机的人,对于许多人来说,手机已经成为一种生活的必需品。手机的外观越来越小巧,造型越来越漂亮,手机的功能越来越丰富,但手机的价格越来越低。同时款式层出不穷,更新换代十分迅速。一款新推出的手机价格 5000 元,但是,半年后的价格可能已经下降到 2000 元。如果你不在乎手机款式,几百元就可以买到一款不错的手机。所有这些现象的背后,就是日益更新的电子技术和信息技术。是新技术的不断应用导致了手机的质量不断提高,数量不断增加,价格不断下降。

4. 生产者预期

生产者预期本企业生产的产品市场扩张,销售转旺,就会增加产品供给;相反,预期本企业生产的产品市场萎缩,销售转淡,就会减少产品供给。

5.自然条件

某些产品,如农产品、园艺产品等往往受自然条件尤其是气候的影响较大。如粮食,在自然条件优越的地区,粮食亩产量较高;而在自然条件恶劣的地区,粮食亩产量较低。如果风调雨顺,粮食大丰收;如果遇到各种自然灾害,粮食就会歉收。例如,1941—1942 年全国性大旱,各地农作物普通歉收,其中河南省 1942 年春夏秋连续大旱,农作物几乎绝收,结果饿死 300 万人,流亡外地 300 余万人,1500 万人濒于死亡边缘。

二、供给函数、供给表与供给曲线

供给定理(The Law of Supply)表明,假定其他条件不变,生产者对某种商品的供给量与其价格成同方向变化,即当商品价格上升时,生产者对其的供给量增加;当商品价格下降时,生产者对其的供给量减少。供给定理的内涵也可以用供给函数、供给表或供给曲线来表示。

1. 供给函数

供给函数(Supply Function)反映了一定时期某种商品各种可能的供给量和影响供给量的各种因素之间的关系。如果考虑到某种商品的供给量 Q_s 是由这种商品本身的价格 P、生产成本 C、生产技术水平 T、生产者预期 E 等四种因素决定的,那么,这种商品的供给函数可用公式表示为:

$$Q_s = f(P, C, T, E) \tag{2-20}$$

微观经济学在论述供给函数时,一般假定其他条件不变,着重研究价格和供给量之间的关系,这时,供给函数可以写为:

$$Q_s = f(P) \tag{2-21}$$

上述公式表示,供给量(Q_s)是价格(P)的函数。如果两者的关系是线性的,供给函数又可进一步写为:

$$Q_s = -c + dP \ (c, d \text{ 为常数}, d > 0) \tag{2-22}$$

2. 供给表

供给表(Supply Schedule)反映生产者在某一特定时间对某一商品的供给量同这种商品的价格之间存在的一一对应关系。不同的价格对应不同的供给量。例如,当某一商品的价格为 1 元时,某生产者对该商品的供给量为 7 个单位;当价格为 1.2 元时,供给量则为 9 个单位。以此类推,各种价格—数量组合可用供给表来表示,见表 2-6。

表 2-6　某厂商的产品供给表

价格—数量组合	价　格(元)	供给量(单位数)
a	0.6	3
b	0.8	5
c	1.0	7
d	1.2	9
e	1.4	11
f	1.6	13

表 2-6 是某一商品的供给表,它用数字表示了该商品的价格和供给量之间的函数关系,说明了在各种价格下对应的供给量。显然,根据供给表中的价格与供给量数据,可以知道,该商品的供给量与其价格成同方向变化。

3．供给曲线

如果把供给表中的各个组合描述在横轴为供给量(Q),纵轴为价格(P)的直角坐标系中,并将各个组合连接起来,就可以得到一条向右上方倾斜的供给曲线 S,如图2-11所示。

供给曲线(Supply Curve)反映的是在其他条件不变的情况下商品的供给量与商品价格之间的一一对应关系。它既可以表述

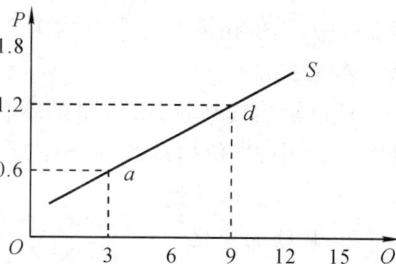

图 2-11　某厂商的供给曲线

为在不同价格水平下生产者愿意并能够提供的商品数量,也可以理解为生产者为提供一定量的商品希望索取的价格,即供给价格(Supply Price)。供给曲线上的每一个点,都表示一个特定的价格与供给量的组合,如图2-11中,供给曲线 D 上的 a,d 等各个点。

与向右下方倾斜的需求曲线不同,供给曲线向右上方倾斜,即斜率为正,这反映了供给定理的内涵,即价格和供给量呈同方向变动。实际中,价格和供给量之间的关系可以是线性的,也可以是非线性的。当两者之间存在线性关系时,供给曲线是一条向右上方倾斜的直线,直线上各点的斜率相等;当两者之间存在非线性关系时,供给曲线则是一条向右上方倾斜的曲线,曲线上各点的斜率不同,见图2-12。为了便于说明,经济学中通常用线性关系来解释价格与供给量之间的变动情况。

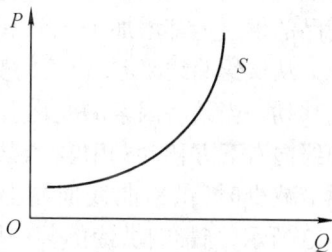

图 2-12　供给曲线

三、供给量的变化与供给的变化

由于供给量与供给是两个不同的概念,因此供给量的变化和供给的变化也是不同的。

1. 供给量的变化

供给量的变化(Change in the Quantity Supplied)是指在影响供给的其他因素(生产成本、技术变化、预期、自然条件等)不变的情况下,只是由于商品本身价格的变化而引起的生产者愿意而且能够提供的商品数量的变化。即当某种商品本身的价格上升时,对该商品的供给量增加;而当某种商品本身的价格下降时,对该商品的供给量减少。

在供给表中,供给量的变化表现为同一供给表中价格—数量组合的移动。如表2-6中,当价格从0.6上升为1.2时,供给量从3增加为9,从而价格—数量组合从 a 移动到 d。

从供给曲线来看,供给量的变化又可以表现为同一供给曲线上的点的移动。如图2-11中,当价格从0.6上升为1.2时,供给量从3增加为9,从而同一供给曲线 S 上的点 a 移动到点 d。

2. 供给的变化

供给的变化(Change in Supply)是指在商品本身价格不变的情况下,由于其他因素(投入及成本、生产技术水平、生产者预期、自然条件等)的变化所导致的对该商品在每一个价格水平上供给量的变化。例如,生产成本下降、技术进步、预期看好等都会使生产者对某种商品的供给增加;而生产成本上升、预期看跌等都会使生产者对某种商品的供给减少。

在供给表中,供给的变化将是整个表的变化。在表2-6中,假如生产成本下降使得生产者对该商品的供给增加了5,这意味着在每一个价格水平上,生产者对该商品的供给量都增加了5个单位。

从供给曲线来看,供给的变化是整条供给曲线的移动。当某些因素的变化引起供给增加时,供给曲线向右下方移动;相反,当某些因素的变化引起供给减少时,供给曲线向左上方移动。具体如图2-13所示,当影响供给的某一因素变化后,如果供给增加,生产者的供给曲线由 S_0 向右移动至 S_1;如果供给减少,生产者的供给曲线由 S_0 向左移动至 S_2。显然,供给的变化意味着同一价格水平上

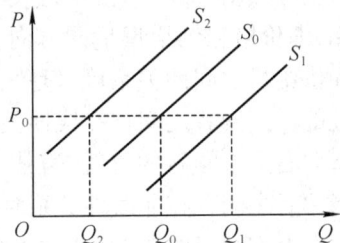

图 2-13　供给的变化

供给量的增加或减少,如保持价格 P_0 不变,供给量由原来的 Q_0 增加至 Q_1 或减少至 Q_2。

综上所述,与需求量的变化和需求的变化相同,供给量的变化表现为同一供给曲线上点的移动,故价格变化是供给量变化的原因。而供给的变化表现为整条供给曲线的移动,故价格变化是供给变化的结果。

四、个别供给与市场供给

在一定时间内,单个生产者对一种产品的供给量与该产品价格之间的对应关系,叫个别供给(Individual Supply)。而某市场所有厂商对这种产品的总供给量与该产品价格之间的对应关系,叫市场供给(Market Supply)。设某柑橘市场仅有 A,B,C 三个生产者,其个别供给函数分别为:

$$Q_{s_1} = c_1 + d_1 P = -3 + 5P \tag{2-23}$$

$$Q_{s_2} = c_2 + d_2 P = -3 + 10P \tag{2-24}$$

$$Q_{s_3} = c_3 + d_3 P = -11 + 25P \tag{2-25}$$

则柑橘的市场供给函数为:

$$\begin{aligned}
Q_s &= Q_{s_1} + Q_{s_2} + Q_{s_3} \\
&= (c_1 + c_2 + c_3) + (d_1 + d_2 + d_3)P \\
&= -17 + 40P \quad (P \geqslant 0.6)
\end{aligned} \tag{2-26}$$

根据式(2-23)、(2-24)、(2-25)和(2-26),列出柑橘市场的供给表(见表2-7),画出供给曲线图(见图2-14)。

表 2-7　柑橘的个别供给表与市场供给表　　　　　(单位:公斤)

柑橘价格(元)	A 的供给量	B 的供给量	C 的供给量	市场供给量
0.6	0	3	4	7
0.8	1	5	9	15
1.0	2	7	14	23
1.2	3	9	19	31
1.4	4	11	24	39
1.6	5	13	29	47
1.8	6	15	34	55

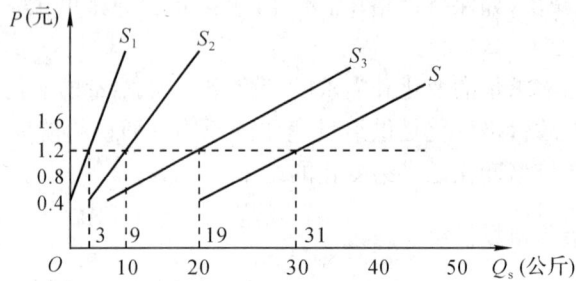

图 2-14　柑橘的个别供给曲线与市场供给曲线

五、供给弹性

1. 供给弹性及其分类

供给价格弹性（Price Elasticity of Supply），简称供给弹性，是用来表示某种商品的供给量对其价格变化所作出的反应程度的一个概念。供给的价格弹性可以用供给量变化的百分比与价格变化的百分比之比来表示，其值称为供给的价格弹性系数，用公式可以表示为：

$$E_s = \frac{\Delta Q/Q}{\Delta P/P} = \frac{\Delta Q}{\Delta P} \times \frac{P}{Q} \tag{2-27}$$

式中：E_s——供给弹性系数；

$\quad$ P——价格的绝对量；

$\quad$ Q——与 P 对应的供给量

$\quad$ ΔP——价格的变动量；

$\quad$ ΔQ——供给量的变动量。

运用供给弹性公式时，需注意下面四点：

第一，由于 E_s 是由供给量与价格各自的百分比决定的，因而 E_s 的数值不会因选用的计量单位的不同而不同。但是，同一变量的计量单位在公式中必须是相同的。

第二，E_s 的数值一般是正数，因为供给定理表明某种商品的供给量与其价格成同方向变化。

第三，E_s 的数值随商品或市场的不同而不同。

第四，某一商品的供给弹性是高还是低，可根据 E_s 的数值大小分为以下五种类型：

（1）$E_s = 0$，表示供给完全无弹性，对应的供给曲线为一垂线，见图 2-15 中的供给曲线 S_1；

（2）$0 < E_s < 1$，表示供给缺乏弹性，对应的供给曲线为一条与横轴相交于原点

右边的曲线,见图 2-15 中的供给曲线 S_2;

(3)$E_s = 1$,表示供给具有单位弹性,对应的供给曲线为一条过原点的曲线,见图 2-15 中的供给曲线 S_3;

(4)$1 < E_s < \infty$,表示供给富有弹性,对应的供给曲线为一条与横轴相交于原点左边的曲线,见图 2-15 中的供给曲线 S_4;

(5)$E_s = \infty$ 表示供给完全弹性或供给具有无限弹性,对应的供给曲线为一水平线,见图 2-15 中的供给曲线 S_5。

2.供给弹性的计算

供给价格弹性的计算方法也有两种:供给曲线上某一点的弹性,叫点弹性(Point Elasticity);当供给曲线为非线性时,曲线上两点之间弧的弹性,叫弧弹性(Arc Elasticity)。一般来说,当价格变动较小时,可用点弹性;当价

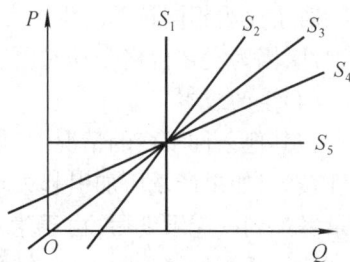

图 2-15 不同弹性的供给曲线

格变动较大时,则用弧弹性。弧弹性系数的计算公式为:

$$E_s = \frac{\Delta Q}{\Delta P} \times \frac{P_1 + P_2}{Q_1 + Q_2} \tag{2-28}$$

当 ΔP 趋近于 0,从而 ΔQ 也趋向于 0 时,我们要计算的是供给曲线上某一点的弹性。点弹性系数的计算公式为:

$$E_s = \frac{\mathrm{d}Q}{\mathrm{d}P} \times \frac{P}{Q} \tag{2-29}$$

例题 2.4 设某商品的供给函数为 $Q = 30 + 2P$,求 $P = 10$ 时的点弹性。

解 对供给函数 $Q = 30 + 2P$ 求导,得 $\mathrm{d}Q/\mathrm{d}P = 2$,由 $P = 10$ 得 $Q = 50$,代入式(2-29)可得:

$$E_s = \frac{\mathrm{d}Q}{\mathrm{d}P} \times \frac{P}{Q} = 2 \times \frac{10}{50} = 0.4$$

3.影响供给价格弹性的主要因素

影响供给价格弹性的因素很多,其中主要因素有:

(1)生产者调整产量的时期

可以说,这是影响供给弹性大小的最主要的因素。在极短时期内,供给量限于已有的库存,无法随价格变化而变化,弹性近乎为零;在短期中,厂商在某些生产要素(如厂房、机器)不变的情况下可以增加一些可变的生产要素(如原材料、劳动)来扩大产量,但由于工厂规模不变,只能有限地调整生产结构,供给量不会有太大的变动,一般为缺乏弹性;而在长期中,工厂规模、要素的配置都可以任意变动,厂商有可能调整生产,改进技术,供给量会有大幅度的变动,供给可能从完全无弹性或

缺乏弹性而变得富有弹性。

（2）生产技术的类型

一般来说，生产者所使用的生产技术越复杂，技术越先进，机器设备占用越多，生产周期越长，供给弹性越小。相反，则供给弹性越大。

（3）生产能力的利用状况

对于使用相同技术的生产者而言，拥有多余生产能力的生产者的供给会更富有弹性，因为它在价格变动时更容易调整产量。

（4）生产成本

在其他条件不变的情况下，如果产量增加只引起边际成本的轻微提高，则供给弹性较大；如果产量增加引起边际成本迅速上升，则供给弹性就变小。特别地，当产量增加到一定限度后，由于生产要素的极其稀缺，进一步增加产量几乎不再可能，此时，不管价格如何上涨，供给量几乎不会增加，因而供给弹性近乎为零。

第三节　均衡价格的形成与变动

均衡（Equilibrium）原是物理学上的名词，是指两种对立力量在冲撞中势均力敌而达到暂时平衡的状态。马歇尔将其引入经济学，使之成为经济学中广泛应用的一个概念。在一个市场上，需求和供给可以被认为是两种相互对立的经济力量。买者希望价格低，而卖者希望在不影响销售量的情况下尽量要一个高价格，正是这两种力量的相互作用使得市场处于均衡。同时，需求、供给两种力量的变化又会导致均衡的变动。

一、均衡价格及其形成

需求分析仅仅说明某一商品在每一价格下的购买量是多少，并不说明这一商品的价格究竟是多少；同样，供给分析也只说明各种不同价格下的供给量是多少，并不说明某一商品的价格实际是多少。而人们在日常生活中经常接触到的价格则是市场上实际成交的价格——市场价格（Market Price）。市场价格是市场上需求和供给两种相反的经济力量共同作用的结果。当某一商品的价格持续上涨时，供给量增加，但需求量减少，最后会使供给量超过需求量，出现过剩，从而导致价格下降；相反，价格持续下降时，需求量增加，但供给量减少，最后会使需求量超过供给量，出现短缺，从而导致价格上涨。需求和供给两者力量相互作用的结果，最终使这一商品的需求量和供给量在某一价格上正好相等，这时该商品在市场上既没有过剩，也没有短缺，市场正好出清。

　　微观经济学把市场供给等于市场需求的状态称为市场均衡(Market Equilibrium),也称市场出清(Market-clearing)。当一种商品的市场处于均衡状态时,市场价格使得该商品的市场需求量等于市场供给量,这一价格被称为该商品的均衡价格(Equilibrium Price),通常用 P_e 表示;均衡价格所对应的供求量被称为均衡数量(Equilibrium Quantity),通常用 Q_e 表示。

　　如果用方程表示的话,需求与供给的均衡就是:

$$\begin{cases} 需求函数 & Q_d = f(P) & (2\text{-}30) \\ 供给函数 & Q_s = f(P) & (2\text{-}31) \\ 均衡条件 & Q_d = Q_s & (2\text{-}32) \end{cases}$$

即将式(2-30)和(2-31)代入式(2-32),就可以得到均衡价格 P_e 和均衡数量 Q_e。

　　例题 2.5　假定某一时期内某商品的市场需求函数为 $Q_d = 50 - 5P$,市场供给函数为 $Q_s = -10 + 5P$。(1) 求均衡价格和均衡数量;(2)假定随着人们收入水平的上升,对该商品的需求增加了 10,而随着新技术的采用,生产该商品的成本下降,从而供给增加 10,求新的均衡价格和均衡数量。

　　解　(1)由 $Q_d = Q_s$,即 $50 - 5P = -10 + 5P$ 得,均衡价格 $P_e = 6$,将 $P_e = 6$ 代入 $Q_d = 50 - 5P$ 或 $Q_s = -10 + 5P$ 得均衡数量 $Q_e = 20$。

　　(2)需求增加 10,则新的需求函数为 $Q_d' = (50 - 5P) + 10 = 60 - 5P$,供给增加 10,则新的供给函数为 $Q_s' = (-10 + 5P) + 10 = 5P$,由 $Q_d' = Q_s'$ 得新的均衡价格和均衡数量分别为:

$$P_e' = 6, \quad Q_e' = 30$$

　　市场需求反映在图上就是一条向右下倾斜的市场需求曲线;市场供给反映在图上就是一条向右上方倾斜的市场供给曲线,因此,也可以用图来表示市场均衡的实现。在图 2-16 中,一种商品的市场均衡出现在该商品的市场需求曲线 D 和市场供给曲线 S 的交点 E 点处,因此,E 点也被称为均衡点(Equilibrium Point)。E 点同时决定了均衡价格 P_e 和均衡数量 Q_e,表明此时市场处于均衡状态。

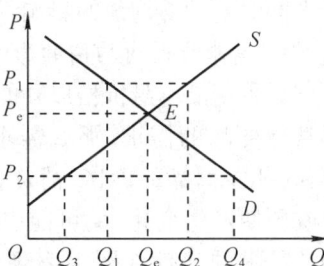

图 2-16　市场供求均衡模型

　　事实上,市场均衡是使买卖双方都满足因而愿意接受并维持下去的状态,或者说,是一种不再变动并且没有必要再变动的相对静止状态。当市场偏离均衡状态时,不是供过于求,造成过剩,就是供不应求,造成短缺。过剩和短缺都会引起价格波动。但市场本身具有在偏离均衡状态时回到均衡状态的功能。所谓价格机制(Price Mechanism)就是在自由市场经济中价格不断变动直至市场均衡的趋势。均衡价格就是价格机制的作用下形成的,这也可以用图 2-16 来加以说明。当价格处于 P_1 时,市场需求量为 Q_1,供给量为 Q_2,供大于求($Q_2 > Q_1$),这意味着生产者生产的某些产品(Q_1Q_2)将卖不出去,此时生产者就会降价出售,随着价格的下降,消费者的需求量增加,生产者的供给量减少。但是,只要新的价格仍然使供大于求,价格就会继续下降,直到价格下降至 P_e 水平时,供给量与需求量相等,价格不再下降。当价格处于 P_2 时,市场需求量为 Q_4,供应量为 Q_3,供不应求($Q_3 < Q_4$),这意味着消费者对该商品的部分需求量(Q_3Q_4)将无法得到满足,此时消费者就会愿意以更高的价格购买该商品,随着价格的上升,生产者的供给量增加,消费者的需求量减少。但是,只要新的价格仍然使供不应求,价格就会继续上升,直到价格上升至 P_e 水平时,供给量与需求量相等,价格不再上升。

因此,只有当价格水平处于均衡价格 P_e 时,市场上的供给量和需求量相等,价格不再下降或上升。当市场处于供大于求或求大于供的不均衡状态或失衡状态时,市场机制将会进行自发的调节,使市场的供给和需求从不均衡状态过渡到均衡状态。这也就是亚当·斯密所说的"看不见的手"在指挥着经济活动。

二、均衡价格的变动

当需求恰好等于供给时,市场处于均衡状态,由此决定了市场的均衡价格和均衡数量。因此,市场均衡保持不变是以供给和需求保持不变为条件的。如果需求或供给任意一方发生变动,则意味着原有的均衡将被打破,新的均衡又会逐渐形成,从而均衡价格和均衡数量也将发生变动。本节考察需求的变动、供给的变动或供求同时变动对均衡的影响。

1. 需求变动对均衡的影响

如果商品本身价格以外的因素影响消费者对某种商品的需求,那么需求就会发生变动。例如,相关商品的价格、消费者收入、消费者偏好或预期发生变化,就可能引起市场需求的变动。需求的变动在图上表现为需求曲线的移动。可以用图 2-17 来说明供给不变时需求变动对均衡的影响。

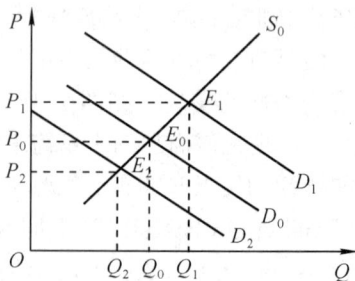

图 2-17　需求变动对均衡的影响

在图 2-17 中,需求曲线 D_0 和供给曲线 S_0 决定的市场均衡处于 E_0 点时,均衡价格和均衡数量分别为 P_0 和 Q_0。此后,供给保持不变,需求发生变动。当需求增加时,需求曲线由 D_0 向右上方平行移动到 D_1,新的需求曲线 D_1 与原有的供给曲线 S_0 在 E_1 点实现新的均衡,决定了新的均衡价格 P_1 和新的均衡数量 Q_1。显然 $P_1 > P_0$,$Q_1 > Q_0$,因此,需求的增加引起均衡价格的上升和均衡数量的增加。相反,如果需求减少,需求曲线由 D_0 向左下方平行移动到 D_2,新的需求曲线 D_2 与原有的供给曲线 S_0 在 E_2 点实现新的均衡,决定了新的均衡价格 P_2 和新的均衡数量 Q_2。显然 $P_2 < P_0$, $Q_2 < Q_0$,因此,需求的减少引起均衡价格的下降和均衡数量的减少。总之,需求的变动引起均衡价格和均衡数量的同方向变动。

2. 供给变动对均衡的影响

如果商品本身价格以外的因素,如生产成本、技术水平、生产者预期等发生变化,就会导致供给的变动。供给的变动在图上表现为供给曲线的移动。可以用图 2-18 来说明需求不变时供给变动对均衡的影响。

在图 2-18 中,需求曲线 D_0 和供给曲线 S_0 决定的市场均衡处于 E_0 点时,均衡价格和均衡数量分别为 P_0 和 Q_0。此后,需求保持不变,供

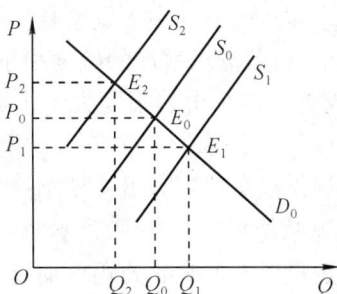

图 2-18　供给的变动对均衡的影响

给发生变动。当供给增加时,供给曲线由 S_0 向右下方平行移动到 S_1,新的供给曲线 S_1 与原有的需求曲线 D_0 在 E_1 点实现新的均衡,决定了新的均衡价格 P_1 和新的均衡数量 Q_1。显然 $P_1 < P_0$, $Q_1 > Q_0$,因此,供给的增加引起均衡价格的下降和均衡数量的增加。相反,如果供给减少,供给曲线由 S_0 向左上方平行移动到 S_2,新的供给曲线 S_2 与原有的需求曲线 D_0 在 E_2 点实现新的均衡,决定了新的均衡价格 P_2 和新的均衡数量 Q_2。显然 $P_2 > P_0$, $Q_2 < Q_0$,因此,供给的减少引起均衡价格的上升和均衡数量的减少。总之,供给的变动引起均衡价格的反方向变动和均衡数量的同方向变动。

供求变动对均衡的影响被概括为供求定理,即需求的变动引起均衡价格和均衡数量的同方向变动;供给的变动引起均衡价格的反方向变动和均衡数量的同方向变动。注意,供求定理不是供给定理和需求定理的加总,它们反映的是不同的内涵。供求定理表明的是供求变动对均衡的影响;而供给定理和需求定理表示商品价格变化对其需求量和供给量的影响。

3. 供求同时变动对均衡的影响

如果商品本身价格以外的其他因素变化,既导致了需求的变动,也导致了供给的变动,那么我们就必须分析供求同时发生变动时市场均衡的变动,这可借助图 2-19 来加以说明。

在图 2-19 中,原需求曲线 D_0 和原供给曲线 S_0 决定的市场均衡处于 E_0 点,此时均衡价格和均衡数量分别为 P_0 和 Q_0。当供求同时变动时,由于各自变动的方向和幅度不同,对市场均衡的影响也不相同。

当供求变动方向相同时,均衡数量与供求同方向变动,即供求同时增加(E_0移动至E_1),均衡数量增加;供求同时减少(E_0移动至E_2),均衡数量减少。但均衡价格依供求变动的幅度而定。若需求增加的幅度大于供给增加的幅度,或者需求减少的幅度小于供给减少的幅度,则均衡价格上升;若需求增加的幅度小于供给增加的幅度,或者需求减少的幅度大于供给减少的幅度,则均衡价格下降。

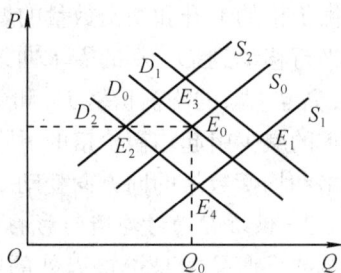

图 2-19　供求变动对均衡的影响

当供求变动方向相反时,不管变动程度如何,若需求增加供给减少(E_0移动至E_3),则均衡价格上升;若需求减少供给增加(E_0移动至E_4),则均衡价格下降。而均衡数量依供求变动的幅度而定。若供求增减幅度相等,则均衡数量保持不变。若需求增加的幅度大于供给减少的幅度,或者供给增加的幅度大于需求减少的幅度,则均衡数量增加;若需求增加的幅度小于供给减少的幅度,或者供给增加的幅度小于需求减少的幅度,则均衡数量减少。

例 2.9　城市住房的价格为什么上涨? 彩电的价格为什么下降?

城市住房的价格由住房的需求和供给共同决定,如图 2-20(a)中,需求曲线D_0和原供给曲线S_0决定的市场均衡处于E_0点,此时均衡价格和均衡数量分别为P_0和Q_0。随着我国工业化的推进,城市化水平也不断提高,城市居民的人数增加,对城市住房的需求大幅度增加,从而住房的需求曲线大幅度向右移动至D_1;与此同时,随着经济发展,住房的供给增加,供给曲线也向右移动至S_1。由于需求增加的幅度大于供给增加的幅度,或者说,需求曲线向右移动的幅度大于供给曲线向右移动的幅度,新的均衡点E_1决定的均衡价格P_1上升了,均衡数量Q_1增加了。

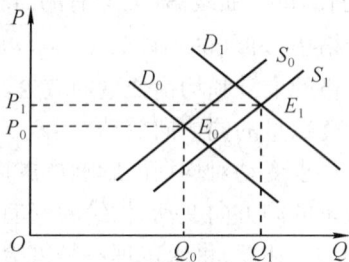

(a) 城市住房的价格变化

彩电的价格也由彩电的需求和供给共同决定,如图 2-20(b)中,需求曲线D_0和原供给曲线S_0决定的市场均衡处于E_0点,此时均衡价格和均衡数量分别为P_0和Q_0。随着我国的改革开放,经济发展使得人们的收入水平不断提高,对彩电的需求不断增加,相应地,彩电的需求曲线向右移动至D_1;与此同时,随着技

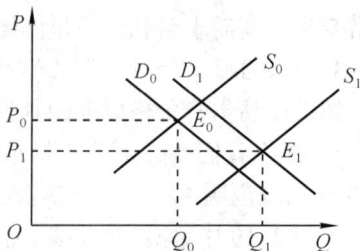

(b) 彩电的价格变化

图 2-20

术进步,体制放宽,彩电的供给大幅度增加,供给曲线向右移动至 S_1。由于供给增加的幅度大于需求增加的幅度,或者说,供给曲线向右移动的幅度大于需求曲线向右移动的幅度,新的均衡点 E_1 决定的均衡价格 P_1 下降了,均衡数量 Q_1 增加了。

例 2.10　谷贱伤农的经济学分析

谷贱伤农是我国流传甚广的一句成语,意思是粮食丰收了,农户的收入反而减少了。推而广之,农业的好消息可能是农民的坏消息。造成这种现象的根本原因在于粮食是生活必需品,它的需求价格弹性很小。如果让粮食的价格和产量由自发的供求关系来决定,则会出现谷贱伤农的情况,如图 2-21 所示。

在图 2-21 中,对于有生产周期的粮食,在一定的生产周期内粮食产量是一个常数,因此,粮食的供给曲线是一条垂线。假设上一年的粮食产量为 Q_0,对应的均

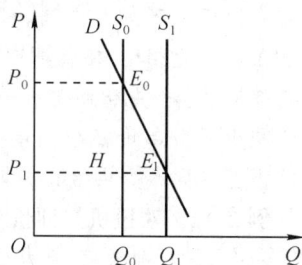

图 2-21　谷贱伤农的经济模型

衡价格为 P_0。本年度粮食丰收后,供给曲线从 S_0 右移至 S_1,均衡价格下降至 P_1。由于粮食是需求缺乏弹性的商品,因此,粮食丰收增加的收入为四边形 $Q_0Q_1E_1H$ 的面积,而由于粮价下降减少的收入为四边形 $P_0P_1HE_0$ 的面积。显然减少的收入大于增加的收入,因此,粮食丰收后农民的收入反而减少了。这就是平常所说的"谷贱伤农",也就是所谓的丰产不丰收的道理。

例 2.11　OPEC 和石油价格

20 世纪 70 年代,石油输出国组织(OPEC)的成员决定提高世界石油价格,以增加他们的收入。这些国家通过共同减少它们提供的石油产量而实现了这个目标。从1973 年到 1974 年,石油价格上升了 50% 以上。几年之后欧佩克又一次合作,1979 年石油价格上升了 14%,随后 1980 年上升了 34%,1981 年又上升了 34%。

但是欧佩克发现维持高价格是困难的。从 1982 年到 1985 年,石油价格连续每年下降 10% 左右。1986 年欧佩克成员国之间的合作完全破裂了,石油价格猛跌了 45%。

这个事件表明,供给和需求在短期与长期中的状况是不同的。在短期中,石油的供给和需求都是较为缺乏弹性的。供给缺乏弹性是因为购买石油贮藏量和石油开采能力不能迅速改变。需求缺乏弹性是因为购买习惯不会立即对价格变动作出反应。例如,许多老式耗油车的驾驶员只有支付高价格的油钱。因此,如图 2-22(a)所示,短期供给曲线和短期需求曲线是陡峭的。当石油供给从 S_0 移动到 S_1 时,价格从 P_0 到 P_1 的上升幅度是很大的。

长期中的情况非常不同。在长期中,欧佩克以外的石油生产者对高价格的反应是增加石油勘探并建立新的开采能力。消费者的反应是更为节俭,例如用新型节油车代替老式耗油的汽车。因此,正如图 2-22(b)中所示,长期供给曲线和长期需求曲线都更富有弹性。在长期中,供给曲线从 S_0 移动到 S_1 时所引起的价格变动小得多。

这种分析表明,为什么欧佩克只在短期中成功地保持了石油高价格。当欧佩克各国一致同意减少他们的石油生产时,它们使供给曲线向左移动。尽管每个欧佩克成员国销售的石油少了,但短期内价格上升如此之高,以至于欧佩克的收入增加了。与此相比,在长期中,当供给和需求较为富有弹性时,用供给曲线水平移动来衡量的同样供给减少只引起价格小幅度上升。因此,这证明了欧佩克共同减少供给在长期中并无利可图。

例 2.12 对投机的评价

一个国家的经济实力常用国内生产总值(GDP)来表示。计算国内生产总值有两种方法,一是将最终产品的价值相加,也就是说,GDP 指用于消费、投资、出口的产品(其中也包括服务)的总价值,而不包括中间产品的价值。二是将要素所得的价值相加,也就是将工资(以及各种资金、补贴)、利息、利润、租金相加。按此计算方法,只要投机活动赚了钱,它就创造出价值,因为这属于利润的一种。我们通常认为只有生产活动,或顶多再加上服务活动可以创造出价值,为什么投机活动也能创造价值?要回答这个问题,先要对投机活动下一个定义。可以认为,不为从事生产和消费,只是为了赚钱而进行买卖的活动,都属于投机。这包括贩运、囤积、买卖期货商品、房地产、股票、外汇、贵金属等。可以肯定,仅当存在着价格差别时,投机买卖才有可能赚钱。例如商贩从价格低的地方贩运商品到价格高的地方;股票投机商在价格低时购进价格高时卖出。同样一种商品,由于地点不同和时间不同而有不同的评价,具有不同的价格,这是投机赚钱存在的前提。否则作为一个集团而言,投机商是不可能赚钱的。如果市场的条件没有变化,价格是稳定的。仅仅由于投机集团制造出价格的波动,那么投机集团内部赚的钱将等于赔的钱。他们不可能赚到集团之外的人的钱。如果由于投机造成价格混乱而且集团之外的人受价格混乱的影响而在高价时参与抢购,则投机分子将能赚到集团之外的人的钱。然而也存在另一种可能,即正常集团乘价格暴跌的机会超额购进,则投机集团将因之而赔钱。

我国在 20 世纪 80 年代之前认为贩运是应当禁止的投机活动,到 80 年代初还认为长途贩运属于非法,使得地区之间不能货畅其流,各地的生产优势不能发挥。实际上,国际贸易正是一种跨国的长途贩运,它非但不应禁止,反而是应该大加鼓励的。懂得在空间上调剂余缺,能真正地节约生产成本,从而创造出价值,也就不难了解在时间上调剂余缺同样能节约生产成本并创造价值。一个例子是农产品收割季节价格偏低,

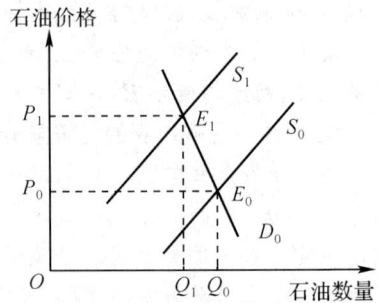

石油价格

(a) 欧佩克短期内的合作成功

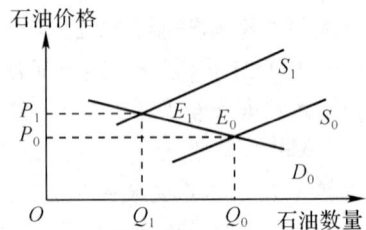

石油价格

(b) 欧佩克长期内的合作不成功

图 2-22

不利于生产者;青黄不接时价格偏高,不利于消费者。如果有人在价格低时购进,防止价格进一步降低;在价格高时售出,防止价格进一步上升,就对社会作出了贡献。再一个例子就是电力在白天时供不应求,到了半夜供过于求。于是就有抽水蓄能电站,在半夜时收购电力,用提高水的位能的方法蓄存电力,到白天高峰负荷时出售电力,利用不同时间电价差别来赚钱。

从长远来讲,投机要能赚钱,非但必须存在时间上的价格差,还必须在低价时购进高价时售出。因此它必然能缓和价格的波动。因为低价时多了一个投机需求,可以防止价格进一步下跌;高价时多了一个投机供应,防止价格进一步上升。如果投机集团赔钱,必定是高价时购进,低价时售出,加剧了价格波动。从这方面看,投机活动和其他经济活动并无本质差别,只要赚钱,都是对经济有利的。正因为如此,各国政府都允许投机活动合法存在,过去美国政府对于短期股票买卖赚的钱要征较高比例的所得税,其隐含的依据是只有长期股票买卖才算是投资,才算是有利的。但这规定现在已经取消。意思是承认投机活动也有利于经济,应当一视同仁,当然投机买卖必须是公平自由的,不允许有欺诈存在,这和其他买卖也是一样的。

股票和房地产买卖赚了钱,究竟他们对经济作出了什么贡献呢?这种活动的贡献在于提供了准确的价格信号,使得其他有关的经济活动,可以准确计算出其盈亏结果。举例说,如果没有房地产投机市场,许多土地的价格将偏低,结果可能造成一些占地很大的生产活动占据了将来变为繁华商业地段的地面。由于土地投机,揭示了未来土地的价格,可以防止当初的错误决策。但如果房地产价格过高,则将阻碍当地经济的发展,投机商最后自己也会蚀本,这一点是房地产不同于其他行业的。房地产的过度投机,会形成泡沫经济。日本已大大地吃了亏。因为土地是各行业都要使用的,土地价过高,使一切成本上升。使得经济在国际市场上竞争力降低。

资料来源:梁小民,《微观经济学纵横谈》,大众经济学,2000 年。

三、动态效应:蛛网模型

理论上均衡价格和均衡数量总是存在的,但在现实中,当市场偏离均衡时,靠自发的力量并非必然回到均衡状态。人们经常发现这样的现象:一些市场上,一个时期内价格很高,交易量很小;但在下一个时期,交易量激增,价格暴跌,并且这样的周期循环往返。以猪肉市场为例,经常是这一年农民卖猪难,下一年又是居民买肉难。其他的许多商品,如鸡、鸭、水果等,都有类似的情况。所有这些商品的一个共同特点就是,它们都是有生产周期的商品,从人们决定生产数量到产品上市之间需要一个相当长的时间,少则几个月,多则一年甚至更长时间。

蛛网模型所研究的就是这些有一定生产周期的产品的价格和产量一旦失去均衡时市场上有可能出现的各种波动情况。它最早于1930年分别由美国的舒尔茨、荷兰的丁伯根、意大利的里西各自提出。1934 年,英国经济学家卡尔多进一步揭示了这一分析在经济学上的理论意义,并将它命名为"蛛网理论"(Cobweb Theory),由于它的图形酷似蛛网,因而得名。

蛛网模型的基本假设有四项:(1)市场上有众多生产者,单个生产者的产量的任何改变都不会影响市场价格。(2)市场供给对价格变动的反应是滞后的。即在一般的供求模型中,供给量总是被假设为同一时期价格的函数,而在蛛网模型中,供给量被假设为上一时期价格的函数,即 t 期的供给量 Q_{s_t} 取决于 $t-1$ 期的价格 P_{t-1},因而有 $Q_{s_t}=f(P_{t-1})$。(3)市场需求对价格的反应是瞬时的。即 t 期的需求量 Q_{d_t} 取决于同期的价格 P_t,因而有 $Q_{d_t}=f(P_t)$。(4)市场均衡的条件是:$Q_{s_t}=Q_{d_t}$,即同一时期市场上的供给量与需求量相等。

在上述假设条件下,根据各种商品供给弹性和需求弹性的对比关系,其价格和产量一旦失去均衡时,市场上可能会出现下列三种类型的波动:①收敛型蛛网;②发散型蛛网;③稳定型蛛网。

1. 收敛型蛛网,条件是需求曲线的弹性大于供给曲线的弹性或者需求曲线的斜率小于供给曲线斜率,如图 2-23(a)所示。

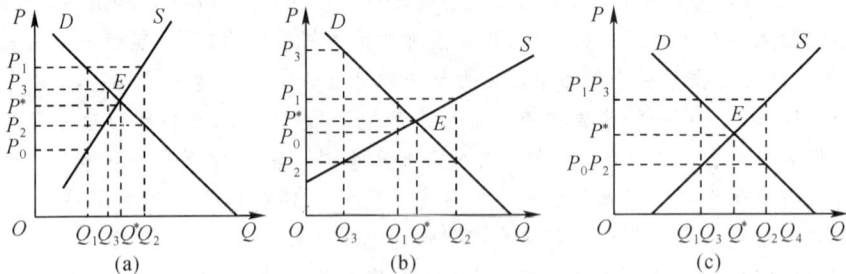

图 2-23　蛛网模型

在图 2-23(a)中,纵坐标 P 表示商品价格,横坐标 Q 表示商品数量,D 和 S 分别代表需求曲线和供给曲线,两条曲线相交的 E 点代表均衡,对应的均衡价格为 P^*,均衡数量为 Q^*。假定上一时期的价格为 P_0,P_0 小于均衡价格 P^*,那么在第 1 时期,生产者根据上一时期的价格 P_0 决定的本期产量是 Q_1,由于 Q_1 小于均衡产量 Q^*,造成供不应求,价格上涨,在价格上涨到 P_1 时,需求量与供给量正好相等,但 P_1 高于均衡价格 P^*。在第 2 时期,生产者又根据第 1 时期的价格 P_1 决定该时期的产量为 Q_2,由于 Q_2 大于均衡产量 Q^*,造成供过于求,价格下降,在价格下降到 P_2 时,需求量与供给量正好相等,但 P_2 低于均衡价格 P^*。在第 3 时期,生产者根据第 2 时期的价格 P_2 决定该时期产量是 Q_3,由于 Q_3 小于均衡产量 Q^*,造成供不应求,价格上涨,在价格上涨到 P_3 时,需求量与供给量正好相等,但 P_3 高于均衡价格 P^*……依次进行,虽然每一时期的价格和产量仍然偏离均衡价格和均衡数量,但是可以发现,随着时期的推移,市场价格与均衡价格 P^* 及产量与均衡数量 Q^* 的差距越来越小,并且趋向于均衡价格与均衡数量。由于整个图形的波动轨迹类似于蜘蛛编织的网,并且其波动逐渐收敛于均衡点,故称收敛型蛛网。

2. 发散型蛛网,条件是需求曲线的弹性小于供给曲线的弹性,或者需求曲线的斜率大于供给曲线斜率,如图 2-23(b)所示。

在图 2-23(b)中,需求曲线 D 与供给曲线 S 相交决定了均衡价格 P^* 和均衡数量 Q^*。仍然假设开始时的价格为 P_0,P_0 小于均衡价格 P^*,那么在第 1 时期,生产者根据上一时期的价格 P_0 决定的本期产量是 Q_1,由于 Q_1 小于均衡产量 Q^*,造成供不应求,价格上涨,在价格上涨到 P_1 时,需求量与供给量正好相等,但 P_1 高于均衡价格 P^*。在第 2 时期,生产者又根据第 1 时期的价格 P_1 决定该时期的产量为 Q_2,由于 Q_2 大于均衡产量 Q^*,造成供过于求,价格下降,在价格下降到 P_2 时,需求量与供给量正好相等,但 P_2 低于均衡价格 P^*。在第 3 时期,生产者根据第 2 时期的价格 P_2 决定该时期产量是 Q_3,由于 Q_3 大于均衡产量 Q^*,造成供不应求,价格上涨,在价格上涨到 P_3 时,需求量与供给量正好相等,但 P_3 高于均衡价格 P^*……依次进行,可以发现,随着时期的推移,每一时期的价格和产量都是越来越偏离均衡价格和均衡数量。由于整个图形的波动轨迹类似于蜘蛛编织的网,并且逐渐远离于均衡点,故称发散型蛛网。

3. 稳定型蛛网,条件是需求曲线的弹性等于供给曲线的弹性或者需求曲线的斜率等于供给曲线斜率,如图 2-23(c)所示。

在图 2-23(c)中,需求曲线 D 与供给曲线 S 相交决定了均衡价格 P^* 和均衡数量 Q^*。假设开始时的价格还是 P_0,P_0 小于均衡价格 P^*,那么在第 1 时期,生产者根据上一时期的价格 P_0 决定的本期产量是 Q_1,由于 Q_1 小于均衡产量 Q^*,造成供不应求,价格上涨,在价格上涨到 P_1 时,需求量与供给量正好相等,但 P_1 高于均衡价格 P^*。在第 2 时期,生产者又根据第 1 时期的价格 P_1 决定该时期的产量为 Q_2,由于 Q_2 大于均衡产量 Q^*,造成供过于求,价格下降,在价格下降到 P_2 时,需求量与供给量正好相等,并且 P_2 等于 P_0。在第 3 时期,生产者根据第 2 时期的价格 P_2 决定该时期产量是 Q_3,由于 Q_3 大于均衡产量 Q^*,造成供不应求,价格上涨,在价格上涨到 P_3 时,需求量与供给量正好相等,同时 P_3 等于 P_1……依次进行,可以发现,随着时期的推移,每一时期的价格和产量都与隔一时期的价格和产量相等,价格与均衡价格及产量与均衡数量的偏离程度始终相等。由于整个图形的波动轨迹类似于蜘蛛编织的网,并且波动幅度既不扩大也不缩小,与均衡点的背离程度保持不变,故称稳定型蛛网。

蛛网模型表明,现实世界中,各种市场很少会真正达到均衡,而经常是处于趋向均衡的过程之中,这种过程如上所述,可能是收敛于均衡的,也可能是发散于均衡的,还可能是循环的。同时,实际中,一种有生产周期的产品,其价格和产量的波动还可能是上述三种蛛网类型的杂合,即某一时期波动幅度比上一时期小,另一时期波动幅度又比上一时期大。一般认为,农产品的价格和产量波动具有蛛网模型的特征,因此,农民的收入往往因价格和产量的变化而有较大幅度的变化。要稳定农民的收入,降低蛛网性质所产生的价格和产量的波动及由此导致的市场风险,一个比较好的做法就是农业产业化经营,另一个做法是建立农产品期货市场,利用期货市场降低市场风险。

第四节　政府干预的效应

市场均衡分析提供了对自发市场调节的一个预测,即在其他条件不变的情况下,市场倾向于供求相等的均衡状态。而在现实中,政府出于某种考虑也可能对市场进行干预。本节就是要利用前述简单的均衡价格模型来分析和预测政府干预经济的效应。

一、价格干预

政府对价格进行干预的两种重要形式是支持价格和限制价格。

1.支持价格

支持价格,又称价格下限(Price Floor),是政府为支持某些行业的发展而对该行业产品规定一个高于均衡价格的最低限价。为了应对农业收入的逐渐下降,美国的农民经常为获得价格支持而进行院外活动,美国政府有时采取一些措施使粮食等农产品的价格人为地维持在较高水平上。实行支持价格的后果可以用图 2-24 来加以说明。

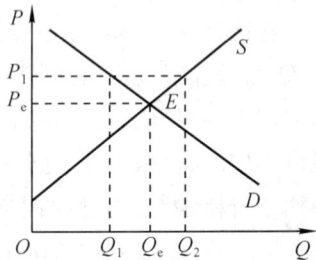

图 2-24　支持价格的效应

在图 2-24 中,市场供给与市场需求所决定的均衡状态由 E 点表示,此时均衡价格为 P_e,均衡数量为 Q_e。假定政府为扶植某行业发展而对该行业产品规定的支持价格为 P_1,它高于均衡价格 P_e。结果,在 P_1 价格水平上,需求量和供给量分别为 Q_1 和 Q_2,显然供大于求,出现过剩产品部分 Q_1Q_2。如果此时任由市场力量自发作用,价格必然存在着下降的趋势。因此,政府为了维持支持价格,必须在规定支持价格的同时,采取相应的措施使市场供求平衡,通常的做法是由政府收购过剩产品。在图 2-24 中,当政府收购了过剩产品部分 Q_1Q_2 后,市场上的需求量和供给量在 P_1 价格水平上恰好相等,因此,支持价格 P_1 就能维持。通常政府将收购来的过剩产品用于储备、出口或对别国的援助。

支持价格经常被用于农产品市场。农产品是一种生活必需品,但这类产品生产周期较长,同时易受自然因素的影响。为了减缓经济波动对农产品生产的冲击,避免自然因素引起农产品价格较大幅度波动,各国政府往往对主要农产品制定高于均衡价格的支持价格。如美国、日本、韩国及欧盟各国都对农产品实行支持价格制度。

例 2.13　中国粮食保护价政策及其后果

我国的粮食保护价政策是伴随着粮食供求形势的变化和粮食流通体制的市场化改革而出台并不断发展的。经过 80 年代中期、90 年代初期粮食流通体制改革的两次反复,政府逐步认识到在中国人多地少的小规模生产条件下,放开市场,粮食具有生产下降或价格快速上涨的可能。为了稳定粮食生产,国家于 1994 年、1996 年两次大幅度提高粮食收购价格,以调动农民生产积极性。应该说这两次提价对稳定和发展粮食生产起到了积极作用,但由于提价幅度过大,不仅使国内粮食价格由原来低于国际市场转为高于国际市场,基本丧失国际竞争力,也使国内粮食生产与流通陷入恶性循环:政府高价收购——粮食丰收——市场粮价走低——保护收购——库存猛增——顺价销售困难——粮食陈化、低价处理——压低市场粮价——保护价收购,粮食供求严重失衡。

为了保护农民的种粮积极性,从 1997 年开始国家实施以保护价敞开收购农民余粮的政策。由于保护价政策扭曲了市场供求信息及 1998 年以后的宏观经济疲软导致粮食生产比较效益相对提高,使粮食供求进一步失衡,市场粮价持续低迷,国有粮食企业仓容及政府财政补贴均不堪重负。1999 年仓储的粮食超过 2000 亿公斤,粮食库存总成本高达 2000 多亿元,保护价格政策成为财政赤字的一个重要原因。为此国务院在 1999 年 5 月中旬召开全国粮食流通体制改革工作会议,决定从 2000 年起适当缩小按保护价敞开收购的范围,促使农民调整粮食种植结构、发展优质粮食生产。这一决定的出台标志着中国的粮食保护价政策由此走上"选择保护"之路。

应该说"选择保护"比全部保护要前进了,然而这种保护价政策本身由于不符合市场经济规律,在市场体制下尤其是在开放的市场之下,其效果仍然是有限的,其政策成本是巨大的,其负面影响是深远的。

资料来源:黄雪琴,中国粮食保护价政策的效率分析与政策走向,《粮食经济研究》2003 年第 4 期。

2. 限制价格

限制价格,又称价格上限(Price Ceiling),是政府为限制某些产品的价格上涨而对该产品规定的低于均衡价格的最高限价。比如,1973 年,当阿拉伯国家联合确立首次对西方实行石油禁运时,世界石油价格急剧上涨,并很快波及到加油站。面对这场"能源危机",美国政府实行了价格管制,禁止汽油的价格上升到一定水平以上。关于限制价格及其后果可以用图 2-25 来加以说明。

在图 2-25 中,市场供给与市场需求所决定的均衡状态由 E 点表示,此时均衡价格为 P_e,均衡数量为 Q_e。假定政府为限制某商品的价格上涨而对该商品规定的限制价格为 P_2,它低于均衡价格 P_e。结果,在 P_2 价格水平上,供给量和需求量分别为 Q_3 和 Q_4,显然供不应求,出现短缺产品部分 Q_3Q_4。如果此时任由市场力量自发作用,价格必然存在着上升的趋势。因此,政府为了维持限制价

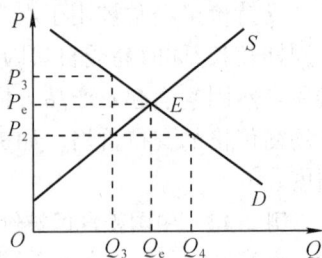

图 2-25　限制价格的效应

格,必须在规定限制价格的同时,采取相应的措施使市场供求平衡,通常的做法是政府实行配给制度。与此同时,由于产品供不应求,还可能致使消费者排队抢购,实行强迫替代。此外,在需求无法得到满足时,还会出现黑市交易。从图 2-25 中,我们可以看到,由于限制价格使市场供给量只有 Q_3,而消费者在此数量时愿意支付的最高价格达到 P_3,因此,如果能以限制价格 P_2 拿到该商品,就一定能以高于 P_2 直到 P_3 的价格出售,这是黑市产生的原因。

世界上许多国家的城市对某些住房规定租金上限,其目的是为了让低收入阶层能够以较低的租金租到住房,但租金上限往往引起对住房的过度需求,导致低收入阶层按照租金上限无法租到住房。这是因为,一方面拥有住房者会嫌租金低而不愿意出租;另一方面,找到住房的人愿意支付比租金上限更高的价格。两方面的作用最终导致租房者寻找住房的成本上升和住房市场黑市的产生。

例 2.14　票贩子为什么屡禁不止?

春节前夕,坐火车回家的人可能都有切身体会。火车票总是那么紧张,要提前排队购买,或从票贩子手中高价购买。每年的这个时候,各地公安部门都会出动警力进行打击,但票贩子们总是屡禁不止。其原因之一不是公安部门打击不力,而是限制价格的做法违背了市场经济规律。

均衡价格由市场供求决定。如果铁路部门确定的火车票低于均衡价格,坐火车的需求量就大于供给量,这时存在价格上升的压力。随着价格上升,需求量(想坐火车回家的人)减少,供给量不变,价格就会上升到供求相等的均衡水平。反之,如果铁路部门确定的价格高于均衡价格,需求量小于供给量,价格下降,直至供求相等。当价格达到均衡时,想坐火车回家的人得到了满足,这就是实现了经济学家所说的资源配置最优化。

但是,如果受到外力的干预,价格就无法起到这种调节作用。比如,假定坐火车的

均衡价格应该是 60 元,但物价部门规定的限制价格是 30 元。由于价格低于均衡价格,且不能上升,必然存在超额需求或供给短缺。火车票为 30 元时许多人买不到回家的票正是这种情况。

在这种情况下,解决供小于求的方法有三种:配给(由铁路部门决定给谁)、排队(按先来后到的原则)和黑市。票贩子和买票人之间的交易是黑市交易。票贩子或者拉帮结伙装作乘客排队买票,或者与铁路有关人员勾结把紧缺的车票弄到。然后以供给不增加情况下黑市的均衡价格(比如 100 元)卖给真正需要火车票的人。只要存在限制价格,票贩子倒票有利可图,无论怎样"严打",也是"野火烧不尽,春风吹又生"。钻价格政策的空子是票贩子的理性行为。

显然,票贩子的存在既损害了消费者的利益,又损害了生产者(铁路部门)的利益。购票者不得不付出高价,这种高价又不由铁路所得。在我们的例子中,限制价格为 30 元,买票却付出了 100 元,其间差额 70 元就归票贩子及其同伙(例如,提火车票的人)所得到。有关部门制定限制价格的意图也许是在于维护消费者利益,但实际却损害了消费者利益。这种事与愿违的结果就在于违背了市场经济的基本规律,人为地破坏了价格自发地调节供求的作用。

二、生产配额

生产配额(Production Quotas)是指政府运用行政力量把供给数量限制在低于市场均衡水平的干预行为,其中进口配额和颁发许可证是生产配额的两种主要形式。

所谓进口配额,是指一国政府直接规定某种商品的进口数量上限。例如,美国政府曾经限制石油进口,并与日本政府谈判限制日本汽车出口美国;我国也曾经对汽车、电子产品等许多产品实行进口配额。在进口配额的情况下,由于市场供给的一部分受到限制,其直接效应是导致市场价格上升,扩大行业利润;其间接效应可能扩展到相关市场和相关产业。例如,对汽车的进口配额可能提高国内汽车价格,增加国内汽车行业的工资和就业,但消费者的负担增加。

拥有许可证等于拥有了一种运营的权力。颁发许可证具有与配额类似的效应。许多国家对医师、律师、理发师、美容师等在内的职业实行从业资格认定,通过对合格者颁发许可证的方式管制这些职业的供给数量。在我国,一些城市的政府主管部门对出租车运营通过颁发许可证来控制城市出租车的数量。

配额和许可经营的经济效应可以用图 2-26 来加以说明。在图 2-26 中,没有政府干预的出租车市场上均衡的出租车数量 Q_e 由市场需求 D 和市场供给 S 共同决定,相应地,出租车服务的均衡价格为 P_e。如果政府通过颁发许可证的方式将出租车数量控制在 Q_1,就会使出租车经营者得到的价格从 P_e 上升到 P_2,而在

供给量为 Q_1 时出租车经营者的供给价格仅为 P_1，因而投入运营的出租车获得了相当于 $(P_2 - P_1)Q_1$ 的额外收益。与此同时，那些被政府颁发的许可证排除在外的出租车和公司，利益就会受损。

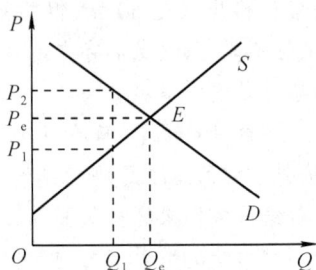

图 2-26　特许经营的效应

拥有许可证的出租车经营者所获得的额外收益是一种经济租（Economic Rent）。如果许可证是可交易的，那么许可证持有者就算自己不运营出租车，也可以将许可证转让而获得这部分经济租。医师、律师、美容师等都因为被许可经营而以较高的收入形式获得经济租。从长期来看，特许经营的价值远大于经济租，因为它代表的既是对现在也是对未来租金的索取权，因此，在出租车许可证可交易的场合，只要预期出租车的许可证制度会继续实行，许可证的市场价格就会不断上升。在极端的情况下，一张从未投入运营的出租车许可证就可以获得租金的全部价值。实际中，审批发放许可证的政府部门作为设"租"者，会吸引大量"寻租者"通过各种手段来竞争对"租"的控制权，由此产生违背公平甚至违法乱纪问题。

通常出租车许可证的发放并不是免费的，一些城市的政府主管部门采用拍卖的方式来发放新的运营许可证，而且几年下来，出租车运营许可证的拍卖价格从几万元飙升到几十万元。在政府拍卖出租车许可证的情况下，许可证持有者所获得的收益将取决于许可证的全部租金收益与拍卖市场支付的竞价成本。其中租金的很大一部分以拍卖费的形式成为政府部门的收益。在全部租金高于竞价成本时，许可证持有者与政府共同分享由于数量控制而带来的租金收益；如果竞价成本高于全部租金，那么由政府独家享有由于数量控制而产生的全部租金收益。然而，这部分租金不管是出租车运营者获得还是政府获得，最终受损的是未能投入运营的出租车和广大的出租车消费者。

三、税收归宿

税收是政府支出的来源。那么，当政府对一种商品征税时，谁来承担税收负担呢？是商品的购买者还是商品的出售者？或者，是买者与卖者共同分担？如果是共同分担的，那么是什么因素决定了税收负担的分配？经济学家用税收归宿这个术语来讨论关于税收负担的分配问题。与税收归宿相关的概念是税收转嫁。所谓税收转嫁（Shifting of Tax）是指纳税人在缴纳税收后，通过提价或压价方式，将部分或全部税收转移别人负担的过程。税收转嫁后所形成的负担分配结果就是税收归宿（Incidence of Tax），可借助图 2-27 来分析这个问题。

在图 2-27 中，D_0、S_0、E_0、P_0、Q_0 分别表示原有的需求曲线、供给曲线、均衡点、均衡价格和均衡数量。假如政府向生产者就每单位产品征税 t，则单位产品的生产成本增加了 t，从而供给曲线平行上移至 S_1，S_1 与 S_0 之间的垂直距离为 t。相应地，新均衡点将移至 E_1，均衡价格上升到 P_1。可见，税后价格虽然上升了但小于税额 $t(=P_1P_2)$。这时，消费者每单位产品支付的价格为 P_1，比税前多支付 P_0P_1；而生产者每单位产品的净收入为 $P_1-t=P_2$，比税前减少了 P_2P_0。因此，单位产

图 2-27　弹性与税收分担

品所征的税额 t 中，由消费者负担 P_0P_1，由生产者负担 P_2P_0。这就表明生产者把税额 t 中的一部分（P_0P_1）转嫁给了消费者。

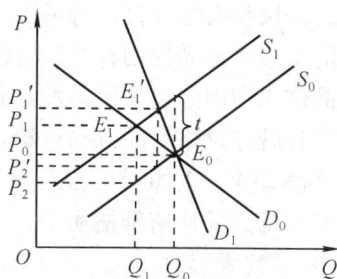

税额负担在生产者与消费者之间分摊的比例及生产者能够转嫁给消费者的税收负担部分取决于供求价格弹性的相对比较。在图 2-27 中，假设需求曲线的弹性变小（相对于均衡点 E 点而言的）或斜率变大，对应的需求曲线旋转到 D_1，那么新的均衡点为 E_1'，新的均衡价格为 P_1'。现在，单位产品所征的税额 t 中，由消费者负担 P_0P_1'，由生产者负担 P_0P_2'。由于 $P_0P_1'>P_0P_1$，$P_0P_2'<P_0P_2$，现在消费者负担的税额部分增加了，而生产者负担的部分减少了。

因此，从需求方面来看，需求弹性愈小，消费者负担的税收部分愈大，需求为完全无弹性，即需求曲线为一垂线时，税收将全部转嫁到消费者身上；需求弹性愈大，消费者负担的税收部分愈小，需求为完全弹性，即需求曲线为一水平线时，消费者负担的税收为零，也即生产者不能将税收转嫁给消费者负担。由于生活必需品缺乏弹性，因而消费者负担的税收部分就比较大；而奢侈品富有弹性，生产者自己负担的税收部分较大。

同理，改变供给曲线的弹性（或斜率），不难得到如下结论：供给弹性愈小，生产者负担的税收愈大，当供给完全无弹性，即供给曲线为一垂线时，生产者自己负担全部的税收；反之，供给弹性愈大，生产者负担的税收部分愈小，当供给具有完全弹性，即供给曲线为一水平线时，生产者能够将全部税收转嫁给消费者。

四、禁毒与犯罪

我们社会面临的一个长期问题是非法毒品的使用，比如，海洛因、可卡因和大麻。这些非法毒品的使用有一些不利影响。一个是毒品依赖会毁坏吸毒者及其家庭的生活，另一个是吸毒上瘾的人往往进行抢劫或其他暴力犯罪，以得到吸毒所需要的钱。为了限制非法毒品的使用，各国政府都花了大量财力开展减少毒品的流通等活动。现在我们用供给和需求工具来考察这种禁毒政策。

假设政府增加打击毒品的力度,非法毒品市场会发生什么变化? 虽然禁毒的目的是减少毒品使用,但它直接影响的是毒品的卖者而非买者。当政府制止某些毒品进入国内并逮捕更多的走私者时,这就增加了出售毒品的成本,从而减少了任何一种既定价格时的毒品供给量。毒品需求者在任何一种既定价格时想购买的数量并没有变。正如图 2-28(a)所示,禁毒使供给曲线从 S_0 左移到 S_1,而需求曲线不变。毒品的均衡价格从 P_0 上升到 P_1,均衡数量从 Q_0 减少为 Q_1。因此,禁毒减少了毒品的数量。

但是,与毒品相关的犯罪情况如何呢? 为回答这个问题,考虑吸毒者为购买毒品所支付的总额。由于受毒品价格上升影响而根除自己不良习惯的瘾君子很少,所以,很可能的情况是,毒品的需求缺乏弹性,正如图 2-28(a)中所示。如果需求是缺乏弹性的,那么,禁毒导致的价格上升的比例将大于毒品数量减少的比例,从而价格上升会使毒品市场上卖者的总收益增加。相应地,禁毒增加了吸毒者为购买毒品的总支出。那些已经以行窃来维持吸毒习惯的瘾君子为了更多更快地得到钱就会变本加厉地犯罪。那样,禁毒会增加与毒品相关的犯罪活动。

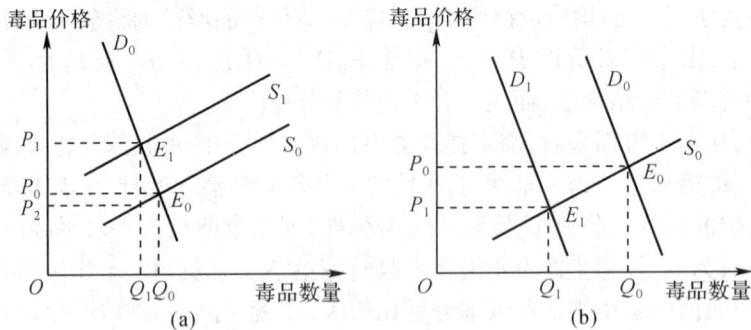

图 2-28   禁毒与犯罪

由于禁毒的这种不利影响,一些分析家提出了另一些解决毒品问题的方法。其中一种办法是使毒品合法化,即对毒品生产者课以重税,比如,在图 2-28(a)中,政府就每单位毒品征收相当于 P_1P_2 的税收。征税后,供给曲线仍然从 S_0 左移到 S_1,而需求曲线不变。毒品的均衡价格从 P_0 上升到 P_1,均衡数量从 Q_0 减少为 Q_1。尽管对于毒品的买者来说,由于对毒品的需求缺乏弹性,买者负担了生产者转嫁而来的大部分税收(相当于每单位毒品 P_1P_2 税收中的 P_1P_0 部分),而且购买毒品的总支出是会增加的。但是,现在政府得到了其中相当于 $(P_1 - P_2) \times Q_1$ 的税收,因而生产者获得的总收益只有 $P_2 \times Q_1$,与征税前的总收益 $P_0 \times Q_0$ 相比,显然总收益减少了。因此,对毒品征税或许不能减少与毒品相关的犯罪,却能使生产者减少生产毒品的收益,从而减少他们生产毒品的积极性。

分析家提出的解决毒品问题的另一个办法是,通过毒品教育的劝说政策努力减少对毒品的需求,尤其是减少那些潜在的需求者。成功的毒品教育的效应如图2-28(b)所示。需求曲线由 D_0 向左移动到 D_1,相应地,均衡价格从 P_0 下降到 P_1,均衡数量从 Q_0 减少到 Q_1,生产者总收益和买者的总支出都减少了。因此,与禁毒相对比,毒品教育既可以减少吸毒,也可以减少与毒品相关的犯罪活动。

当然,禁毒在长期与短期中的效应可能是不同的。因为需求弹性可能取决于时间的长短。在短期中,毒品需求也许是缺乏弹性的,因为高价格对已有的瘾君子吸毒没有实质性影响。但在长期中,需求也许是富有弹性的,因为高价格限制了青年中尝试吸毒的人数,而且,随着时间的推移,这也会减少瘾君子的数量。如果真是那样,那么,禁毒在短期中增加了与毒品相关的犯罪,而在长期中则会减少这种犯罪。

练习与思考

一、名词解释

需求　需求量　需求定理　需求曲线　正常商品　低档商品　替代品　互补品　需求价格弹性　需求收入弹性　需求交叉弹性　供给　供给量　供给定理　蛛网效应　供给弹性　均衡价格　供求定理　支持价格　限制价格　生产配额　税收归宿

二、分析题

1. 指出发生下列几种情况时对某种蘑菇的需求或需求量的影响:

(1) 卫生组织发布一份报告,称这种蘑菇会致癌;

(2) 该种蘑菇的价格上涨了;

(3) 另一种蘑菇的价格上涨了;

(4) 消费者收入增加了。

2. 下列事件对某种轿车的供给或供给量有何影响:

(1)生产轿车的技术有重大革新;

(2)轿车的价格下降了;

(3)政府提高对轿车企业的税收;

(4)预计轿车的价格会下降。

3. 某人原打算买一打网球,后发现网球的价格比想象的要低,于是买了两打,试问他对网球的需求有没有变化。

4. 某报道说,随着该市房地产价格的上升,人们对住房的购买量下降,但住房价格的上升又是人们对住房需求不断上升的结果。请问这样的报道是否有矛盾? 为什么?

5. 根据需求弹性理论解释"薄利多销"和"谷贱伤农"这两句俗语的含义。

6. 当直线型需求曲线上的点沿着需求曲线向右下方移动时,需求的价格弹性和总收益发生了什么变化? 为什么?

7. 在一场关于学费费率的讨论中,一位大学官员争辩说,入学的需求完全缺乏价格弹性。她所提出的证据是,在过去的 15 年里,大学学费(实际值)已翻了一番,而申请入学学生的数量和质量都没有下降。你是否接受这一观点? 扼要说明一下。

三、计算题

1. 假定某商品的需求函数为 $P = 100 - 5Q$,供给函数为 $P = 40 + 10Q$。(1)求该商品的均衡价格和均衡产量;(2)由于消费者收入上升导致对该商品的需求增加 15,求新的需求函数;(3)由于技术进步导致对商品的供给增加 15,求新的供给函数;(4)求供求变化后新的均衡价格与均衡数量;(5)将(4)与(1)比较,并说明结果。

2. 某市的房租控制机构发现,住房的总需求是 $Q_d = 100 - 5P$,其中数量 Q_d 以万间套房为单位,而价格 P(即平均月租金率)则以百美元为单位。该机构还注意到,P 较低时,Q_d 的增加是因为有更多的三口之家迁入该市,且需要住房。该市房地产经纪人委员会估算住房的供给函数为 $Q_s = 50 + 5P$。(1)如果该机构与委员会在需求和供给上的观点是正确的,那么自由市场的价格是多少? (2)如果该机构设定一个 100美元的最高平均月租金,且所有未找到住房的人都离开该市,那么城市人口将怎样变动? (3)假定该机构迎合委员会的愿望,对所有住房都设定 900 美元的月租金。如果套房上市方面的任何长期性增长,其中的 50% 来自新建住房,那么需要新建多少住房?

3. 在某商品市场中,有 10000 个相同的消费者,每个消费者的需求函数均为 $Q_d = 12 - 2P$;同时又有 1000 个相同的生产者,每个生产者的供给函数均为 $Q_s = 20P$。(1)推导该商品的市场需求函数和市场供给函数;(2)求该商品市场的均衡价格和均衡数量;(3)假设政府对售出的每单位商品征收 2 美元的销售税,而且对 1000 名销售者一视同仁,这个决定对均衡价格和均衡数量有什么影响? 实际上是谁支付了税款? 政府征收的税额为多少? (4)假设政府对产出的每单位商品给予 1 美元的补贴,而且对 1000 名生产者一视同仁,这个决定对均衡价格和均衡数量又有什么影响? 该商品的消费者能从中获益吗?

4. 某君对商品 X 的需求函数为 $P = 100 - \sqrt{Q}$,求 $P = 60$ 和 $P = 40$ 时的需求价格弹性值。

5. 假定需求函数 $Q_d = 500 - 100P$,试求:(1)价格 2 元和 4 元之间的弧弹性;(2)分别求出价格为 2 元和 4 元时的点弹性。

6. 假定某商品的需求函数为 $Q_d = 100 - 2P$,供给函数为 $Q_s = 10 + 4P$,试求:(1)均衡价格和均衡数量;(2)均衡点的需求弹性与供给弹性。

7. 甲地到乙地的汽车票价为 10 元,火车的乘客为 12 万人,如果火车乘客与汽车票价的交叉弹性为 0.8,试问当汽车票价从 10 元下降至 8.5 元时,乘坐火车的人数将会有什么变化?

8. 假定猪肉市场存在着蛛网效应,供给函数和需求函数分别是: $Q_{s_t} = -10 + 3P_{t-1}$, $Q_{d_t} = 30 - 2P_t$,并且在初始状态时产量为 20,问第二年的市场价格是多少? 均衡价格是多少? 这个均衡能达到吗?

四、讨论题

1. 实际中,市场价格是怎么决定的?

2. 票贩子为什么打击不尽?

3. 投机是好还是坏? 为什么?

4. 我国政府对粮食实行的是支持价格还是限制价格? 为什么?

5. 从经济学角度,你认为怎样可以减少迷幻商品(指烟、酒、毒品、色情等)?

6. 为什么化妆品可以薄利多销而药品不可以?

7. 你认为必需品和奢侈品哪个对社会发展可能更重要些? 为什么?

第三章 消费者行为

　　根据需求定理,消费者对某种商品的需求量与其价格存在着反方向关系。为什么存在这种关系？需求曲线为什么是一条向右下方倾斜的曲线？需求曲线是从哪里来的？微观经济学认为,对商品和劳务的需求来自消费者的消费行为。因此,只有研究消费者行为,才能说明上述问题。

　　消费者是指能够做出统一消费决策的行为主体。在许多场合,消费者并不是单个人,而是一个家庭。消费者行为是指人们为满足自己的欲望而购买、使用商品的一种经济行为。它是人类一切经济活动的出发点,又是一切经济活动的归宿。由于微观经济学把消费视为欲望的满足过程,因此,对消费者行为的分析是借助效用理论来加以表述的,故消费者行为理论也被称为效用理论。根据对消费者行为做出的不同假设,效用理论又可以分为基数效用理论与序数效用理论。从形式上看,这是两种不同的效用理论,但它们的实质并无太大的区别。

　　本章主要研究消费者及其消费行为,用基数效用理论的边际效用分析方法和序数效用理论的无差异曲线分析方法来分析消费者均衡的条件,单个消费者的需求曲线的推导,以及货币收入和商品价格变化对消费者均衡的影响。

第一节　边际效用分析

　　基数效用理论认为,效用是可以计量并加总求和的。在此基础上,该理论提出总效用、边际效用概念,给出边际效用递减规律,用边际效用分析来阐述消费者均衡的条件,推导单个消费者的需求曲线。

一、欲望与效用

　　消费者之所以对各种商品和劳务有需求,是因为这些商品和劳务能够满足他们的各种欲望。例如,食品可以满足人们充饥的欲望,衣服可以满足人们遮羞、御寒、美观和个性展示的欲望,电话可以满足人们相互联系和交流的欲望。因此,欲望是研究消费的出发点。所谓欲望,是指一个人想得到某种东西的一种心理感觉。

通常欲望具有不足之感和求足之愿,也就是说,你没有某样东西,却又特别渴望得到时,就对那样东西产生了欲望。比如说,你看到别人有电脑很羡慕,可自己没有,所以特别希望自己也有一台个人电脑时,就说明你对个人电脑有欲望。

人的欲望是多种多样的,一种欲望得到满足之后,总会相继产生新的欲望。当吃不饱穿不暖没地方住时,想有得吃有得穿有得住就行了;可有得吃有得穿有得住时,又想吃得好穿得好住得好;而当吃穿住满足以后,又会想要其他东西了。因此,人的欲望是无限的,至少相对于满足欲望的手段来说是如此。但对于特定的商品,人的欲望又是有限的。随着个人对某种商品的拥有量的增加,对该商品的不足之感和求足之愿会越来越弱。当你有了一台电脑之后,拥有同样的第二、第三台电脑的欲望就会随之下降。

例3.1　马斯洛的需要层次理论

美国著名心理学家马斯洛在1954年所著的《动机与人格》中把人的需要分为生理需要、安全需要、社交需要、尊重需要和自我实现需要五个层次,依次由较低层次到较高层次,就像金字塔一样。低层次需要的满足或基本满足有助于高层次需要的产生。

第一层次是生理需要:这是人类本能的最基本的需要。包括衣、食、住、行及延续种族的需要等。它位于多层次需要构成的"金字塔"的底部,是最低层次的需要,人们在转向较高层次的需要之前,总是尽力满足这一层次的需要。

第二层次是安全需要:实质上是生理需要的保障。包括对人身安全、生活稳定以及免遭痛苦、威胁或疾病等的需要,可以分为生命安全的需要、财产安全的需要、职业安全的需要、劳动安全的需要、环境安全的需要和心理安全的需要等。安全需要和生理需要一样,在它还没有得到满足之前,人们不会转向其他更高层次的需要。

第三层次是社交的需要:也可称为归属和爱的需要。包括社会交往,从属于某一个组织或某一种团体,并在其中发挥作用,得到承认;希望同伴之间保持友谊和融洽的关系,希望得到亲友的爱等。当生理需要和安全需要得到满足后,社交需要就会凸显出来。

第四层次是尊重的需要:即自尊、自重,或要求被他人所尊重。既包括对成就或自我价值的个人感觉,也包括他人对自己的认可与尊重,体现为自尊心、信心、希望有地位、有威望,受到别人的尊重、信赖以及高度评价等。当他们得到这些时,不仅赢得了人们的尊重,同时就其内心因对自己价值的满足而充满自信。不能满足这类需要,就会使他们感到沮丧。

第五层次是自我实现的需要:这是人生追求的最高目标,位于金字塔的顶端。包括能充分发挥自己的潜力,表现自己的才能,成为有成就的人物。马斯洛说:"音乐家必须演奏音乐,画家必须绘画,诗人必须写诗,这样才会使他们感到最大的快乐。是什么样的角色就应该干什么样的事。我们把这种需要叫做自我实现。"自我实现需要的目标是自我实现,或是发挥潜能。达到自我实现境界的人,接受自己也接受他人。

　　人们的欲望借助于消费商品和劳务而得到满足。消费者消费某种商品或劳务而得到的满足感被称为效用(Utility)。显然,效用不仅是指商品本身的有用性或使用价值,更是消费者对所消费商品或劳务满足自身欲望能力的一种主观心理感受或评价,它不是一个客观范畴。从通俗的角度讲,效用代表着人们如果得不到它就会产生痛苦感,或者得到它就会产生的幸福感。如果某种商品的消费能使消费者感到的满足程度高,商品的效用就大;满足程度低,效用就小;如果给消费者带来不适、不愉快或痛苦,就是负效用。而某种商品或劳务给消费者带来的效用大小,取决于消费者对这种商品或劳务欲望的强度,以及这种商品或劳务满足消费者欲望的能力。当某个人对拥有某种商品的欲望特别强烈时,获得该商品所产生的满足感相对来说也会比较强,也即这种商品对这个人来说,效用就比较大。

　　不同的人对同一商品或劳务的效用评价,和同一个人在不同的时间和地点对同一商品或劳务的效用评价都是不同的。比如,有人喜欢抽烟喝酒,另一些人却讨厌抽烟喝酒;一个人身体好时,感觉饭菜很可口,饭量也大,但在身体不好时,再好的饭菜也会感觉索然无味,没有胃口;羽绒服在寒冷的冬天效用很高,但在炎热的夏天就没有什么效用了。此外,在讨论一种商品的消费是否对消费者有效用时,经济学并不考虑其本身的价值判断问题。例如,吸毒是违法的,但毒品对于吸毒者的效用也许很大。

例3.2　最好吃的东西

　　兔子和猫争论,世界上什么东西最好吃。兔子说,"世界上萝卜最好吃。萝卜又甜又脆又解渴,我一想起萝卜就要流口水。"猫不同意,说,"世界上最好吃的东西是老鼠。老鼠的肉非常嫩,嚼起来又酥又松,味道美极了!"兔子和猫争论不休、相持不下,跑去请猴子评理。猴子听了,不由得大笑起来:"瞧你们这两个傻瓜蛋,连这点儿常识都不懂!世界上最好吃的东西是什么?是桃子!桃子不但美味可口,而且长得漂亮。我每天做梦都梦见吃桃子。"兔子和猫听了,全都直摇头。那么,世界上到底什么东西最好吃?

　　这个故事说明了效用完全是个人的心理感觉。不同的偏好决定了人们对同一种商品效用大小的不同评价。

　　既然效用表示消费者消费商品或劳务所得到的满足感,而且效用有大有小,那么如何来度量效用呢?基数效用(Cardinal Utility)理论认为,一种商品对消费者的效用是可以用基数1,2,3,4……加以测量,并计总求和的。边际效用学派的三位创始人杰文斯、门格尔、瓦尔拉斯认为,效用是能够用具体数字来计量的。这好比长度可以用米作单位,重量可以用公斤作单位一样,消费者消费不同商品或不同数量的同种商品获得的效用也可以有一个共同的计量单位。计算效用大小的单位被叫做效用单位(Utility Unit)。根据基数效用论,消费者可以说出,吃一个馒头的效用是 10 个效用单位,看一场电影的效用是 36 个效用单位;打一次篮球的效用是 20 个效用单位,拥有一辆宝马汽车的效用是 200 个效用单位,等等。如果对某消费者而言,一个苹果的效用为 4 个效用单位,一个橘子的效用为 2 个效用单位,则一个苹果的效用是一个橘子的效用的两倍,而一个苹果和一个橘子的总效用就是 6 个效用单位。

基数效用理论进一步认为,效用随消费者所消费的商品量的变化而变化。如果消费者消费某种商品的消费量记为 Q,用 U 表示该消费者消费该商品所获得的效用量,那么可以构建效用函数 $U = f(Q)$;如果消费两种商品,那么效用函数记作 $U = f(Q_1, Q_2)$;如果消费多种商品,则记作 $U = f(Q_1, Q_2, \cdots, Q_n)$。

二、总效用与边际效用

商品的效用分为总效用与边际效用。总效用(Total Utility, TU)是指消费者在一定时期内消费一定量某商品而得到的效用总和或总的满足程度;边际效用(Marginal Utility, MU)是指从额外一单位(最后一单位)某种商品的消费中所获得的额外的效用(或满足感)。例如,消费 3 杯可乐的总效用为 9 效用单位;消费 4 杯可乐的总效用为 10 效用单位,则可以知道第 4 杯可乐的边际效用为 1 单位(10 $- 9 = 1$)。

1. 总效用函数

按照基数效用论,消费者若只消费一种商品 X,并用 X 表示对该商品的消费量,则总效用函数可以表示为:
$$TU = U(X) \tag{3-1}$$
实际中,消费者往往同时消费多种商品。为便于分析,假定只消费 X、Y 两种商品,并且分别用 X 和 Y 表示对这两种商品的消费量,则总效用函数为:
$$TU = f(X) + g(Y) \tag{3-2}$$
或
$$TU = U(X, Y) \tag{3-3}$$
式(3-2)表示,消费 X 和 Y 两种商品的总效用是 X, Y 这两种商品各自的效用的总和。这意味着,X 商品的效用与 Y 商品的效用彼此无关。式(3-3)则表示 X、Y 商品的效用会相互影响。例如,盐的效用在单独使用时可能很小,但加入菜中,效用就会变大。显然,式(3-3)比较符合实际,其一般形态通常表述为:
$$TU = AX^{\alpha}Y^{\beta} \tag{3-4}$$
或
$$TU = A_0 X + A_1 Y - A_3 XY \tag{3-5}$$

2. 边际效用函数

根据边际效用的定义,如果某消费者消费 X 商品,以 ΔX 表示对 X 商品的消费量的增量,以 ΔTU 表示总效用的增量,以 MU_X 表示其边际效用,则:

$$MU_X = \frac{\Delta TU}{\Delta X} \tag{3-6}$$

如果消费量可以无限分割,总效用函数为连续函数,则可利用微分方程,求得边际效用是总效用 TU 对消费量 X 的一阶导数:

$$MU_X = \lim_{\Delta x \to 0} \frac{\Delta TU}{\Delta X} = \frac{\mathrm{d}TU}{\mathrm{d}X} \tag{3-7}$$

同理,如果总效用函数为多元函数,可以假定其他商品的消费量不变,只考察其中一种商品消费量的微小变动所引起的总效用的变动,即边际效用是总效用对某一商品的消费量的一阶偏导数。设多元函数为式(3-3),则 X 和 Y 商品的边际效用分别如下:

$$MU_X = \frac{\partial TU}{\partial X} \tag{3-8}$$

$$MU_Y = \frac{\partial TU}{\partial Y} \tag{3-9}$$

3. 边际效用递减规律

消费者的总效用或满足程度的增加,显然依赖于对某商品消费数量的增加及随着消费量增加而带来的边际效用的变化,但边际效用会如何变化呢? 表 3-1 和图 3-1 给出了某消费者消费不同数量的可乐所获得的总效用、边际效用及两者之间的关系。

在表 3-1 中,随着所消费的可乐数量的增加,消费者所获得的总效用随之增加,但是增加的速度是递减的。当喝第 1 杯可乐时,边际效用最高,达到 4,对应的总效用也是 4;喝第 2 杯的边际效用下降到 3,相应的总效用等于两杯的边际效用之和 7;喝第 3 杯的边际效用继续下降到 2,相应的总效用增加到 9;到第 5 杯时,边际效用已经下降到 0,相应的总效用也达到最大值 10。可以看出,总效用以递减的速度增加的原因在于每多喝一杯可乐的边际效用是递减的。换句话说,是边际效用递减导致了总效用以递减的速度增加。

表 3-1　商品数量与总效用和边际效用的关系

可乐(杯)	总效用(TU)	边际效用(MU)
0	0	—
1	4	4
2	7	3
3	9	2
4	10	1
5	10	0

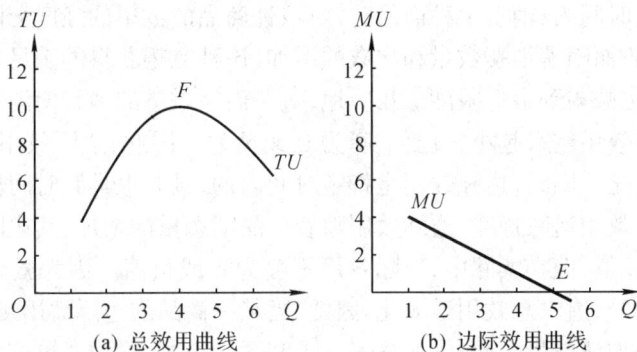

图 3-1　总效用曲线与边际效用曲线

图 3-1(a)和(b)在表 3-1 的基础上绘成,它更加直观地表明了总效用与边际效用之间的关系。从图 3-1(a)和(b)中可以观察到,总效用曲线 TU 先以递减的速度上升,到达最高点 F 后,又开始下降,是一条凹向横轴的曲线。边际效用曲线 MU 则是一条向右下方倾斜的曲线。当边际效用为正值时,总效用曲线呈上升趋势;当边际效用为零时,总效用曲线达到最高点 F 点;当边际效用为负值时,总效用曲线呈下降趋势。从数学意义上讲,如果效用曲线是连续的,则每一消费单位的边际效用值就是总效用曲线上相应点的斜率值。

基数效用理论认为,在其他条件不变的情况下,消费者连续消费某种商品的边际效用,将随其消费量的增加而不断减小,这一现象普遍存在于各种商品和劳务的消费过程中,因而称之为边际效用递减规律(The Law of Diminishing Marginal Utility)。从数学上讲,边际效用递减规律可以表述为:总效用函数的一阶导数大于 0,但二阶导数小于 0,即 $\dfrac{\mathrm{d}TU}{\mathrm{d}X}>0$,$\dfrac{\mathrm{d}^2TU}{\mathrm{d}X^2}<0$。其经济学含义是,随着消费量的增加,总效用增加,但总效用的增加量(即边际效用)越来越小。

边际效用随着商品消费数量的增加而递减的例子在现实生活中比比皆是,比如一个人在饥饿时,吃第一只包子给他带来的效用是最大的。以后,随着这个人所吃的包子数量的连续增加,虽然总效用是不断增加的,但每只包子给他带来的效用增量即边际效用却是递减的。当他完全吃饱时,包子的总效用达到最大值,而边际效用却降为零。如果此时要他继续吃包子时,包子给他带来的只有不舒服的感觉,即包子的边际效用变为负数,包子的总效用也会随之下降。

为什么在消费过程中会呈现出边际效用递减规律呢? 基数效用论者认为,该规律的存在是以人们的欲望强度递减和欲望强度饱和为基础的。人的欲望无限,这是就欲望的多样性和分层次性,以及每一种欲望在被满足之后还会具有重复性和再生性而言的。但就每一种具体的欲望满足过程而言,在一定时间内,却不是这样。当在一定时间内,消费某种商品时,对该种商品的欲望的强度会因为得到即刻的满足而减弱;而随着消费数量和次数的增加,该种欲望获得的满足最终会达到饱和状态,欲望也减弱到最低限度。相应地,每一商品增量的消费使消费者感到增加的满足程度或效用越来越小,直至下降为 0 或负数。因此,边际效用的大小,与欲望的强弱成正比。同时,边际效用是特定时间内的效用,也具有时间性。

根据边际效用递减规律,边际效用随着商品消费量的增加,其边际效用不断递减,甚至减为负值,但在实际中,边际效用不会为零或负值。因为微观经济学假设消费者是理性的,追求总效用最大化,因此,当某一商品的边际效用接近于零时,消费者将不再增加消费量。此外,尽管表 3-1 和图 3-1 中,增加一单位商品的消费所减少的边际效用相等(都是 1),边际效用曲线是一条向右下方倾斜的直线,但更一般意义上的边际效用曲线不仅具有负的斜率,而且以递减的速度下降,是一条向右下方倾斜且凸向横轴的曲线。

例 3.3 幸亏我们生活在一个边际效用递减的世界里

我们设想,在其他条件不变的情况下,消费者连续消费某种商品的边际效用,将随其消费量的增加而不断增加,即边际效用是递增的。简单的例子是,一个人肚子饿了,吃一个馒头得不到很高的享受,可是吃得多了,这种享受的感觉越来越强烈,那么结果会是什么呢? 这个人吃馒头将是个无底洞,永远都无法满足了。吸毒就接近于边际效用递增。正因为边际效用递增,吸毒的人才会越吸越上瘾,甚至卖掉家产,抛妻弃子,宁可食不充饥,衣不蔽体,毒却不可不吸。如果人们对大多数商品的边际效用是递增的,这个世界将是一个疯狂的世界。相反,正因为边际效用是递减的,人们在一种商品的边际效用递减后,就会想方设法生产和消费另一种商品以实现最大化的总效用。事实上,商品的创新和丰富多彩皆源于人们的边际效用是递减的。所以说,幸亏我们生活在一个边际效用递减的世界里。

例 3.4 第四个鸡蛋的故事

边际效用递减规律表明,每增加一单位商品的消费,该商品对消费者的边际效用是递减的。但是,有人争辩说,假如用四个鸡蛋才能烤制出一个蛋糕,那么第一个、第二个和第三个鸡蛋的边际效用肯定没有第四个鸡蛋的边际效用大,因为有了第四个鸡蛋,才能做成蛋糕的;如果没有第四个鸡蛋,蛋糕就不能做好。

在这一事例中,关键的问题在于,有四个鸡蛋的蛋糕和有一个、两个或三个鸡蛋的蛋糕不是同一商品,其效用也不相同,因而不具有相互替代性。在这种情况下,要使边际效用递减规律成立的唯一办法就是将每组四个鸡蛋的蛋糕当作同一商品。

三、消费者均衡

消费者行为理论假定,消费者以总效用最大化为目标。所谓消费者均衡(Consumer Equilibrium)是指消费者在收入和商品价格既定的条件下,选择购买一定数量的商品组合,从而获得最大满足的状态,即总效用最大化的状态。当消费者实现均衡时,不会改变他所购买的各种商品和劳务的数量;如果消费者的消费还没有实现均衡,他就会改变消费决策,重新调整各种商品和劳务的购买数量,增加总效用直到最大化为止。

1.无约束的消费者均衡

当一个消费者的行为不受任何限制时,他消费一种商品的最大效用,在数学上是一个自由极值问题,即无约束的最优化。当总效用函数为 $TU = U(X)$ 时,总效用最大化的必要条件为 $\dfrac{\mathrm{d}TU}{\mathrm{d}X} = 0$,充分条件为 $\dfrac{\mathrm{d}^2 TU}{\mathrm{d}X^2} < 0$。

当消费者消费多种商品,如消费两种商品 X 和 Y,总效用函数为 $TU = U(X, Y)$ 时,总效用最大化的必要条件为 $\dfrac{\partial TU}{\partial X} = 0$ 且 $\dfrac{\partial TU}{\partial Y} = 0$,充分条件为 $\dfrac{\partial^2 TU}{\partial X^2} < 0$ 且 $\dfrac{\partial^2 TU}{\partial Y^2} < 0$。

2.有约束的消费者均衡

实际中,消费者在进行消费决策时,他会面临着两个约束条件:一是其有限的收入和各种商品与劳务的价格,这限制了他的购买能力,即能够购买的商品种类及其数量;二是各种商品和劳务的边际效用,这是他从各种商品和劳务的购买、消费中所得到的满足程度。由于边际效用递减规律的作用,如果他把相对多的钱花在购买某一种商品时,该商品给他带来的边际效用会下降;相反,他用相对少的钱购买的另一种商品的边际效用就会提高。因此,消费者在把有限的收入用来购买各种不同的商品和劳务时,他必须考虑的两个最主要的因素是:价格和边际效用。

基数效用论将消费者均衡的基本条件表述如下:一个具有有限收入而面临一系列商品市场价格的消费者,必须使他花费在各种商品和劳务上的边际效用与其价格之比都相等,即在每种商品购买上的最后一元钱所带来的边际效用相等。如果消费者的既定收入为 M,全部用来购买 X 和 Y 两种商品,用 P_X, P_Y 分别表示两种商品的价格,用 X, Y 分别表示两种商品的数量,用 MU_X, MU_Y 分别表示两种商品的边际效用,并用 λ 表示单位货币的边际效用,即每种商品购买上所支出的最后一单位货币获得的相同的边际效用。那么,消费者均衡的基本条件可以用公式表示为:

$$P_X X + P_Y Y = M \tag{3-10}$$

$$\frac{MU_X}{P_X} = \frac{MU_Y}{P_Y} = \lambda \tag{3-11}$$

其中,(3-10)式是消费者实现效用最大化的限制条件,(3-11)式是在限制条件下消费者实现效用最大化的均衡条件。

为什么说只有当消费者实现了 $\dfrac{MU_X}{P_X} = \dfrac{MU_Y}{P_Y} = \lambda$ 的均衡条件时,才能获得最大的效用呢? 因为我们假定消费者是理性的,他会努力使自己在购买的各种商品的消费中获得的总效用最大化。也是说,如果某商品购买支出的最后一元钱能获得更多的边际效用,那么,消费者会把钱从别的商品转到该商品的购买上去,一直到边际效用递减规律使得该商品的最后一元边际效用同其他商品的最后一元边际效用相等。

假如 $\dfrac{MU_X}{P_X} > \dfrac{MU_Y}{P_Y}$,这说明对于消费者来说,同样一元钱购买商品 X 的边际效用大于购买商品 Y 所得到的边际效用。这样,理性的消费者将增加对 X 商品的购买,减少对 Y 商品的购买。在这样的购买调整过程中,一方面,在消费者用减少 1 元钱的商品 Y 的购买来相应地增加 1 元钱的商品 X 的购买时,由此带来的商品 X 的边际效用增加量大于商品 Y 的边际效用减少量,这意味着消费者的总效用是增加的;另一方面,在边际效用递减规律的作用下,随着 X 商品消费量的增加,其边际效用递减,而随着 Y 商品消费量的减少,其边际效用反而递增。当消费者将其购买组合调整到同样一元钱购买这两种商品所得到的边际效用相等,即 $\dfrac{MU_X}{P_X} = \dfrac{MU_Y}{P_Y}$ 时,他便得到了由减少 Y 商品购买和增加 X 商品购买所带来的总效用增加的全部好处,即此时消费者获得的总效用最大。

相反,假如 $\dfrac{MU_X}{P_X} < \dfrac{MU_Y}{P_Y}$,这说明对于消费者来说,同样一元钱购买商品 X 的边际效用小于购买商品 Y 所得到的边际效用。这样,理性的消费者将减少 X 商品的购买,增加 Y 商品的购买,直到 $\dfrac{MU_X}{P_X} = \dfrac{MU_Y}{P_Y}$ 时,消费者获得的总效用最大。

假定市场上存在 X 和 Y 两种商品,某消费者对它们的消费量、支付价格和获得的效用如表 3-2 所示。如果该消费者的收入为 8 元,他怎样花费这笔收入才能实现总效用最大呢?

第一种情况,假定他计划用 4 元钱购买 4 单位商品 X,余下的 4 元购买 2 单位商品 Y,那么,他所获得的总效用 TU 为 30 (10＋20)。该消费者花在商品 Y 上的最后一元钱给他带来的边际效用 MU 是 4(＝8/2),而花在商品 X 上的最后一元钱给他带来的边际效用是 1。显然,对消费者来说,在商品 X 上花那么多钱是不合算的。因此,消费者要调整他的购买计划,即减少对 X 商品的购买量,相应地,增加对 Y 商品的购买量,直到花在两种商品购买上的最后一元钱所带来的边际效用相等为止。

第二种情况,假定他将 8 元全部用在商品 Y 的购买上,4 单位商品 Y 给他带来的总效用只有 28,最后一元钱带来的边际效用只有 1,而这一元钱如果花费在商品 X 的购买上则可带来的边际效用是 4。对消费者来说,在商品 Y 上花那么多钱是不合算的。因此,消费者也要调整他的购买计划,即减少对 Y 商品的购买量,相应地,增加对 X 商品的购买量,直到花在两种商品购买上的最后一元钱所带来的边际效用相等为止。

第三种情况,假定该消费者计划购买 2 个单位商品 X 和 3 个单位商品 Y。这时,消费者从所购买商品中获得的总效用为 $33(26+7)$,花在两种商品购买上的最后一元钱所带来的边际效用均为 3,此时消费者实现了均衡,即在现有条件下这样的购买组合使消费者获得的总效用一定是最大的。

表 3-2　商品 X 和 Y 的消费量、价格和效用关系

商品 X(每单位 1 元)			商品 Y(每单位 2 元)		
Q	TU	MU	Q	TU	MU
1	4	4	1	12	12
2	7	3	2	20	8
3	9	2	3	26	6
4	10	1	4	28	2
5	10	0	5	28	0

在数学上,根据消费者的目标函数 $U=U(X,Y)$ 和约束条件 $P_X X + P_Y Y = M$,构建拉格朗日函数:

$$L = U(X,Y) + \lambda(M - P_X X - P_Y Y) \tag{3-12}$$

那么使总效用最大的必要条件为:

$$\frac{\partial L}{\partial X} = \frac{\partial U}{\partial X} - \lambda P_X = 0 \tag{3-13}$$

$$\frac{\partial L}{\partial Y} = \frac{\partial U}{\partial Y} - \lambda P_Y = 0 \tag{3-14}$$

$$\frac{\partial L}{\partial \lambda} = M - P_X X - P_Y Y = 0 \tag{3-15}$$

以 MU_X 表示 $\frac{\partial U}{\partial X}$,以 MU_Y 表示 $\frac{\partial U}{\partial Y}$,很容易得到消费者均衡的限制条件(式 3-10)和实现条件(式 3-11)。

例题 3.1　假设某消费者用其全部收入 M 购买 X 和 Y 两种商品,他的效用函数为 $U = XY$,X 和 Y 商品的价格分别为 $P_X = 1$ 元,$P_Y = 2$ 元,他的收入 $M = 40$ 元。为获得最大效用,他会购买多少单位 X 和 Y 商品?

解 1　根据消费者均衡的限制条件 $P_X X + P_Y Y = M$,可得方程(1):

$$X + 2Y = 40$$

对效用函数 $U = XY$ 求偏导, 可得:

$$MU_X = \frac{\partial U}{\partial X} = Y, \quad MU_Y = \frac{\partial U}{\partial Y} = X$$

再根据消费者均衡的实现条件 $\frac{MU_X}{P_X} = \frac{MU_Y}{P_Y}$, 可得方程(2):

$$\frac{Y}{1} = \frac{X}{2}$$

将方程(1)和(2)联立, 可求得消费者效用最大化的商品组合为:

$$X = 20, \quad Y = 10$$

解 2　构建拉格朗日函数如下:

$$L = XY + \lambda(40 - X - 2Y)$$

求导得到效用最大化的必要条件为:

$$\frac{\partial L}{\partial X} = Y - \lambda = 0$$

$$\frac{\partial L}{\partial Y} = X - 2\lambda = 0$$

$$\frac{\partial L}{\partial \lambda} = 40 - X - 2Y = 0$$

很容易求得消费者效用最大化的商品组合为: $X = 20, Y = 10$。

四、需求曲线的推导

　　商品的需求价格是指消费者在一定时期内对一定量的某种商品所愿意支付的价格。基数效用论者认为, 商品的需求价格取决于商品的边际效用, 即消费者愿意为购买一定数量的某种商品支付的价格, 取决于消费这种商品能够带给他的边际效用的大小。边际效用愈大, 消费者愿意支付的价格愈高, 反之则愈低。由于边际效用递减规律的作用, 随着消费者对某种商品消费的连续增加, 该商品的边际效用是递减的, 相应地, 消费者为购买这种商品所愿意支付的价格即需求价格也是越来越低的。

　　消费者支付的价格, 一般以货币表示。考虑到每次购买所用的货币数量不大, 其边际效用变化甚微, 可以忽略不计, 因此假定货币的边际效用固定不变。根据货币的边际效用不变的假定, 我们可以从一种商品的边际效用曲线导出其需求曲线。

　　表 3-3 列出了可乐的消费量、边际效用、需求价格和货币的边际效用。由此表可见, 消费者的需求价格与其所得边际效用相当。

表 3-3　可乐的边际效用与需求价格

可乐(杯) Q	边际效用 MU	需求价格(元) P	货币的边际效用 λ
1	20	4	5
2	15	3	5
3	10	2	5
4	5	1	5
5	0	0	0

仍设 λ 为每元货币的边际效用,根据消费者实现效用最大化的均衡条件,可得:

$$\lambda = \frac{MU}{P} \tag{3-16}$$

$$P = \frac{MU}{\lambda} \tag{3-17}$$

式(3-16)说明,每单位货币获得的边际效用为可乐的边际效用与其价格之比。式(3-17)说明,可乐的价格是可乐的边际效用与货币的边际效用之比。根据 Q 与 P 之间的函数关系,便可绘出消费者对可乐的需求曲线 D,见图3-2。

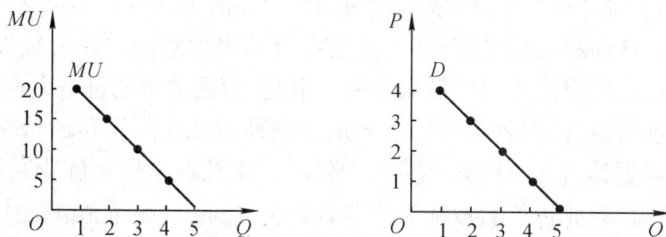

图 3-2　可乐的边际效用曲线与需求曲线

可以看出,和边际效用与消费量成反向变动一样,需求量与价格也成反向变动。因此,如果货币的边际效用不变,需求曲线完全取决于边际效用曲线。基数效用论是以边际效用递减规律和建立在该规律上的消费者效用最大化的均衡条件为基础推导出消费者的需求曲线的。需求曲线向右下方倾斜的根源在于边际效用递减规律。

例 3.5　钻石和水的价值悖论

亚当·斯密在《国富论》(1776 年)第一卷第四章中提出了著名的价值悖论:"没有什么东西比水更有用,但它几乎不能购买任何东西……相反,一块钻石有很小的使用价值,但是通过交换可以得到大量的其他商品。"

令人遗憾的是,斯密没有准备回答这个悖论,他仅仅创造了一个奇特的二分法,水有使用价值,而钻石有交换价值。然而,斯密以前的教授海彻森和其他学院的老师早在斯密提出之前就解决了这个悖论。商品的价值或价格首先由消费者的主观需求决定,然后再由商品的相对稀缺性或丰富程度决定。简而言之,由需求和供给决定。较丰富的商品,价格较低;较稀缺的商品,价格较高。

　　更让人吃惊的是,亚当·斯密在他写作经典的《国富论》前十年发表的一篇讲演中就解决了水和钻石的悖论。钻石和水的价格的不同在于它们的稀缺性不同。斯密说:"仅仅想一下,水是如此充足便宜以至于提一下就能得到;再想一想钻石的稀有……它是那么珍贵。"斯考特思教授补充说,当供给条件变化时,产品的价值也变化,斯密注意到一个迷失在阿拉伯沙漠里的富裕商人会以很高的价格来评价水。如果工业能成倍地生产出大量的钻石,钻石的价格将大幅度下跌。

　　19世纪70年代,三位经济学家门格尔、杰文斯和瓦尔拉斯分别说明价格(交换价值)由它们的边际效用来决定,而不是由它们的全部效用(使用价值)决定。因为水是丰富的,增加一单位水所得到的边际效用很小,因而水的价格很便宜;而钻石是极端稀缺的,获得一单位钻石的边际效用很高,因而钻石的价格是昂贵的。

五、消费者剩余

　　根据基数效用论的观点,消费者对每种商品愿意支付的价格取决于它的边际效用。由于边际效用递减规律,消费者对同种商品的不同数量愿意支付的价格(需求价格)不同。该商品的数量较少时,消费者对其边际效用的评价较高,愿意支付较高的价格;反之则愿意支付较低的价格。但是,商品的市场价格大都定在某一价格水平上,也就是说,消费者购买任何数量的该种商品实际支付的价格是相同的。这样,消费者根据其边际效用大小愿意支付的价格总额与他实际支付的价格总额之间就会出现差额,此种差额被称为消费者剩余(Consumer's Surplus)。它是对消费者从交易中所获利益的一种货币度量,实际上是消费者的一种主观心理感受。

　　用需求曲线来测算消费者剩余是一种简便易懂的方法。在图3-3(a)中,以横轴表示某商品的数量(Q);以纵轴表示该商品的价格(P)。对于某消费者来说,由于消费第一单位该商品所获得的边际效用最高,因而他愿意支付的价格也最高,达到10元;根据边际效用递减规律,消费第二单位该商品所获得的边际效用是下降的,因而该消费者愿意支付的价格也下降到8元;消费第三单位该商品所获得的边际效用更小,因而该消费者为此愿意支付的价格更低,下降到6元;为获得第四单位和第五单位该商品愿意支付的价格进一步下降到4元和2元。可以知道,为获得五单位该商品,消费者愿意支付的价格总额为$10+8+6+4+2=30$(元)。若该商品的市场价格为2元,消费者购买五单位该商品所实际支付的价格总额为$2×5=10$(元)。因此,消费者购买五单位该商品愿意支付的价格总额与实际支付的价格总额的差额为20元,这20元就是消费者所获得的消费者剩余,它是消费者从购买并消费该商品中所获得的净收益。显然,消费者剩余不是一种实实在在的收益,而仅是消费者主观上的一种心理感受。

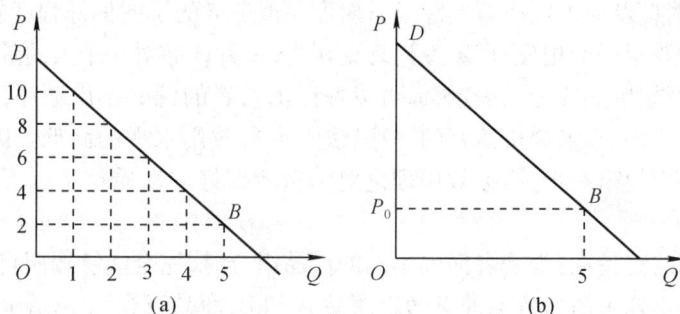

图 3-3　消费者剩余

在图 3-3(b)中,假定消费者所购买的某商品的数量可以无限细分,或者消费者所面对的是光滑的需求直线,市场价格为 P_0,此价格水平上,消费者的购买量还是 5 单位,那么消费者购买 5 单位该商品的消费者剩余就是三角形 $\triangle P_0DB$ 的面积。同理,在市场供求模型中,可以用市场需求曲线以下,均衡价格线以上的面积来表示消费者剩余;相应地,也可以用市场供给曲线以上,均衡价格线以下的面积来表示生产者剩余。所谓生产者剩余(Producer's Surplus)是指生产者得到的价格总额超过其支付总成本的差额。很容易知道,消费者剩余与市场价格成反比,生产者剩余与市场价格成正比。

第二节　无差异曲线分析

20 世纪初,意大利经济学家帕累托在其著作中采用了序数效用理论。以后该理论由希克斯加以进一步发展,并在 20 世纪为绝大部分经济学家所采纳。序数效用(Ordinal Utility)理论认为一种商品对消费者的效用,没有一个客观的衡量标准,而且受到同时消费的有关商品的影响。但该理论认为,一个消费者虽然说不出各种商品的效用大小,却能够明确排出自己对这些商品的偏好次序。他们提出无差异曲线分析方法,用无差异曲线和消费预算线来说明消费者均衡的实现和推导单个消费者的需求曲线。

一、消费者偏好

消费者在市场上购买多少种类和数量的商品是由消费者的行为决定的,而决定消费者行为的最重要的因素就是消费者的偏好。在现实生活中,有些人喜欢读莎士比亚的作品,有些人欣赏巴尔扎克的小说;有些人喜欢听古典音乐,有些人则偏爱流行音乐。这些不同的偏好无疑会导致消费者对商品或劳务的购买做出不同的决策,而消费者的不同决策实际是其对商品或劳务的不同偏好程度的显示。

与基数效用理论相反,序数效用理论认为,一种产品对一个人的效用是无法测量的,因而不能用基数加以表示,但可以按照消费者的偏好排出顺序,以序数词第一、第二、第三、……来分析偏好的顺序,表示商品效用水平的高低。因此,作为消费者行为分析的第一步,序数效用理论对消费者偏好的性质作了以下三点基本假定:

1. 偏好的完备性:消费者面临不同的商品组合时,完全能够按照自身的偏好排列一个顺序。如果消费者面前有两组商品 A 和 B,商品组合 A 包括 1 单位可乐和 2 单位汉堡包,商品组合 B 包括 2 单位可乐和 1 单位汉堡包。那么,A 带给他的效用大于 B,他就更偏好 A;反之就更偏好 B;若两组商品带给他的效用一样大,选择任何一组对他来说就是无所谓的,也可以说他对两组商品无差异。判断消费者对两种商品组合的偏爱程度的方法,是将这两种商品组合标上相同的价格,然后问消费者究竟要哪一种。

2. 偏好的传递性:消费者的偏好具有可传递的特性,即偏好在逻辑上的一致性。例如,假定一个消费者在 A、B 两种商品组合中更偏爱商品组合 A,而在 B、C 两种商品组合中更偏爱商品组合 B,那么,他对商品组合 A 的偏好一定大于商品组合 C。如果他对 A 和 B 的偏好无差异,对 B 和 C 的偏好也无差异,那么,同样可以断定他对 A 和 C 的偏好无差异。假如不是这样,那他的偏好是不可传递的,那将意味着他的偏好是矛盾或不一致的。

3. 偏好的非饱和性,或称越多越好:对于消费不同组合的相同商品,消费者总是偏好数量较多的一组商品。如对于一个苹果和一只香蕉的组合与一个苹果和三只香蕉的组合,消费者总是偏好后者。这里隐含着,消费者消费的所有商品都是好东西而不是坏东西或令人讨厌的东西,其边际效用都是大于 0,从而消费越多获得的总效用越大,而消费者是追求效用最大化的主体,当然就是越多越好了。

二、无差异曲线

假定效用只能用序数来表示,我们就可以用无差异曲线来表示消费者的偏好。如果消费者在一定偏好条件下所选择的不同的商品组合对消费者的满足程度是无差异的,那么联结这些不同组合就构成了无差异曲线。

1. 无差异曲线的特征

所谓无差异曲线(Indifference Curve, IC)是指在偏好既定的条件下,能够给消费者带来相同总效用的所有两种商品不同组合的连线。可以用表 3-4 和图 3-4 来进一步加以说明。

表 3-4　商品 X 和商品 Y 的不同组合

商品组合	商品 X 数量	商品 Y 数量
A	1	6
B	2	3
C	3	2
D	4	1.5

表 3-4 排列了消费者所选择的商品 X 与商品 Y 的四种不同的组合 $A,B,C,$ D，消费这四种组合给消费者带来的总效用是一样的，因而消费者对这四个组合是无差异的。如果将表 3-4 的各种商品组合描绘到横轴为 X 商品消费量，纵轴为 Y 商品消费量的直角坐标系中，并且用平滑的曲线把各个组合点连接起来，那么所得到的连线就是无差异曲线，通常用字母 I 表示。

在同一平面中，存在着无数个点，每一个点都代表着一种商品组合。对于任何一种商品组合，消费者都可以找到一系列无差异的商品组合，从而形成一条无差异曲线。因此，一个消费者绝不只有一条无差异曲线，而是有一组无差异曲线。这些不同的无差异曲线即构成了"无差异曲线图"，如图 3-5 所示。

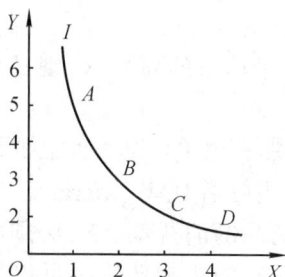

图 3-4　某消费者的无差异曲线　　　　图 3-5　无差异曲线图

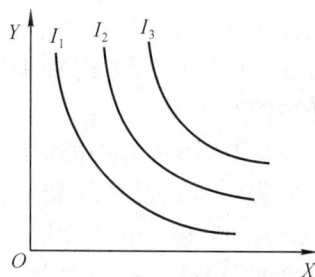

根据消费者偏好性质和图 3-4、图 3-5 对无差异曲线的描述，可以得到无差异曲线的基本特征：

(1)无差异曲线向右下方倾斜，即斜率为负。这表示在获得同等总效用的条件下，消费者要消费更多的一种商品(X)，他就必须相应地减少对另一种商品(Y)的消费量。这也意味着，对消费者而言，所消费的两种商品具有一定的替代性。

(2)离原点越远的无差异曲线代表的效用水平越高。尽管同一平面上，可以有无数条无差异曲线，但不同的无差异曲线所代表的效用水平是不一样的。由于离原点越远的无差异曲线上的组合代表的消费数量越多，根据偏好的非饱和性，离原点越远的无差异曲线代表的效用水平就越高。在图 3-5 中，根据 I_1,I_2,I_3 三条无差异曲线的位置，可以知道，它们代表的效用水平依次为 $I_3>I_2>I_1$。

(3)任何两条无差异曲线不可能相交。尽管同一平面上，可以有无数条无差异曲线,但是任何两条无差异曲线都是不可能相交,否则将会与特征(2)发生矛盾。这一点可以用图3-6来加以证明。

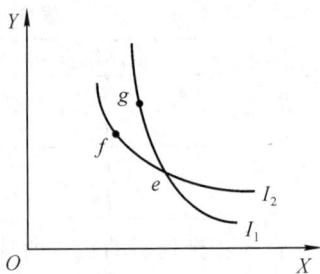

图3-6　无差异曲线相交的矛盾

在图3-6中,代表不同效用水平的两条无差异曲线 I_1 和 I_2 相交,交点 e 与 g 位于同一无差异曲线 I_1 上,效用水平相同;交点 e 与 f 也位于同一无差异曲线 I_2 上,效用水平也一样。因此,点 g 和点 f 的效用水平相同,从而无差异曲线 I_1 和 I_2 代表的效用水平也相同。这与前提 I_1 和 I_2 是两条效用水平不同的无差异曲线相矛盾。

(4)无差异曲线是一条凸向原点的线,即无差异曲线的斜率的绝对值是递减的。要证明无差异曲线的这一特征,需要引入一个新的概念——商品的边际替代率。

2. 商品的边际替代率

面对一条既定的无差异曲线,消费者想要消费更多的商品 X,就得以放弃一定数量的商品 Y 为代价。例如,在图3-4中,消费者要得到第2个单位的商品 X,就要放弃3个单位的商品 Y,如果他还想多得到1个单位的商品 X,则必须再放弃1个单位的商品 Y。

在保持总效用水平不变的情况下,消费者为增加一个单位某一商品的消费而必须减少的另一种商品的消费数量,就是商品的边际替代率(Marginal Rate of Substitution),通常用 MRS 来表示。如果增加 X 商品的消费量 ΔX,必须相应减少 Y 商品的消费量 ΔY,那么用商品 X 替代商品 Y 的边际替代率可以表示为 $-\dfrac{\Delta Y}{\Delta X}$,即:

$$MRS_{XY} = -\frac{\Delta Y}{\Delta X} \tag{3-18}$$

由于 X, Y 呈反方向变动,式(3-18)中的 ΔX 为正数,ΔY 为负数,因此 $\dfrac{\Delta Y}{\Delta X}$ 之前加上负号之后表示 MRS_{XY} 为正值。在图(3-7)中,当点 R 沿着无差异曲线 I 接近点 P 时,$\dfrac{\Delta Y}{\Delta X}$ 是点 R 与点 P 的连线的斜率。因此,商品 X 对 Y 的边际替代率就是无差异曲线 I 的斜率的绝对值。

$$MRS_{XY} = \frac{Y_2 - Y_1}{X_2 - X_1} = -\frac{RS}{SP} = -\frac{\Delta Y}{\Delta X} \tag{3-19}$$

在图3-7中,点 R 与点 P 位于同一条无差异曲线 I 上,因而这两个组合给消费者带来的总效用水平相等。从点 R 移至点 P,既然消费者愿意以 $\Delta X(X_1 X_2)$ 数

量的商品 X 换取 $\Delta Y(Y_2Y_1)$ 数量的商品 Y,就说明由于商品 X 的消费量的增加所增加的效用和由于商品 Y 的消费量的减少所减少的效用在量上一定是相等的,从而有下列式子:

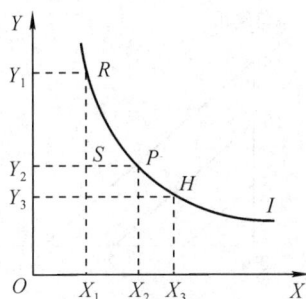

图 3-7　商品的边际替代率

$$\Delta X \times MU_X = -\Delta Y \times MU_Y \qquad (3-20)$$

$$-\frac{\Delta Y}{\Delta X} = \frac{MU_X}{MU_Y} \qquad (3-21)$$

所以,商品 X 对商品 Y 的边际替代率,也就是其边际效用之比:

$$MRS_{XY} = \frac{MU_X}{MU_Y} \qquad (3-22)$$

根据式(3-22),我们可以得到,商品的边际替代率是递减的,或者消费者为得到更多数量的商品 X 而愿意放弃的商品 Y 的数量是递减的。这是因为,随着 X 商品消费量的增加,其边际效用(MU_X)递减,而随 Y 商品消费量的减少,其边际效用(MU_Y)反而递增。因此,MU_X/MU_Y 的比值是递减的。可见,边际替代率递减规律,来自边际效用递减规律。边际替代率递减,意味着无差异曲线的斜率的绝对值也是递减的,从而在无差异曲线图中,无差异曲线是一条凸向原点的线。

3.无差异曲线的特殊形状

一般情况下,无差异曲线是凸向原点的。但在一些特殊的情况下,无差异曲线具有特殊的形状。下面分析两种特殊情况下的无差异曲线。

第一种情况:完全替代品。完全替代品(Perfect Substitutes)是指替代比例固定不变的两种商品。因此,在完全替代的情况下,两种商品之间的边际替代率 MRS_{XY} 就是一个常数,相应的无差异曲线是一条斜率不变的直线。例如,某人向你提供 5 角的硬币和 1 角的硬币,对这两种物品你的偏好可能是无差异的。你只关注每种组合的货币总值。因此,你总是愿意用 5 个 1 角的硬币去换 1 个 5 角的硬币,即边际替代率是一个不变的常数 5。相应的无差异曲线形状见图 3-8(a)。

图 3-8(a)显示,完全替代品的无差异曲线是一条直线,其边际替代率,也即无差异曲线的斜率的绝对值是一个不变的常数 5。

第二种情况:完全互补品。完全互补品(Perfect Complements)意味着必须按固定不变的比例同时使用的两种商品。相应的无差异曲线为直角形状。例如,某人向你提供了一些鞋子,有些是左鞋,有些是右鞋,此时你肯定只关心能成双的鞋子有多少。如果这些鞋子中有 4 只左鞋、8 只右鞋,能成双的只有 4 对。其余的 4 只右鞋对你来说一点用处都没有。在这个例子中,左鞋和右鞋的边际替代率即为无穷大或零。其无差异曲线形状见图 3-8(b)。如果你拥有的左鞋数目也增加到 8

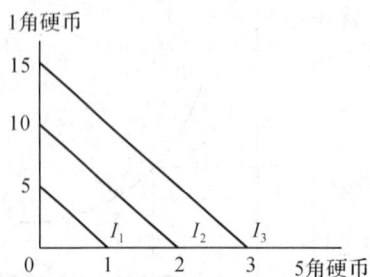

图 3-8(a)　完全替代品的无差异曲线　　图 3-8(b)　完全互补品的无差异曲线

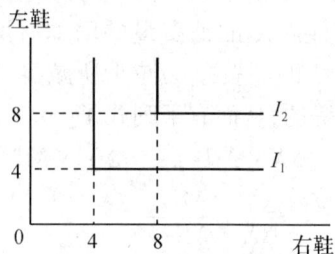

只,那么你就会有代表效用水平更高的无差异曲线,如图 3-8(b)中的 I_2。

例 3.6　饥饿的驴:无差异的幽默

"一头饥饿的驴子面对着两堆有同样诱惑力的干草,简直不能决定去吃哪一堆,结果它只有忍饥挨饿,直到死亡。"

这个驴的故事最先由巴黎大学的布里丹(Jean Buridan)提出,被用来验证无差异曲线在经济分析上的用途。这头不幸的驴子之所以忍饥挨饿直到死,首先,它是"完全理性的",因为这两堆干草对它来说确实是无差异的,它吃其中任何一堆得到的效用将是完全相等的;其次,因为这两堆干草对于它来说是无差异的,这使得它无法在两者之间作出选择,用来选择其中一堆干草的理由对另一堆同样适用,无差异导致了这头驴子的无法选择,最后在选择的左右为难中饿死。

从逻辑的角度看,的确存在第三种选择——饿死;但就价值标准而言,第三种选择在驴子显示的偏好顺序中显然要比另外两种选择(即选择其中任何一堆干草)排在后面。布里丹的结论是荒谬的,但并不是因为他的论证存在任何逻辑性错误,而在于他忽略了驴子会借助其他手段来打破僵局,作出选择,甚至这种选择是瞬间决定的。比如,现实中,人们碰到类似难题,所谓"鱼和熊掌不能兼得"之时,就会向别人咨询、占卜或者抛硬币随机选择。

三、消费预算线

由于稀缺性的普遍存在,消费者的欲望不可能都得到满足。无差异曲线只是表示消费者主观上对两种商品不同组合的偏好,但事实上,消费者到底购买多少则要由他的收入水平和两种商品的价格来决定。因为消费者在购买时总要受到制约,即他不得不在商品价格既定和货币收入有限的条件下决定自己的消费行为。假设消费者购买两种商品 X 和 Y,其价格分别为 P_X 和 P_Y,其数量分别为 X 和 Y,消费者的货币收入为 M,则消费者的预算约束为:

$$P_X X + P_Y Y \leqslant M \qquad (X \geqslant 0, Y \geqslant 0) \tag{3-23}$$

式(3-23)表示,消费者购买 X,Y 两种商品的总支出,不得超过他的货币收入。作图 3-9,则可以用△OX_1Y_1表示消费者的预算空间(或预算集)。也就是说,在货币收入的限制下,消费者只能购买预算空间△OX_1Y_1中的商品组合。若购买△OX_1Y_1以内的任何商品组合,则货币收入有剩余;若购买△OX_1Y_1以外的商品组合,则超过其预算限制,必须负债;若购买X_1Y_1线上的任何商品组合,则恰好用完全部货币收入。

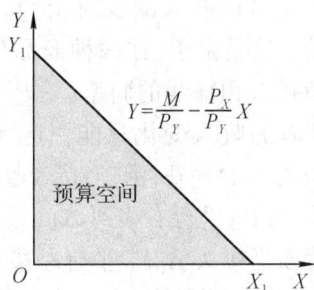

$$Y = \frac{M}{P_Y} - \frac{P_X}{P_Y}X$$

预算空间

图 3-9 预算空间与消费预算线

如果消费者要实现满足最大或效用最大,就必须花完所有的货币收入,所以追求效用最大化的消费者的预算方程可以表示如下:

$$P_XX + P_YY = M \tag{3-24}$$

或者改写为:$Y = \dfrac{M}{P_Y} - \dfrac{P_X}{P_Y}X$ (3-25)

根据式(3-24)或式(3-25)画出的直线 X_1Y_1(见图3-9)就是消费预算线。消费预算线(Budget Line)是指在消费者收入和所购买商品价格既定的条件下,消费者用全部收入所能买到的两种商品的最大数量组合的连线。若消费者以其全部收入购买 Y,可得 Y 商品的数量为M/P_Y,在图 3-9 中以纵截距 OY_1 表示;若消费者以其全部收入购买 X,可得 X 商品的数量为M/P_X,在图 3-9 中以横截距 OX_1表示。并且可以知道消费预算线的斜率为:

$$-\frac{OY_1}{OX_1} = -\frac{M/P_Y}{M/P_X} = -\frac{P_X}{P_Y} \tag{3-26}$$

假定某消费者的收入为 120 元,用于生活必需的食品和服装的购买,市场上食品的价格每单位为 20 元,服装的价格每单位为 30 元。如果消费者将 120 元收入全部用来购买食品,可以买到 6 单位;全部收入用于购买服装,可以买到 4 单位。那么,以 X 和 Y 分别表示食品和服装的购买量,就可以得到该消费者的消费预算方程:

$$20X + 30Y = 120 \tag{3-27}$$

根据式(3-27),可以在图 3-10 中画出相应的消费者的预算线 AB,它表示消费者花完他的 120 元收入时所能买到的食品和服装两种商品的最大数量组合的连线。

消费预算线是以消费者收入和商品价格既定为条件的,因此,如果消费者的收入水平和(或)商品的价格发生变化,那么消费预算线也会随之发生变动。

第一种情况,在两种商品的价格保持不变的条件下,消费者的收入发生变化,消费预算线将会平行移动。当消费者的收入增加时,预算线向右上方平行移动;当消费者的收入减少时,预算线向左下方平行移动。这是由于,在两种商品价格不变的条件下,消费者预算线的斜率($-P_X/P_Y$)不变,因而,消费者的收入变化只能引起预算线的平行移动。如图 3-11(a)所示,消费者收入增加,消费预算线从 A_0B_0 平行右移到 A_1B_1;消费者收入减少,消费预算线从 A_0B_0 平行左移到 A_2B_2。

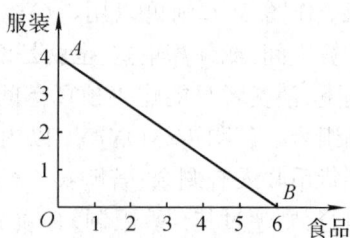

图 3-10　消费预算线

第二种情况,在消费者的收入和其他商品的价格不变的条件下,一种商品的价格发生变化,消费预算线将会旋转。假定消费者购买 X 和 Y 两种商品,消费者的收入和 Y 商品的价格没有变,但 X 商品的价格发生变化。那么,当 X 商品的价格上升时,消费预算线将以其与纵轴的交点为轴心顺时针方向旋转;当 X 商品的价格下降时,消费预算线以其与纵轴的交点为轴心逆时针方向旋转。如图 3-11(b)所示,当消费者的收入和 Y 商品价格不变时,X 商品的价格上升,消费预算线以 A 点为轴心从 AB_0 顺时针方向旋转到 AB_1;X 商品的价格下降,消费预算线以 A 点为轴心从 AB_0 时逆时针方向旋转到 AB_2。

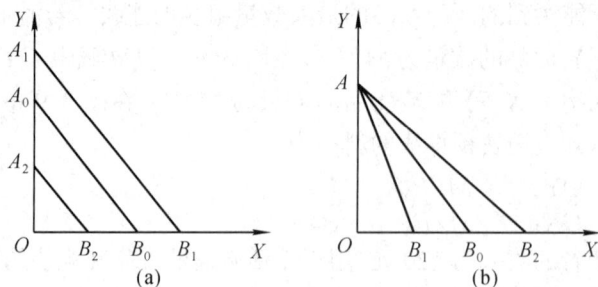

图 3-11　消费预算线的变动

同理,假定消费者的收入和 X 商品的价格没有变,但 Y 商品的价格发生变化。那么,当 Y 商品的价格上升时,消费预算线将以其与横轴的交点为轴心逆时针方向旋转;当 Y 商品的价格下降时,消费预算线以其与横轴的交点为轴心顺时针方向旋转。

第三种情况,消费者的收入和所有商品的价格同时发生变化,这种情况下,消费预算线的变动较为复杂。如果消费者的收入和所有商品的价格按同一比例同一方向发生变化,那么消费预算线的位置不变。如果消费者的收入和所有商品的价格按同一比例不同方向发生变化,那么消费预算线会平行移动。比如,消费者的收入上升 10%,两种商品的价格都下降 10%,那么,消费预算线的斜率不变,但横截距和纵截距都变大,因此,消费预算线向右上方平行移动;反之,消费者的收入下降

10%,两种商品的价格都上升 10%,那么,消费预算线的斜率不变,但横截距和纵截距都变小,因此,消费预算线向左下方平行移动。如果消费者的收入和所有商品的价格按不同比例同一方向或不同比例不同方向发生变化,消费预算线的变动就取决定于收入与商品的价格及两种商品价格之间的相对变化率。

四、消费者均衡

序数效用论者认为,无差异曲线所表明的是消费者的偏好是什么,也就是说他想购买什么样的商品及购买多少数量;消费预算线所表明的是消费者的购买能力。因此,序数效用理论在无差异曲线和消费预算线的基础上来分析消费者的均衡,如图 3-12 所示。

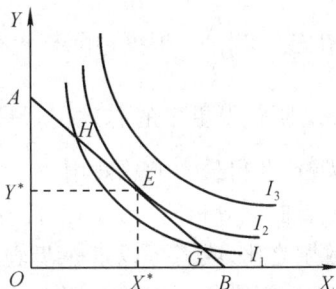

图 3-12　消费者均衡

在图 3-12 中,AB 是消费者的预算线,它是既定的收入和商品价格条件下,消费者用全部收入能够买到的 X 和 Y 两种商品的最大数量组合的连线。I_1,I_2,I_3 是代表不同效用水平的三条无差异曲线,它们与消费预算线的关系分别是相交、相切和相离。对于消费者来说,能使得他获得最大总效用的商品组合是哪个?

当然,离原点最远的无差异曲线 I_3 代表着最高的效用水平,但是这条曲线上的所有商品组合,在既定收入和价格水平下,消费者没有能力支付。无差异曲线 I_1 与消费预算线 AB 有两个交点 H 和 G,表明 H 和 G 是消费者在现有收入和商品价格条件下买得起的组合,但购买这 H 或 G 组合实现的效用水平较低,低于无差异曲线 I_2 所代表的效用水平,更低于无差异曲线 I_3 所代表的效用水平。无差异曲线 I_2 与消费预算线 AB 有一个切点 E,在该点上,消费者恰好支出自己的全部收入获得无差异曲线 I_2 所代表的效用水平。因此,点 $E(X^*,Y^*)$ 既是消费者在现有收入与价格水平下买得起的商品组合,同时也是给消费者带来最大效用的组合。因此,点 $E(X^*,Y^*)$ 是消费者的均衡点。

由于 E 点是消费预算线与无差异曲线的切点,因此,在该切点上,无差异曲线的斜率等于消费预算线的斜率。消费预算线的斜率的绝对值为$\frac{P_X}{P_Y}$,也即两种商品的价格之比;而无差异曲线的斜率的绝对值就是商品的边际替代率MRS_{XY},也等于两种商品的边际效用之比,因此,消费者在E点均衡的条件可以写为:

$$\frac{P_X}{P_Y} = MRS_{XY} \quad 或 \frac{P_X}{P_Y} = \frac{MU_X}{MU_Y} \tag{3-28}$$

假如消费者选择预算线AB上E点以外的任何一点,如图3-12中的点H,这时无差异曲线的斜率的绝对值大于预算线的斜率的绝对值,即$MRS_{XY} > \frac{P_X}{P_Y}$。根据边际替代率递减规律,消费者将增加$X$的购买,减少$Y$的购买,以便获得更多的总效用。如果选择图3-12中的点G,这时无差异曲线的斜率的绝对值小于预算线的斜率的绝对值,即$MRS_{XY} < \frac{P_X}{P_Y}$。根据边际替代率递减规律,消费者将减少$X$的购买,增加$Y$的购买,以便获得更多的总效用。只有在点$E$,$\frac{P_X}{P_Y} = MRS_{XY}$,消费者才能达到均衡的购买量,获得最大的总效用。

由于序数效用论的无差异曲线分析所得到的消费者均衡的条件仍然是两种商品的价格之比等于其边际效用之比,或者可以进一步表述为每种商品的边际效用与其价格之比相等,这与基数效用论所要求的消费者均衡的条件一样,因此,表面上序数效用论和基数效用论是分析消费者行为的两种不同理论和不同方法,但实质上,这两者几乎是一样的。

五、需求曲线的推导

如前所述,在两种商品价格P_X、P_Y既定的条件下,具有一定收入的消费者必定有一条消费预算线,它的斜率等于两种商品的价格之比。当商品价格发生变动时,预算线的斜率必然发生变动,消费者的均衡点也随之变动。

如图3-13(a)所示,当X商品的价格下降时,预算线从A_1B移至A_2B,均衡点从E_1移至E_2,对X商品的需求量从X_1增加到X_2;当X商品的价格继续下降时,预算线又从A_2B移至A_3B,均衡点又从E_2移至E_3,对X商品的需求量也从X_2继续增加到X_3。联结E_1,E_2,E_3,…所形成的轨迹,反映了消费者在不同的价格水平下均衡消费量的变化,称为价格消费曲线(Price Consumption Curve,PCC)。

由于价格消费曲线反映了价格与均衡消费量之间的关系,因此很容易从价格消费曲线中推导出某种商品的需求曲线。如图3-13(b)所示,只要在横轴为X商品需求量,纵轴为X商品价格的直角坐标系中,将图3-13(a)中关于X商品的价格和对应的需求量标出,就可以得到类似于a,b,c等各个组合,联结这些点所得

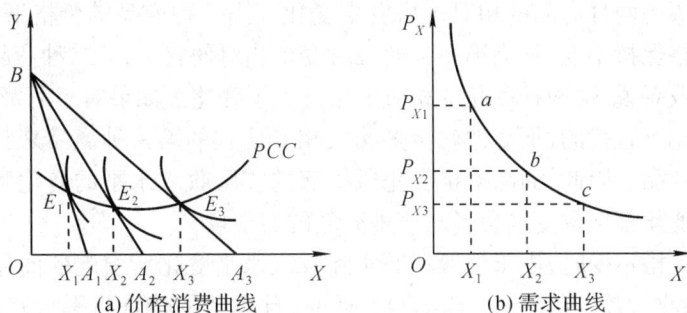

图 3-13 价格消费曲线与需求曲线

到的曲线就是 X 商品的需求曲线。根据需求定理,一般情况下,某种商品的需求曲线是一条向右下方倾斜的曲线,它表示商品的价格与需求量成反方向变化。从序数效用论对需求曲线的推导过程中,也可以清楚地看到,需求曲线上与每一价格水平相对应的商品需求量都是可以给消费者带来最大效用水平或满足程度的需求量。

虽然基数效用论与序数效用论所推导出来的需求曲线特征相同,但两者的推导方法不同。前者在效用可以衡量和边际效用递减规律的假定条件下推导出需求曲线;后者则认为这两个心理假设无法得到实证,从而转向用消费者偏好所决定的效用水平或满足顺序来代替效用的具体衡量,用商品的边际替代率递减规律来取代商品的边际效用递减规律,同样推导出了向右下方倾斜的需求曲线。

第三节 价格、收入变化的需求效应

在用序数效用论的无差异曲线分析说明消费者均衡的实现和需求曲线的推导之后,进一步运用这一分析方法来说明价格变化和收入变化对消费者行为的影响及其影响效应。

一、替代效应、收入效应和价格效应

现实中,我们观察到,当一种商品的价格变化时,消费者对该商品的需求量也会发生变化。实际上,当一种商品的价格发生变化时,会对消费者产生两种影响:一是使消费者的实际收入水平发生变化。在消费者名义的货币收入保持不变的情况下,如果所购买的某种商品的价格下降,则意味着同样的货币收入现在能购买更多的商品数量,即消费者的实际收入水平或货币购买力提高了。如果该种商品是正常商品,那么,随着实际收入水平的上升,消费者就会增加对该商品的需求量。

二是使所购买的两种商品的相对价格发生变化。当一种商品的价格下降时,另一种商品的价格保持不变,那么第一种商品就变得相对便宜了,第二种商品就变得相对昂贵了。或者说,这两种商品的相对价格发生了变化。如果对于消费者来说,这两种商品是相互替代的,那么他就会多购买相对便宜的第一种商品来替代相对昂贵的第二种商品。因此,商品价格变化所引起的实际收入水平的变化和两种商品相对价格的变化都会改变消费者对该种商品的需求量。

我们把价格不变时,由于消费者的实际收入水平变化所引起的商品需求量的变化,称之为收入效应(Income Effect)。此时,预算线的位置将平行移动,消费者的均衡点也将随之移动。如图 3-14 所示,当消费者的收入增加时,预算线从 AB 移至 $A'B'$,原有无差异曲线 I 上移至 I',均衡点也由 E 移到 E'。此时消费者对商品 X 的需求量 X_1 增至 X_2,对商品 Y 的需求量从 Y_1 增至 Y_2。

而在实际收入水平不变的条件下,由于一种商品的价格变化或两种商品价格的反方向变化,使得相对价格发生变化,导致消费者增加价格下降的商品的需求量以替代价格上涨的商品,这一现象被称为替代效应(Substitution Effect)。如图 3-14所示,预算线 AB 与无差异曲线 I 的切点 E 表示最初的消费者均衡点,当商品 X 的价格 P_X 下降,商品 Y 的价格 P_Y 上涨时,预算线向右旋转到 $A'B'$,$A'B'$ 与无差异曲线 I 相切,切点 E' 为新的消费者均衡点,此时,消费者对商品 X 的需求量由 X_1 增至 X_2,对商品 Y 的需求量从 Y_1 减至 Y_2。在这里,我们将实际收入水平不变定义为总效用水平不变,即消费者保持原有的无差异曲线。

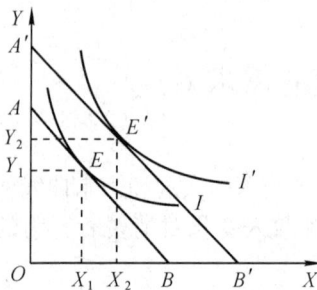

图 3-14　收入效应　　　　　　　　图 3-15　替代效应

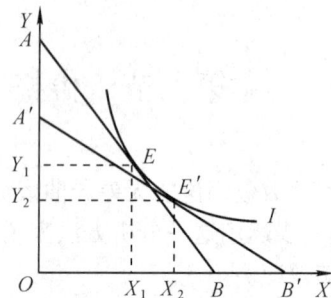

显然,当某种商品的价格发生变化时,虽然消费者名义的货币收入不变,但其实际收入(即货币收入的购买力)却已经发生了变化,同时,两种商品的相对价格也已经发生变化,因此,如果把该种商品价格变化而产生的需求量的变化,称为价格效应(Price Effect),那么价格效应应该是替代效应和收入效应的总和,即价格效应=替代效应+收入效应。可以用图 3-16 来综合说明价格效应、替代效应和收入效应。

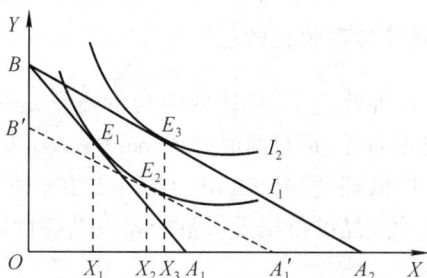

图 3-16　价格效应、替代效应和收入效应

从图 3-16 可以看到,当 X 商品的价格下降时,消费者的预算线从 A_1B 移至 A_2B,均衡点自 E_1 移至 E_3,X 的需求量从 X_1 增至 X_3,增加了 X_1X_3,这就是 X 商品价格下降产生的价格效应。如果在图 3-16 中引入补偿预算线,就可以来分解价格效应中的替代效应部分和收入效应部分。

什么是补偿预算线?当商品的价格发生变化引起消费者的实际收入水平发生变化时,补偿预算线是用来表示以假设的货币收入的增减来维持消费者的实际收入水平(定义为总效用水平)不变的一种分析工具。具体地说,当商品的价格下降引起消费者的实际收入水平上升时,假设取走消费者的部分货币收入,以使消费者的实际收入维持在原来的水平,即消费者的货币收入下降到只能维持原来的无差异曲线所代表的总效用水平。相反,当商品的价格上升引起消费者的实际收入水平下降时,假设补偿消费者部分货币收入,以使消费者的实际收入维持在原来的水平,即消费者的货币收入上升到可以维持原来的无差异曲线所代表的总效用水平。具体的做法是,作一条平行于新预算线并且与原无差异相切的线来表示补偿预算线。

在图 3-16 中,与新的预算线 A_2B 平行,与无差异曲线 I_1 相切,作补偿预算线 A'_1B'。补偿预算线 A'_1B' 和无差异曲线 I_1 的切点用 E_2 表示。当均衡点从 E_1 移至 E_2 时,对 X 的需求量从 X_1 增至 X_2,增加了 X_1X_2。它是消费者的均衡点沿着原来的无差异曲线 I_1 移动而引起的对 X 需求量的变化,即为价格下降产生的替代效应。同时,由于价格下降导致消费者的实际收入上升,从补偿预算线 A'_1B' 平行向右移动到新预算线 A_2B,均衡点再从 E_2 移至 E_3,对 X 商品的需求量自 X_2 增至 X_3,增加 X_2X_3,这是价格下降产生的收入效应。因此,X 商品价格下降产生的替代效应导致对 X 商品的需求量增加了 X_1X_2,收入效应导致对 X 商品的需求量增加了 X_2X_3,两者之和的价格效应导致对 X 商品的需求量增加了 X_1X_3,即 $X_1X_3 = X_1X_2 + X_2X_3$。

二、低档商品的替代效应和收入效应

在商品价格变化的各种效应中,替代效应与价格变化的方向相反,恒为负值;但收入效应却因商品类别而异,正常商品(Normal Goods)的收入效应,也与价格变化的方向相反,为负值,但低档商品(Inferior Goods)的收入效应与价格变化的方向相同,为正值。因此,某种商品的价格效应最终要根据替代效应与收入效应的方向及其大小而定。

当 X 为正常商品时,替代效应与收入效应的方向相同,两者相互补充。如图3-16所示,当 P_X 下降时,替代效应 X_1X_2 和收入效应 X_2X_3 都为正值,从而 X 商品的价格下降引起对其需求量的增加,符合需求定理。

当 X 为低档商品时,替代效应与收入效应的方向相反,两者相互抵消。如图3-17所示,P_X 下降时,替代效应 X_1X_2 为正值,收入效应 X_2X_3 却为负值,因此,价格效应 $= X_1X_3 = X_1X_2 - X_3X_2$。若 X_1X_3 为正值,说明虽然收入效应会抵消一部分替代效应,但由于替代效应的绝对值大于收入效应的绝对值,价格效应仍然符合需求定理。若 X_1X_3 为负值,说明替代效应 X_1X_2 绝对值小于收入效应 X_2X_3 绝对值,价格效应 X_1X_3 的变化方向将与价格变化方向相同,如图3-18所示。

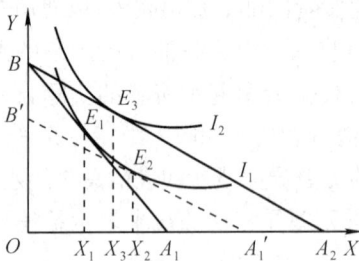

图 3-17　低档商品的替代
效应与收入效应

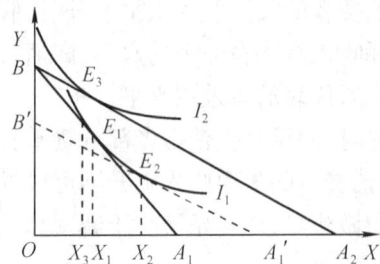

图 3-18　吉芬商品的替代
效应与收入效应

微观经济学中,把替代效应与收入效应方向相反,并且收入效应绝对值大于替代效应绝对值,从而价格效应的变化方向与价格变化方向相同的商品,称之为吉芬商品(Giffen Goods),它以英国经济学家罗伯特·吉芬的名字命名。因为19世纪40年代爱尔兰大饥荒时,罗伯特·吉芬发现,土豆价格飞涨,但穷人对土豆的需求量反而增加了。

显然,吉芬商品是一种特殊的低档商品。吉芬商品的需求量与其价格成同方向变化,具有向右上方倾斜的需求曲线,因而吉芬商品被看作是需求定理的例外。那么,这种现象为什么会发生呢?原因在于爱尔兰大饥荒时土豆是一种非常强的低档商品。当土豆价格上升时,消费者变穷了,收入效应使消费者想多买土豆。同

时,由于土豆相对于其他商品变得更为昂贵,替代效应使消费者想购买更少的土豆。但是,在当时的特殊情况下,收入效应是如此之大,以致超过了替代效应。结果,消费者对土豆高价格的反应是多买土豆。

经济学家对吉芬商品的看法并不一致。但无论这种历史记录是否正确,可以很有把握地说,吉芬商品是极少的。消费者行为理论仍允许需求曲线向右上方倾斜,但这种情况是如此稀少,以致向右下方倾斜的需求曲线依然成立。

例 3.7　向后弯曲的劳动供给曲线

消费者行为理论不仅可用于两种商品的配置上,而且还可用于分析一个人如何把他有限的时间配置到工作和闲暇两方面。

考虑电脑软件工程师小杨面临的决策。小杨在每小时工资为 40 元时,每天要工作 9 小时,当他每小时工资上升为 60 元时,他决定每天减少工作 2 个小时,将更多的时间用于休息和陪伴家人上。如何解释小杨对工资上升的反应呢?

借用消费者行为理论,小杨面临的是时间约束条件下工作和闲暇的选择问题。工作获得的工资为其带来收入,收入用于购买消费品,就可以间接获取效用,而闲暇本身就是一种消费,因而直接给他带来效用。作为追求效用最大化的消费者,小杨要把自己一天的 24 小时在工作和闲暇之间进行分配以获得最大效用。如果每小时工资为 40 元,他一天工作 24 小时,则他每天可获得 960 元,但没有闲暇时间;相反,他把一天时间全部用来闲暇,那么他就没有任何收入;如果他每天工作 9 小时,那么他可以享受 15 小时的闲暇和获得 360 元的收入。

图 3-19 用无差异曲线表示了小杨对收入和闲暇的偏好。在这里,收入和闲暇被看成是小杨要作出选择的两种商品。由于小杨总是喜欢更多的闲暇和更多的收入,所以他对较高无差异曲线上各点的偏好大于较低无差异曲线上各点的偏好。在每小时工资为 40 元时,A 点代表了小杨对于闲暇和收入的选择,这个点是小杨的预算线和最高可能的无差异曲线 I_1 的切点。在该切点上,小杨每天工作 9 小时,获得 360 元收入,同时享受 15 小时闲暇。

现在考虑当小杨的工资从 40 元上升到 60 元时的情况。图 3-20 表示了两种可能的结果。在(a)、(b)两种情况下,左边图所示的预算线从 MN 向外移动至 MN_1,预算线变得陡峭了,反映相对价格的变动,即在工资提高后,小杨每放弃一小时闲暇就能得到更多的收入,或者说,工资提高后,小杨闲暇一小时的机会成本上升了。

用无差异曲线代表的小杨的偏好决定了收入和闲暇对更高工资的反应。在图(a)和(b)中,收入增加了,但在这两种情况下闲暇对工资变动的反应不同。在(a)图中,小杨对更高工资的反应是享受更少闲暇,增加工作时间。在(b)图中,小杨对更高工资的反应是享受更多闲暇,减少工作时间。

小杨的闲暇与收入决策决定了他的劳动供给,因为他享受更多闲暇时,剩下来用于工作的时间就少了。图 3-20 中右边的图表示小杨决策所暗含的劳动供给曲线 S。

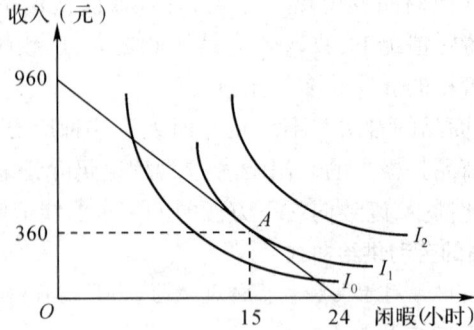

图 3-19 收入—闲暇决策

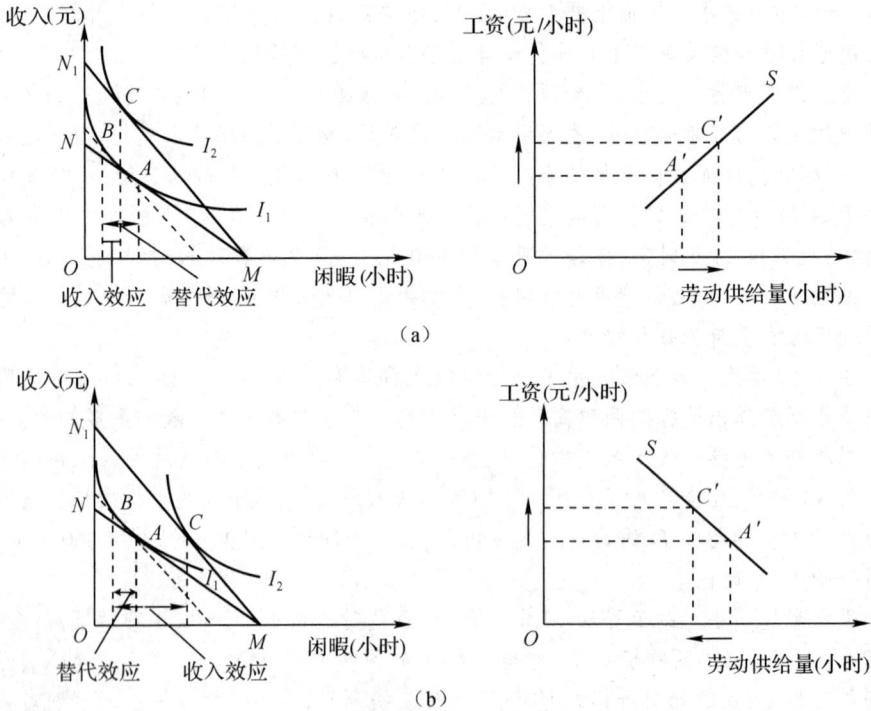

（a）

（b）

图 3-20 劳动的供给变化

在(a)图中,更高的工资使他享受更少闲暇和更多工作,因此,他的劳动供给曲线向右上方倾斜。在(b)图中,更高的工资使他享受更多闲暇和更少工作,因此劳动供给曲线向右下方倾斜。

为什么人们对更高工资的反应可能是增加工作时间也可能是减少工作时间?考虑高工资的收入效应与替代效应就可以得到答案。首先来考虑替代效应。当小杨工资增加时,闲暇的机会成本上升了,或者说闲暇变得更昂贵了,这就会鼓励小杨用工作替代闲暇。换句话说，替代效应使小杨在工资提高时更勤奋地工作，这就倾向于使劳动供给曲线向右上方倾斜。再来考虑收入效应。当小杨工资增加时，他的预算线向右移动，从而面对更高效用水平的无差异曲线。只要闲暇是正常商品，随着收入的增加，他就倾向于享受更多闲暇。换句话说，收入效应导致他的工作时间减少，这就倾向于使劳动供给曲线向右下方倾斜。

最后，从理论上来说，工资增加导致小杨工作增加还是减少并没有明确的预期。如果对小杨来说，替代效应大于收入效应，他就增加工作；如果收入效应大于替代效应，他就减少工作。显然当工资从 40 元上升到 60 元时，对于小杨来说是收入效应超过了替代效应，因此小杨将工作时间从每天 9 小时减为每天 7 小时。

由于收入效应和替代效应的作用，一般认为，随着工资的上升，起初人们会增加工作时间；但工资继续上升到一定水平后，人们反而会减少工作时间，因此，劳动的供给曲线是一条先向右上方倾斜，后又向后弯曲的曲线，如图3-21所示。

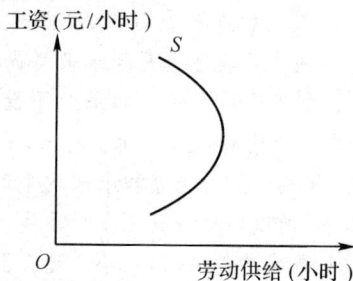

图 3-21 向后弯曲的劳动供给曲线

图 3-21 中这条向后弯曲的劳动供给曲线 S 乍看起来似乎仅仅是一个理论上的新奇想法。然而，证据表明，从长期来看，劳动的供给曲线确实是向后倾斜的。一百多年前，许多人一周工作 6 天，而现在每周工作 5 天是正常的。在每周工作长度减少的同时，一般工人的工资却一直在增加。

经济学家认为，长期以来技术进步提高了工人的生产率，从而增加了劳动需求。劳动需求的增加提高了均衡工资。随着工资增加，工人的报酬也增加了。但大多数工人对这种激励提高的反应不是更多工作，而是以增加闲暇的形式选择使用自己更多的收入。换句话说，更高工资的收入效应大于替代效应。

劳动供给收入效应的另一个有力证据来自一种非常特别的资料：彩票的赢家。巨额彩票奖金的赢家眼看着收入巨大增加，其预算线大幅度向外移动。但是，由于赢家的工资并没有变，他们的预算线的斜率保持不变，因此就没有替代效应。但是研究结果表明，赢得这种巨额奖金的人的收入效应是显著的。统计资料显示，那些赢得总计 5 万美元以上奖金的人中，几乎有 25% 的人在一年内辞职，而另有 9% 的人减少了他们工作的时数。那些赢得奖金超过 100 万美元的人中，几乎有 40% 的人不再工作。

另一项发表在 1993 年 5 月号《经济学季刊》上的研究表明,遗产超过 15 万美元不再工作的人数是遗产小于 2.5 万美元的人的 4 倍。这再次证明劳动供给的收入效应是相当大的。

例 3.8　利息所得税如何影响家庭储蓄和消费

1999 年底,中国出台了一条关于金融业的措施,对存款利息收入征收 20% 的利息所得税,希望能够达到增加税收、分流储蓄、促进居民消费和投资等目的。但实际运行的结果是,利息税的开征并没有对人们的储蓄、消费和投资行为产生多大的影响。为什么会产生这种后果呢? 政府希望促进消费的愿望为什么不能实现呢? 我们可以用消费者行为理论来分析征收利息所得税对家庭储蓄和消费的影响。

征收利息所得税对储蓄和消费的影响与利息率变化对储蓄和消费的影响实际上是同一个道理。储蓄是将今天的消费推迟到未来消费。假定美容师小王现在赚了 10 万元收入。她把这笔收入分为现期消费和储蓄(未来消费)。在未来消费时,她可以消费的总额为本金和利息之和。假设利息率是 10%,这意味着小王现在储蓄 1 万元,将来可以消费 1.1 万元。利息率决定了现在消费和未来消费的相对价格。

图 3-22 中,AB 表示小王的消费预算线。如果她不储蓄,她的现期消费是 10 万元,但她的未来消费为 0;如果她把所有收入都储蓄起来,那么她的现期消费为 0,未来消费是 11 万元。无差异曲线代表小王对现期和未来两个时期消费的偏好。由于小王偏好在两个时期都希望多消费,所以她对较高无差异曲线上各点的偏好大于较低无差异曲线上各点的偏好。在这种既定的偏好之下,小王选择两个时期消费的最优组合为消费预算线 AB 和无差异曲线 I_0 的切点 E,即现在消费 5 万元,未来消费 5.5 万元。

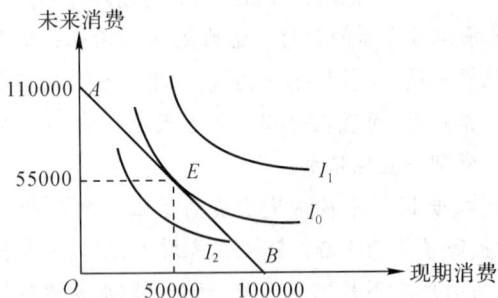

图 3-22　现期消费和未来消费的决策

假设对利息征收 10% 的所得税,这相当于储蓄的利息率从 10% 下降为 9% [10%(1-10%)=9%]。我们用图 3-23 来分析两种可能的结果。在图 3-23(a)和(b)两种情况下,预算线都向内移动,变得更平坦了。这意味着,在利息率下降的条件下,小王现在放弃一元消费在未来只能得到更少消费,也就是说,现在消费的机会成本下降了。

图 3-23(a)和(b)表示小王的不同偏好,以及对利息征税的不同反应。在(a)中,小王对利息征税的反应是增加现在消费,减少储蓄和未来消费。在(b)中,小王的反应是

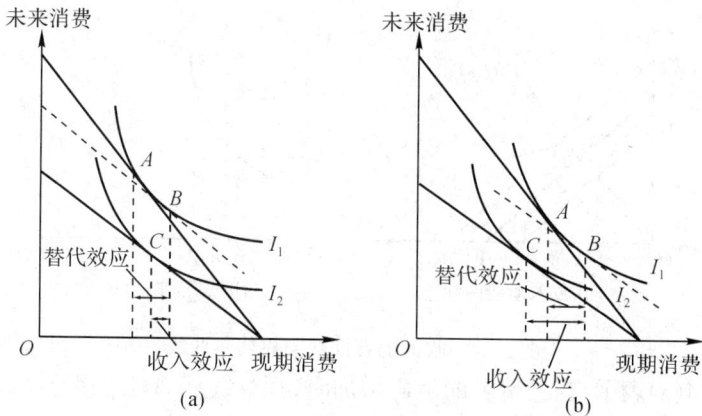

图 3-23 利息所得税对储蓄和消费的影响

减少现期消费,增加储蓄和未来消费。为什么会出现这两种结果呢？我们可以通过考虑对利息征税的收入效应和替代效应来说明这一点。首先来考虑替代效应。对利息征税,相当于储蓄的实际利息率下降,因而,相对于未来消费而言,储蓄的收益或现在消费的成本降低了。替代效应使小王增加现在消费,减少未来消费。换言之,替代效应使小王减少储蓄。其次来考虑收入效应。对利息征税,小王的实际收入下降了,因而移动到较低的无差异曲线。只要两个时期的消费为正常商品,那么对利息征税的收入效应将使她减少现在消费,增加储蓄。当然,最后的结果既取决于收入效应又取决于替代效应。如果对利息征税的替代效应大于收入效应,小王就会增加现在消费,相应地减少储蓄,如图 3-23(a)所示的那样。如果对利息征税的收入效应大于替代效应,小王就会减少现在消费,相应地增加储蓄,如图 3-23(b)所示的那样。

消费者选择理论说明,对利息征税既可能鼓励消费抑制储蓄,也可能抑制消费鼓励储蓄。征收利息所得税或者降低利息率及其他资本收益的税收措施,本质上都是通过影响税后利率来对储蓄和消费(或投资)发生作用的。由于对利息征税会引起利息率的变化,而利息率的变化对储蓄的影响要取决于利息率变化所导致的替代效应和收入效应的对比,因此,利息所得税对储蓄和消费的影响是不确定的。也正因为这种影响是不确定的,再加上中国正处于经济转轨的特殊时期,住房体制、医疗体制、教育体制等各项体制的改革使得人们预期未来的收入不确定,而预期未来的支出增加,所以,利息税的开征并没有对居民的储蓄和消费产生什么影响,政府希望以此促进消费的愿望也难以实现。

三、收入消费曲线和恩格尔曲线

商品价格不变,而消费者的货币收入发生变动时,预算线的斜率虽然不会变动,但其位置将平行移动,因此,消费者的均衡点也将随之移动,如图 3-24 所示。

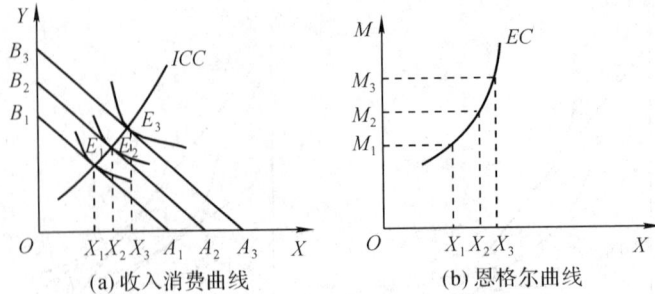

(a) 收入消费曲线　　　　　　　(b) 恩格尔曲线

图 3-24　收入消费曲线与恩格尔曲线

图 3-24(a)表示,当消费者的货币增加时,预算线从 A_1B_1 移至 A_2B_2,均衡点自 E_1 移至 E_2,对 X 的需求量自 X_1 增至 X_2;当消费者的货币收入进一步增加时,预算线又从 A_2B_2 移至 A_3B_3,均衡点自 E_2 移至 E_3,对 X 的需求量也从 X_2 增至 X_3。联结 E_1,E_2,E_3,…所形成的轨迹,反映了消费者在不同的收入情况下对 X 和 Y 两种商品的消费量的变化,称为收入消费曲线(Income-Consumption Curve,ICC)。

与之相对应,在图 3-24(b)中,以货币收入 M 为纵轴,以商品 X 的消费量为横轴,可以从收入消费曲线中推导出一条反映消费者货币收入与 X 商品需求量之间关系的曲线,这条曲线由德国统计学家 E.恩格尔提出,因而称之为恩格尔曲线(Engel Curve,EC)。

收入消费曲线以及由其导出的恩格尔曲线,可以有各种不同的形状,而根据它们的不同形状,就可以判断商品的不同类型,如图 3-25 所示。

根据需求收入弹性公式 $E_m = \dfrac{dX}{dM} \times \dfrac{M}{X}$,可知恩格尔曲线的斜率就是 $\dfrac{dX}{dM}$ 的倒数。由于 M,X 恒为正值,E_m 的正负就取决于 $\dfrac{dX}{dM}$ 的正负,从而也就取决于恩格尔曲线的斜率 $\dfrac{dM}{dX}$ 的正负。当 $\dfrac{dM}{dX} > 0$ 时,$E_m > 0$,为正常商品,对应的恩格尔曲线是一条向右上方倾斜的曲线,如图 3-25(a)所示;当 $\dfrac{dM}{dX} < 0$ 时,$E_m < 0$,为低档商品,对应的恩格尔曲线是一条向右下方倾斜的曲线,如图 3-25(b)所示。

当 $E_m > 0$ 时,在图 3-25(a)中,根据恩格尔曲线的切线与横轴的交点的位置,还可以进一步判明 E_m 的大小,从而判断某种商品的类型:(1)如果恩格尔曲线的切线与横轴的交点位于原点的左边,则 $E_m > 1$,表明需求量随着收入的增加而增加,并且需求量增加的速度快于收入增加的速度,该商品为奢侈品,恩格尔曲线的形状如图 3-25(a)中的 EC_1;(2)如果恩格尔曲线是一条过原点的直线,则 $E_m = 1$,表明需求量随着收入的增加而增加,并且需求量增加的速度等于收入增加的速度,恩格尔曲线的形状如图 3-25(a)中的 EC_0；(3)如果恩格尔曲线的切线与横轴的交点位于原点的右边，则 $0 < E_m < 1$，表明需求量随着收入的增加而增加，并且需求量增加的速度慢于收入增加的速度，该商品为必需品，恩格尔曲线的形状如图 3-25(a)中的 EC_2。

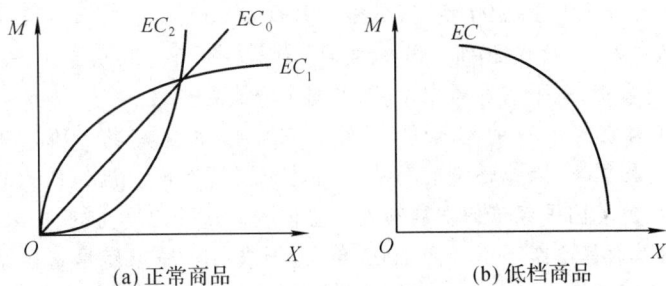

图 3-25　恩格尔曲线与需求收入弹性

　　实际中，许多商品的恩格尔曲线是不断变化的，即在不同的收入水平上恩格尔曲线具有不同的形状。如图 3-26 所示，随着收入水平的上升，恩格尔曲线开始向右上方倾斜，斜率为正，但是当收入超过 M_2 之后，转而向左上方倾斜了，斜率变为负值，相应地，需求收入弹性 E_m 也从正值变为负值。现实中，随着人们收入的提高，许多正常商品变为低档商品时，其恩格尔曲线的变化就是这样的。例如，在原来收入较低时，人们对肥肉的需求随着收入的上升而增加，而随着收入上升到一定水平，人们对肥肉的需求就会随着收入的进一步上升而减少。

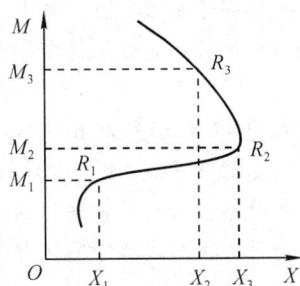

图 3-26　变化的恩格尔曲线

　　恩格尔根据调查资料发现，收入少的家庭，在其总消费支出中，用于食品消费支出的比例大于其他消费支出的比例，或者说食品消费支出占总消费支出的比例大于 50%；收入多的家庭，在其总消费支出中，用于食品消费支出的比例小于其他消费支出的比例，或者说食品消费支出占总消费支出的比例小于 50%。该现象被称为恩格尔定律。而食品消费支出占总消费支出的比例，被称为"恩格尔系数"。由于吃的开支在消费总支出中一直处于优先考虑的地位，只有该层次的消费被满足后，消费才会向其他层面扩展，因此，食品支出的比重从一个侧面反映了生活水平的高低。恩格尔系数被认为是衡量人们生活水平的一个重要指标。通常一个国家或地区的居民的恩格尔系数越小，表示生活越富裕；恩格尔系数越大，表示生活越贫困。

例 3.9　恩格尔系数

联合国根据恩格尔系数的大小,对世界各国的生活水平有一个划分标准,即一个国家平均家庭恩格尔系数大于 60% 为贫穷;50% ~ 60% 为温饱;40% ~ 50% 为小康;30% ~ 40% 属于相对富裕;20% ~ 30% 为富裕;20% 以下为极其富裕。

按此划分标准,20 世纪 90 年代,恩格尔系数在 20% 以下的只有美国,达到 16%;欧洲、日本、加拿大,一般在 20% ~ 30% 之间,是富裕状态。东欧国家,一般在 30% ~ 40% 之间,相对富裕,剩下的发展中国家,基本上分布在小康。

1978 年我国农村家庭的恩格尔系数约 68%,城镇家庭约 59%,两项平均超过 60%,我国是贫困国家,温饱还没有解决。当时中国没有解决温饱的人口达 2.48 亿。改革开放以后,随着国民经济的发展和人们整体收入水平的提高,我国农村家庭、城镇家庭的恩格尔系数都不断下降。到 2003 年,我国农村居民家庭恩格尔系数已经下降到 46%,城镇居民家庭约 37%,加权平均约 40%,就是说已经达到小康状态。这两年,我国农村、城镇居民的恩格尔系数还在下降。

恩格尔系数在我国是否适用,学术界一直存有争议。持否定意见的认为我国居民生活状况并不符合恩格尔定律,如 1997 年福建省城镇居民恩格尔系数在全国各省中最高,达到 62%,海南省为 59%;而一般认为生活水平较低的陕西省城市居民恩格尔系数为 47%,宁夏为 46%。

尽管有争议,但总体看,我国城镇居民生活水平的变化还是符合恩格尔定律的。首先恩格尔系数是一种长期的趋势,随着居民生活水平的不断提高,恩格尔系数逐渐下降已为我国城镇居民消费构成变化资料所证实。20 世纪 80 年以前城市居民恩格尔系数一直在 55% 以上;1982—1993 年间,尽管各年恩格尔系数有波动,但这十年间恩格尔系数一直在 50% ~ 55% 间;1994 年以来,恩格尔系数一直在 50% 以下。其次,同一年份不同收入水平的居民消费也符合恩格尔定律,如 1997 年按可支配收入排队五等分,他们的恩格尔系数依次为:55.7%、51.1%、47.9%、43.6% 和 39.5%。

在使用恩格尔系数时应注意,一是恩格尔系数是一种长期趋势,时间越长趋势越明显,某一年份恩格尔系数波动是正常的;二是在进行国际比较时应注意可比口径,在我国城市,由于住房、医疗、交通等方面存在大量补贴,因此进行国际比较时应调整到相同口径;三是地区间消费习惯尤其是饮食消费习惯不同,恩格尔系数略有不同。

练习与思考

一、名词解释

　效用　总效用　边际效用　边际效用递减规律　基数效用论　序数效用论
消费者均衡　消费者剩余　无差异曲线　消费预算线　商品的边际替代率　价格
消费曲线　收入效应　替代效应　价格效应　正常商品　低档商品　吉芬商品

收入消费曲线　恩格尔曲线　恩格尔系数　恩格尔定律

二、分析题

1. 请解释亚当·斯密提出的"价值之谜"——水的使用价值很大,而交换价值却很小;钻石的使用价值很小,但交换价值却很大。

2. 画出下述两种商品个人偏好的无差异曲线:汉堡包和啤酒。(1)A君喜欢啤酒,但厌恶汉堡包,不管他吃了多少个汉堡包,他总喜欢再多喝一点啤酒。(2)B女士对不管是三杯啤酒还是两只汉堡包的偏好是无差异的,当她多消费这两种食物中的任何一种的时候,其偏好没有变化。(3)C君每吃一只汉堡包就要喝下一杯啤酒,他不会多消费一种食物的1个单位,除非也多消费另一种食物的1个单位。(4)D女士爱喝啤酒,可对牛肉是过敏的,每次她吃汉堡包,都会发荨麻疹。

3. 基数效用论与序数效用论对消费者均衡的解释有何异同?

4. 政府为救济穷人,可以采取发放食品券的办法,也可以直接给穷人以现金。假如政府发给穷人的面值200元的食品券可以换回100单位食品;而如果直接给穷人200元现金,恰好也能按市场价格购买到100单位食品,那么哪种方法会更好?为什么?试用无差异曲线图来说明。

三、计算题

1. 假定某人决定购买啤酒(B)、葡萄酒(W)和苏打水(S)三种饮料。它们的价格分别为每瓶2元、4元和1元,这些饮料给他带来的边际效用如下表所示。如果此人共有17元钱可用来购买这些饮料,为了使总效用达到最大,每种饮料他应各买多少?

数量	1	2	3	4	5	6
MU_B	50	40	30	20	16	12
MU_W	60	40	32	24	20	16
MU_S	10	9	8	7	6	5

2. 若某人的效用函数为 $U = 4\sqrt{X} + Y$。(1)求商品的边际替代率 MRS_{XY},以及 $X = 1$ 时的 MRS_{XY};(2)原来消费9单位 X,8单位 Y,现在 X 减到4单位,问需要多少单位 Y 才能获得与以前相同的满足?

3. 某人每月收入120元可花费在 X 和 Y 两种商品上,他的效用函数为 $U = XY$,$P_X = 2$ 元,$P_Y = 4$ 元。求:(1)为获得最大效用,他会购买几单位 X 和 Y?(2)货币的边际效用和总效用各为多少?(3)假如 X 的价格提高44%,Y 的价格不变,为保持原有的效用水平,他的收入必须增加多少?

4. 已知某人消费两种商品 X 和 Y 的效用函数为 $U = X^{1/3} Y^{2/3}$,商品的价格分别为 P_X 和 P_Y,收入为 M,求:(1)此人对商品 X 和 Y 的需求函数;(2)商品 X 与 Y 的需求的点价格弹性。

5. 若需求函数为 $Q = a - bP$,$a, b > 0$,求:(1)当价格为 P_1 时的消费者剩余;(2)当价格

由 P_1 变到 P_2 时消费者剩余的变化。

6.某消费者的效用函数为 $U = XY$, $P_X = 1$ 元, $P_Y = 2$ 元, $M = 40$ 元,现在 P_Y 下降 1 元,试问:(1)P_Y 下降的替代效应使他买更多还是更少的 Y 商品? 买更多还是更少的 X 商品? (2)P_Y 下降的收入效应使他买更多还是更少的 X? (3)P_Y 下降对 X 商品的需求总效应是多少? 对 Y 的需求总效应又是多少?

四、讨论题

1. 为什么边际效用是递减的? 是否存在边际效用递减规律的反例呢?

2. 穷人与富人的货币的边际效用哪个高? 为什么? 这给你什么启示?

3. 为什么工资上升,有人会增加工作时间而另一些人会减少工作时间? 或者对于同一人开始时增加工作时间,而随着工资的继续上升会减少工作时间?

4. 政府对利息征税为什么不一定能促进消费?

5. 为什么许多商品可以讨价还价,而另一些商品却不允许讨价还价?

第四章　生产者行为

在微观经济学中,生产者就是企业,也称为厂商,它是能够使用生产资源从事商品生产或提供劳务的经济单位。作为一种营利性组织,企业最主要的目标是追求利润最大化。所谓利润最大化,可以从两个角度来加以考虑,一是从物质投入角度讲,利润最大化就是要在成本既定时使产量最大;或在产量既定时使成本最小;二是从货币投入角度讲,利润最大化就是要使总收益减去总成本的差额(或差额的绝对值)达到最大值。本章着重分析企业的生产、成本、收益和利润最大化的条件。

第一节　生产者

一、企业及其目标

企业(Enterprise)是市场经济活动中最主要的经济单位,从事生产经营活动,并向社会提供商品和劳务。它可以是生产有形商品的企业,也可以是提供服务的企业;它可以是跨国的,也可以是个体商贩。

在市场经济中,企业是一个相对独立的经济主体。其独立性主要表现在两个方面:第一,企业作为一个整体,以独立的产品生产者和其他企业发生关系,而这种联系的基础是市场;第二,企业内部的各个组成部分是非独立的,联系各组成部分及各组成部分与外界的是企业决策者的计划。企业的这种独立性来自产权的界定,因此,一家企业并不一定只有一家工厂或一家商店,而可以是同一资本支配的各种经济活动单位的集合。厂商(Firm)是同一资本支配意义下的企业,所谓"同一资本"可以是独资、合伙、合资或股份资本。

经济学假设所有的人都是经济人,因而作为经济人的企业也是一个追求利益最大化的主体,企业的目标是实现利润最大化。然而,这一假设未必完全符合现实。因为现实中一个企业的经营要受到投入的资源、生产场地、仓库、市场等多种条件的限制,很难真正实现利润最大化;而且利润最大化对一个企业来说也很难确定,往往是有一个比较满意的利润就可以了。企业经营的实际目标经常是多元的,可能是利润最大化,也可能是销售量最大化、市场份额最大化、股东利益最大化等。

尽管企业以追求利润最大化为目标会有这样那样的不现实,但是,微观经济学中,为便于分析,仍然把企业假设为一个追求利润最大化的主体。因为企业以利润最大化作为追求目标,有利于实现资源的有效配置,也就是在产量既定的条件下实现成本尽可能小,或在成本既定的条件下达到产量尽可能大,从而企业以利润最大化作为追求目标,其直接结果是实现微观层次上的资源有效配置,间接结果是为宏观层次上的资源有效配置提供了基础条件。

二、企业的组织形式

在自由企业制度的市场经济中,按照基本的法定形式,可以将企业划分为独资企业、合伙企业和有限公司三种类型。

1.独资企业

独资企业是指由个人出资和个人所有的企业,所以又称单一业主制(Individual Proprietorship)。独资企业的一般特点是,个人拥有和控制企业,个人对企业的经营活动作出决策,同时个人享有企业的利润和承担企业的亏损。独资企业大多是小型企业(如家庭农场、零售商店、私人诊所等),它的不利之处在于:(1)资金有限,融资不易,发展缓慢;(2)独资企业对债务负有无限责任,即企业破产时,不仅企业资金,甚至业主的家庭或个人的私有财产都可以被债权人提出要求用作赔偿;(3)缺乏连续性,即随着业主的退休和死亡,独资企业也就可能跟着停止活动。

2.合伙企业

合伙企业(Partnership)是指由两个或两个以上的人共同出资和共同经营的企业。在合伙企业中,每个合伙人都提供一部分资金,并根据合伙人对企业的贡献(包括资金、经营能力等)分享企业利润。合伙企业在商业、会计、法律等行业比较盛行,因为这种企业形式比较有利于每个合伙人在某些特定的专业领域发挥各自的专长。但是,合伙企业也具有独资企业所面临的不利之处,尤其是在合伙人之间产生不信任时,任何合伙人都可以轻易地宣布退出,从而结束合伙企业的经营。

3.有限公司

有限公司(Limited Corporation)一般可分为有限责任公司和股份有限公司(或股份公司)。有关中国的有限责任公司和股份有限公司的形式,是由《中华人民共和国公司法》规定的。该法律文件的第一章《总则》中第三条规定:"有限责任公司和股份有限公司是公司法人";"有限责任公司,股东以其出资额为限对公司承担责任,公司以其全部资本对公司的债务承担责任";"股份有限公司,其全部资产分为等额股份,股东以其所持股份为限对公司承担责任,公司以其全部资产对公司的债务承担责任"。

有限责任公司和股份有限公司虽然都是公司法人,具有许多共同特点,但它们也有一些差别。其共同特点在于:(1)责任有限,所有投资者(股东)的责任仅限于所投入的资本;(2)公司具有连续性,股份持有者的离去也不影响企业法人的存在,即公司是独立于股份持有者的法人;(3)由投资者选出的董事会掌握公司的经营管理权,其他人无权行使公司管理权。它们的主要区别在于:(1)在组成企业的成员数目上,有限责任公司规定是2人以上,50人以下,而股份有限公司只规定2人以上,不规定企业成员数目的上限;(2)在所有权转让方面,有限责任公司中某个(些)股份持有者须征得其他股份持有者的同意才能转让股份,而股份有限公司的股份可由持股人自由转让。

在西方主要的市场经济国家中,以上三种类型的企业组织都以不同形式存在着。通常,从数量上看,独资企业和合伙企业占有相当大的比重,但它们的销售额所占的比重并不很高。相反,有限公司数目不多,但规模较大,因而在社会销售总额中所占的比重很大。特别是股份有限公司由于其具有责任有限、连续性和集资能力大等优点,已经成为一种最重要的企业组织形式。在我国,与市场经济对应的现代企业制度,就是要把企业建成有限公司的形式,包括了有限责任公司和股份有限公司。

与企业紧密联系的是产业和市场。产业(Industry)是生产同一种或同一类商品或劳务的生产者的集团;而市场(Market)则由所有该商品或劳务的生产者和需求者组成。例如,软饮料市场由所有的生产软饮料的供给者和购买软饮料的需求者组成;其中生产者组成的集合称为软饮料产业,而可口可乐公司则是该产业中的一家企业或厂商。

例4.1 公司制的出现及其演进

公司制早在17世纪的西欧就已经出现,但一般认为,19世纪40年代,美国铁路公司的出现真正标志着现代企业制度的开端。经济史学家钱德勒在《看得见的手》(1977)中以"铁路:第一个现代工商企业"为题从经验上探讨了铁路公司的意义。他写道:

"铁路旋风般的胜利导源于组织和技术上的革新。技术使得迅速而全天候的运输得以实现;但安全、准时并可靠的客、货运以及机车、车皮、铁轨、路基、车站、调车房和其他设备的长期保养与修理,则有赖于相当规模的管理组织。这意味着需要雇用一群人来监督在地理上极为广阔的范围内的各种职能活动;以及任命中、上层管理执行人员来监督、评估和协调负责日常经营活动的经理的工作。这也意味着各种崭新的内部管理程序以及会计的工作和统计监督的形式。从此以后,由于铁路经营的需要,产生了美国企业管理上最初的管理等级制度。"

与传统的企业制度(单一业主制和合伙制)相比,铁路公司在组织和制度结构方面发生了比较突出的变革。首先,铁路公司的组织结构有了创新。它们雇用大量的支薪经理,并设有中层经理、高层经理等管理人员,高层经理直属董事会。它们建立起了大规模的内部组织机构,并严格划分各部门、各单位的权责关系。它们还首创财务与统计报表制度来监督、评估经理们的工作。其次,为解决大规模筹资的可能性,铁路公司充分吸纳了传统的有限责任制度和有价证券等金融工具的发明。由于公司以一个虚拟的法人形态存在,不仅成了一个理想的筹集大量资本的方式,而且不论因买卖或馈赠使股票转手多少次,也不论有多少股东,公司都可以永久地延续下去。

公司制被誉为没有专利的社会发明,自美国铁路公司出现以后,公司制逐渐成为市场经济国家现代企业的典型制度。然而,这种公司制度是如何演进过来的,或者说为什么说现代公司是今天这么个形态,理论界似乎没有取得一致的意见。经济学家内部对于公司制的演进存在着两条解释思路:一条思路偏重于从"组织结构"的角度来回答现代公司的演进及其过程,认为现代公司是用公司内部的组织结构替代了市场机制来配置企业内部的资源;另一条思路则从"制度结构"的角度来研究现代公司的演进过程,强调现代公司的出资者与公司代理人之间为什么会并且如何演化成今天这样的一种"生产关系"(所有权与经营权分离),关键在于公司制所具有的两大特点:一是责任有限;二是股权的可转让性。

三、企业的边界

要回答企业的边界问题,首先必须弄清楚,为什么会有企业? 从原则上讲,既然一个个人都可以独立地制造产品,并和市场发生联系,就没有必要先组成企业,再由企业和市场发生联系。然而,市场的使用并不是免费的,需要市场信息、询价报价、讨价还价、签订合约、监督合约的执行、验货收款等环节,这些都要发生费用,这些费用称之为交易费用或交易成本(Transactions Cost)。

交易成本对于企业来说是一种外部成本,如果原来的个体生产者或几个工厂合并成一个企业,那么这种外部成本就内部化了,从而减少交易成本。如果合并发生在同一部门,如几家生产汽车的工厂合并成一家企业,那么有助于企业根据市场需求安排生产;如果合并发生在互为上、下级关系的部门之间,如一家炼钢厂和一家汽车制造厂合并为一家企业,那么有助于原材料、中间产品的供给得到保证,并有助于中间产品的生产车间按最终产品生产车间的需求安排生产;即使是合并发生在没有什么直接联系的部门之间,如一家汽车厂和一家电讯器材厂合并为一家企业,也会有助于资源迅速地按照需求变化在部门之间进行转移。因此,企业存在的一个主要理由就是通过企业的内部协调来消除市场的交易成本,企业就是为了减少市场交易成本而产生的替代市场的一种组织形式。

　　20 世纪 20 年代,美国通用汽车公司与费舍车体厂签订了长期合同,由费舍公司向通用公司供应车体。随着汽车产业的飞速发展,通用公司对费舍公司车体的需求量快速增加,新的汽车公司也大量涌现。由于供求关系的变化,费舍公司在市场上的讨价还价能力增强。由于契约的签订是有成本的,在契约中所有随机事件的未来特性也是不可能得到详尽说明的。费舍公司不断利用契约安排中许多无法完全说明的条款,"敲诈"了通用汽车公司,诸如拖延交货时间或降低其产品的质量性能,而且它还通过尽可能少地利用资本和建立远离通用公司的配件厂使其短期利润最大化。由于交易成本实在太高,通用汽车公司干脆买下了费舍公司,使其成为自己的从属部门,变市场交易为企业内部交易。

　　然而,企业将交易从外部转到内部后,在减少交易成本的同时也产生了另一种成本——组织协调成本,对企业来说,这是一种内部成本。在企业内部的组织协调过程中,自下而上的信息传递使得上级的管理层能够了解企业生产、经营状况,并据此作出决策;自上而下的信息传递则使企业的决策得以实现。然而,企业内部的信息交换是不完全的,在自下而上和自上而下的信息传递过程中会出现延滞、遗漏、失误甚至人为的隐瞒和欺诈,导致管理效率下降,组织协调成本上升。而且,这种企业内部的组织协调成本与企业规模密切相关,即企业规模越大,组织协调成本越高。

　　在市场交易成本和企业组织协调成本的概念提出后,生产过程中的某一环节、某一道工序、某一部件、某一个零件是由市场交易来协调,还是由企业的内部组织管理来协调,就取决于市场交易成本大,还是企业的组织协调成本大。如果市场交易成本大于企业的组织协调成本,就由企业的内部组织管理来协调。如果市场交易成本小于企业的组织协调成本,就采用市场交易来协调。美国的克莱斯勒汽车公司曾经有一个部门是生产汽车用冰箱的,由于各种原因使得生产成本高于从市场或从其他厂家购买的同类产品,于是,公司将这一部门剥离出去,成为一个独立的企业,而克莱斯勒汽车公司以后就直接从市场购买这种车用冰箱。组织协调成本成为企业规模扩大的主要限制因素,企业规模将扩大到市场交易成本恰好等于企业组织协调成本,也就是说,是市场交易成本等于企业组织协调成本决定了企业的边界。

第二节　生产分析

一、生产与生产函数

生产(Production)是把各种投入(Input)转换为产出(Output)的过程,它不仅包括物质形态的变化,而且包括运输、金融、商业等各种劳务的提供。

通常,微观经济学把生产过程中的各种投入称为生产要素(Production Factor),并把生产要素划分为资本、劳动、土地和企业家才能四种类型。

劳动是指生产过程中一切体力和脑力的消耗。可以划分为体力劳动和脑力劳动,熟练劳动和非熟练劳动。世界上任何财富的创造都离不开劳动,因此劳动是最基本的生产要素。

资本是生产过程中投入的所有物品。包括了厂房、机器、设备、燃料、原材料等有形资本;也包括了商标、专利权等无形资本。因此,经济学中作为生产要素的资本不同于货币资金,尽管它们是由货币资金转化而来的。

土地不仅指土地本身,还包括了与土地相关的一切自然资源,如土地上的动植物资源,土地中的地下水资源、矿产资源等。

企业家才能是指企业家开办和管理企业、组织各种生产要素进行生产、创新、承担风险的才能,也就是企业家经营企业的组织能力、管理能力、创新能力。在这四种生产要素中,企业家才能被认为是决定一个企业成败的最重要的生产要素。事实上,企业家才能是劳动的一种,只不过是一种特别的劳动,所以将它作为单独的一种生产要素加以强调。

而把投入与产出联系起来的是一定的生产技术。对应于一个特定的生产技术,把投入转化为产出的过程就表现为生产过程中的生产要素投入量与产品产出量之间的数量关系。这种数量关系可以用生产函数来加以表示。因此,生产函数(Production Function)是描述生产技术给定条件下,生产要素的投入量与产品的最大产出量之间的物质数量关系的函数式。假定生产过程中投入的劳动、资本、土地和企业家才能等生产要素的数量分别用 $L,K,N,G\cdots$ 表示,而这些要素数量组合在一起所能生产的最大产量用 Q 表示,那么相应的生产函数可以写为:

$$Q = f(L,K,N,G,\cdots) \tag{4-1}$$

传统分析中,通常假定生产过程中只使用两种生产要素:资本和劳动,因此一个特定的生产函数可以表示为:

$$Q = f(L,K) \tag{4-2}$$

1.固定比例生产函数和可变比例生产函数

倘若在生产过程中,资本和劳动的组合比例根据一定的技术要求是不能改变的,这样的生产函数称为固定比例生产函数。反之,资本和劳动的组合比例是能够改变的,这样的生产函数称为可变比例生产函数。在可变比例生产函数中,为生产一定数量的某种产品,可以采用不同的资本和劳动组合比例。如果采用的是多用资本少用劳动的组合,即为资本密集型生产方式;如果采用的是少用资本多用劳动的组合,即为劳动密集型生产方式。例如,在一亩土地上种植小麦,就可以采用不同的生产方式。

2.C-D生产函数

在微观经济学中,经常被使用的一个生产函数是柯布—道格拉斯生产函数,简称C-D生产函数。它是20世纪30年代初,美国数学家柯布(C.Cobb)和经济学家道格拉斯(P.Douglas)为了分析美国的经济状况而构造的一个生产函数。C-D生产函数的一般表达式为:

$$Q = AL^{\alpha}K^{\beta} \tag{4-3}$$

式(4-3)中,Q 代表产量,L 代表劳动投入量,K 代表资本投入量,A、α 和 β 是三个正的参数,并且通常 $0<\alpha<1,0<\beta<1$。

C-D生产函数在经济理论应用研究中被认为是一种很有用的生产函数,主要是因为该函数不仅简单而且具有一些特殊的性质。首先,C-D生产函数是一个指数函数,在数学上比较容易处理,如两边取对数,可以很容易将其线性化。其次,C-D生产函数中的参数 A、α 和 β 都具有明显的经济含义。A 可以代表技术水平,A 的数值越大,既定的资本和劳动投入所生产的产量越大;α 和 β 分别代表劳动和资本的产出弹性,也反映了劳动和资本在生产过程中的相对重要程度。例如,柯布和道格拉斯通过对美国 1899—1922 年有关经济资料的分析和估算得到:α 约等于 0.75,β 约等于 0.25,这表明这一期间美国劳动每增加 1%,产量增长 0.75%;而资本每增加 1%,产量增长 0.25%。此外,根据后面的分析,还可以进一步利用该函数说明生产的一些性质,如边际收益递减规律、规模收益不变、技术中性等。

3.短期生产函数与长期生产函数

在技术水平不变的条件下,各种生产要素在生产过程中的数量变化各具特点。有些生产要素的投入量很容易随着产量的变化而变化,另一些生产要素却不易变化。在一定时期内,投入量容易随着产量的变化而变化的生产要素,称为可变生产要素,比如劳动力、原材料、燃料等;而在一定时期内,投入量不能随着产量的变化而变化的生产要素,称为固定生产要素,比如厂房、设备、大型运输工具等。

对可变生产要素和固定生产要素的划分是建立在企业生产的短期和长期划分基础上的。所谓短期(Short Run)是指企业来不及调整所有生产要素的时期,也即在短期中,企业的某些生产要素是可变的,而另一些生产要素是固定的;所谓长期(Long Run)是指企业能够调整所有生产要素的时期,即在长期中,生产要素不再有可变与固定之分,或者说所有的生产要素都是可变的。显然,在经济学中,对短期与长期的划分标准是在某一时期内是否所有的生产要素都可以调整,而不是时间的长短。事实上,对于不同的行业而言,短期所指的时间长短可能完全不同。例如,对一个大型钢铁企业而言,短期可能是指 3~5 年,因为在这段时间内,企业很难通过增加大型炼钢设备(如高炉)来改变企业的生产规模。但对一个服装企业而言,短期则可能仅指 1 年甚至半年。

根据短期和长期的划分,相应地也可以将生产函数划分为短期生产函数和长期生产函数。对于一般的生产函数:$Q = f(L, K)$,短期生产函数是指仅有一种生产要素投入可以变动的生产函数。如,资本固定劳动可变,或者劳动固定资本可变。长期生产函数则是两种生产要素投入都可以变动的生产函数,即资本和劳动都是可变的。

假定企业处于生产的短期中,只使用劳动和资本两种生产要素,并且资本固定,劳动可变,那么相应的短期生产函数是:

$$Q = f(\overline{K}, L) = f(L) \tag{4-4}$$

现在就以该短期生产函数为例,来分析技术不变并且其他生产要素投入量也不变时,一种生产要素投入量的变化对产量的影响情况。

二、短期生产分析

1. 总产量、平均产量和边际产量

总产量(Total Product, TP)是指既定的生产要素投入量所生产出来的最大产量。如果投入的生产要素是劳动,那么劳动的总产量可以表示为:

$$TP_L = Q = f(L) \tag{4-5}$$

平均产量(Average Product, AP)是指平均每单位生产要素所生产出来的产量,等于总产量除以生产要素的投入量。如果投入的生产要素是劳动,那么劳动的平均产量可以表示为:

$$AP_L = TP_L / L \tag{4-6}$$

边际产量(Marginal Product, MP)是指在其他要素投入量不变的条件下,每增加一单位某种生产要素的投入所带来的总产量的变动量。在其他要素投入量不变的条件下,增加一单位劳动的投入所带来的总产量的变动量,就是劳动的边际产量,可以表示为:

$$MP_L = \Delta TP_L / \Delta L \quad 或 \quad MP_L = dTP_L / dL \tag{4-7}$$

假定将式(4-4)的短期生产函数具体化为:

$$Q = f(\overline{K}, L) = f(L) = 21L + 9L^2 - L^3 \tag{4-8}$$

则 $TP_L = Q$。此处，TP_L 表示在资本数量不变时 $(K = \overline{K})$，与劳动投入量 (L) 有关的总产量。

$$AP_L = \frac{TP_L}{L} = \frac{Q}{L} = 21 + 9L - L^2 \tag{4-9}$$

$$MP_L = \frac{\mathrm{d}(TP_L)}{\mathrm{d}L} = \frac{\mathrm{d}Q}{\mathrm{d}L} = 21 + 18L - 3L^2 \tag{4-10}$$

根据上述总产量、平均产量和边际产量的公式，可以列出相应的总产量、平均产量和边际产量表，如表 4-1 所示。

表 4-1　短期生产函数：总产量、平均产量和边际产量

劳动投入量(L)	总产量(TP_L)	平均产量(AP_L)	边际产量(MP_L)
1	29	29	36
2	70	35	45
3	117	39	48
4	164	41	45
4.5	185.625	41.25	41.25
5	205	41	36
6	234	39	21
7	245	35	0
8	232	29	-27

根据表 4-1 所列的数字，可以知道总产量、平均产量、边际产量各自的变动规律及其相互关系，从而可以描绘出三条相应的总产量、平均产量和边际产量的曲线，如图 4-1 所示。

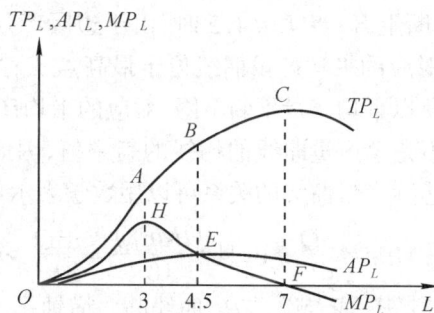

图 4-1　总产量、平均产量和边际产量曲线

在表 4-1 中，当劳动投入量 L 从 0 逐渐增加至 3 时，劳动的边际产量 MP_L 不断增加，相应地，总产量 TP_L 也随着劳动投入量的增加而增加，并且以递增的速度增加；当劳动的投入量为 3 时，劳动的边际产量达到最大值 48，劳动的总产量处于以递增的速度增加转向以递减的速度增加的转折点；当劳动投入量 L 从 3 逐渐增

加至 7 时,劳动的边际产量 MP_L 不断减小,相应地,总产量也随劳动投入量的增加而增加,但以递减的速度增加;当劳动的投入量增加至 7 时,劳动的边际产量为 0,相应地,劳动的总产量达到最大值 245。在劳动的投入量达到 4.5 以前,由于劳动的边际产量大于劳动的平均产量,所以劳动的平均产量 AP_L 随着劳动投入量的增加而增加;当劳动的投入量达到 4.5 时,由于劳动的边际产量等于劳动的平均产量,所以劳动的平均产量达到最大值 41.25;当劳动的投入量达到 4.5 以后,由于劳动的边际产量小于劳动的平均产量,所以劳动的平均产量随着劳动投入量的增加而减少。

相应地,在图 4-1 中,劳动的总产量曲线 TP_L、平均产量曲线 AP_L 和边际产量曲线 MP_L 的变化规律及其相互关系可以概述如下:

(1)劳动的总产量曲线、平均产量曲线和边际产量曲线都是先上升后下降的曲线。

(2)当 $0 < L < 3$ 时,对应的边际产量曲线不断上升,总产量曲线也以递增的速度上升;当 $3 < L < 7$ 时,边际产量曲线不断下降,总产量曲线也以递减的速度上升;当 $L = 3$ 时,边际产量曲线达到最高点 H,对应的边际产量值达到最大,此时对应的总产量曲线处于点 A,A 点是总产量曲线从以递增的速度上升转向以递减的速度上升的拐点;当 $L = 7$ 时,边际产量曲线与横轴相交于 F 点,即边际产量的值为 0,此时对应的总产量曲线位于最高点 C,即总产量达到最大值;当 $L > 7$ 时,边际产量下降为负数,对应的总产量也开始减小,因此,在 C 点之后,总产量曲线开始下降。

(3)当 $0 < L < 4.5$ 时,由于边际产量大于平均产量,所以平均产量不断增加,对应的平均产量曲线不断上升;当 $L = 4.5$ 时,由于边际产量等于平均产量,所以平均产量达到最大值,对应的平均产量曲线位于最高点 E;当 $L > 4.5$ 时,由于边际产量小于平均产量,所以平均产量不断下降,对应的平均产量曲线也开始下降。

事实上,边际产量就是总产量曲线的切线的斜率值,因此,关于总产量与边际产量,或总产量曲线与边际产量曲线的关系可以用数学表示如下:

(1)当 $0 < L < 3$ 时,$MP_L = \dfrac{\mathrm{d}Q}{\mathrm{d}L} > 0$,且 $\dfrac{\mathrm{d}(MP_L)}{\mathrm{d}L} = \dfrac{\mathrm{d}^2 Q}{\mathrm{d}L^2} > 0$,故 MP_L 曲线上升,TP_L 曲线以递增的速度上升,或者说,TP_L 曲线凸向横轴;

(2)当 $L = 3$ 时,$\dfrac{\mathrm{d}(MP_L)}{\mathrm{d}L} = \dfrac{\mathrm{d}^2 Q}{\mathrm{d}L^2} = 0$,因此,$MP_L$ 曲线位于最高点 H;同时,TP_L 曲线处于以递增的速度上升变为以递减的速度上升的拐点 A;

(3)当 $3 < L < 7$ 时,$MP_L = \dfrac{\mathrm{d}Q}{\mathrm{d}L} > 0$,但是 $\dfrac{\mathrm{d}(MP_L)}{\mathrm{d}L} = \dfrac{\mathrm{d}^2 Q}{\mathrm{d}L^2} < 0$,故 MP_L 曲线下

降，TP_L 曲线呈递减的速度上升，或者说，TP_L 曲线凹向横轴；

(4)当 $L = 7$ 时，$MP_L = \dfrac{dQ}{dL} = 0$，故 MP_L 曲线与横轴相交于点 F，TP_L 曲线达到最高点 C；

(5)当 $L > 7$ 时，$MP_L = \dfrac{dQ}{dL} < 0$，即边际产量为负值，故 TP_L 曲线也开始下降。

由于平均产量就是总产量曲线的射线的斜率值，因此，在图 4-1 中，只要将原点 O 与总产量曲线 TP_L 上的某个点如 A 点连结起来，就可以得到一条射线 OA，求该射线 OA 的斜率值，那么该斜率值就是对应的平均产量。如果联结原点和 B 点，那么射线 OB 同时也是总产量曲线上 B 点的切线，因此此时总产量曲线的切线与射线的斜率相等，即边际产量与平均产量相等。关于平均产量曲线与边际产量曲线的关系，也可以用简单的数学证明如下：

$$\frac{d(AP_L)}{dL} = \frac{d}{dL}\left(\frac{Q}{L}\right) = \frac{1}{L}\left(\frac{dQ}{dL} - \frac{Q}{L}\right) = \frac{1}{L}(MP_L - AP_L) \tag{4-11}$$

由于 $L > 0$，所以有：

(1)当 $MP_L > AP_L$ 时，则 $\dfrac{d(AP_L)}{dL} > 0$，故平均产量曲线处于上升阶段；

(2)当 $MP_L = AP_L$ 时，则 $\dfrac{d(AP_L)}{dL} = 0$，这意味着平均产量达到最大值时，平均产量等于边际产量，平均产量曲线位于最高点 E；

(3)当 $MP_L < AP_L$ 时，则 $\dfrac{d(AP_L)}{dL} < 0$，故平均产量曲线处于下降阶段。

2.边际收益递减规律

以上的分析表明，在总产量、平均产量和边际产量的变动过程中，边际产量的变动在很大程度上影响着总产量和平均产量的变动。那么，边际产量本身的变动又是受何种因素制约呢？边际产量本身的变动是由边际收益递减规律决定的。

所谓边际收益递减规律(The Law of Diminishing Returns)，是指在技术水平不变，其他生产要素的投入量也保持不变的前提下，随着对某一种可变生产要素的投入量的不断增加，最初每增加一单位该要素所带来的产量增加量是递增的；但当该要素投入量的增加超过了一定的临界点之后，增加一单位该要素的投入量所带来的总产量增加量是递减的。

边际收益递减规律是人们在实际经济活动中所观察到的、普遍适用于任何一种产品生产的重要规律。在分析这一规律时，必须注意到以下三方面：

第一，边际收益递减规律是以生产技术水平保持不变为前提的。从理论上讲，如果某种产品的生产过程可以连续不断地赶在可变生产要素投入量增加的临界点到来之前就及时地采用新技术(包括各种新的生产工艺)，那么，边际收益递减规律将不再起作用。但是,在实际经济生活中,新的技术发明和新技术的采用是需要相当时间的。因此,在新的技术发明和采用之前,在原有的技术条件下,生产过程中就会出现边际收益递减的现象,由此决定了人们在一定的时期内,不可能通过无限制地增加某种生产要素的投入量来扩大产量。人们在生产中为了增加生产、扩大产量,往往会想方设法采用新的技术和生产方法,这一点也从反面证明在技术条件不变的前提下,边际收益递减规律对生产过程的影响。

第二,边际收益递减规律是以其他生产要素投入量不变为前提的。在这一前提下,各种生产要素投入量的组合比例是随着可变生产要素投入量的变化而变化的,因此,边际收益递减规律的必要条件是固定生产要素和可变生产要素的组合比例的变动。如果抽掉这一前提,允许各种生产要素的投入量同时发生同比例的变化,那么,由此引起的产量变动,就属于规模收益问题了。为了与规模收益问题相区别,经济学家也把边际收益递减规律称为"生产要素可变比例规律"。

第三,边际收益递减规律是在可变生产要素投入量的增加超过了某一临界点(或某一固定生产要素与可变生产要素的组合比例)后才出现的,并非伴随着可变生产要素投入量增加的全过程。具体地说,在生产的最初阶段,当固定生产要素的数量相对较多时,增加可变生产要素的投入量可以起到改变可变生产要素相对不足,使生产要素的组合更为合理的作用。这时,可变生产要素投入量的增加,将会使生产过程更有效地运转,使得产量更快地增加,即出现边际收益递增的现象。但是,如果继续不断地增加可变生产要素的投入量,在可变生产要素的数量达到了足以使固定生产要素得到最有效的利用的阶段之后,可变生产要素投入量的增加会引起可变生产要素数量的相对过多,同时导致固定生产要素数量相对不足。这时,就会出现边际收益递减的现象。

例 4.2 边际收益递减与城市化

边际收益递减规律表明,生产中只要有一种投入不足,其他要素就会出现边际收益递减的现象。以农业为例,在土地面积固定的情况下,劳动和资本的边际收益都会递减。一方面,固定土地上的劳动力不断增加,需要养活越来越多的人口;另一方面,边际收益递减规律作用下,固定土地上的边际产出越来越少。两方面共同作用导致人均产出减少,人们的生活水平不断下降。这往往被用于解释许多发展中国家为什么贫困的原因。

我国是世界上人与地关系最紧张、农业劳动集约度最高的国家之一。务农人数多,农业产出低,是我国农村贫穷的根本原因。改革开放之后,一方面随着人口增加土地边际收益递减规律仍然发生作用,另一方面经济建设的发展使耕地面积减少,因而有限土地上的就业压力进一步增加。

如果把固定土地上增加一个劳动力所增加的收益接近于零的那些劳动力称之为

剩余劳动力,那么家庭联产承包责任制在极大地提高农业效率的同时,也释放出大量的农村剩余劳动力。如何解决土地上释放出来的大量的农村剩余劳动力呢? 主要通过剩余劳动力的转移来实现的。

在20世纪80年代,农业剩余劳动力的转移主要以发展乡镇企业为载体,采取了"离土不离乡,进厂不进城"的内部就地转移方式。据统计,1978—1992年期间,乡镇企业共吸收7,500多万农村劳动力。然而,进入90年代以后,乡镇企业由于技术进步加快,资本密集程度迅速提高,吸纳剩余劳动力的能力明显下降。

在农村内部就业潜力有限的情况下,农业剩余劳动力必然会离开土地,告别家乡,加入流动大军的行列。可以说,90年代以来"农民工"向城市的大流动,不过是未来相当长的一个时期内,农村剩余劳动力跨地区转移的序曲。有人估计中国农业剩余劳动力的转移要到2050年才能最终完成。

随着农村剩余劳动力向城市的转移,城市人口不断增加。以城市人口占总人口的比例表示城市化水平,那么城市化水平将不断提高。然而,过去20年,我国的城市化进程缓慢,2000年我国城市化水平为36%,低于发展中国家45%的平均水平。目前64%的人还在农村住着。未来的20年中至少有5亿人口要进城,此间我国的城市人口要翻番。而城市化具有巨大的经济效益,又不要求很大空间和传统要素投入。因此,加快城市化进程是伴随我国经济发展的必然选择。

例4.3　马尔萨斯预言及其破灭

经济学家马尔萨斯(1766—1834)曾经预言:随着人口的膨胀,越来越多的劳动力耕种土地,地球上有限的土地最终将无法提供足够的食物。这是因为,一方面劳动的边际产出与平均产出下降,另一方面,更多的人口需要更多的食物,因此,最终人口增长比例会超过食物供给增加比例,必然会产生大的饥荒。

幸运的是,人类的历史并有按马氏的预言发展。因为马氏的预言暗含了两个假设条件:农业技术不变和人均占有耕地面积下降。在马氏生活的时代,工业化进步尚未提供成熟的可以替代耕地的农业技术,来大幅度提高单位耕地面积的产量,克服人多地少和边际收益递减带来的困难。如果没有现代耕地的农业技术的出现和推广,没有从外部输入食物或向外部输出人口,英国和欧洲一些工业化国家确实会面临马尔萨斯所预言的问题。事实上,时至今日,一些没有任何农业技术改进的非洲国家仍然是高出生率和收入停滞并存,陷入马氏的预言而无力自拔。在我国几千年传统农业历史时期,农业技术不断改进,但没有突破性进展。在没有战乱和大范围饥荒的正常时期,人口增长率远高于耕地面积增加速度。由于越来越多的人口不得不在越来越小的人均耕地面积上劳作,劳动生产率和人均粮食产量难免下降。这被认为是我国几千年传统农业社会周期振荡的可能的重要原因。

然而,马尔萨斯没有想到的是,技术的飞速进步,如高产抗病的良种、高效的化肥、先进的收割机械、电力和其他能源、生物技术等,改变了许多国家的食物生产方式,极大地提高了劳动生产率,使农业和食品的增长率显著超过人口增长。如图4-2所示,技术进步会改变生产函数,使既定要素投入下的总产量增加,表现为总产量曲线向上移动,如从 TP_1 上移至 TP_2, TP_3。

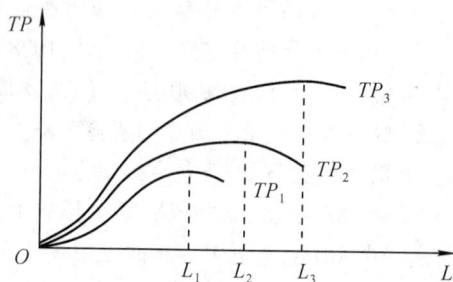

图 4-2 技术进步与总产量的变化

另外,由于战争、疾病、自然灾害、观念变化及政策(如我国的计划生育政策)等方面的原因,人口也并没有按照马氏所预言的,爆炸式增长。对于中国来说,由于长期的计划生育政策,13亿人口的到来整整推迟了4年;而欧洲的一些国家甚至出现了人口增长率为负的现象。

因此,从历史事实来看,马氏理论建立在边际收益递减规律基础之上,对于观察工业化特定阶段的经济运行矛盾具有历史认识价值,但限于边际收益递减规律作用的条件,及马氏预言成立的假设条件,必然使得马氏预言最终破灭。

3. 生产要素的合理投入区间

根据表4-1和图4-1,已经知道总产量、平均产量和边际产量的变化规律及其相互关系,但对于一个追求利润最大化的主体来说,劳动这一可变要素的投入量为多少才是合理的? 由于利润是以货币表示的,而前面阐述的是短期中投入与产出之间的物质关系,因此,我们不能确定哪个劳动投入量是企业利润最大化的劳动投入量,但可以确定劳动这一可变要素投入量的合理区间。我们用图4-3来说明生产要素合理投入区间的确定。

在图4-3中,将企业的短期生产划分个区间Ⅰ、Ⅱ和Ⅲ。

在第Ⅰ区间,劳动的投入量从0开始增加到 L_0 为止。在这个区间内,$MP_L > 0$,TP_L 和 AP_L 都随劳动投入量的增加而增加,特别是平均产量曲线一直在上升,这意味单位劳动的产量水平在不断上升,即劳动的生产率在不断提高。

在第Ⅱ区间,劳动的投入量继续从 L_0 增加到 L_1 为止。在这个区间内,随着劳动投入量的继续增加,TP_L 也继续增加,但 MP_L、AP_L 都已经下降。MP_L 的下降表明边际收益递减规律在发生作用,但由于 MP_L 仍为正值,因而增加劳动的投入量仍然能够增加总产量。AP_L 的下降表明劳动的生产率不断下降。

在第Ⅲ区间,劳动的投入量在 L_1 之后。在这个区间内,随着劳动投入量的继

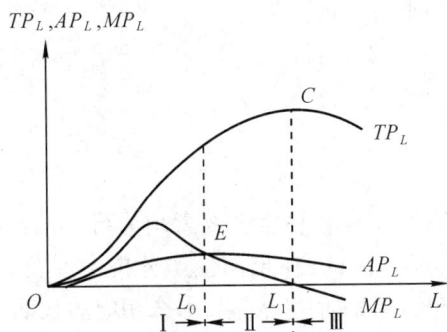

图 4-3 生产要素投入的三个区间

续增加,TP_L,MP_L,AP_L 都随之下降。并且由于 MP_L 为负值,增加劳动的投入量反而使总产量减少,故劳动的生产效率更低。

一般来说,一个追求利润最大化的企业绝对不会选择第Ⅲ区间,否则就不符合经济人的理性假设;而在第Ⅰ区间,由于随着劳动投入量的增加,TP_L,AP_L 都随之增加,特别是平均产量曲线一直在上升,劳动的生产率在不断提高,因而对企业来说增加产量显然是有利的,故企业通常不会停留在该区间;因此,第Ⅱ区间才是企业生产的合理区间。如果企业追求效率最高,投入的劳动量应该为 L_0,如果企业追求总产量最大,投入的劳动量应为 L_1。但对于追求利润最大化的企业,无法进一步确定利润最大化的劳动投入量,因为考虑利润最大化的劳动投入量,需要进行成本—收益的比较分析,从而需要知道各种要素的价格、产品的价格及市场状况。而在这里,只是讨论投入与产出的物质关系,不涉及货币成本和收益问题。

4. 生产要素的产出弹性

所谓可变生产要素的产出弹性,是指产量变化对可变生产要素投入量变化的反应程度,可以用总产量变化的百分比与引起总产量变化的可变生产要素投入量变化的百分比之比加以表示。如果短期生产函数为:$Q = f(K,L)$(其中 K 为固定时 L 为可变,或者 L 为固定时 K 为可变),那么,劳动和资本的产出弹性分别为:

$$E_L = \frac{\mathrm{d}Q}{Q} \Big/ \frac{\mathrm{d}L}{L} = \frac{\mathrm{d}Q}{\mathrm{d}L} \cdot \frac{L}{Q} \qquad (4\text{-}12)$$

$$E_K = \frac{\mathrm{d}Q}{Q} \Big/ \frac{\mathrm{d}K}{K} = \frac{\mathrm{d}Q}{\mathrm{d}K} \cdot \frac{K}{Q} \qquad (4\text{-}13)$$

即可变生产要素的产出弹性等于其边际产量与平均产量之比。以劳动为例,由于 $\frac{\mathrm{d}Q}{\mathrm{d}L} = MP_L$,$AP_L = \frac{Q}{L}$,故劳动的产出弹性就等于劳动的边际产量与平均产量之比 $\left(E_L = \frac{MP_L}{AP_L}\right)$。按照劳动的产出弹性公式,进一步可以知道 E_L 的取值范围:

(1)当 $MP_L > AP_L$ 时，$E_L > 1$；

(2)当 $MP_L = AP_L$ 时，$E_L = 1$；

(3)当 $MP_L < AP_L$ 时，$E_L < 1$。

三、长期生产分析

所谓长期生产分析，是指在各种生产要素均为可变的情况下来考察生产要素的变化对产量变化的影响。因此，在长期生产分析中涉及到的是长期生产函数。假定企业只使用劳动和资本两种生产要素，那么相应的长期生产函数是：

$$Q = f(L, K) \tag{4-14}$$

假定两种生产要素 L 和 K 同时变化，并且是可以替代的，则对长期生产函数的考察主要是解决最适生产要素组合的确定问题。假定两种生产要素 L 和 K 同时同比例变化，则对长期生产函数的考察主要是分析规模收益问题。

1. 最适生产要素组合的确定

所谓最适生产要素组合是指产量既定时成本最小的组合或者是成本既定时产量最大的组合。对生产要素最适组合的确定，采用等产量曲线分析法。

(1)等产量曲线

在长期中，由于各种生产要素的投入量都是可以变动的，因而，企业可以用不同的生产要素组合来生产既定数量的某种产品。或者说对于生产同等数量的同一产品，可以采用各种不同的生产要素组合。假定某种产品的生产函数是 $Q = \sqrt{LK}$，当 $Q = 6$ 和 $Q = 8$ 时，生产这两个产量的各种资本投入量和劳动投入量的一些组合，就可由表 4-2 列出。

表 4-2　生产相同产量的不同生产要素组合

要素组合	L	K	要素组合	L	K
\(Q=6\)			\(Q=8\)		
A	2	18	A'	2	32
B	3	12	B'	3	$21\frac{1}{3}$
C	4	9	C'	4	16
D	4.5	8	D'	4.5	$14\frac{2}{9}$
E	6	6	E'	8	8
F	9	4	F'	16	4
G	12	3	G'	$21\frac{1}{3}$	3
H	18	2	H'	32	2

在表 4-2 的左边，$A, B, C, D, \cdots$ 这些不同的 L 和 K 的组合都能生产相同的

产量 6;在表 4-2 的右边,A',B',C',D',…这些不同的 L 和 K 的组合都能生产相同的产量 8。如果把能够生产产量 6 的各个不同组合 A,B,C,D,…描绘在横轴为劳动投入量(L),纵横为资本投入量(K)的直角坐标系中,并把这些组合连结起来,就可以得到一条曲线,该曲线就是等产量曲线,如图 4-4 中的 Q_1。同理,如果把能够生产产量 8 的各个不同组合 A',B',C',D',…描绘在图 4-4 中,并把它们连结起来,又可以得到另一条等产量曲线 Q_2。因此,等产量曲线(Isoquant Curve)是指能够生产相等产量的两种生产要素的各个不同组合的连线。显然,同一条等产量曲线上的每个点所代表的产量相同,但各点所代表的生产既定产量的资本和劳动的投入量的组合比例是不同的。

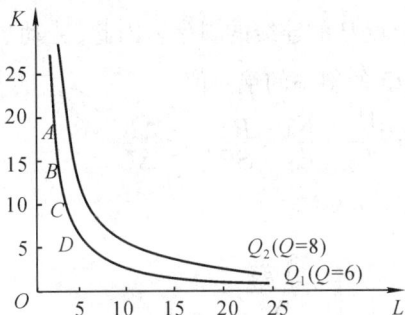

图 4-4　等产量曲线

等产量曲线具有以下特征:

①同一平面上可以有无数条等产量曲线,离原点愈远的等产量曲线所代表的产量水平愈高。如图 4-4 中的等产量曲线 Q_2 代表的产量水平($Q=8$)比等产量曲线 Q_1 所代表的产量水平($Q=6$)高。

②同一平面上的任意两条等产量曲线不能相交。这一特征的证明请参照第三章关于无差异曲线的类似特征及其证明。

③等产量曲线向右下方倾斜,斜率为负。即在同一条等产量曲线上,当生产要素的组合比例发生变化时,就意味着企业在增加某一生产要素的使用量时,必须同时相应减少另一种生产要素的使用量。例如,在等产量曲线 Q_1 上,企业从选择 A 点转向选择 C 点的生产要素组合时,所使用的劳动数量增加了($\Delta L = 2$),同时所使用的资本数量相应减少了($\Delta K = -9$),因此可以得出:$\Delta K / \Delta L = -9/2 = -4.5$。如果等产量曲线不为负,那就意味着,为生产既定的产量,在增加一种要素使用量时不能减少另一种要素的使用量,因此,两种要素是不能替代的。

④等产量曲线凸向原点,即等产量曲线的斜率的绝对值是递减的。为证明等产量曲线的这一特征,引入边际技术替代率的概念。

（2）边际技术替代率

边际技术替代率（Marginal Rate of Technological Substitution, $MRTS$）是指在维持产量不变的条件下，增加一单位某种生产要素的投入所能减少的另一种生产要素的投入数量，通常用 $MRTS$ 表示。如果增加劳动的投入量 ΔL，可以相应减少资本的投入量 ΔK，则资本与劳动的边际技术替代率可以表示为：

$$MRTS_{LK} = -\frac{\Delta K}{\Delta L} \tag{4-15}$$

由于 L, K 呈反方向变动，式（4-15）中的 ΔL 为正数，ΔK 为负数，因此 $\frac{\Delta K}{\Delta L}$ 之前加上负号之后表示 $MRTS_{LK}$ 为正值。在图 4-5 中，当点 R 沿着等产量曲线 Q 接近点 P 时，$\frac{\Delta K}{\Delta L}$ 是点 R 与点 P 的连线的斜率。因此，劳动 L 对资本 K 的边际技术替代率就是等产量曲线 Q 的斜率的绝对值。

$$MRTS_{LK} = \frac{K_2 - K_1}{L_2 - L_1} = \frac{RS}{SP} = -\frac{\Delta K}{\Delta L} \tag{4-16}$$

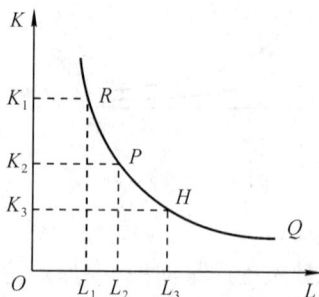

图 4-5　要素的边际技术替代率

在图 4-5 中，点 R 与点 P 位于同一条等产量曲线 Q 上，因而这两个组合能够生产出相等的产量 Q。也就是说，由于劳动投入量增加 ΔL 所增加的产量和由于资本投入量减少 ΔK 所减少的产量一定相等，从而有下列式子：

$$\Delta L \times MP_L = -\Delta K \times MP_K \tag{4-17}$$

$$-\frac{\Delta K}{\Delta L} = \frac{MP_L}{MP_K} \tag{4-18}$$

所以，劳动 L 对资本 K 的边际技术替代率，也就是其边际产量之比：

$$MRTS_{LK} = -\frac{\Delta K}{\Delta L} = \frac{MP_L}{MP_K} \tag{4-19}$$

根据式（4-19），可以知道，要素的边际技术替代率是递减的，或者不断增加劳动的投入量所能替代的资本投入量是递减的。这是因为根据边际收益递减规律，随着劳动投入量的增加，其边际产量（MP_L）递减，而随着资本投入量的减少，其边际产量(MP_K)递增。因此，MP_L/MP_K 的比值是递减的，即要素的边际技术替代率是递减的。要素的边际技术替代率递减，意味着等产量曲线的斜率的绝对值也是递减的，从而在等产量曲线图中，等产量曲线是一条凸向原点的线。

（3）等成本线

等产量曲线仅表示生产要素的投入量组合与产出量之间的技术关系，在等产量曲线上的每个点所代表的生产要素投入组合，就技术方面而言，都是有效率的。但是，等产量曲线并没有回答企业将选择何种生产要素投入组合来进行生产这一问题。对于这一问题的解决，还取决于三个重要的因素，即厂商所投入的总成本以及资本和劳动的价格。为此引进等成本曲线的概念。

等成本线（Isocost Curve）反映了企业在投入总成本及生产要素价格既定的条件下，所能购买到的两种生产要素的最大数量的各种组合的连线。如果企业投入的总成本为 C，使用的两种生产要素为劳动和资本，其投入量分别为 L 和 K，其价格分别为 w 和 r，则等成本线方程为：

$$C = wL + rK \tag{4-20}$$

或
$$K = \frac{C}{r} - \frac{w}{r}L \tag{4-21}$$

根据式（4-21），可以在横轴为劳动投入量（L）和纵轴为资本投入量（K）的坐标中画出对应的等成本曲线 AB，如图 4-6 所示。

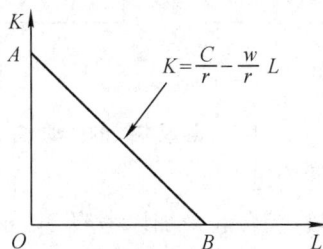

图 4-6　等成本线

在图 4-6 中，纵截距 $OA = C/r$，表示所有成本全部用于购买资本，劳动投入量为 0；横截距 $OB = C/w$，表示所有成本全部用于购买劳动，资本投入量为 0；等成本线 AB 的斜率为 $-w/r$。

等成本线是以企业投入总成本和要素价格既定为条件的，因此，如果企业投入的总成本和(或)要素的价格发生变化，那么等成本线也会随之变动。

在两种要素的价格保持不变的条件下，企业投入的总成本变化，等成本线将会平行移动。当总成本增加时，等成本线向右上方平行移动；当总成本减少时，等成本线向左下方平行移动。这是由于，在两种要素价格不变的条件下，等成本线的斜率($-w/r$)不变,因而,总成本变化只是引起等成本线的平行移动。如图 4-7(a)所示,企业投入的总成本增加,等成本线从 A_0B_0 平行右移到 A_1B_1;企业投入的总成本减少,等成本线从 A_0B_0 平行左移到 A_2B_2。

在企业投入的总成本和其他要素的价格不变的条件下,一种要素的价格发生变化,等成本线将会旋转。假定企业使用劳动 L 和资本 K 两种要素,企业投入的总成本 C 和 K 的价格 r 没有变,但 L 的价格 w 发生变化。那么,当 w 上升时,等成本线将以其与纵轴的交点为轴心顺时针方向旋转;当 w 下降时,等成本线以其与纵轴的交点为轴心逆时针方向旋转。反之,假定 C 和 w 没有变,但 r 发生变化。那么,等成本线将以其与横轴的交点为轴心逆时针方向或顺时针方向旋转。如图 4-7(b)所示,当 C 和 r 不变时,w 上升,等成本线以 A 点为轴心从 AB_0 顺时针方向旋转到 AB_1;w 下降,等成本线以 A 点为轴心从 AB_0 时逆时针方向旋转到 AB_2。

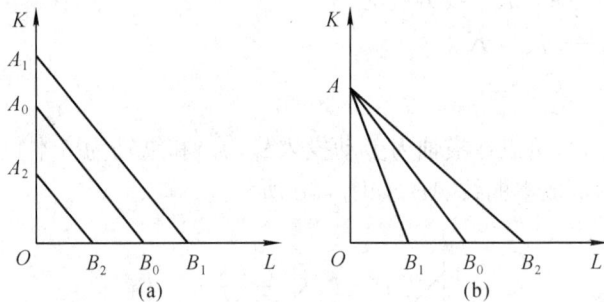

图 4-7　等成本线的变动

(4)最适生产要素组合的确定

将等产量曲线与等成本线结合起来加以考察,就可以找出企业所选择的最适生产要素组合。这种最适生产要素组合包括两层意思:一是企业总成本既定时产量最大;二是企业产量既定时总成本最小。

在图 4-8(a)中,既定的等成本线 AB 与等产量曲线 Q_2 有一个切点 E,同时与等产量曲线 Q_1 有两个交点 F 和 G。E,F,G 各自所代表的要素组合都在同一条等成本线上,因此,E,F,G 三个组合都是企业在现有总成本水平下购买得起的生产要素组合,但是,由于 Q_2 离原点较远,它代表的产量水平大于 Q_1 所代表的产量水平,所以,E 点所代表的产量显然大于 F 点和 G 点所代表的产量。也就是说,在总成本相等时,购买 E 点所代表的资本和劳动投入量的组合所生产出来的产量,要大于购买 G 点和 F 点所代表的资本和劳动投入量组合能生产出来的产量。因而,对企业来说,成本既定时能够实现最大产量的生产要素组合是 $E(L^*,K^*)$,

即 $E(L^*, K^*)$ 是企业的最适生产要素组合。

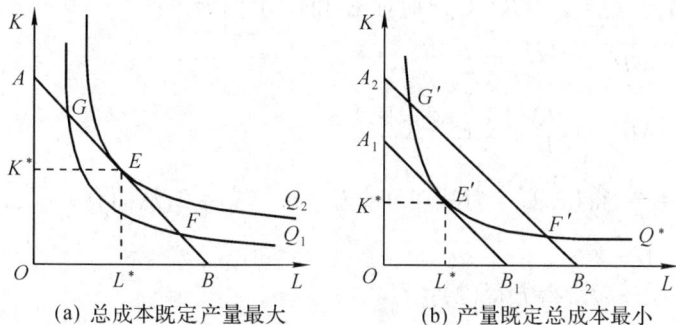

(a) 总成本既定产量最大　　　　　　(b) 产量既定总成本最小

图 4-8　最适生产要素组合的确定

在图 4-8(b) 中，一条既定的等产量曲线 Q^* 与等成本线 A_1B_1(总成本为 TC_1)在 E' 点相切，与另一条等成本线 A_2B_2(总成本为 TC_2，且 $TC_2 > TC_1$)分别在 F' 和 G' 点相交。E'，F'，G' 都在同一条等产量曲线 Q^* 上，表示它们都能生产出相等的产量。但是，F' 和 G' 位于代表较高成本的等成本线 A_2B_2 上，E' 位于代表较低成本的等成本线 A_1B_1 上，即 F' 和 G' 这两个要素组合所代表的总成本，一定大于 E' 这个要素组合所代表的总成本。所以，对企业来说，实现既定产量 Q^* 且成本最低的要素组合是 $E'(L^*, K^*)$，即 $E'(L^*, K^*)$ 是企业的最适生产要素组合。

由于最适生产要素组合都是在等成本线与等产量曲线的切点上，而在该切点上，等产量曲线的斜率的绝对值等于等成本线的斜率的绝对值，用公式表示即为：

$$MRTS_{LK} = \frac{w}{r} \quad 或 \quad \frac{MP_L}{MP_K} = \frac{w}{r} \tag{4-22}$$

所以，生产要素最适组合的条件可以用式(4-22)来表示。如果实现最适生产要素组合的条件不满足，企业就可以通过调整要素的投入量来达到这一条件。例如，在图 4-8(a) 和 (b) 的 G 和 G' 两点上，等产量曲线在这两点上的斜率的绝对值均大于等成本线的斜率的绝对值，即 $\frac{MP_L}{MP_K} > \frac{w}{r}$，这表明此时所使用的资本数量过多，劳动数量过少，因而资本的边际产量较低，劳动的边际产量较高。为实现最适生产要素组合，企业必须增加劳动的使用量，同时相应地减少资本的使用量。这样，随着劳动使用量的增加，劳动的边际产量将下降，同时随着资本使用量的减少，资本的边际产量将上升，最后满足条件 $\frac{MP_L}{MP_K} = \frac{w}{r}$，达到最适生产要素组合。

例题 4.1　已知某企业的生产函数为 $Q = L^{2/3}K^{1/3}$，劳动的价格 $w = 2$，资本的价格 $r = 1$。求：①当成本 $C = 3000$ 时，企业实现最大产量时的 L, K 和 Q 的值；

②当产量 $Q=800$ 时,企业实现最小成本时的 L,K 和 C 的值。

解 ①由于 $Q=L^{2/3}K^{1/3}$,分别对 L 和 K 求偏导得:

$$MP_L = \frac{\partial Q}{\partial L} = \frac{2}{3}L^{-1/3}K^{1/3}$$

$$MP_K = \frac{\partial Q}{\partial K} = \frac{1}{3}L^{2/3}K^{-2/3}$$

由 $\dfrac{MP_L}{MP_K} = \dfrac{w}{r}$,得 $(\frac{2}{3}L^{-1/3}K^{1/3})/(\frac{1}{3}L^{2/3}K^{-2/3}) = 2$,从而有方程(1):

$$L = K$$

由 $C = wL + rK$,得方程(2):

$$3000 = 2K + L$$

求解(1)(2)组成的方程组,可得 $K=L=1000$, $Q=L^{2/3}K^{1/3}=1000$

②$Q=800$ 时,有方程(3):$800 = L^{2/3}K^{1/3}$

解方程(1)(3)组成的方程组,可得 $K=L=800$, $C=2L+K=2400$

(5)生产扩张线

如果企业的成本发生变动,则企业可以适时地调整生产要素投入量,以使在每一个成本水平上都实现最适生产要素组合。如图 4-9 所示,A_1B_1,A_2B_2,A_3B_3 是三条不同的等成本线,代表了三种不同的总成本水平,其中 A_1B_1 代表的总成本最小,A_2B_2 代表的总成本较大,A_3B_3 代表的总成本最大。对应于每一条等成本线都有一条等产量曲线与之相切,切点 E_1,E_2,E_3 都是不同总成本水平上的最适生产要素组合。连结原点 O 和 E_1,E_2,E_3,…这些最适生产要素组合,所得到的曲线 OE 就是生产扩张线。因此,生产扩张线是在生产要素价格和其他条件不变的情况下,企业在不同成本水平上的各个最适生产要素组合的连线。由于长期中,只要企业沿着生产扩张线增加生产要素的投入量,就始终能够在各个不同的成本上实现生产要素的最适组合,因此,OE 线也被称作企业的生产计划线。

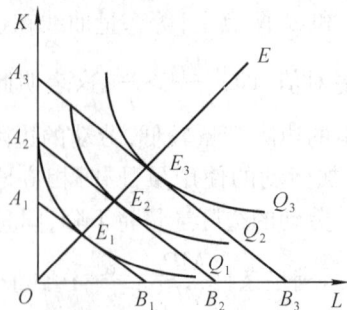

图 4-9 生产扩张线

2.规模收益

规模收益(Returns to Scale)是指在一定的技术条件下,所有生产要素的投入量同时同比例增加所带来的产量增加。显然,企业只有在长期中才能变动所有的生产要素,进而变动生产规模,因此,企业的规模收益问题属于长期生产分析。

(1)规模收益的三个阶段

在企业的生产中,当所有生产要素的投入量同时同比例增加时,总产量的变化呈现出三种情况,对应地,规模收益也呈现出三种变化:第一种情况,总产量增加的幅度大于生产要素投入量增加的幅度,称之为规模收益递增(Increasing Returns to Scale);第二种情况,总产量增加的幅度等于生产要素投入量增加的幅度,称之为规模收益不变(Constant Returns to Scale);第三种情况,总产量增加的幅度小于生产要素投入量增加的幅度,称之为规模收益递减(Decreasing Returns to Scale)。

如表4-3所示,假定投入的所有生产要素只有两种:资本和劳动,其投入量分别用 K 和 L 表示,那么当 K 和 L 都为 100 单位时,总产量为 1000 单位。如果 K 和 L 都增加到 200 单位,即增加 1 倍,那么对应的总产量从 1000 增加到 2200,因此总产量增加了 1.2 倍,也就是说,总产量增加的幅度大于所有生产要素投入量增加的幅度,因此处于规模收益递增阶段;如果 K 和 L 继续增加到 400 单位,即再增加 1 倍,那么对应的总产量从 2200 增加到 4400,因此总产量也增加了 1 倍,这就是说,总产量增加的幅度等于所有生产要素投入量增加的幅度,因此处于规模收益不变阶段;如果 K 和 L 继续增加到 800 单位,即还是增加 1 倍,那么对应的总产量从 4400 增加到 7700,因此总产量只增加了 0.75 倍,这就是说,总产量增加的幅度小于所有生产要素投入量增加的幅度,因此处于规模收益递减阶段。

表4-3　规模收益的变化

资本的投入量(K)	劳动的投入量(L)	总产量(Q)
100	100	1000
200	200	2200
400	400	4400
800	800	7700

关于规模收益的三种类型,也可以用 C-D 生产函数 $Q = AL^{\alpha}K^{\beta}$ 中劳动的产出弹性(α)和资本的产出弹性(β)之和的数值来判断。假定 L 和 K 都扩大到 λ 倍,那么总产量就是:

$$f(\lambda L, \lambda K) = A(\lambda L)^{\alpha}(\lambda K)^{\beta} \tag{4-23}$$

从而有:

$$f(\lambda L, \lambda K) = \lambda^{\alpha+\beta}(AL^{\alpha}K^{\beta}) = \lambda^{\alpha+\beta}Q \tag{4-24}$$

当 $\alpha+\beta>1$ 时,$\lambda^{\alpha+\beta}>\lambda$,意味着总产量扩大的倍数大于资本和劳动扩大的倍数,因此,规模收益递增;

当 $\alpha + \beta = 1$ 时，$\lambda^{\alpha+\beta} = \lambda$，意味着总产量扩大的倍数等于资本和劳动扩大的倍数，因此，规模收益不变；

当 $\alpha + \beta < 1$ 时，$\lambda^{\alpha+\beta} < \lambda$，意味着总产量扩大的倍数小于资本和劳动扩大的倍数，因此，规模收益递减。

规模收益的三个阶段，还可以用图 4-10 来表示。图中的 E_1, E_2, E_3, E_4 分别是四条等产量曲线和四条等成本线的切点，因此联结原点与 E_1, E_2, E_3, E_4 点的直线 OE 是企业的生产扩张线。如果从 E_1 点到 E_2 点，劳动和资本的投入量都增加了 100%，但总产量从 100 增加到 220，增加了 120%，那么，呈现规模收益递增；如果从 E_2 点到 E_3 点，劳动和资本的投入量都增加了 50%，总产量从 220 增加到 330，则总产量也增加了 50%，那么，呈现规模收益不变；如果从 E_3 点到 E_4 点，劳动和资本的投入量都增加了 25%，总产量从 330 增加到 396，则总产量只增加了 20%，那么，呈现规模收益递减。

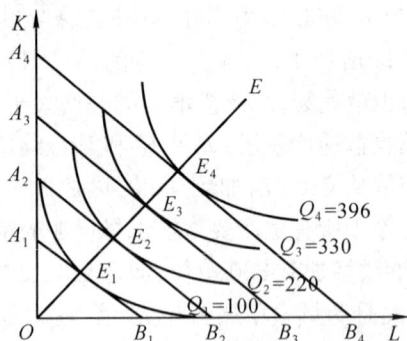

图 4-10　规模收益的变化

(2)生产规模弹性

规模收益问题也可利用生产规模弹性概念来加以分析。生产规模弹性衡量的是总产量对生产要素使用量变化的敏感程度，它等于总产量变化的百分比与所有生产要素同时按比例变化时的百分比之比，通常用 E_λ 表示。如果用 $\Delta Q/Q$ 表示总产量变化的百分比，以 $\Delta \lambda/\lambda$ 表示所有生产要素投入量变化的百分比，那么生产规模弹性公式可以表示为：

$$E_\lambda = \frac{\Delta Q}{Q} \bigg/ \frac{\Delta \lambda}{\lambda} = \frac{\Delta Q}{\Delta \lambda} \times \frac{\lambda}{Q} \tag{4-25}$$

如果 $\Delta \lambda$ 和 ΔQ 趋向于 0，可以用微分的形式表示生产规模弹性公式如下：

$$E_\lambda = \frac{\mathrm{d}Q}{\mathrm{d}\lambda} \times \frac{\lambda}{Q} \tag{4-26}$$

根据生产规模弹性与规模收益的概念，生产规模弹性与规模收益的关系可以表述为：①$E_\lambda = 1$，规模收益不变；②$E_\lambda > 1$，规模收益递增；③$E_\lambda < 1$，规模收益递减。生产规模弹性与规模收益之间的这种关系，也可以通过对生产规模弹性与可变生产要素的产出弹性之间的关系分析来加以证明。假设生产函数为 $Q = f(K, L)$，该生产函数的全微分为：

$$dQ = \frac{\partial Q}{\partial K}dK + \frac{\partial Q}{\partial L}dL \tag{4-27}$$

在上式的右边两项分别乘上 K/K 和 L/L，得到：

$$dQ = \frac{\partial Q}{\partial K}\frac{dK}{K}K + \frac{\partial Q}{\partial L}\frac{dL}{L}L \tag{4-28}$$

由于考察规模收益问题时，所有生产要素是同时按同比例变化的，所以有：

$$\frac{d\lambda}{\lambda} = \frac{dK}{K} = \frac{dL}{L} \tag{4-29}$$

以$\frac{d\lambda}{\lambda}$代替$\frac{dK}{K}$和$\frac{dL}{L}$代入式(4-28)并就每一项同除以 Q，则有：

$$\frac{dQ}{Q} = \frac{d\lambda}{\lambda}\left(\frac{\partial Q}{\partial K}\cdot\frac{K}{Q} + \frac{\partial Q}{\partial L}\cdot\frac{L}{Q}\right) \tag{4-30}$$

进一步在上述方程的两边同乘$\frac{1}{d\lambda/\lambda}$，得到：

$$\frac{dQ}{Q}\bigg/\frac{d\lambda}{\lambda} = \frac{\partial Q}{\partial K}\cdot\frac{K}{Q} + \frac{\partial Q}{\partial L}\cdot\frac{L}{Q} \tag{4-31}$$

式(4-31)表明，生产规模弹性等于可变生产要素的产出弹性之和，即 $E_\lambda = E_K + E_L$。对于 C-D 生产函数 $Q = AL^\alpha K^\beta (0 < \alpha < 1, 0 < \beta < 1)$，可以证明 α 就是劳动的产出弹性，β 就是资本的产出弹性，即 $E_L = \alpha$，$E_K = \beta$，所以，产出弹性 $E_\lambda = E_K + E_L = \alpha + \beta$。$\alpha + \beta > 1$，即 $E_\lambda > 1$，规模收益递增；$\alpha + \beta = 1$，即 $E_\lambda = 1$，规模收益不变；$\alpha + \beta < 1$，即 $E_\lambda < 1$，规模收益递减。

（3）规模经济、规模不经济和最适规模

规模经济（Economy of Scale）是指由于企业的规模扩大而引起的长期平均成本下降的现象，也称长期规模收益递增。规模经济与一般的规模收益递增的主要区别在于，前者在扩大生产规模引起产量递增时往往伴随着生产技术条件的变化，而后者则是在假定技术条件不变的情况下扩大生产规模所引起的产量递增情况。规模不经济是指由于企业的规模扩大而引起的长期平均成本上升的现象，对应于长期规模收益递减。最适规模是指企业处于长期平均成本最小时的规模。

当一个企业的规模不断地扩大时，开始时会呈现规模经济，然后是达到最适规模，之后再继续扩大规模，很可能出现规模不经济。因此，企业的规模不是越大越好。事实上，每一个行业的企业，甚至学校、医院等都应有自己的最适规模。当然，由于不同行业的不同技术特点，在不同的行业，企业达到最适规模时的规模会有很大差异，如对于一个钢铁企业，达到最适规模时的企业规模也许很大，而对一个食品企业,达到最适规模时的企业规模也许很小。因此,针对不同行业的企业,不能笼统地说大企业好还是中小企业好,甚至对于不同的行业,还不能依据一个统一的标准,笼统地划分大中小型企业。

①规模经济的原因

造成规模经济的原因可以从工厂规模经济和企业规模经济两方面来加以分析。工厂规模经济中的"工厂"一词,是指为生产一定的产品而集中了一定的生产要素的场所。企业规模经济中的"企业"一词,是指由若干个生产和销售组织构成的,并具有更大管理职能的经营实体。一般认为,形成工厂规模经济的主要原因是:

第一,专业分工的利益。即工厂生产规模的扩大,不仅可以使工厂增加劳动者和对劳动者实行更为细致的专业化分工,同时也能使工厂引进更为专业化的机器设备,使生产连续化、系列化、标准化,提高工厂生产的总体效率。专业化和分工带来的好处早在18世纪经济学之父亚当·斯密就已提出。他在1776年发表的《国富论》中,以大头针行业为例,论述了专业化和分工所带来效率提高。一个未受到专业训练的工人,一天只能勉强做一枚大头针,但如果将生产分成18个工序,每人只承担一个工序,人均日产量可达到4800枚大头针。可见,专业化带来的规模经济是十分显著的。在汽车、家电等制造业中,流水线专业化生产也能带来同样的优势。

第二,学习效应。即在工厂扩大生产规模的过程中,可以使劳动者在大批量的生产方式中通过反复性劳动来增加工序操作的熟练性,提高劳动生产率和产品质量,同时在工厂的产品和技术的研究开发、财务管理、库存管理等方面,也可以使管理人员累积更多的经验,提高工厂的管理水平,降低各项管理费用。

第三,建设费用的节约性。即工厂为扩大生产规模而在机械、设备装置和基建方面的开支,将会小于生产规模及生产能力增加的幅度,从而享受到建设费用节约的好处。例如,根据工厂的球状设备的容积和表面积的数量关系,当球状设备容积增加2倍时,生产该设备所需的材料只需增加1.56倍。一座占地面积10000平方米(100米×100米)的厂房需要周长400米的墙,但面积扩大一倍,即扩大到20000平方米(100米×200米)时,周长仅为600米,即只增加了50%,因此每平方米的建筑成本就随之降低。

形成企业规模经济的原因,除了上述论及的工厂规模经济的原因外,还有以下几点:

一是大批量购入原材料和大批量销售产品的利益。即企业大规模的批量生产,要求相应的大批量购买和销售,这将使企业节约各种购买费用、推销费用及各类流通费用。

二是拉长产品生产线的利益。即在扩大生产和企业规模的过程中,可以把产品的连续加工过程统一在一个大企业内,从而使企业在大规模的系列产品生产过程中获得各种成本节约和所有产品的生产利益。例如,几乎任何一家大型的石化企业都同时生产柴油、汽油、石蜡、沥青等产品,因为这些产品都是从同一原料——石油中提炼出来的。又如,一家大型丝绸公司,可以包含了从种桑养蚕、缫丝、织绸、印染、丝绸制品到内外贸易的整个产业链,同时生产蚕茧、生丝和丝绸制成品。事实上,一家企业同时生产多种产品的成本往往低于单独生产这些产品的成本之和,这就是范围经济(Economy of Scope)。

三是研究和开发的利益。即在大型企业中,不仅专门的技术研究和产品开发的人才、设备仪器、资金基础比较雄厚,而且研究力量十分集中(如大企业往往自行设立相应的研究院所),从而可为企业研究出更多的新产品,开发出更多的新技术和新工艺,提高企业的生产和经营效率。

四是资金和财务利益。即大企业利用自身实力雄厚、信用好的条件,可以较容易地以各种相对有利的条件从金融市场筹措到发展所需的资金,在扩大生产规模的同时,降低融资成本,提高资金使用效率。

②规模不经济的原因

造成规模不经济的原因也有很多,主要可以从内在不经济和外在不经济两方面来加以分析。

内在不经济是指企业规模扩大后由其自身的原因而导致产量减少和成本提高。决定内在不经济的主要因素是:一是巨型企业的管理组织结构复杂,机构庞大,会增加管理费用;二是企业内部的行政管理机制容易抑制员工之间的竞争,从而降低工作效率;三是大企业会增加对生产要素的需求,进而刺激生产要素价格的上升而提高产品成本;等。

外在不经济是指行业规模扩大后对个别企业所带来产量增加和成本降低的困难。主要是指随着行业规模的扩大,生产同类产品的大企业增加,会加剧企业间的竞争,为此企业往往要在扩大市场销售、获得廉价原料等方面付出较多的代价。

例4.4　中国企业规模经济现状

自改革开放以来,我国经济持续增长,主要产业的集中度(见第十章第一节的概念解释)上升,规模经济状况有所改观,但从总体上说,我国产业的企业规模仍然偏小,产业集中度过低,缺乏规模经济。

世界500家最大企业的排名显示,一个国家的经济规模与其拥有的大企业的数目正相关。1999年500家大企业中,按国家排序:美国179家,日本107家,英国38家,德国37家,法国37家。2000年进入500强的企业数目略有变化,但整体看排序没有改变。2000年我国经济总量排在世界第六位,但是我国进入500强的大企业只有11

家,而且这 11 家中没有一家制造业企业。

我国大企业的规模与世界 500 强中的企业规模相比,真是"小巫见大巫"。2000 年我国 516 家重点企业的总销售额约为 4120 亿美元,仅相当于世界 500 强中的前两位埃克森美孚石油公司和沃尔马特百货公司的销售额;516 家重点企业的总资产和平均销售额相当于世界 500 强平均值的 1%和 2%左右。我国 122 家试点企业集团 2000 年的产品销售额约为 2500 亿美元,仅相当于世界 500 强第一的埃克森美孚石油公司销售额 2104 亿美元的 119%;相当于世界 500 强第二的沃尔马特百货公司销售额 1933 亿美元的 129%。在世界 500 强中我国排名最前面的中国石油化工集团公司的销售额仅为埃克森美孚石油公司的 21.6%。

我国最大的汽车工业公司——中国第一汽车集团公司 2000 年的销售额还不到 50 亿美元,仅为当年美国通用汽车公司销售额 1846 亿美元的 3.7%。2002 年我国汽车产量 32512225 辆,排名世界第五位,而这些产量来自全国 122 家汽车制造企业,这个数是世界主要汽车制造大国的企业数量的总和。目前,国外一般单个汽车企业的最小生产规模是年产 40 万～60 万辆,而 2001 年我国汽车企业中,年产量 20 万辆以上的企业才 4 家,总产量 134.83 万辆,占行业总产量的 57.76%;年产量 10 万辆以上的企业才 7 家,总产量 174.27 万辆,占行业产量的 74.64%,其余的都是年产 10 万辆以下的小企业。

资料来源:余兰,《中国企业规模经济现状分析》,《科技情报开发与经济》,2004 年第 14 卷第 8 期。

第三节　成本分析

成本,亦称费用,泛指人们通过一定的活动获得某种物品(劳务)或取得某种利益所需付出的代价。企业的生产成本通常被看成是企业对所购买的生产要素的货币支出。为了获取最大化的利润,企业就必须在生产经营活动中进行成本—收益的比较分析,因此,无论是短期还是长期中,成本都是影响企业决策的一个非常重要的因素。

一、成本分类

1.机会成本

经济学家在使用成本这个概念时,往往将成本问题与稀缺资源的有效配置问题联系起来加以考察。因此,其所涉及到的成本是机会成本(Opportunity Cost)。例如,铝作为一种金属材料,具有很广泛的用途,铝可以用来制造飞机,也可以用来生产其他多种多样的铝制品(如建筑材料、炊事用具等等)。当人们把一定数量的铝用于制造飞机时,同时也就意味着放弃了这些数量的铝在其他方面的使用,或者说,放弃了这些数量的铝在用于生产其他铝制品时可以得到的收益。在这一系列放弃了的生产铝制品的收益中,其中某一种铝制品的收益(如建筑材料)可能是最高的,那么放弃了的铝制品的最高收益,就是铝用于制造飞机时的机会成本。

概括地说,一定资源用于某种用途的机会成本就是所放弃的其他用途中本来可能得到的最高收益。机会成本的概念实际上反映了这样一个事实,一种生产资源的价值取决于其不同的用途所可能产出的价值之间的比较。例如,当人们把铝用于制造飞机时,就必须比较铝在用于制造飞机所产出的价值和用于生产建筑材料所产出的价值,只有当前一种生产用途产出的价值大于或者至少等于后一种生产用途产出的价值时,人们才会把铝用于制造飞机。也正是因为人们在选择生产资源的用途时,要考虑到机会成本问题,所以生产资源才会流到经济效益(价值)高的生产用途上去。因此,经济分析中的生产成本概念实际上也就是机会成本概念。

2. 显性成本与隐性成本

对企业来说,显性成本(Explicit Cost)是指企业从外部购买或雇用的各种生产资源的实际开支,也就是企业在会计账簿上登记的各种成本,主要包括企业购买机器设备、原材料、燃料等支付的费用,付给雇员的工资或薪金,以及借入资本所必须支付的利息等。隐性成本(Implicit Cost)是指企业自己拥有的且被用于自己企业生产过程的各种生产资源的价值。这些生产资源的价值是根据它们在其他用途中的最高收益来估算的。

例如,某企业拥有 200 万元资金,其中 100 万元是从银行得到的贷款,另外 100 万元是自有资金。如果银行的存贷款年利率是 10%,那么企业每年支付的贷款利息将是 10 万元,这是企业的显性成本。而就企业自有的 100 万资金而言,虽然企业不为自己的资金给自己支付利息,但是,企业如果不把这笔资金投入生产,而是把它存入银行,那就可以获得每年 10 万元的利息。因而,按照机会成本的概念,这 10 万元利息就构成了该企业的隐性成本。由于隐性成本事实上是企业自有生产资源的收益,所以,在经济分析中,隐性成本也被看作是企业的"正常利润"。在长期中,如果企业无法得到"正常利润",也就意味着隐性成本未能得到补偿,企业就会退出生产,而将自有生产资源用于其他方面。

区分了显性成本和隐性成本的概念,进一步可以知道会计利润和经济利润的区别。会计利润＝总收益－显性成本;而经济利润＝总收益－显性成本－隐性成本,或者经济利润＝会计利润－隐性成本。因此,当企业的经济利润为 0 时,仍然有会计利润。同时,即使企业的经济利润为 0,生产过程中所投入的各种生产要素也全部得到了相应的回报。

3.可回收成本和沉没成本

在已经发生的成本中,有的成本是可以通过出售或出租方式在很大程度上加以回收的,称之为可回收成本,如办公楼、汽车、办公电脑等;有的则一旦支出就无法再回收,称之为沉没成本(Sunk Cost),如企业因为广告支出发生的成本,在办公楼顶部安装企业标志发生的成本,按企业特殊要求设计的专用设备,一家投资银行在企业重组过程中雇用财务、法律专家、猎头公司服务所发生的成本,甚至粮食流通领域政府不适当的价格干预政策引发的国有粮食企业财务亏损"挂账",等等。

从成本的可追溯性来说,沉没成本可以是直接成本,也可能是间接成本。如果沉没成本可追溯到个别产品或部门,则属于直接成本;如果由几个产品或部门共同引起,则属于间接成本。

从成本的形态看,沉没成本可以是固定成本,也可能是变动成本。厂商在撤销某个部门或是停止某种产品生产时,沉没成本中通常既包括机器设备等固定成本,也包括原材料、零部件等变动成本。通常情况下,固定成本比变动成本更容易沉没。

从数量角度看,沉没成本可以是整体成本,也可以是部分成本。例如中途弃用的机器设备,如果能变卖出售获得部分价值,那么其账面价值不会全部沉没,只有变现价值低于账面价值的部分才是沉没成本。

一般说来,资产的流动性、通用性、兼容性越强,其沉没的部分就越少。"现金为王"的观念也可以从这个角度去理解。固定资产、研究开发、专用性资产等都是容易沉没的,分工和专业化也往往与一定的沉没成本相对应。此外,资产的沉没性也具有时间性,会随着时间的推移而不断转化。以具有一定通用性的固定资产为例,在尚未使用或折旧期限之后弃用,可能只有很少一部分会成为沉没成本,而中途弃用沉没的程度则会较高。

经济学家对沉没成本的基本态度是:在进行面向未来的决策时不应考虑沉没成本。如在未来市场和赢利等方面预期表明企业应当从某个市场退出时,就不应该因为广告和其他沉没成本支出而改变或推延退出的决策。同样,有一个选题,你花了许多时间搜集资料、调查研究,但你又觉得意义不大,不是很想研究下去,可又觉得已经花了那么多时间和精力,放弃很可惜。那么到底应该是继续呢还是放弃该选题重新寻找新的选题? 显然,时光不能倒流,已经花费在该选题上的时间和精力是一种沉没成本,不管是继续还是放弃呢,都已经付出,无法再收回,就好像泼出去的水一样,所谓覆水难收。因此,在考虑是继续还是放弃时,已经投入的时间和精力不能成为影响你决策的因素,关键是要依据你对该选题的研究价值的判断。

与对待机会成本的斤斤计较态度相反,经济学对沉没成本采取"随它去"的超脱态度。在他们看来,沉没成本是现有决策的非相关成本,不应让沉没成本来影响我们的当前行为或未来决策,因为沉没成本已经沉没。

例4.5　沉没成本与决策

机会成本是决策相关成本,需要在决策时予以考虑,而沉没成本是决策非相关成本,应该排除在决策之外。现实经济中,骑虎难下的投资项目比比皆是,到底是继续投资还是决然退出,总是令投资决策者左右为难,其原因就在于巨大的沉没成本。

中国航空工业第一集团公司与美国麦道公司于1992年签订合同,合作生产MD90干线飞机。1997年项目全面展开,1999年双方合作制造的首架飞机成功试飞,2000年第二架飞机再次成功试飞,并且两架飞机很快取得美国联邦航空局颁发的单机适航证。这显示中国在干线飞机制造和总装技术方面已达到90年代的国际水平,并具备了小批量生产能力。

然而就在2000年8月该公司决定今后民用飞机不再发展干线飞机,而转向发展支线飞机,MD90项目也下马了。这一决策立时引起广泛争议和反对。在就该项目展开的大讨论中,许多人反对干线飞机项目下马的一个重要理由就是,该项目已经投入数十亿元巨资,上万人倾力奉献,耗时六载,在终尝胜果之际下马造成的损失实在太大了。

反对者的惋惜与痛苦心情都可以理解,但这丝毫不构成该项目应该上马的理由,因为不管该项目已经投入了多少人力、物力、财力,对于上下马的决策而言,其实都是无法挽回的沉没成本。事实上,干线项目下马完全是"前景堪忧"使然。从销路看,原打算生产150架飞机,到1992年首次签约时定为40架,后又于1994年降至20架,并约定由中方认购。但民航只同意购买5架,其余15架没有着落。因此,在没有市场的情况下,下马是果断而理性的最佳选择。

如果从机会成本角度考虑,那么终止干线飞机项目的机会成本就是继续进行该项目未来可能获得的净收益(扣除新增投资后)。如果不能产生正的净收益,下马就是最好的出路。即使有了正的净收益,也还必须看其投资回报率(净收益/新增投资)是否高于厂商的平均回报。倘若低于平均回报,也应当忍痛下马。

市场及技术发展瞬息万变,投资决策失误在所难免,尽可能减少沉没成本的支出无疑是所有厂商都希望的。可是,如何避免决策失误导致的沉没成本呢?这就要求厂商有一套科学的投资决策体系,要求决策者从技术、财务、市场前景和产业发展方向等方面对项目做出准确判断。更为关键的是,在投资失误已经出现的情况下如何避免将错就错。

4.固定成本与可变成本

固定成本(Fixed Cost)是指企业的生产成本中不随产量变化而相应变化的那部分成本。通常,固定成本是在一定的生产时期中企业投在数量固定的和不可分割的生产要素上的成本,如建筑物、大型机器设备、车辆等。由于技术或工艺方面的原因,这些生产要素必须以一定的规模或数量投入使用,而且一旦被使用,它们就可以使用一定的时期而无需进一步的费用。但是，另一方面，即使企业不生产，由于固定生产要素已经投入，固定成本也就照样存在。

可变成本(Variable Cost)是指在生产过程中直接随着产量的变化而变化的成本。它们是在一定的生产时期中的可变生产要素的成本，如操作机器的劳动力、开动机器所需的燃料和动力、生产所需的原材料等。可变成本的特点在于，当产量为零时，无需支付任何可变成本，当产量增加时，所支付的可变成本亦随之增加。

根据企业生产的短期和长期的划分，短期中，企业的一些生产要素是固定的，另一些生产要素才是可变的；长期中，企业所有的生产要素都是可变的。因此，固定成本与可变成本的划分并非是绝对不变的，而是在很大程度上取决于所考察的生产时期的长短。短期中的成本可以划分为固定成本和可变成本；而长期中所有的成本都是可变的。

二、短期成本分析

1. 短期成本的分类

由于短期中，成本有固定成本和可变成本之分，因此，短期成本的概念有短期总成本、总固定成本、总可变成本、短期平均成本、平均固定成本、平均可变成本和短期边际成本七种基本类型。

短期总成本(Total Cost in Short-run, STC)是指短期中为生产既定产量所花费的全部成本。它是产量的函数，也等于总固定成本(Total Fixed Cost, TFC)和总可变成本(Total Variable Cost, TVC)之和，即：

$$STC = f(Q) = TFC + TVC \tag{4-32}$$

短期平均成本(Average Cost in Short-run, SAC)是指短期中平均生产一单位产品所花费的总成本，反映了生产过程中单位产品的成本变化情况。它也是产量的函数，等于短期总成本除以产量。由于 $STC = TFC + TVC$，因此，短期平均成本也可以表示为平均固定成本(Average Fixed Cost, AFC)与平均可变成本(Average Variable Cost, AVC)之和，即：

$$SAC = f(Q) = \frac{STC}{Q} = \frac{TFC + TVC}{Q} = AFC + AVC \tag{4-33}$$

短期边际成本(Marginal Cost in Short-run, SMC)是指短期中增加一单位产量所增加的总成本，反映了每增加一单位产量所导致的成本变化。根据定义，短期边际成本等于总成本的增量与总产量的增量之比。由于短期中，固定成本是不变的，因此，它也可以表示为总可变成本的增量与总产量的增量之比。即：

$$SMC = \frac{\Delta STC}{\Delta Q} \quad 或 \quad SMC = \frac{\Delta TVC}{\Delta Q} \tag{4-34}$$

当 ΔQ 趋向于 0，从而 ΔSTC 或 ΔTVC 也趋向于 0 时，在生产函数是连续函

数的情况下,上述短期边际成本公式改写为:

$$SMC = f(Q) = \frac{\mathrm{d}STC}{\mathrm{d}Q} \quad 或 \quad SMC = \frac{\mathrm{d}TVC}{\mathrm{d}Q} \tag{4-35}$$

2.短期总成本、总固定成本与总可变成本

假设某企业在生产过程中的产量及相应的总成本、总固定成本和总可变成本的数值及其变化如表 4-4 所示。

表 4-4 短期总成本、总固定成本和总可变成本

产量(Q)	总固定成本(TFC)	总可变成本(TVC)	短期总成本(STC)
0	60	0	60
1	60	30	90
2	60	40	100
3	60	45	105
4	60	55	115
5	60	75	135
6	60	110	170
7	60	150	210
8	60	200	260

根据表 4-4,大致可以画出相应的短期总成本、总固定成本和总可变成本曲线,如图 4-11 所示。

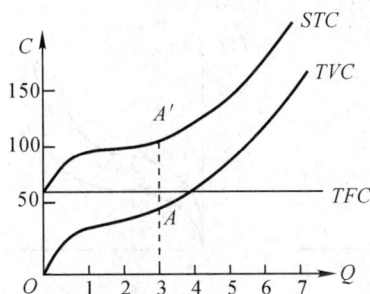

图 4-11 短期总成本、总固定成本和总可变成本

在图 4-11 中,总固定成本曲线实际上是一条与横轴平行的直线,反映了固定成本不随产量的变化而变化的特点。总可变成本曲线是一条先以递减的速度上升(在 $0 < Q \leqslant 3$ 的区间内),后又转向以递增的速度上升(在 $Q > 3$ 的区间内)的曲线,总可变成本曲线上的 A 点(所对应的 $Q = 3$)是该曲线形状变化的转折点。短期总成本曲线可以由总固定成本曲线和总可变成本曲线相加得到,其形状与总可变成本曲线完全相同,A' 点是短期总成本曲线从递减速度上升转为以递增速度上升的转折点,该点所对应的产量与 A 点所对应的产量相同($Q = 3$)。但是,短期总

成本曲线的位置在总可变成本曲线的上面,并且两者之间的垂直距离等于总固定成本,这是因为 $STC - TVC = TFC$。

在图 4-11 关于短期总成本、总固定成本和总可变成本曲线的变化及其关系中,关键是总可变成本曲线的变化问题,即总可变成本为什么先以递减的速度增加后又以递增的速度增加? 这是个与上一章内容相关的问题。在上一章中讲到,技术不变,其他生产要素投入量也不变的情况下,连续不断地增加某种可变生产要素的投入量,随着该可变生产要素投入量的增加,总产量先以递增的速度增加,后又以递减的速度增加。如图 4-12(a)所示,如果只有劳动是可变生产要素,其投入量用 L 表示,在其他条件不变的情况下,连续不断地追加劳动的投入量所对应的总产量用 Q 表示,那么总产量的变化将呈现先以递增的速度增加,在点 $A(L^*,$ $Q^*)$ 之后又以递减的速度增加的特点。图 4-12(b)只不过与图 4-12(a)的横轴和纵横的位置进行了交换,因而该图中曲线 L 的含义是:随着总产量 Q 的增加,劳动的投入量 L 先以递减的速度增加,在点 $B(Q^*, L^*)$ 之后又以递增的速度增加,即它的变化刚好与图 4-12(a)中的曲线 Q 的变化相反。假设单位劳动投入量的价格(即工资)为 w,是一个常数,于是总可变成本 $TVC = wL$,那么,TVC 曲线与 L 曲线一样,随着总产量 Q 的增加,先以递减的速度增加,在点 $B'(Q^*, TVC^*)$ $(TVC^* = wL^*)$ 之后又以递增的速度增加。这就是总可变成本曲线为什么先以递减的速度上升后又以递增的速度上升的原因。

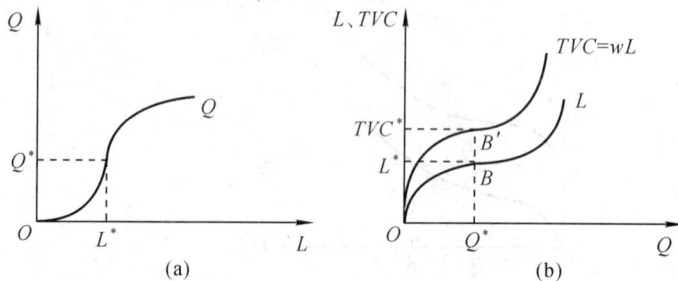

图 4-12　总可变成本曲线的推导

3. 短期平均成本、平均固定成本、平均可变成本和短期边际成本

根据表 4-4 所列有关各项总成本的数值及各短期成本之间的关系,能够计算并在表 4-5 中列出产量及相应的短期平均成本、平均固定成本、平均可变成本和短期边际成本。

根据表 4-5,大致可画出相应的短期平均成本曲线(SAC)、平均固定成本曲线(AFC)、平均可变成本曲线(AVC)和短期边际成本曲线(SMC),如图 4-13 所示。

表 4-5 短期平均成本、平均固定成本、平均可变成本和短期边际成本

产量（Q）	平均固定成本（AFC）	平均可变成本（AVC）	短期平均成本（SAC）	短期边际成本（SMC）
0	−	−	−	−
1	60	30	90	30
2	30	20	50	10
3	20	15	35	5
4	15	13.75	28.75	10
5	12	15	27	20
6	10	18.33	28.33	35
7	8.57	21.43	30	40
8	7.5	25	32.5	50

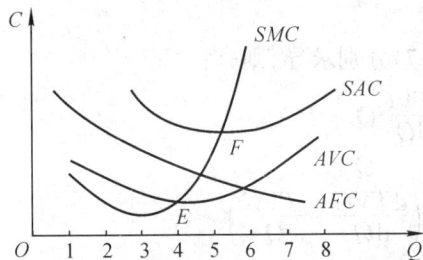

图 4-13 短期平均成本、平均固定成本、平均
可变成本和短期边际成本

在图 4-13 中，关于短期平均成本曲线（SAC）、平均固定成本曲线（AFC）、平均可变成本曲线（AVC）和短期边际成本曲线（SMC）各自的变化规律及其相互关系概述如下：

（1）平均固定成本曲线（AFC）是一条随着产量的增加而一直下降的曲线，短期平均成本曲线（SAC）、平均可变成本曲线（AVC）和短期边际成本曲线（SMC）都是随着产量的增加先下降后又上升的曲线，即这三条线都是"U"型的曲线；所不同的是，在这三条曲线的变化过程中，SMC 曲线最先达到最低点，其次是 AVC 曲线下降至最低点，最后是 SAC 曲线下降至最低点。

（2）随着产量的增加，SAC 曲线与 AVC 曲线越来越接近，这是因为 SAC − AVC = AFC，即 SAC 曲线与 AVC 曲线之间的垂直距离就是 AFC，而 AFC 随着产量的增加越来越小的缘故。

（3）随着产量的增加，SMC 曲线与 AVC 曲线和 SAC 曲线先后相交于 AVC 曲线和 SAC 曲线的最低点 E 点和 F 点。即对于 AVC 曲线与 SMC 曲线来说，在 E 点的左边，由于 SMC 曲线位于 AVC 曲线的下方（即 SMC < AVC），所以，AVC 曲

线处于下降阶段;在 E 点的右边,由于 SMC 曲线位于 AVC 曲线的上方(即 $SMC > AVC$),所以,AVC 曲线处于上升阶段;而在 E 点,SMC 曲线与 AVC 曲线相交(即 $SMC = AVC$),所以,它们的交点 E 正是 AVC 曲线的最低点。同理,对于 SAC 曲线与 SMC 曲线来说,在 F 点的左边,由于 SMC 曲线位于 SAC 曲线的下方(即 $SMC < SAC$),所以,SAC 曲线处于下降阶段;在 F 点的右边,由于 SMC 曲线位于 SAC 曲线的上方(即 $SMC > SAC$),所以,SAC 曲线处于上升阶段;而在 F 点,SMC 曲线与 SAC 曲线相交(即 $SMC = SAC$),所以,它们的交点 F 也是 SAC 曲线的最低点。

关于 SMC 曲线与 AVC 曲线和 SAC 曲线的关系,也可以用数学证明如下:

$$AVC = \frac{TVC}{Q} \tag{4-36}$$

$$SAC = \frac{STC}{Q} \tag{4-37}$$

对式(4-36)和式(4-37)分别求导,则有:

$$\begin{aligned}
\frac{\mathrm{d}AVC}{\mathrm{d}Q} &= \frac{\frac{\mathrm{d}TVC}{\mathrm{d}Q}Q - TVC}{Q^2} \\
&= \frac{1}{Q}\left(\frac{\mathrm{d}TVC}{\mathrm{d}Q} - \frac{TVC}{Q}\right) \\
&= \frac{1}{Q}(SMC - AVC)
\end{aligned} \tag{4-38}$$

$$\begin{aligned}
\frac{\mathrm{d}SAC}{\mathrm{d}Q} &= \frac{\frac{\mathrm{d}STC}{\mathrm{d}Q}Q - STC}{Q^2} \\
&= \frac{1}{Q}\left(\frac{\mathrm{d}STC}{\mathrm{d}Q} - \frac{STC}{Q}\right) \\
&= \frac{1}{Q}(SMC - SAC)
\end{aligned} \tag{4-39}$$

因此,只要 $Q > 0$,则有:当 $SMC < AVC$ 时,$\frac{\mathrm{d}AVC}{\mathrm{d}Q} < 0$ 表明 AVC 曲线是下降的;反之,当 $SMC > AVC$ 时,$\frac{\mathrm{d}AVC}{\mathrm{d}Q} > 0$ 表明 AVC 曲线是上升的;而当 $SMC = AVC$ 时,$\frac{\mathrm{d}AVC}{\mathrm{d}Q} = 0$ 表明平均可变成本曲线 AVC 处于其最低点。

同理,只要 $Q > 0$,则有:当 $SMC < SAC$ 时,$\frac{\mathrm{d}SAC}{\mathrm{d}Q} < 0$ 表明 SAC 曲线是下降的;反之,当 $SMC > SAC$ 时,$\frac{\mathrm{d}SAC}{\mathrm{d}Q} > 0$ 表明 SAC 曲线是上升的;而当 $SMC = SAC$ 时,$\frac{\mathrm{d}SAC}{\mathrm{d}Q} = 0$ 表明短期平均成本曲线 SAC 处于其最低点。

例 4.6 信息产品的成本结构特征

随着信息技术的发展,软件、CD、电影、书籍等信息产品市场上盗版盛行。为什么这类产品很容易被盗版,而且正版和盗版的价格相差很大?为什么在某些情况下消费者就算依据价格信息知道哪是正版哪是盗版,却还要知假买假?这与此类产品的成本结构的特征密切相关。

对于绝大多数信息产品来说,生产第一单位的成本很高,然而,一旦第一单位产品被生产出来,复制更多的同一产品的成本相对而言会很小。如组织人员编辑一套全新的高质量的百科全书,聘请权威专家撰稿也许就要支付上千万元的前期投入,然而印刷一本百科全书的成本相对就很小;如果以 CD 盘复制一份已经编排完毕的百科全书,复制成本可能仅占卖价的零头;而通过互联网提供给另一位订户,几乎不增加任何新的成本。同样,拍摄一部电影可能要花几百万元、几千万元甚至上亿元,然而拷贝一部电影的成本几乎为零。

用经济学的语言表述,生产第一单位信息产品的固定成本很高,但是可变成本很低,因而复制信息产品的边际成本很小。由于边际成本很小,一家厂商提供某一信息产品的数量越多,则平均成本越低。也就是说,信息产品的生产具有很强的规模经济特性。在互联网时代,与网络相关的信息产品,其固定成本很高,但可变成本极低。许多信息产品对于实际需要来说几乎没有生产设计能力的限制,一个厂商只要能提供第一份信息产品,几乎就能很容易提供无数份相同的产品。

信息产品的另一个成本特征是,固定成本中很大部分是沉没成本,即使信息产品开发失败,或者开发出来后不投入大批量生产,或者生产过程因某种原因中止,前期投入的开发成本都将无法收回。如果一个软件公司提供的软件缺乏市场,该公司退出这一市场时就可能难以回收雇用人员编写软件以及为了宣传这一软件所花费的成本。

由于市场是不确定的,生产出第一单位信息产品时往往难以准确预测其市场需求,而信息技术的发展,使得复制一份信息产品的成本很低从而极易遭遇盗版,生产信息产品的厂商为了尽快收回很高的固定成本,只能在有限的产品数量中加以分摊,从而正版信息产品的价格往往较高。然而,那些不需要承担固定成本分摊的盗版的信息产品,其主要成本就是复制的费用,因而就算以很低的价格出售,仍然有利可赚。正版价格高,盗版价格低,正版与盗版的价格差异就在于信息产品高固定成本低边际成本的成本结构特征,以及正版产品中分摊了固定成本,而盗版产品不需要分摊固定成本所致。

对于信息产品的消费者而言,有一些消费者的需求价格弹性较小,另一些消费者的需求价格弹性较大。需求价格弹性较小的消费者,不太在乎信息产品的价格高低,更关心的是产品获得的及时性和产品的质量。需求价格弹性较大的消费者,往往对价格比较敏感。如果一个软件,既有正版,又有盗版,两者的质量差异不大,但正版的价格是盗版的价格的几倍,那么有些消费者就会选择购买盗版,就算他明明知道那是盗版,他仍然可能购买。

三、长期成本分析

1. 长期成本及其分类

在经济分析中,所谓长期是指企业有足够时间来根据它所预期的产销量,调整所有生产要素,重新设计企业规模的时期。因此,在长期中,不再有固定成本和可变成本之分,所有的成本都是可变成本,相应地,考察长期成本时只涉及长期总成本、长期平均成本和长期边际成本三种基本类型。

长期总成本(Total Cost in Long-run,LTC)是指企业在长期中为生产一定数量的产品所支付的全部成本。

长期平均成本(Average Cost in Long-run,LAC)是指企业在长期中为平均生产一单位产量所支付的成本,它等于总成本除以总产量,即:

$$LAC = \frac{LTC}{Q} \tag{4-40}$$

长期边际成本(Marginal Cost in Long-run,LMC)是指企业在长期中每增加一单位产量所增加的总成本,它等于总成本的增量与总产量的增量之比,也可以表示为长期总成本的一阶导数,即:

$$LMC = \frac{\Delta LTC}{\Delta Q} \quad 或 \quad LMC = \frac{\mathrm{d}LTC}{\mathrm{d}Q} \tag{4-41}$$

长期是由无数个短期组成的,因此,所有的长期成本或长期成本曲线都可以从短期成本或短期成本曲线中推导出来。

2. 长期总成本曲线

假定某一个长期由三个短期构成,三个短期分别对应于三种不同的生产规模,这三种不同的生产规模又可以由三个不同的短期总成本函数来表示,即:$STC_1 = TFC_1 + TVC_1$,$STC_2 = TFC_2 + TVC_2$ 和 $STC_3 = TFC_3 + TVC_3$。进一步假定从第一种至第三种,生产规模是依次扩大的,且较大的生产规模比较小的生产规模需要更大数量的总固定成本,即 $TFC_3 > TFC_2 > TFC_1$。则根据假定,可以画出三种不同的生产规模所对应的三条短期总成本曲线 STC_1,STC_2,STC_3,如图 4-14 所示。

在图 4-14 中,当 $0 < Q < Q_a$ 时,企业将会选择第一种生产规模进行生产,即选择 STC_1 曲线上的 TFC_1 和 A 之间的线段。这是因为,企业总是选择对应产量区间内总成本最低的生产规模进行生产的。当 $0 < Q < Q_a$ 时,第一种生产规模的总成本小于第二、第三两种生产规模的总成本,即图中总成本曲线 STC_1 位于曲线 STC_2 和 STC_3 的下方,因而选择第一种生产规模的总成本最小。进一步讲,当 $0 < Q < Q_a$ 时,第一种生产规模的总成本最小,主要是因为第一种生产规模所需要

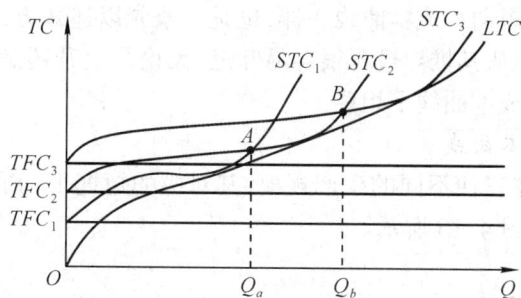

图 4-14　长期总成本曲线的推导

的总固定成本(TFC_1)比第二种生产规模所需要的总固定成本(TFC_2)和第三种生产规模所需要的总固定成本(TFC_3)都要小。

当企业扩大生产,产量处于 $Q_a < Q < Q_b$ 的区间时,企业将放弃原先的生产规模,重新选择一种新的、更大的生产规模,也就是第二种生产规模。因为在这一产量区间内,第二种生产规模所花费的总成本是最低的,即曲线 STC_2 上的 A 和 B 之间的线段所代表的总成本最小。这时,企业放弃原先生产规模的主要原因是,原先的生产规模尽管固定成本较低,但是当产量大于 Q_a 时,增加一个单位产量所需花费的可变成本的增量(边际成本)已处于急剧上升的阶段,从而使得总成本迅速上升至较高的水平,导致生产规模不经济。此外,企业在这一产量区间之所以不选择另一个更大的生产规模的原因,则与第三种生产规模所需花费的固定成本太高有关。

当企业继续扩大生产,产量增加到 $Q > Q_b$ 时,企业又会放弃第二种生产规模,选择第三种生产规模。其原因与企业在 $Q_a < Q < Q_b$ 时放弃第一种生产规模的原因是相同的。

那么,当产量等于 Q_a 或 Q_b 时,企业究竟应该选择何种生产规模呢?在图 4-14 中,当 $Q = Q_a$ 时,在 Q_a 所对应的总成本水平上,恰好是曲线 STC_1 与 STC_2 的交点,也就是说,两种生产规模在生产 Q_a 这一产量时的总成本是相同的。但是,这并不意味着在 $Q = Q_a$ 时,企业对于选择第一种或第二种生产规模是无所谓的。如果企业根据其对产品市场需求的预期准备扩大产量,那么就应该选择第二种生产规模;反之,企业根据其对产品市场需求的预期准备缩减产量,就应该维持第一种生产规模不变。对于 $Q = Q_b$ 的情形,其分析与结论类似。

根据上述分析,可以知道,企业的长期总成本曲线由 TFC_1—A、A—B、B—STC_3 三个线段组成。假定一个长期不是仅由三个短期组成,而是由无数个短期组成,那么就可以画出一条光滑的长期总成本曲线,如图 4-14 中的曲线 LTC,该长期总成本曲线与每一个短期对应的短期总成本曲线都相切,并且只有一个切点。

长期总成本曲线与短期总成本曲线一样,也是一条先以递减方式上升然后以递增方式上升的曲线,但从其推导过程很容易知道,无论是上升还是下降,长期总成本曲线都要比短期总成本曲线平坦些。

3. 长期平均成本曲线

同样,假定存在三种不同的生产规模,其对应的短期平均成本曲线为 SAC_1、SAC_2 和 SAC_3,如图 4-15 所示。

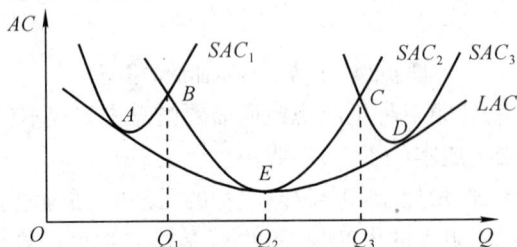

图 4-15　长期平均成本曲线的推导

从图 4-15 中可以直观地看出,长期平均成本曲线是由每一个产量区间所对应的最低的一段短期平均成本曲线组成的。当 $0 < Q < Q_1$ 时,企业将选择第一种生产规模,相应的平均成本曲线是 SAC_1 在 B 点之前的一段曲线;当 $Q_1 < Q < Q_2$ 时,企业将选择第二种生产规模,相应的平均成本曲线是 SAC_2 在 BC 之间的一段曲线;最后,当 $Q > Q_3$ 时,企业将选择第三种生产规模,相应的平均成本曲线是 SAC_3 在 C 点之后的一段曲线。因此,这三段短期平均成本曲线就组成了一条长期平均成本曲线。如果短期可以无限细分,相应的生产规模的数量增加至无数多时,或者说,生产规模成为一种连续的变量时,长期平均成本曲线就变成了一条平滑的曲线,如图 4-15 中的曲线 LAC。此时,每一个给定的生产规模所对应的最低平均成本就不再是其对应的短期平均成本曲线的部分线段,而是每一条短期平均成本曲线与长期平均成本曲线相切的一个点。并且,在长期平均成本曲线下降时,曲线的下降部分一定与任一条相应的短期平均成本曲线的下降部分相切,如与 SAC_1 相切于 A 点;反之,当长期平均成本曲线上升时,曲线的上升部分也一定与任一条相应的短期平均成本曲线的上升部分相切,如与 SAC_3 相切于 D 点;只有在长期平均成本曲线的最低点,才与某一条相应的短期平均成本曲线的最低点相切,如图 4-15 中,LAC 与 SAC_2 相切于 E 点。

显然,长期平均成本曲线是短期平均成本曲线的包络线,因此,其形状与短期平均成本曲线一样,也是"U"型曲线,即长期平均成本曲线也是先降后升的。但是,无论是上升还是下降,长期平均成本曲线都要比短期平均成本曲线平坦得多。

4.长期边际成本曲线

仍然假定存在三种不同的生产规模,其对应的短期平均成本曲线分别为 SAC_1，SAC_2 和 SAC_3，同时，其短期边际成本曲线分别为 SMC_1，SMC_2 和 SMC_3，如图 4-16 所示。

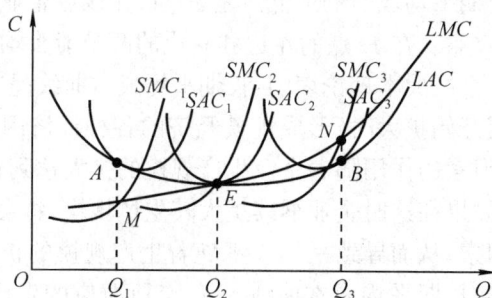

图 4-16 长期边际成本曲线

在图 4-16 中，长期平均成本曲线 LAC 与短期平均成本曲线 SAC_1，SAC_2 和 SAC_3 分别相切于 A，E，B 点，其对应的短期边际成本分别是短期边际成本曲线 SMC_1 上的 MQ_1，SMC_2 上的 EQ_2 和 SMC_3 上的 NQ_3。如果生产规模可以无限细分，就可以找出无数个类似 M，E，N 的点，将这些点连结起来，就可以得到一条光滑的长期边际成本曲线 LMC。

长期边际成本曲线具有以下特点：(1)它也是一条"U"型的曲线，即开始时随着产量的增加而逐渐下降，达到最低点之后又随着产量的增加转为上升，这与长期总成本先以递减的速度增加后转为以递增的幅度增加相对应，因为长期边际成本实际上就是长期总成本的一阶导数。(2)长期边际成本曲线与长期平均成本曲线相交于长期平均成本曲线的最低点。如图 4-16 中，E 点是 LAC 曲线的最低点，同时也是 LMC 曲线和 LAC 曲线的交点。在 E 点的左边，LMC 曲线处于 LAC 曲线的下方，即 $LMC < LAC$，因此，LAC 曲线随着产量的增加而下降；在 E 点的右边，LMC 曲线处于 LAC 曲线的上方，即 $LMC > LAC$，因此，LAC 曲线随着产量的增加而上升；而在 E 点时，LMC 曲线与 LAC 曲线相交，即 $LMC = LAC$，因此，LAC 曲线达到最低点。

5.经济规模与非经济规模

长期平均成本曲线的变化被经济学家用来解释经济规模和非经济规模问题。

经济规模是指由于技术条件、工艺水平、管理等方面的原因，当设备规模、工厂规模或企业规模扩大时，成本的下降使得企业可以在长期平均成本最低的水平上生产出一定的产量。所以，经济规模实际上就是上一章所讲到的最适规模。处于经济规模时，企业将最大限度获得规模经济所带来的收益。

　　非经济规模可以分为两种情形：一是由于生产规模太小造成平均成本过高，以致企业无法获得规模经济的收益；二是由于生产规模太大导致规模扩大时平均成本上升，以致企业丧失了规模经济的收益。因此，非经济规模实际就是企业规模偏离了最适规模。

　　在图 4-17 中，长期平均成本的最低点是 E 点，在该点企业可以实现其经济规模，获得规模经济的收益。在 E 点的左边和右边的两个箭头均表示逆经济规模的行为。微观经济学的生产成本理论表明，长期平均成本曲线呈"U"型曲线，原因在于当企业的生产规模开始扩大时，形成规模经济的各种经济因素会导致平均成本的下降；当这些经济因素的作用随着企业生产规模的扩大达到其最大限度时，平均成本处于最低水平，如果在这时企业继续扩大其生产规模，将会出现管理协调的低效率等各种不利的因素，从而导致平均成本随着生产规模的扩大而上升。由此可见，如果企业不选择与长期平均成本曲线上 E 点所对应的生产规模，而是选择与 E 点左边或者右边所对应的那些过小的生产规模或者过大的生产规模，都是一种逆经济规模的行为，将导致企业生产处于非经济规模。

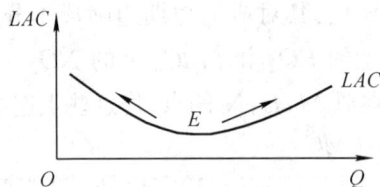

图 4-17　经济规模与非经济规模

　　经济规模与非经济规模的分析进一步表明，企业对于生产规模的选择不是任意的，而是必须根据一定的时期中与一定的生产规模所相应的生产成本来进行选择，这样才能降低生产成本，获得规模经济的收益。

第四节　利润最大化的条件

　　企业的目标是为了实现利润最大化，利润是总收益减去总成本的差额，因此本节讨论企业的收益问题，并在此基础上引申出企业的利润最大化原则。

一、总收益、平均收益和边际收益

　　企业生产的目的是为了销售，销售产品获得的销售收入就是收益。收益可以分为总收益、平均收益和边际收益，分别可以用 TR、AR、MR 表示。

总收益(Total Revenue, TR)是指企业销售一定数量的产品或劳务所获得的全部销售收入,它等于产品的销售价格与销售数量之间的乘积。用 P 表示产品价格,Q 表示产品数量或销售量,则总收益可以表示为:

$$TR = P \cdot Q \tag{4-42}$$

平均收益(Average Revenue, AR)是指企业每单位产品平均获得的收入,它等于总收益除以销售量,即:

$$AR = \frac{TR}{Q} \tag{4-43}$$

边际收益(Marginal Revenue, MR)是指企业每增加一单位产品的销售所增加的收入,它是总收益增量与销售量增量之比,可以用公式表示为:

$$MR = \frac{\Delta TR}{\Delta Q} \tag{4-44}$$

如果销售量的变化量和总收益的变化量趋向于 0,则边际收益也可以表示为:

$$MR = \frac{\mathrm{d}TR}{\mathrm{d}Q} \tag{4-45}$$

二、总收益曲线、平均收益曲线和边际收益曲线

把企业的收益与产量之间的对应关系描绘在图上就可以得到相应的收益曲线。通常,企业面临的需求或索要的产品价格与销售量之间的关系可以概括为两种情况:第一种情况是价格对企业而言是一个常数,企业面临的需求曲线将是一条平行于数量轴的水平线;第二种情况是价格随着企业的销售量的增加而递减,企业面临的需求曲线将是一条向右下方倾斜的曲线。

1. 价格不变时的收益曲线

假定企业销售产品的价格(P)不随销售量(Q)的变化而变化,而是一个由市场决定的常数 $\bar{P}$,那么企业的总收益、边际收益和平均收益分别为:

$$TR = \bar{P} \cdot Q \tag{4-46}$$

$$AR = \frac{TR}{Q} = \bar{P} \tag{4-47}$$

$$MR = \frac{\mathrm{d}TR}{\mathrm{d}Q} = \bar{P} \tag{4-48}$$

因此,企业的平均收益和边际收益相等,都等于不变的价格,即 $AR = MR = \bar{P}$,对应的需求曲线、平均收益曲线和边际收益曲线三线重合,是一条与数量轴平行的直线,如图 4-18(a)所示,从价格 $\bar{P}$ 出发的水平线,既是需求曲线 D,同时也是平均收益曲线 AR 和边际收益曲线 MR;总收益曲线是一条斜率为正的直线,如图 4-18(b)所示,总收益曲线 TR 是一条从原点出发,斜率为 $\bar{P}(\bar{P}>0)$ 的直线。

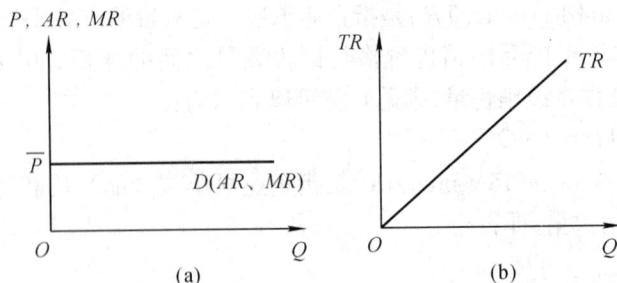

图 4-18　价格不变时企业的收益曲线

2. 价格变化时的收益曲线

假定企业销售产品的价格(P)随着销售量(Q)增加而递减,那么$P = P(Q)$,企业的总收益、平均收益和边际收益分别为:

$$TR = P(Q) \cdot Q \tag{4-49}$$

$$AR = \frac{TR}{Q} = P(Q) \tag{4-50}$$

$$MR = \frac{\mathrm{d}TR}{\mathrm{d}Q} = P(Q) + Q \cdot \frac{\mathrm{d}P}{\mathrm{d}Q}$$

$$= P(1 + \frac{Q}{P} \cdot \frac{\mathrm{d}P}{\mathrm{d}Q}) = P(1 - \frac{1}{|E_\mathrm{d}|}) \tag{4-51}$$

式(4-50)表明,在价格随着产量的增加而递减时,企业的平均收益仍然等于价格,即$AR(Q) = P(Q)$,其含义是,随着产量的增加,价格和平均收益一方面都在下降,另一方面又始终是相等的。式(4-51)表明,企业的边际收益小于价格,这是因为,当$1 < |E_\mathrm{d}| < \infty$时,$0 < MR < P$;当$|E_\mathrm{d}| = 1$时,$MR = 0$,而$P > 0$,故$MR < P$;当$0 < |E_\mathrm{d}| < 1$时,$MR < 0$,而$P > 0$,故$MR < P$。另外,由于$MR = \frac{\mathrm{d}TR}{\mathrm{d}Q}$,所以,当$MR > 0$时,总收益将增加;当$MR < 0$时,总收益将减小;而当$MR = 0$时,总收益达到最大值。

在图4-19(a)中,企业面临的需求曲线D是一条向右下方倾斜的直线,企业的平均收益曲线AR与该需求曲线重合,企业的边际收益曲线MR也是一条向右下方倾斜的直线,但它位于企业面临的需求曲线D的左下方。在图4-19(b)中,企业的总收益曲线TR是一条随着产量的增加先上升,达到最高点F点之后又开始下降的曲线。将图4-19(a)和(b)结合起来,那么,当$|E_\mathrm{d}| = \infty$时,$MR = P$;当$1 < |E_\mathrm{d}| < \infty$时,$MR > 0$,所以,企业的边际收益曲线虽然下降,但位于横轴的上方,企业的总收益曲线随着产量的增加而上升;当$|E_\mathrm{d}| = 1$时,$MR = 0$,企业的边际收益曲线与横轴相交于H点,由于G点是AB的中点,因此,H点也是OB的中点,对应的总收益曲线达到最高点F点;当$0 < |E_\mathrm{d}| < 1$时,$MR < 0$,所以,企业的边际

收益曲线不仅下降,而且位于横轴的下方,企业的总收益曲线随着产量的增加也开始下降。

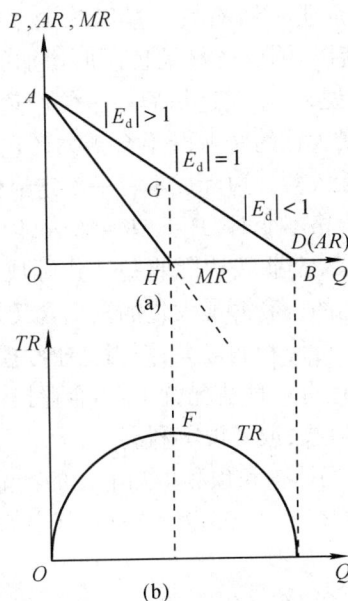

图 4-19　价格变化时企业的收益曲线

三、利润最大化的条件

企业的利润等于总收益减去总成本,由于企业的总收益和总成本都是产量的函数,即 $TR = TR(Q)$, $TC = TC(Q)$,因此利润也是产量的函数,以 π 表示利润,则

$$\pi(Q) = TR(Q) - TC(Q) \tag{4-52}$$

满足式(4-52)利润极大值的一阶条件为:

$$\frac{\mathrm{d}\pi(Q)}{\mathrm{d}Q} = \frac{\mathrm{d}TR(Q)}{\mathrm{d}Q} - \frac{\mathrm{d}TC(Q)}{\mathrm{d}Q}$$

$$= MR - MC = 0 \tag{4-53}$$

即有:

$$MR = MC \tag{4-54}$$

因此,企业的利润最大化原则是:边际收益＝边际成本,也就是说,当企业生产最后一单位产量所得到的收益等于生产该单位产量所花费的成本时,就实现了利润最大化。这是因为:当 $MR > MC$ 时,意味着企业生产的最后一单位产量销售后所增加的收益大于生产这一单位产量所增加的成本,也就是说,企业在这最后一单位产量上仍然有利润可赚,因此,追求利润最大化的企业必然继续扩大产量以增加

利润;当 $MR < MC$ 时,意味着企业生产的最后一单位产量销售后所增加的收益小于生产这一单位产量所增加的成本,也就是说,企业在这最后一单位产量上是亏损的,因此,追求利润最大化的企业必然缩减产量以减少亏损或增加利润;只有当 $MR = MC$ 时,企业生产的最后一单位产量销售后所增加的收益等于生产这一单位产量所增加的成本,也就是说,企业在这最后一单位产量上不赢也不亏,实现了利润最大化,因此,追求利润最大化的企业既不会扩大产量也不会缩减产量,即企业按利润最大化原则——边际收益=边际成本——确定最优产量。

需要注意的是,第一,当价格不变时, $P = AR = MR$,因此,企业的利润最大化原则可以改写为 $P = MC$;第二,企业按边际收益=边际成本实现利润最大化时,并不意味着企业一定是有利润的。利润最大化的真正含义是:当企业有利润时,按边际收益=边际成本原则生产可使利润最大;而当企业亏损时,按边际收益=边际成本原则生产可使亏损最小;还有一种情况就是,当企业按边际收益=边际成本原则生产时,可能既无利润也无亏损,或者说零利润。

例题 4.2　某公司根据市场调查和预测得知下月的产品成本函数和收益函数分别为: $TC = 0.05Q^2 + 6Q$, $TR = -0.05Q^2 + 18Q$,其中 Q 为月产量。求利润最大化时的月产量和最大利润。

解　对 TC 求导得: $MC = 0.1Q + 6$

对 TR 求导得: $MR = -0.1Q + 18$

由 $MR = MC$,即 $0.1Q + 6 = -0.1Q + 18$ 可求得利润最大化时的月产量为: $Q = 60$

将 $Q = 60$ 代入 TC 和 TR 得:

$$\pi = -0.05 \times 60^2 + 18 \times 60 - (0.05 \times 60^2 + 6 \times 60) = 360$$

练习与思考

一、名词解释

　　企业　交易成本　组织协调成本　生产　生产函数　短期与长期　总产量　平均产量　边际产量　边际收益递减规律　等产量曲线　边际技术替代率　等成本曲线　最适生产要素组合　扩张线　规模收益　规模经济　规模不经济　最适规模　会计成本　机会成本　显性成本　隐性成本　沉没成本　固定成本　可变成本　边际成本　短期成本　长期成本　总收益　平均收益　边际收益　利润最大化原则

二、分析题

1.短期生产函数与长期生产函数有何区别?

2. 短期生产的三区间是如何划分的,为什么企业只会在第Ⅱ区间选择投入?

3. 单个生产要素的边际收益递减与规模收益不变矛盾吗? 为什么?

4. 一家企业的生产函数随着产出的增加是否可能出现规模收益递增、规模收益不变、规模收益递减三种情况?

5. 在一条既定的等产量曲线上,为什么随着劳动对资本的不断替代,边际技术替代率 $MRTS_{LK}$ 是递减的?

6. 为了实现既定成本条件下的最大产量或既定产量条件下的最小成本,如果企业处于 $MRTS_{LK}>\omega/r$ 或者 $MRTS_{LK}<\omega/r$ 时,企业应该如何分别调整劳动和资本的投入量,以达到最适生产要素组合?

7. 某公司的雇员包括20位非熟练工人,45位半熟练工人与60位熟练工人。经实际考查后发现目前非熟练工人每人日边际实物产量为10单位,而半熟练工人及熟练工人每人日边际实物产量分别为20单位和50单位。每人日工资率分别是:非熟练工人20元,半熟练工人30元,熟练工人50元。该公司目前的产量水平不变。在上述情形下你认为该公司的员工组合有无改革的必要? 为什么?

8. 假定老王家宅前有一块空地,附近一所学校的校长愿意每年出250元的租金租下以供学生进行体育锻炼。对老王来说,他也可以用这块地种植蔬菜。如果种子、肥料和其他费用总和是200元,而老王预计卖掉全部蔬菜的年收入是500元。请问老王种蔬菜的显性成本和隐性成本分别是多少? 他将选择种蔬菜还是出租土地?

9. 私营企业主一般要承担哪些显性成本和隐性成本? 在购买或租借自身没有的生产要素时,必须支付什么样的价格?

10. 说明成本函数是怎样从生产函数求得的?

11. 有人说,因为 LAC 曲线是 SAC 曲线的包络线,表示长期内在每一个产量上厂商都将生产的平均成本降到最低水平,所以,LAC 曲线应该相切于所有的 SAC 曲线的最低点。你认为这句话对吗? 为什么?

12. 假设劳动是唯一的可变要素,并且劳动的价格是常数。请说明平均可变成本(AVC)和平均产量(AP_L)、边际成本(MC)和边际产量(MP_L)之间的关系。

13. 为什么平均成本曲线的最低点一定位于平均可变成本曲线的最低点的右边?

14. 某河附近有 A、B 两座工厂,每天分别向河中排放300及250单位污水。为了保护环境,政府采取措施将污水排放总量限制在200单位。如每个工厂允许排放100单位污水,两个工厂的边际成本分别为40美元及20美元,试问这是将污水排放量限制在200单位并使所费成本最少的方法吗?

三、计算题

1. 已知生产函数为 $Q=L^{0.5}K^{0.5}$,证明:(1)该生产过程处于规模报酬不变阶段;(2)该生产过程受边际收益递减规律的支配。

2. 已知生产函数为 $Q=KL-0.5L^2-0.32K^2$,其中 Q 表示产量,K 代表资本,L 代表

劳动。若 $K = 10$,(1)写出劳动的平均产量函数和边际产量函数。(2)分别计算出当总产量、平均产量和边际产量达到极大值时,厂商雇用的劳动量。(3)证明当 AP_L 达到极大值时,$AP_L = MP_L = 2$。

3. 生产函数 $Q = 4LK^2$。(1)作出 $Q = 100$ 时的等产量曲线;(2)推导出该生产函数的边际技术替代率;(3)求劳动的平均产量和边际产量函数。

4. 已知某企业的生产函数为 $Q = L^{1/2}K^{1/2}$,劳动的价格 $\omega = 10$,资本的价格 $r = 20$。当成本 $C = 4000$ 时,求企业实现最大产量时的 L、K 和 Q 的值。

5. DISK 个人电脑公司的生产函数为 $Q = 10K^{0.5}L^{0.5}$,式中,Q 是每天生产的计算机数量,K 是机器使用的时间,L 是投入的劳动时间。DISK 公司的竞争者 FLOPPY 公司的生产函数为 $Q = 10K^{0.6}L^{0.4}$。(1)如果两家公司使用同样多的资本和劳动,哪一家的产量大?(2)假设资本限于 9 小时机器时间,劳动的供给是无限制的,哪一家公司的劳动的边际产出大?

6. 填表:

Q	TFC	STC	TVC	AFC	AVC	SAC	SMC
0	120						
1		180					
2			80				
3							10
4		225					
5					28		
6							70

7. 设生产函数 $Q = KL$,K 和 L 分别是资本和劳动的投入量,其价格分别为 P_K 和 P_L,试求相应的成本函数。

8. 一企业每周生产 100 单位产量,成本是机器 200 元,原料 500 元,抵押租金 400 元,保险费 50 元,工资 750 元,废料处理 100 元。求企业的总固定成本与平均可变成本。

9. 企业总固定成本为 1000 美元,平均总成本为 50,平均可变成本是 10,求企业现在的产量。

10. 假定某企业的短期成本函数是 $STC(Q) = Q^3 - 10Q^2 + 17Q + 66$。(1)指出该短期成本函数中的可变成本部分和不变成本部分;(2)写出下列相应的函数:$TVC(Q)$、$SAC(Q)$、$AVC(Q)$、$AFC(Q)$ 和 $SMC(Q)$;(3)求平均可变成本最小时的产量。

11. 设某厂商的需求函数为 $Q = 6750 - 50P$,总成本函数为 $TC = 12000 + 0.025Q^2$。求:(1)利润最大化时的产量和价格;(2)最大利润。

四、讨论题

1. 互联网是否符合边际收益递减规律?为什么?

2. 企业的规模是否越大越好?为什么?

3. 企业实现生产要素最适组合时一定实现了利润最大化吗？为什么？

4. 城市化与土地上劳动的边际收益递减有关系吗？

5. 信息产品的成本结构具有什么特征？

6. 如何用机会成本概念来说明贸易的产生？

7. 为什么边际收益＝边际成本是企业实现利润最大化的原则？

第五章 完全竞争的产品市场

厂商对于价格和产量的决定,不仅取决于厂商利润最大化的目标,而且取决于厂商所处的市场结构。在微观经济学中,按市场上厂商的数目、产品性质、进入限制、厂商对价格的影响等因素,把市场结构分为完全竞争市场、垄断竞争市场、寡头垄断市场和完全垄断市场四种,其中完全竞争市场是一个极端,其他的三个市场结构被合称为不完全竞争市场。本章和下一章,主要分析不同市场结构下厂商的价格和产量的决策问题。

第一节 完全竞争市场的基本特征

一、市场结构的分类

市场是买卖双方相互作用的关系。根据不同的标准可以将市场划分为不同的类型。

1. 买方市场和卖方市场

根据买者和卖者之间力量的对比关系,可以将市场划分为买方市场和卖方市场。

买方市场(Buyer Market)是指买方占优势,交易主要由买方左右的市场。通常在一个买方市场上,商品丰富,供给量超过了需求量,买方有着挑选商品的余地,而卖方处于次要地位,并要为促进商品销售而展开竞争。因此,在买方市场上,消费者被当作"上帝"。

卖方市场(Seller Market)是指卖方占优势,交易主要由卖方左右的市场。通常在一个卖方市场上,商品短缺,供不应求,价格有上升的趋势,交易条件有利于卖方而不利于买方。对于卖方来说,正所谓"皇帝的女儿不愁嫁",而对于买方来说,却要为购买所需商品而展开竞争。

我国在计划经济体制下,主要表现为卖方市场。改革开放以后,随着市场经济体制逐步建立和完善,许多商品呈现出买方市场的特点。显然,买方市场才有利于生产者之间的竞争,这种竞争不仅体现在产品销售及产品价格上,也体现在产品质量及与产品质量相关的技术、成本等方面;同时,买方市场有利于消费者主权的实现,迫使生产者按需生产。

2.产品市场与要素市场

狭义的产品市场(Product Market)仅指货物市场,是有形物质产品交换的场所。广义的产品市场既包括货物市场,也包括服务市场。产品市场上所提供的产品往往被消费者直接用于消费以满足自身需要,因而大多数是最终产品;但也有一些产品被一些厂商生产出来后,又被另一些厂商购买后用作生产其他产品的中间投入品。

在产品市场上,根据产品的类别还可以继续划分,如农产品市场、工业消费品市场、生产资料市场。在农产品市场上,还可以划分为粮食市场、水果市场、蔬菜市场等;在工业消费品市场上,也可以划分为家电市场、家具市场、服装市场等;在生产资料市场上,也可以划分化肥市场、水泥市场、钢材市场等。

要素市场(Factor Market)是提供生产要素以满足生产者中间投入需要的市场。上一章中曾经分析过经济学里所划分的四种生产要素:资本、劳动、土地和企业家才能,对应地,要素市场也可以划分为资本市场、劳动市场、土地市场、企业家市场。现实中,我们所讲的要素市场不只包含这样四种要素市场,至少还包括了技术市场。

3.市场竞争与市场结构

市场结构(Market Sturcture)是指反映市场上卖方竞争程度不同的市场状态。不同结构的市场有不同的运行方式,市场上的交易主体也有着不同的行为特征,价格和数量方面的决定方法也各不相同。

经济学中通常根据以下四个特征来区分不同的市场结构:(1)交易者的数量;(2)交易商品的性质;(3)进入市场有无障碍;(4)交易者所得到的信息是否完全。

根据以上四个特征,在买方市场条件下,按市场上卖方的竞争程度,可以将市场结构大体上划分为四类:完全竞争市场、垄断竞争市场、寡头垄断市场和完全垄断市场。完全竞争是一个理想的市场,是其他市场的参照系;完全垄断市场是市场结构的另一种极端情况;现实中大量存在的是介于两者之间的垄断竞争市场和寡头垄断市场。其中,完全垄断市场、垄断竞争市场、寡头垄断市场合称为不完全竞争市场。

无论是产品市场还是要素市场,都可以是完全竞争市场或不完全竞争市场。本章和下一章先分析产品市场的市场结构,第七章再分析要素市场及要素市场结构。

二、完全竞争的条件

在常人心目中,竞争让人联想到商场上你死我活的斗争,如海尔公司和 TCL 公司,中国移动通信公司与中国联通,每家公司在作出决策时都要考虑自己的行动会如何引起竞争对手的反应和对策。然而,在经济学中,完全竞争(Perfect Competition)的定义却与通常意义上的竞争相去甚远。在一个完全竞争的行业中,每家厂商都失去了自己的"个性",并且不必考虑自身行动会给其他厂商及整个市场带来什么影响,因为每家厂商在市场上所占的份额微乎其微。具体来说,一个完全竞争的市场必须具备以下四个前提条件。

1. 存在着大量的卖者和买者

完全竞争要求一个市场上存在着大量的卖者和买者,其中每一个卖者或买者提供或购买的份额相对于整个市场规模而言都是无足轻重的,以致谁也不能影响产品的价格。也就是说,没有一个卖者能够通过改变他的产量来影响市场的价格水平;也没有一个买者能够以足够大的购买量要求卖者在比其他买者所支付的价格要低的价格水平上成交。市场价格是由众多的卖者和买者共同决定的,任何单个的厂商和消费者都是市场价格的接受者(Price Taker),而不是价格的制定者(Price Maker);他们可以按照既定的市场价格销售和购买他们愿意卖和买的任何数量而不致于对价格产生明显影响,因而厂商可以将市场价格看作与自己产量无关的外生变量,从而每个厂商都面临一条截距为市场价格并且与产量轴平行的水平需求曲线。

2. 销售的产品是同质的

完全竞争要求一个市场上任何销售者销售的产品是同质的,或者说,对于这个市场的购买者来说,所有销售者的产品是完全替代品。显然,这是一个非常苛刻而重要的前提。产品的同质性(Homogeneity)并不仅就产品的物理特性而言的,而是指种类、质量、外型、销售条件等所有方面完全相同的产品。比如,有许多饭店都供应某一牌子的啤酒,但是由于不同饭店的气氛和环境可能不同,他们所供应的啤酒就不能算是同质的。产品的同质性是市场统一价格的前提,因为只有这样,在相同的价格水平上,购买者才不会介意是向这一个销售者购买,还是向那一个销售者购买。也就是说,在消费者眼中,购买任何厂商的同种产品是没有差异的,从而,整个行业的总产量就可以等于单个厂商产量的简单相加。对厂商来说,如果甲厂商生产的面粉与乙厂商生产的面粉被认为是同质的,那么甲厂商就不可能定价比乙厂商高,否则甲厂商的面粉就卖不出去。

3. 资源的流动不受限制

完全竞争要求所有资源都能够自由流动的,即任何资源都可以自由地进入或者退出市场,没有任何自然的、社会的或法律的障碍阻止新厂商进入某个行业和原有厂商退出某个行业。具体地说,劳动力可以自由地从一个地区流向另一个地区,从一种职业流向另一种职业;原材料的使用也不存在着垄断。当然,资源的自由流动是就长期而言的。在短期中,即使在完全竞争的条件下,有些资源也无法从一种用途转移到另一种用途中去。资源的自由流动保证了完全竞争市场上的每个厂商在长期中既不能赢利,也不会亏损,刚好获得零利润。

4.信息是完全的

完全竞争要求所有厂商和消费者对有关决策的经济和技术信息有充分的了解。厂商了解有关生产的技术条件(即相关的生产函数),它们为所需要的各种投入所必须支付的价格,以及它们能够销售的产品的价格;消费者知道自己的偏好以及所有商品和劳务的价格;劳动者和资本所有者了解劳动和资本的各种需求,及自己提供要素所能得到的报酬。在最纯粹的意义上,完全竞争要求所有的经济决策主体对过去、现在和未来的情况有着准确的把握。

显然,以上四个条件极其严格,在现实世界中,几乎没有一个行业能完全具备上述四个条件,因此没有一个行业是完全竞争的行业。只有一些标准化的产品市场,如初级产品市场、农产品市场比较接近于完全竞争市场。但是,这并不意味着研究完全竞争市场是毫无意义的。相反,完全竞争模型仍然是微观经济理论中最关键的部分。即使对于某一个市场,上述条件中的一个或多个未被满足,经济学家也常常利用完全竞争模型来加以分析,因为任何一般理论模型的用处,并不取决于其假设的准确性,而是取决于其预测能力。大量经验已经证明,从研究完全竞争市场中得出的结论非常有助于解释和预测现实中的许多行为模式,以及经济活动中一些重要的资源配置问题。如果从这一模型出发,对原来的假设不断做出修改,使之更接近于现实,那么就可以对接近现实的更为复杂的市场结构做出更具体的描述。

例5.1　近乎完全竞争的小麦市场

对照完全竞争的四个条件,可以说,小麦市场是一个比较接近完全竞争的市场。因为这个市场上有众多买者和卖者,并且没有谁能够影响小麦的价格。相对于市场规模,每个小麦买者的购买量很小,以致无法影响价格,也就是说,他不可能因为自己的购买量较大,而以比别人低的价格进行购买,因为对于他来说再大的购买量,对于市场规模来说仍然微乎其微;对于卖者来说,提供的是几乎同质的小麦产品,而且任何一个卖者所提供的小麦数量,对于市场规模来说,微不足道,因此,每个卖者可以在现行价格水平上卖出他想卖的所有产量,他没有什么理由收取较低价格,如果他收取高价格,买者则会到其他地方购买。因此,在小麦市场上,小麦的价格由众多的买者和卖者的需求和供给共同决定。买者和卖者都是价格的接受者,他们必须接受市场供求所决定的价格,按照市场价格买卖。

与此同时,对于一个种植小麦的农民来说,是决定继续种植小麦呢,还是改种蔬菜、水果甚至挖鱼塘养鱼,主要取决于种植小麦的成本收益比较,及种植小麦与其他种植业和养殖业的净收益比较。如果种小麦有利可图,那么总有农民愿意继续种植小麦,甚至有更多的农民加入到种植小麦的行列;如果种植小麦是亏损的,或者种植小麦的净收益比其他种植业的净收益要小,长期中,农民就会改种其他作物。在农民决定继续种植小麦还是改种其他作物时,他们的选择基本是自由的,也就是,农民进入或退出小麦种植的障碍很小。

略微不足的是,小麦市场上无法满足信息完全的假定条件。这是大多数农产品市场化过程中存在的通病。当众多的小生产者与大市场对接时,由于单个的小生产者无法及时准确地把握决策所需要的所有信息,而只能在有限的信息条件下做出决策。如像蛛网模型假定的那样,以上一时期的价格作为本期产量的决策依据。这样决策的结果很可能导致其决策与整体市场的实际运行情况相反,从而遭遇价格波动所带来的市场风险。小麦等农产品市场经常性出现"去年买粮难,今年卖粮难"的现象,就是信息不完全所致。

三、厂商的收益曲线

完全竞争的条件决定了完全竞争市场上的厂商面临着特殊的需求曲线和收益曲线。

1. 厂商和行业所面临的需求曲线

根据完全竞争的条件,完全竞争市场上的厂商所面临的需求曲线将是一条截距为市场价格并且与产量轴平行的水平线。那么如何理解这一点呢? 为了理解完全竞争厂商所面临的需求曲线是一条水平线,我们需要区别完全竞争市场上厂商的需求曲线与行业的需求曲线。

在图 5-1(b)中,横轴表示某一个完全竞争行业的产品的总产量和销售量,即该行业所有厂商的产量和销售量之和,纵轴表示价格,那么行业的需求曲线为 D,它由该市场上所有消费者的需求曲线水平加总而成。需求曲线 D 是一条向右下方倾斜的直线,不仅表示某一个特定价格水平上的需求量是特定的,如在价格为 P_C 时,对应的行业总产量为 Q_C;而且表示需求量的变动与价格的变动呈反方向,即价格上升,需求量减少;价格下降,需求量增加。

在图 5-1(a)中,横轴表示完全竞争厂商的产量和销售量,纵轴表示价格。由于完全竞争行业由大量的厂商组成,任何一个厂商所面临的需求只是市场全部需求中一个极其微小的部分,因此,在市场价格为 P_C 时,如果某个厂商想要把售价提高到 P_C 以上,哪怕是稍微提高一点,就会什么也卖不出去;但在市场价格为 P_C

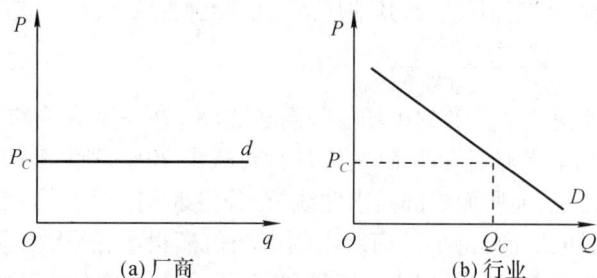

图 5-1　完全竞争的厂商和行业所面临的需求曲线

的水平上,厂商可以按 P_C 出售他所愿意生产的全部产品,完全竞争厂商的需求曲线 d 就是一条从价格 P_C 出发的水平线,它也表示在价格为 P_C 时,市场对该厂商的产品需求具有无限弹性。

事实上,一个产量占行业总产量比重很小的厂商对市场价格的影响尽管很小,但该厂商的需求曲线也并不是完全水平的,它可能是稍微向右下方倾斜的。假如考虑行业中的一家厂商,在某个价格水平上,他可以卖出去的产品数量等于行业的总需求量减去其他厂商的供给量之和。并设厂商 i 的销售量 q_i 等于行业总销售量 Q_T 减去其他厂商的销售量 Q_o,即:

$$q_i = Q_T - Q_o \tag{5-1}$$

将式(5-1)的两边同时取微分,有:

$$\Delta q_i = \Delta Q_T - \Delta Q_o \tag{5-2}$$

在式(5-2)的两边先除以 q_i,再除以 $\Delta P/P$,就可以改写为弹性形式:

$$\frac{\Delta q_i}{q_i}\bigg/\frac{\Delta P}{P} = \left(\frac{\Delta Q_T}{Q_T}\bigg/\frac{\Delta P}{P}\right) \times \frac{Q_T}{q_i} - \left(\frac{\Delta Q_o}{Q_o}\bigg/\frac{\Delta P}{P}\right) \times \frac{Q_o}{q_i} \tag{5-3}$$

在式(5-3)中,用 $E_i = -\dfrac{\Delta q_i}{q_i}\bigg/\dfrac{\Delta P}{P}$ 表示厂商 i 面临的需求弹性,其数值为正;用 $S_i = \dfrac{q_i}{Q_T}$ 表示厂商 i 在市场销售中的份额;用 $E_o = \dfrac{\Delta Q_o}{Q_o}\bigg/\dfrac{\Delta P}{P}$ 表示其他厂商的供给弹性,其数值为正;用 $E_d = -\dfrac{\Delta Q_T}{Q_T}\bigg/\dfrac{\Delta P}{P}$ 表示行业的需求弹性,其数值为正;用 $S_o = \dfrac{q_i}{Q_o}$ 表示厂商 i 的销售量与其他厂商的销售量之比,那么式(5-3)可以改写为:

$$E_i = E_d/S_i + E_o/S_o \tag{5-4}$$

式(5-4)表明,厂商 i 的需求弹性等于行业需求弹性除以厂商 i 的市场份额,再加上其他厂商的供给弹性除以厂商 i 的销售量与其他厂商的销售量之比。也即单个厂商的需求弹性与行业需求弹性、其他厂商的供给弹性成正比,与单个厂商的市场份额、单个厂商的销售量占其他厂商的销售量之比成反比。如果单个厂商的市

份额为20%,行业需求弹性为2,其他厂商的供给弹性为1,代入式(5-4),可得:

$$E_i = \frac{2}{20\%} + \frac{1}{20\% / 80\%} = 14$$

这就是说,即使一个厂商的市场份额高达20%,在一个竞争的市场中,他的需求弹性仍然高达14,若他提价5%,销售量就会减少70%,所以他并没有左右市场价格的能力,或者说,他所面临的需求曲线"充分接近"水平线。如果依据完全竞争的条件,存在大量的厂商,每个厂商所占的市场份额很小,那么根据式(5-4),很容易知道,单个厂商的需求弹性很大,其所面临的需求曲线基本可以画成一条水平线的形状,如图5-1(a)中的 d 曲线。

2.厂商的平均收益曲线、边际收益曲线和总收益曲线

在完全竞争市场上,厂商是价格的接受者,即他只能按既定的市场价格出售产品,而不能调整他的产量以影响市场价格,并且在市场价格下,厂商生产的产品总能以市场价格销售出去,因此,厂商的产量也就是其销售量。

由于厂商所面临的需求曲线是从市场价格出发的水平线,因而,厂商出售每单位产品所得的收益,即平均收益(AR)相等,并且等于价格(P);厂商多出售一单位产品所增加的收益,即边际收益(MR)相等,也等于价格(P),即 $AR = MR = P$。所以,厂商的平均收益曲线、边际收益曲线和需求曲线三线重合,并且是一条以价格为截距的与产量轴平行的直线,如图5-2所示。

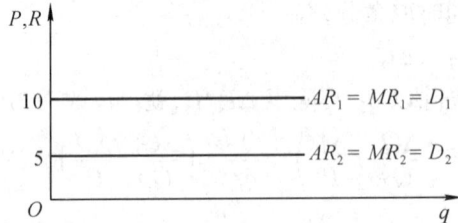

图5-2 厂商的平均收益曲线和边际收益曲线

在图5-2中,当价格为10元时,平均收益曲线(AR_1)、边际收益曲线(MR_1)和需求曲线(D_1)重合,均为截距是10元的水平线;当价格下降到5元时,曲线向下平移,平均收益曲(AR_2)线、边际收益曲线(MR_2)和需求曲线(D_2)均变为截距是5元的水平线。

平均收益曲线、边际收益曲线和需求曲线三线重合,并且是从价格出发的水平线,这是完全竞争市场上的厂商所特有的,说到底,它仍然是由完全竞争市场的基本条件所决定的。

完全竞争厂商的总收益是既定的市场价格和厂商所销售的产品数量的乘积,以 TR 代表总收益,P 代表价格,q 代表产品数量,则 $TR = P \cdot q$。假定一个完全

竞争市场上产品的价格是 10 元,则这个市场上的厂商的总收益曲线就是一条从原点出发斜率为 10 的直线 TR_1,见图 5-3。假如价格下跌 50%,即下降到 5 元,则总收益曲线的斜率下降 1/2,总收益曲线向右下方移动到 TR_2。

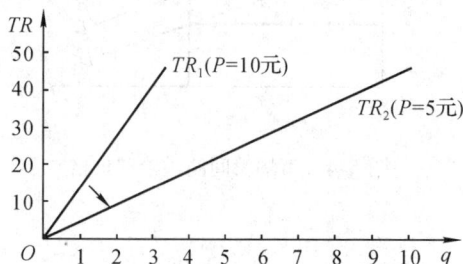

图 5-3　某完全竞争厂商的总收益曲线

显然,总收益曲线的斜率反映了产品的价格水平。一条较陡峭的总收益曲线,意味着一个较高的价格水平;一条较平坦的总收益曲线,意味着一个较低的价格水平。但只要价格水平是确定的,总收益曲线就是一条直线,并可以通过总收益曲线找到与一定产量相对应的总收益。

第二节　厂商的短期供给决定

在分析完全竞争厂商的供给决定之前,我们首先需要界定三种不同的市场均衡:瞬间均衡、短期均衡和长期均衡。

在市场的瞬间均衡中,所有的投入都是既定的,因此厂商的供给量是固定的。其供给曲线就如一条平行于价格轴的垂直线,如图 5-4 中的 A 所示。从而瞬间均衡的价格完全取决于需求。如果需求曲线为 D_0,对应的市场价格是 P_0;如果需求曲线向左下方移动至 D_1,市场价格就会降低至 P_1;如果需求曲线向右上方移动至 D_2,市场价格就会升高至 P_2。

短期和长期的情况则不相同。在短期,厂房、设备是固定的,但是,厂商依然可以通过增加或减少可变的生产要素的投入量来增加或减少产品的供给。而在长期中,所有的生产要素投入都是可以变动的,新的厂商可以进入,原有的厂商也可以从所在的行业中退出。因此,我们所要研究的厂商的供给决定是厂商的短期供给决定和厂商的长期供给决定。

由于厂商的目标是利润最大化,而利润是总收益减去总成本的差额,利润最大化既可以用总收益减去总成本的差额最大来表示,也可以用利润最大化的条件:边际收益＝边际成本来表示,因此,厂商的供给决定既可以采用总量分析方法,也可

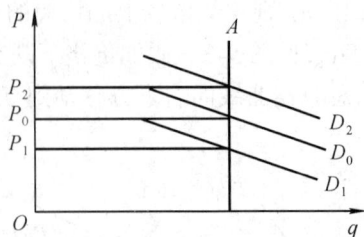

图 5-4　市场瞬间的供给和价格

以用边际分析方法。

一、供给决定：总量分析法

假定短期中某完全竞争厂商的收益和成本状况如表 5-1 所示，市场价格为 10 元，对应于各种产量水平的总收益 TR 反映在第(3)栏中，总固定成本 TFC、总变动成本 TVC 和总成本 TC 反映在第(4)栏、第(5)栏和第(6)栏中，第(7)栏反映总收益与总成本之间的差额，即利润 π。

表 5-1　某完全竞争厂商的成本与收益　　　　　　　　单位：万元

(1)产量 q （万）	(2)价格 P （元）	(3)总收益 TR	(4)总固定成本 TFC	(5)总变动成本 TVC	(6)总成本 TC	(7)利润 π
0	10	0	12	0	12	−12
1	10	10	12	2	14	−4
2	10	20	12	3	15	5
3	10	30	12	5	17	13
4	10	40	12	8	20	20
5	10	50	12	13	25	25
6	10	60	12	23	35	25
7	10	70	12	38	50	20
8	10	80	12	69	81	−1

从表 5-1 中可以看出，在产量较高和较低时，利润可能是负的，也就是说，该厂商会蒙受亏损。特别地，当产量为零时，厂商亏损 12 万元，这是因为即使他暂时停业，他仍然必须支付全部固定成本。在中间阶段的产量水平上，利润是正的。如果厂商希望获得尽可能大的利润，就应该生产 5 或 6 单位产量，对应的利润为 25 万元，达到最大，该厂商实现了利润最大化。

给出图 5-5 来描述总收益、总成本与产量水平之间的关系，并利用总收益曲线 TR 和总成本曲线 TC 来确定使总利润最大化的产量水平。显然，在图 5-5 中，总收益曲线 TR 与总成本曲线 TC 之间的垂直距离便是相应的产量水平上的总利润,要使总利润最大,就是要使两者之间的垂直距离最大。因此,厂商希望的利润最大化的产量水平就是 q_1,因为与 q_1 对应的总收益为 Aq_1,总成本为 Bq_1,两者之间的垂直距离 AB 就是最大的总利润。无论在较低产量水平上还是较高产量水平上,TR 与 TC 之间的距离都小于 AB。这是因为在较低产量水平上如 q_0 上,TR 与 TC 曲线相交,即总收益等于总成本,总利润为零;在产量水平 $q_0 \sim q_1$ 之间,随着产量的扩大,TR 与 TC 曲线逐渐分开,两者的距离越来越大,从而总利润也越来越大;而在产量水平 $q_1 \sim q_2$ 之间,随着产量的扩大,TR 与 TC 曲线逐渐靠近,两者的距离反而越来越小,从而利润也越来越小;当达到较高的产量水平 q_2 时,TR 与 TC 曲线再次相交,总收益等于总成本,总利润又下降到零;而在产量水平达到 q_2 以后,如果继续增加产量,TR 曲线与 TC 曲线再次分离,但此时 $TR < TC$,厂商将亏损。因此,当厂商的产量水平为 q_1 时,$TR > TC$,而且 TR 与 TC 曲线之间垂直距离 AB 达到最大,从而总利润最大。此时,q_1 被称为厂商实现利润最大化的产量,也称为均衡的产量。

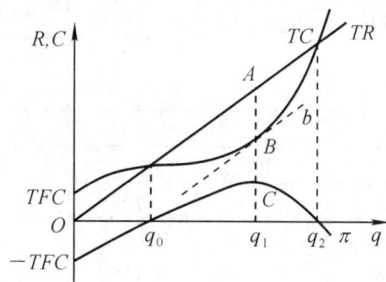

图 5-5　厂商的短期供给决定:总量分析法

图 5-5 也反映出利润最大化的条件:边际收益=边际成本。在产量水平 $q_0 \sim q_1$ 之间,TR 曲线的斜率(即边际收益)大于 TC 曲线的斜率(即边际成本),从而增加产量可以增加利润;在产量水平 $q_1 \sim q_2$ 之间,TR 曲线的斜率(即边际收益)小于 TC 曲线的斜率(即边际成本),从而减少产量才能增加利润;只有在产量为 q_1 时,TR 曲线的斜率与 TC 曲线的斜率(TC 曲线上 B 点的斜率,也就是过 B 点,与 TR 曲线平行,与 TC 曲线相切的直线 b 的斜率)相等,说明边际收益等于边际成本,满足利润最大化的条件。

图 5-5 中,每一产量水平上的总利润水平也可以用总利润曲线 π 来表示。总利润曲线 π 是通过画出每一产量水平上 TR 和 TC 之间的差额推导出来的。例如,在产量为 0 时,利润为负,并等于负的总固定成本($-TFC$),表明是亏损的,亏损额相当于总固定成本;在产量为 q_0 和 q_2 时,TR 曲线与 TC 曲线相交,即总收益等于总成本,从而总利润为 0,总利润曲线与横轴相交;而在产量为 q_1 时,TR 与

TC 之间的差额最大,AB 为最大的总利润,相应地,总利润曲线上表示最大利润的垂直距离 Cq_1 与 AB 相等。

二、供给决定:边际分析法

总收益与总成本分析可能是厂商所喜欢使用的考察成本、收益和利润的方式,但经济学家一般不使用 TR 曲线和 TC 曲线来分析厂商的产量决策,而喜欢使用边际分析的方法来确定单个厂商利润最大化的产量水平。

根据表 5-1,给出某完全竞争厂商的边际收益和边际成本,如表 5-2 所示:市场价格仍为 10 元,对应于各种产量水平的总收益 TR 和边际收益 MR 分别反映在第(3)和第(4)栏中,总成本 TC 和边际成本 MC 反映在第(5)栏和第(6)栏中,第(7)栏反映总收益与总成本之间的差额,即利润 π。

表 5-2　某完全竞争厂商的成本与收益　　　　　　　单位:万元

(1)产量 q (万)	(2)价格 P (元)	(3)总收益 TR	(4)边际收益 MR	(5)总成本 TC	(6)边际成本 MC	(7)利润 π
0	10	0		12		−12
			10		2	
1	10	10		14		−4
			10		1	
2	10	20		15		5
			10		2	
3	10	30		17		13
			10		3	
4	10	40		20		20
			10		5	
5	10	50		25		25
			10		10	
6	10	60		35		25
			10		25	
7	10	70		50		20
			10		31	
8	10	80		81		−1

从表 5-2 中可以看出,当边际成本大于边际收益时,厂商的亏损增加或者利润减少;而当边际收益大于边际成本时,厂商的亏损减少或者利润增加。当产量从第 5 个单位增加到第 6 个单位时,边际收益等于边际成本,利润最大,为 25 万元。这一结论与我们运用总量分析方法所得出的结论是一致的。从表 5-2 中还可以看出,每一产量(也即销售量)水平的价格与边际收益相等,都等于 10 元,因此,完全

竞争市场上,利润最大化的条件:边际收益=边际成本,也可以写为:价格=边际成本,用符号表示,$P = MC$。

给出图5-6来描述边际收益、边际成本与产量水平之间的关系,并利用边际收益曲线MR和边际成本曲线MC来确定使总利润最大化的产量水平。在用图5-6来分析厂商短期供给的决定时,可以分为三种典型情况:

第一种情况:厂商面对的需求曲线位于平均成本曲线的最低点以上,如图5-6中的需求曲线d_1。此时,需求曲线d_1与边际成本曲线MC的交点E_1对应的产量q_1就是均衡的产量,即利润最大化的产量,因此,E_1被称之为均衡点。并且在q_1产量水平上,厂商实现利润最大化时是有利润的,因为此时的价格P_1大于平均成本AC,从而总收益大于总成本,厂商有利润可赚。那么,为什么q_1就是均衡的产量呢?这是因为在需求曲线d_1与边际成本曲线MC的交点E_1点,满足价格等于边际成本($P_1 = MC$)这一完全竞争厂商利润最大化的条件。而在任何低于q_1的产量水平上,即均衡点E_1的左边,价格高于边际成本,这意味着多生产一单位产品所得到的价格大于边际成本,这多生产的一单位产品是有利润的,从而增加产量就可以增加利润,为此,厂商应该继续生产,直到产量增加到q_1,价格等于边际成本,利润才达到最大;相反,在任何高于q_1的产量水平上,即均衡点E_1的右边,价格低于边际成本,这意味着多生产一单位产品所得到的价格小于边际成本,这多生产的一单位产品是亏损的,从而减少产量反而可以增加利润(或减少亏损),为此,厂商应该减少生产,直到产量减少到q_1,价格等于边际成本,利润最大。因此,只有q_1才是厂商实现利润最大化的产量。

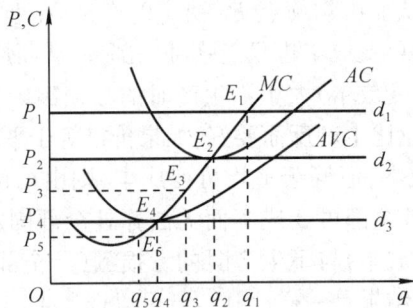

图5-6　厂商的短期供给决定:边际分析法

第二种情况:厂商面对的需求曲线位于平均成本曲线的最低点上,如图5-6中的需求曲线d_2。此时,需求曲线d_2与边际成本曲线MC的交点E_2对应的产量q_2就是均衡的产量,E_2是均衡点。因为在q_2的产量水平上,满足价格等于边际成本($P_2 = MC$)的利润最大化的条件。不仅如此,在q_2的产量水平对应的均衡点

E_2 点上,还满足价格等于平均成本这一盈亏平衡的条件,因此,实现利润最大化时,厂商既没有亏损,也没有超额利润。如果平均成本曲线与边际成本曲线的交点是均衡点,那么该点就是所谓的盈亏平衡点,E_2 点就是这样的一个盈亏平衡点。

第三种情况:厂商面对的需求曲线位于平均成本曲线的最低点以下,如图 5-6 中的需求曲线 d_3。此时,需求曲线 d_3 与边际成本曲线 MC 的交点 E_4 对应的产量 q_4 就是均衡的产量,E_4 是均衡点。在 q_4 的产量水平上,满足价格等于边际成本 $(P_4 = MC)$ 的利润最大化的条件。同理,在均衡点 E_3 和 E_5 上,也满足价格等于边际成本 $(P_3 = MC, P_5 = MC)$ 的利润最大化的条件,对应的产量 q_3 和 q_5 也都是均衡的产量。但由于在这些均衡产量水平上,平均成本都大于价格,因此,即使厂商已经选择了利润最大化的产量,也是要亏损的。在这种情况下,厂商究竟是要亏损经营,还是停止营业呢? 这就要看产品价格能否弥补其平均可变成本。

在短期中,对于厂商来说,设备、厂房是固定的,生产规模是不可改变的,无论生产与否,都必须为固定投入支付固定成本,如果他不生产或停止营业,就要损失全部固定成本。因此,在均衡的产量水平上,产品价格能否弥补其平均可变成本,从而总收益能否弥补其全部可变成本,成为厂商生产与不生产的依据。如果价格大于平均可变成本,如图 5-6 中的 P_3,虽然小于平均成本,但大于平均可变成本,从而由均衡点 E_3 决定的产量 q_3 上,总收益不仅能够弥补全部可变成本,还能弥补一部分固定成本,即厂商虽然亏损,但生产时的亏损额(=部分固定成本)小于不生产时的亏损额(=全部固定成本),因此,即使亏损厂商也应该选择生产,因为生产比不生产好;如果价格小于平均可变成本,如图 5-6 中的 P_5,不仅小于平均成本,而且小于平均可变成本,从而由均衡点 E_5 决定的产量 q_5 上,总收益不仅不能够弥补全部固定成本,而且连可变成本也只能弥补一部分,从而厂商生产时的亏损额(=全部固定成本+部分可变成本)大于不生产时的亏损额(=全部固定成本),因此,厂商应该选择停业,停业比生产反而要好;如果价格等于平均可变成本,如图 5-6 中的 P_4,虽然小于平均成本,但等于平均可变成本,则由均衡点 E_4 决定的产量 q_4 上,总收益刚好能够弥补全部可变成本而无法弥补全部固定成本,从而厂商生产时的亏损额(=全部固定成本)与不生产时的亏损额(=全部固定成本)相等,此时,厂商选择生产或停业的结果是一样,因此,既可以选择生产也可以选择停业,对应的均衡点 E_4 被称为停止营业点(Shutdown Point),它是边际成本曲线与平均可变成本曲线的交点,也即平均可变成本曲线的最低点。

总之,无论是运用总量分析方法还是边际分析方法,厂商在短期供给的选择中,利润最大化的必要条件都是 $MC = MR$。只不过,对于完全竞争的厂商来说,由于需求曲线是水平的,从而有 $P = AR = MR$,因而可以将利润最大化的条件表述为:$P = MC$。也就是说,只要一个厂商以利润最大化或者损失最小化为其行为的出发点,产量水平就应该定在对应于价格等于边际成本的那一点上。这就是完全竞争市场中厂商供给决定所遵循的规则。然而,这一规则在下述情况下会有例外,即如果在任何可能的产量水平上,平均变动成本均高于价格,那么厂商为使损失最小化,应该停止生产。

三、厂商的短期供给曲线

厂商的短期供给曲线所表示的是短期中厂商利润最大(或亏损最小)的产量水平与产品价格之间的关系。显然,这种关系已经暗含在图 5-6 的分析中了。如前所述,当产品的价格为 P_4 时,厂商处于停止营业点 E_4 上,此时,他选择停止营业或在 q_4 产量水平上继续生产,都能使其亏损降低到最低限度。当产品价格高于 P_4 时,厂商按照价格等于边际成本的条件确定使其利润最大(或亏损最小)的产量。产品价格越高于 P_4,厂商在均衡的产量水平上生产的亏损额越小;如果产品价格等于 P_2,厂商生产均衡产量 q_2,就能不盈不亏,实现盈亏平衡;如果产品价格高于 P_2,厂商按照均衡产量生产,就能赢利。因此,可以在图 5-7 中,推导出反映利润最大化条件下厂商的均衡产量与产品价格的对应关系的曲线,这条曲线就是完全竞争厂商的短期供给曲线 S,它是停止营业点及该点以上部分的短期边际成本曲线 SMC。从图 5-7 中可以看出,厂商的短期供给量随着产品价格的上升而增加。

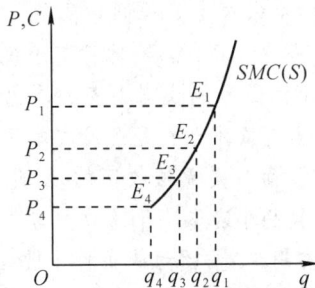

图 5-7 完全竞争厂商的短期供给曲线

例题 5.1 已知某个完全竞争行业中的厂商的短期成本函数为 $STC = 0.1q^3 - 2q^2 + 15q + 10$。试求:(1)当市场上产品的价格为 $P = 55$ 时,厂商的短期均衡产量和利润。(2)当市场价格下降为多少时,厂商必须停产?(3)厂商的短期供给函数。

解 (1)对短期总成本函数 STC 求导,得边际成本函数

$$SMC = dSTC/dq = 0.3q^2 - 4q + 15$$

而 $P = 55$,根据完全竞争市场利润最大化的条件:$SMC = P$,可得:$55 = 0.3q^2$

$-4q+15$ 从而求出厂商短期均衡的产量 $q^* = 20$。

将 $P = 55, q^* = 20$ 代入利润函数：

$$\pi = TR - TC = Pq - (0.1q^3 - 2q^2 + 15q + 10)$$

求解得 $\pi = 790$

(2)停止营业点时，有 $P = SMC = AVC_{\min}$，而 $AVC = 0.1q^2 - 2q + 15$

由 $0.3q^2 - 4q + 15 = 0.1q^2 - 2q + 15$ 解出 $q^{**} = 10$，代入 SMC 或 AVC，即可得 $P^* = 5$。

即 $P^* = 5$ 时，厂商可以生产也可停产；$P^* < 5$ 时，厂商必须停产。

(3)由于厂商的短期供给曲线是停止营业点及该点以上部分的短期边际成本曲线 SMC，故厂商的短期供给函数为：$P = 0.3q^2 - 4q + 15$ $(q \geqslant 10)$。

例5.2 狡猾的农场主

一个生产小麦的农场主向他的工人发布了这样一则坏消息："今年的小麦价格很低，而且我从今年的粮食中最多只能获得3.5万元毛收入。如果我付给你们与去年相同的工资(3万元)，我就会亏本，因为我不得不考虑3个月以前已经为种子和化肥花了2万元。如果为了那些仅值3.5万元的粮食而让我花上5万元，那么我一定是疯了。如果你们愿意只拿去年一半的工资(1.5万元)，我的总成本将为3.5万元(2万元＋1.5万元)，至少可以收支相抵。如果你们不同意降低工资，那么我也就不打算收割这些小麦了。"

于是，工人们围坐在一起以投票来决定是否同意降低工资。这时，有一位略懂一点经济学知识的工人很快进行了一番计算，然后，他肯定地说："农场主在吓唬我们，即使我们不同意降低工资，他也会让我们为他收割小麦的。"他的理由在于：农场主数月前用来支付种子和化肥的2万元固定成本已经是沉没成本了，不管他是否打算收割小麦，这2万元固定成本都已经发生，而且是无法收回的，因此，在决定是否收割小麦时是可以忽略不计的。农场主是否收割小麦取决于总收益与总可变成本的比较，只要总收益不小于总可变成本，他就会收割小麦，因为此条件下收割小麦的总损失比不收割的总损失要小。而现在农场主的总收益(3.5万元)超过了总的可变成本(支付给工人的3万元)，所以，即使工人们不接受降低工资的建议，他仍将收割小麦。

四、短期生产者剩余

在第三章，我们将消费者剩余定义为消费者根据其边际效用大小愿意支付的价格总额与他实际支付的价格总额之间的差额，此原理同样适用于厂商。如果边际成本上升，对不包括最后一单位的每一生产单位而言，产品价格都大于边际成本，结果是除最后一单位产量外的所有产量，厂商都能获得剩余。厂商的生产者剩余(Producer's Surplus)是所有生产单位边际成本和产品市场价格之间差额的总和,可以用某一生产者的边际成本曲线以上和市场价格曲线以下的那部分面积来表示,如图 5-8 所示。

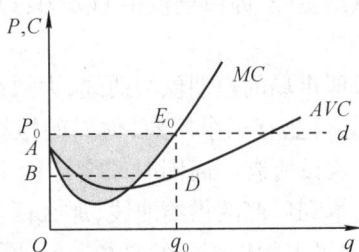

图 5-8 厂商的生产者剩余

在图 5-8 中,由 $P_0 = MC$ 决定利润最大化的产量为 q_0。生产者剩余是产量 0 到 q_0 之间,厂商所面临的水平需求曲线 d 以下、边际成本曲线 MC 以上的阴影部分的面积 AP_0E_0。如果将 0 到 q_0 的产量水平上的边际成本加总起来(OAE_0q_0),那么加总额就等于生产 q_0 的总可变成本。因为边际成本表示增加产量所引起的成本增加额,而在短期中固定成本不随产量变化而变化,所有边际成本的总和必然等于可变成本的加总。因而,生产者剩余也可由厂商的总收益与总可变成本的差额来定义。在图 5-8 中,生产者剩余由矩形 BP_0E_0D 的面积给出,它等于总收益(四边形 $OP_0E_0q_0$ 的面积,相当于价格 P_0 乘以产量 q_0)减去总可变成本(四边形 $OBDq_0$ 的面积,相当于平均可变成本 OB 乘以产量 q_0)。

生产者剩余与利润密切相关,但两者不相等。生产者剩余等于总收益 TR 减去总可变成本 TVC,而利润 Π 等于总收益 TR 减去总成本 TC,包括总可变成本 TVC 和总固定成本 TFC。以 PS 表示生产者剩余,则有:$PS = TR - TVC$;而 $\Pi = TR - TC = TR - TVC - TFC$。这意味着在短期中,当固定成本为正时,生产者剩余大于利润。单个厂商享有生产者剩余的范围取决于他的生产成本。生产成本较高的厂商享有较小的生产者剩余,而生产成本较低的厂商享有较多的生产者剩余。

第三节 完全竞争市场的短期均衡

一、行业的短期供给曲线

一个完全竞争的行业,即一个完全竞争的市场,是由无数单个厂商组成的。因此,行业的短期供给函数,即市场的短期供给函数,是所有厂商的短期供给函数的加总。如果某一完全竞争行业中厂商的短期供给函数为：$q = 0.2P^2 + 2P + 1$（$P \geq 1$），如果该行业中所有的厂商具有相同的短期供给函数，并且该行业有 1000 家厂商，那么该行业的短期供给函数，即市场供给函数为：$Q = 200P^2 + 2000P + 1000$（$P \geq 1$）。

行业的短期供给曲线，即市场的短期供给曲线，大致是该行业所有厂商短期供给曲线的水平相加。假设某行业有三个厂商，他们的短期供给曲线分别为图 5-9 中的 S_1S_1'，S_2S_2'，S_3S_3'；假设所有厂商同时改变产量不会影响生产产品的要素价格，从而不会影响产品成本和厂商的供给曲线，那么行业在一定价格水平上的供给量便是各厂商在该价格水平上的供给量的总和。行业供给曲线 SS' 就反映了全部厂商在不同价格水平上供给的总和。例如，当价格为 P_1 时，厂商 1 供给 1 个单位的产品，厂商 2 供给 3 个单位的产品，厂商 3 供给 4 个单位的产品，整个行业在价格为 P_1 时的供给量便等于 8 个单位；当价格为 P_2 时，厂商 1 供给 3 个单位产品，厂商 2 供给 5 个单位产品，厂商 3 供给 6 个单位产品，整个行业在价格为 P_2 时的供给量便等于 14 个单位。

如果全体厂商同时改变产量导致生产产品的要素价格的变动，那么，单个厂商的边际成本曲线变动并导致供给曲线发生变动。一般来说，全体厂商同时增加产量会导致生产产品的要素价格上升，单个厂商的短期的平均成本曲线和边际成本曲线会向左上方移动，对应于价格曲线和边际成本线相交点的产量水平会下降，整个产业的实际供给曲线会如图 5-9 中的 SR'，比理论上水平加总求得的产业供给曲线缺乏弹性。

总之，行业中厂商的数量、工厂规模、厂商的边际成本曲线以及生产产品的要素价格对行业产量的影响等因素，决定了完全竞争行业短期供给曲线的形状。但一般来说，向右上方倾斜的厂商的短期供给曲线决定了行业的短期供给曲线也是向右上方倾斜的，也就是说，完全竞争行业的产量与产品价格成同方向变化，即价格越高，行业的产量越大；价格越低，行业的产量越小。

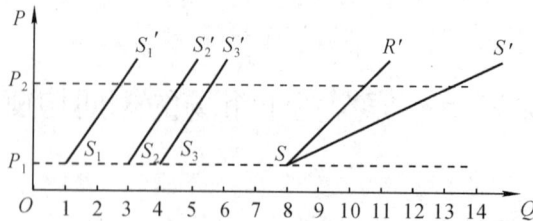

图 5-9　行业短期供给曲线的推导

二、市场的短期均衡

在推导出完全竞争市场的供给曲线后,结合完全竞争市场的需求曲线,就可以利用供求均衡模型来说明市场的短期均衡了。虽然在完全竞争市场上的单个厂商所面临的需求曲线是一条水平线,但完全竞争市场的需求曲线仍然是一条向右下方倾斜的曲线,因为哪怕是完全竞争市场上的消费者,其需求仍然符合需求定理,即价格高少买,价格低多买,从而根据第二章中个人需求到市场需求的推导,就可以知道完全竞争市场的需求曲线也是向右下方倾斜的。

在图 5-10 中,完全竞争市场的供给曲线 S 和需求曲线 D_0 相交决定了均衡价格是 P_0、均衡数量 Q_0。P_0 就是单个厂商作为市场价格的接受者所接受的价格,等于厂商的边际成本;Q_0 则是完全竞争市场的需求量和供给量,由行业内所有厂商共同生产完成。

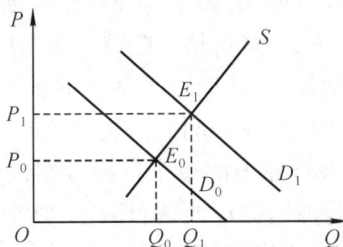

图 5-10　完全竞争市场的短期均衡

显然,市场机制会使价格变动趋向于均衡价格。如果实际价格高于均衡价格,市场供给量大于市场需求量,导致价格下跌,直到均衡价格;如果实际价格低于均衡价格,市场供给量小于市场需求量,导致价格上升,直到均衡价格。只有市场供求相等时,价格既不下降也不上升,维持在均衡价格水平上。

长期中,市场的供求变动也会导致均衡价格和均衡数量的变动。如果需求增加,在图 5-10 中,需求曲线由 D_0 向右平行移动到 D_1,那么,均衡价格就会上升到 P_1,各厂商会根据变化了的市场价格和行业产量调整自己的产量直到边际成本等于市场价格的水平上。

第四节　完全竞争市场的长期均衡

当原有厂商既可以调整其生产规模,又可以离开原行业,新的厂商也可以进入该行业时,对完全竞争市场的分析就从短期进入到长期。

一、厂商的长期均衡

在短期中,厂商因某些生产要素的固定而不能自由地退出亏损行业和进入赢利行业。

然而,在长期中,所有的生产要素都是可以变动的,因此,厂商可以通过对所有生产要素投入量的调整来实现利润最大化。完全竞争厂商长期中对所有生产要素的调整可以表现在两个方面:一是厂商自由地进入或退出某一行业,即行业内厂商数目的调整;二是厂商对自身生产规模的调整。完全竞争厂商的长期均衡就是通过这两方面的调整而实现的。

1. 行业内厂商数目变化而实现的长期均衡

在长期中,由于所有的生产要素都是可变的,厂商可以自由地退出或进入某一行业,因此,如果行业内的单个厂商赢利,就会吸引新厂商加入到该行业。随着新厂商的加入,行业内的厂商数目增加,整个行业的供给就会增加,市场价格随之下降。在厂商成本不变的情况下,市场价格下降就意味着厂商的利润减少,但只要有利润可赚,新厂商还会不断地加入,从而市场供给不断地增加,市场价格不断地下降,直到市场价格下降到使单个厂商的利润消失时,新厂商停止进入,行业内的厂商处于均衡状态。相反,如果行业内的单个厂商亏损,就会有原有厂商退出该行业。随着原有厂商的退出,行业内的厂商数目减少,整个行业的供给就会减少,市场价格随之上升。在厂商成本不变的情况下,市场价格上升就意味着厂商的亏损减少,但只要有亏损存在,原有厂商还会不断地退出,从而市场供给不断地减少,市场价格不断地上升,直到市场价格上升到使单个厂商的亏损消失时,原有厂商停止退出,行业内的厂商处于均衡状态。因此,当完全竞争厂商实现长期均衡时,一定是既无赢利又无亏损,只能获得零利润。可以用图 5-11 来说明厂商数目变化而导致的长期均衡的实现过程。

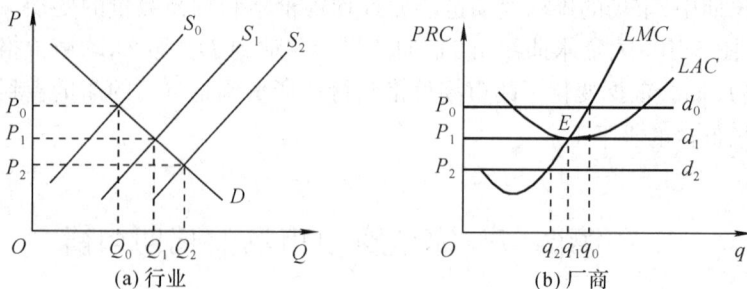

图 5-11　厂商数目变化与完全竞争厂商的长期均衡

图 5-11(a)反映行业的供给变化和市场价格的变化,图 5-11(b)反映厂商的供给变化、盈亏变化及其长期均衡的实现。假设开始时,市场供求决定的均衡价格为 P_0,均衡产量为 Q_0。根据给定的市场价格 P_0,单个厂商所面临的需求曲线为 d_0,按照完全竞争厂商的利润最大化原则:$P=MC$,厂商的最优产量为 q_0。由于价格高于平均成本($P_0>AC$),厂商获得超额利润。超额利润的存在会吸引新厂商进入该行业。随着新厂商的加入,市场供给增加,供给曲线右移。在市场需求不变的情况下,均衡价格下降,厂商所面临的需求曲线向下平移。相反,假设开始时,市场供求决定的均衡价格为 P_2,均衡产量为 Q_2。根据给定的市场价格 P_2,单个厂商所面临的需求曲线为 d_2,按照完全竞争厂商的利润最大化原则:$P=MC$,厂商的最优产量为 q_2。由于价格低于平均成本($P_2<AC$),厂商是亏损的。在亏损的情况下,行业中的一些厂商就会退出该行业。随着原有厂商的退出,市场供给减少,供给曲线左移。在市场需求不变的情况下,均衡价格上升,厂商所面临的需求曲线向上平移。不管开始时是盈利还是亏损,随着新厂商的加入或原有厂商退出行业,最终,市场的供给曲线都会移动到 S_1,市场价格变化到 P_1,单个厂商所面临的需求曲线移动到 d_1 的位置。因为在这一位置上,曲线 d_1 与厂商的长期平均成本曲线 LAC 相切于长期平均成本曲线的最低点 E 点,并且长期边际成本曲线 LMC 经过该点。所以,E 点就是 $P=LMC$ 的均衡点。完全竞争厂商长期均衡的条件可以概括为:$P=LMC=LAC$。长期均衡时,厂商既无利润,也无亏损,即只能获得零利润。

2.厂商生产规模调整而实现的长期均衡

上面已经分析,长期中市场价格会随着行业内厂商数目变化所引起的供给变化而变化。面对变化了的市场价格,单个厂商也可以通过调整自身的生产规模,以使 $P=LMC$,来实现与利润最大化的产量相适应的最优生产规模。因此,在不断调整的过程中,单个厂商最后必然将生产规模调整到与利润为零的长期均衡所要求的产量相适应的最优生产规模上。这种调整过程可以用图5-12来加以说明。

在图 5-12 中,假定最初市场价格为 P_0,厂商所面临的需求曲线为 d_0,厂商拥有的生产规模由短期边际成本曲线 SMC_0 和短期平均成本曲线 SAC_0 表示。由于短期中厂商无法改变生产规模,因此,厂商按 $P=SMC$ 的原则,决定的最优产量为 q_0,由于 $SAC_0>P_0$,厂商是亏损的。但在长期中,面对市场价格 P_0 和需求曲线 d_0,厂商可以将生产规模调整到与最优产量 q_3 对应的最优生产规模,该生产规模以短期平均成本曲线 SAC_3 和短期边际成本 SMC_3 表示。此时,$SAC_3<P_0$,厂商能够获得超额利润。由于超额利润的存在,新厂商会加入该行业。随着新厂商的加入,市场供给增加,市场价格下降。假如市场价格下降到 P_2,单个厂商面临的需求曲线向下平移到 d_2,那么厂商继续在成本曲线 SAC_3 和 SMC_3 代表的生产规模

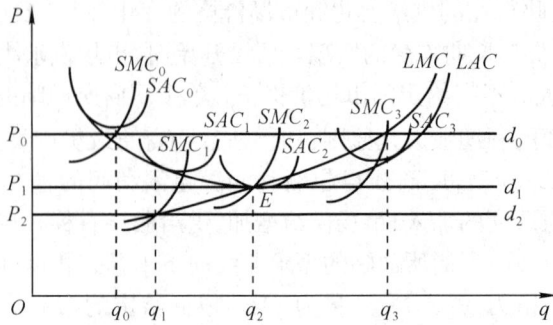

图 5-12　厂商生产规模调整与完全竞争厂商的长期均衡

上生产就会遭受严重亏损,因此,厂商又会将生产规模调整到与最优产量 q_1 对应的最优生产规模(以成本曲线 SAC_1 和 SMC_1 表示),以减少亏损。但只要有亏损存在,该行业内就会有厂商退出,从而市场供给减少,市场价格上升。

厂商对生产规模的调整一直持续到行业内单个厂商的利润或亏损消失为止。在图 5-12 中,当市场价格为 P_1,厂商面临的需求曲线为 d_1,生产规模由成本曲线 SAC_2 和 SMC_2 表示,曲线 SAC_2 和 SMC_2 的交点 E 点同时也是长期平均成本曲线 LAC 和长期边际成本曲线 LMC 的交点,并且需求曲线 d_1 与曲线 SAC_2 和 LAC 在 E 点相切时,厂商实现了长期均衡。显然,完全竞争厂商长期均衡时既无盈利又无亏损,即只能获得零利润。完全竞争厂商长期均衡的条件可以概括为:$P = LMC = LAC = SMC = SAC$。

例 5.3　利润为零为何有厂商愿意留在该行业

乍一看,完全竞争厂商在长期中获得零利润似乎是荒唐的。厂商从事生产经营活动的目的就是要获取利润。如果厂商最终利润为零,那么似乎没有经营的必要了。

为了更充分地理解长期均衡时零利润的状态,回想一下经济利润的定义。我们把经济利润定义为总收益减去总成本的差额,这里的总成本包括了厂商的显性成本,也包括了厂商的隐性成本,即厂商自身用于经营的时间和金钱等资源的机会成本。所以,就算长期中经济利润为零,厂商投入了包括自身在内的所有要素都已经获得了应有的回报,同时,经济利润为零时,对应的会计利润仍然可能是很高的。

例如,假设一个农民要用自己的 100 万美元去开垦他的农场,那么他不得不损失这 100 万美元存入银行本可以获得的利息收入,同时,由于开垦农场,他还必须放弃一年中从其他工作中赚到的 2 万美元收入。这样,农民开垦农场的机会成本包括他从100 万美元中赚到的利息以及放弃的 2 万美元工资。因此,即使他开垦农场的经济利润为零,他也已经从耕作的收益中补偿了他的这些机会成本。

二、行业的长期均衡

在分析了厂商的长期均衡之后,我们进而来分析行业的长期均衡。在长期中,完全竞争行业的成本可能是不变的,也可能是递增的或递减的,下面分别讨论三种情况下行业的长期供给曲线和长期均衡。

1. 成本不变行业的长期均衡

所谓成本不变的行业(Constant-cost Industries),是指供给的扩张不会导致投入品价格增长的行业。图 5-13 描述了这类行业的长期均衡。图 5-13(a)中表示行业内典型厂商的短期边际成本曲线 SMC、短期平均成本曲线 SAC 和长期平均成本曲线 LAC。图 5-13(b)表示市场(行业)的供给曲线和需求曲线。初始状态时,需求曲线 D_0 和短期供给曲线 S_0 相交于 A 点,决定了均衡价格 P_0,均衡数量 Q_0。此时,厂商处于长期均衡状态,价格曲线与长期平均成本曲线在长期平均成本的最低点 E 点相切,决定厂商长期均衡的产量 q_0。

现假设市场需求增加,需求曲线右移至 D_1。在短期内,由于厂商数目是固定的,市场价格水平会上升到 P_1,各厂商的产量从 q_0 扩大至 q_1,由于 P_1 高于均衡产量 q_1 时的平均成本,所以,行业内的厂商获得超额利润。于是新厂商进入该行业,并使行业供给曲线右移至 S_1。

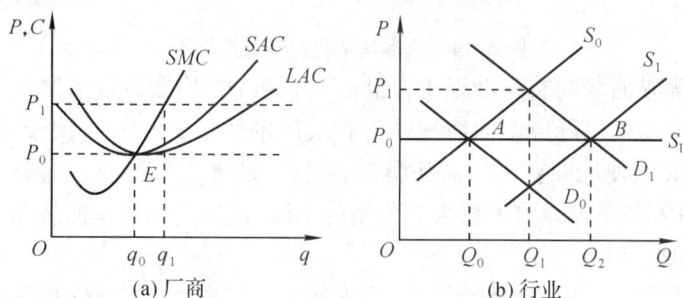

(a) 厂商　　　　　　　　　(b) 行业

图 5-13　成本不变行业的长期均衡

由于在成本不变行业,新厂商的进入不会引起投入品价格上涨,所以不会影响原有厂商的生产成本,从而不会影响原有厂商的规模,市场供给的增加可以通过在价格 P_0 水平上生产 q_0 产量的厂商数目的增加来实现,因此,市场新的均衡点 B 点上,虽然均衡数量增加到 Q_2,但均衡价格保持不变。

同理可以得到类似 $A,B,\cdots$ 的点,连接这些点,得到的就是成本不变行业的长期供给曲线,它是一条从价格 P_0 出发的水平线,如图 5-13(b)中的 S_L 曲线,其含义是,只要能够保持成本不变,市场供给的增加可以被认为是无限的。如果价格高于 P_0,新厂商会进入该行业;如果价格低于 P_0,原有厂商会退出该行业,因此,长期均衡只能发生在价格等于 P_0 的情况中。市场的供给可以根据市场需求的变化扩大或者缩小,而长期的均衡价格不必改变。

2. 成本递增行业的长期均衡

所谓成本递增行业(Increasing-cost Industries),是指供给的扩张会导致投入品价格增长的行业。图 5-14 描述了这类行业的长期均衡。图 5-14(a)中,成本递增行业中厂商原有的短期边际成本曲线、短期平均成本曲线和长期平均成本曲线为 SMC_0、SAC_0 和 LAC_0,图 5-14(b)中,原有的市场需求曲线 D_0 和原有的行业短期供给曲线 S_0 的交点 A 决定了市场均衡价格 P_0。此时,厂商处于长期均衡状态,价格曲线与长期平均成本曲线在长期平均成本的最低点 E_0 点相切,决定厂商长期均衡的产量 q_0。

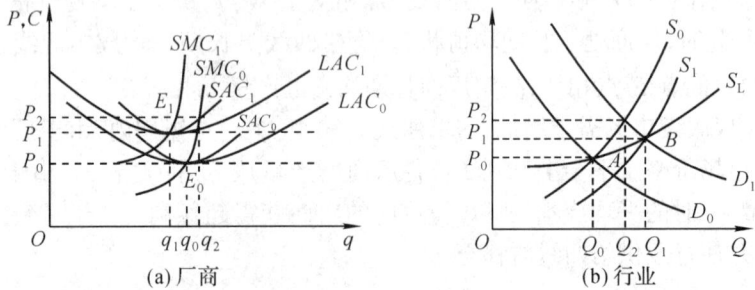

图 5-14　成本递增行业的长期均衡

现假设需求曲线向右移动至 D_1,价格上涨到 P_2,均衡数量增加到 Q_2,每个厂商都将沿着其短期边际成本曲线 SMC_0 扩大产量到 q_2,由于 P_2 大于产量 q_2 时的平均成本 SAC_0,使厂商获得超额利润,于是新厂商进入该行业。随着新厂商的进入,增加的投入品需求导致了投入品价格的上涨,使厂商的成本曲线向左上方移动至 SMC_1、SAC_1 和 LAC_1。

如果厂商的边际成本曲线因投入品价格的上涨向左上方移动,那么行业的供给曲线也会向左上方移动。然而,厂商数量的增加又会推动行业的供给曲线向右下方移动。假设后一种效应大于前一种效应,市场的供给扩张便能够成立。这种市场供给的扩张在供给曲线从 S_0 移至 S_1 时产生了新的长期均衡。均衡点 B 决定了新的市场均衡价格为 P_1,均衡数量为 Q_1,显然,均衡数量增加了,均衡价格也上升了。对应地,厂商在新的长期平均成本曲线 LAC_1 的最低点 E_1 上生产产量 q_1。相比于原来的产量 q_0,现在厂商数目增加了,但单个厂商的规模缩小了。

用同样的方法,可以得到一系列类似 $A,B,\cdots$ 的点,联结这些点,得到的就是成本递增行业的长期供给曲线,如图 5-14(b)中的 S_L 曲线。成本递增行业的长期供给曲线是一条向右上方倾斜的曲线,即在长期均衡状态中,产量的增加导致产品价格的上升。如果说,在一个成本不变的行业,需求的增加吸引新厂商的进入,直至价格回落到原有的水平,那么在一个成本递增的行业,需求的增加吸引新厂商的进入,直至最低的长期平均成本等于新的更高的价格水平。

3.成本递减行业的长期均衡

所谓成本递减行业(Decreasing-cost Industries),是指供给的扩张会导致投入品价格降低的行业。图 5-15 描述了这类行业的长期均衡。图 5-15(a)中,成本递减行业中厂商原有的短期边际成本曲线、短期平均成本曲线和长期平均成本曲线为 SMC_0,SAC_0 和 LAC_0,图 5-15(b)中,原有的市场需求曲线 D_0 和原有的行业短期供给曲线 S_0 的交点 A 决定了市场均衡价格 P_0。此时,厂商处于长期均衡状态,价格曲线与长期平均成本曲线在长期平均成本的最低点 E_0 点相切,决定厂商长期均衡的产量 q_0。

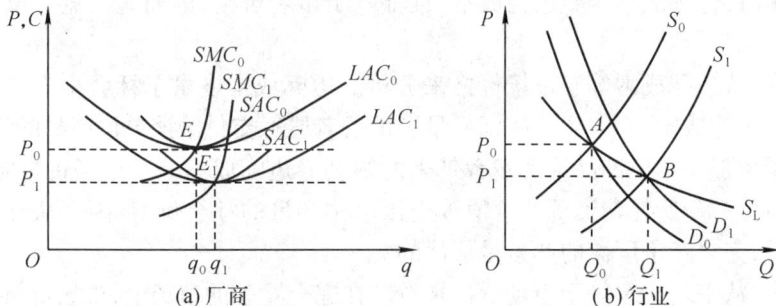

图 5-15　成本递减行业的长期均衡

假设需求的增加使需求曲线向右移至 D_1,价格上涨吸引新厂商的进入,从而市场供给增加,供给曲线向右下方移动。由于这种供给的扩张会导致投入品价格的降低,因而使厂商的成本曲线也向右下方移动至 SMC_1、SAC_1 和 LAC_1,规模扩张带来的产量增加,会进一步推动行业的供给曲线向右下方移动。两种效应的方向一致,它们的共同作用,使市场供给的扩张在供给曲线移至 S_1 时产生了新的长期均衡。均衡点 B 决定了新的市场均衡价格为 P_1,均衡数量为 Q_1,显然,均衡数量增加了,但均衡价格下降了。对应地,厂商在新的长期平均成本曲线 LAC_1 的最低点 E_1 上生产产量 q_1。相比于原来的产量 q_0,现在厂商数目增加了,并且单个厂商的规模也扩大了。

用同样的方法,可以得到一系列类似 A,B,…的点,联结这些点,得到的就是成本递减行业的长期供给曲线,如图 5-15(b)中的 S_L 曲线。成本递减行业的长期供给曲线是一条向右下方倾斜的曲线,即在长期均衡状态中,产量的增加导致产品价格的下降。如果说,在一个成本不变的行业,需求的增加吸引新厂商的进入,直至价格回落到原有的水平,那么在一个成本递减的行业,需求的增加吸引新厂商的进入,直至最低的长期平均成本等于新的更低的价格水平。

以上三种情况下行业长期均衡的分析表明,我们不能通过将行业内厂商的长期边际成本曲线加总的方法来推导行业的长期供给曲线。不能否认,长期中每个厂商都是按照 $P = MC$ 的条件生产的,但当行业沿供给曲线 S_L 进行调整时,厂商正在进入或退出该行业。因此,我们不可能像在短期那样,对某个既定数量的厂商的边际成本曲线进行加总。此外,对于成本递增或递减行业来说,厂商的边际成本曲线本身也会由于投入品价格的变化而移动的。

三、完全竞争市场的效率

市场运行的经济效率是指参与市场活动的厂商利用社会资源的程度。资源利用得越充分,经济效率就越高。微观经济学认为,在完全竞争的市场上,厂商处于长期均衡时,边际成本等于平均成本,且都等于市场价格,因而完全竞争市场是有效率的。

首先,从边际成本等于市场价格来分析。边际成本度量了社会生产一单位产品耗费资源的成本,而市场价格则衡量了消费者愿意支付给该单位产品的货币量,它反映了增加一单位产品给消费者带来的福利。边际成本等于市场价格意味着,最后一单位产量所耗费资源的价值等于该单位产量的社会价值,因而从社会需要的角度看,完全竞争厂商的产量是最优的。

其次,从平均成本等于市场价格来看。在完全竞争的市场上,市场价格是一条水平的直线,而在厂商处于长期均衡状态时,厂商的边际收益和平均收益都等于市场价格,所以,厂商提供的生产量恰好处于平均成本的最低点。这说明,厂商使用现有的生产技术使得生产成本为最低,因而完全竞争厂商在生产技术使用方面是有效率的。

第三,完全竞争市场的长期均衡是通过价格的自发调节来实现的。当消费者的偏好、收入等因素变动而引起市场需求发生变动时,市场价格可以迅速做出反应,使得厂商供给消费者需要的产品。

第四,如果以经济剩余来衡量交易中所获利益的尺度,并以经济剩余最大化来表示市场机制的效率,那么市场竞争并处于均衡状态时,实现经济剩余最大化,从而表明市场机制是有效的,见图 5-16。

第二章和本章已经阐述过消费者剩余(Consumer's Surplus)和生产者剩余(Producer's Surplus)的概念,可以用消费者剩余和生产者剩余来分别表示消费者和生产者从交易中获得的利益,因此,经济剩余(Economic Surplus)就等于消费者剩余和生产者剩余之和,它表示由于交易所产生的全部收益。

在图 5-16 中,市场需求曲线 D 和供给曲线 S 相交,决定了均衡价格 P_0,均衡

数量 Q_0。则均衡时的消费者剩余表现为需求曲线、市场价格曲线之间的三角形面积($\triangle AEP_0$);均衡时的生产者剩余表现为供给曲线、市场价格曲线之间的三角形面积($\triangle BEP_0$)。两个三角形的面积之和,即大三角形的面积($\triangle AEB$)就是均衡时的经济剩余。

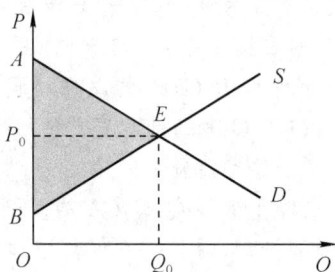

图 5-16 消费者剩余和生产者剩余

给定需求函数、供给函数、均衡价格和均衡数量等信息,利用定积分数学方法可以求出消费者剩余和生产者剩余的数值,因而,经济剩余是可以计算出来的。这就为市场机制的经济福利提供了一个可供量化的分析指标。

利用图 5-16 或数值计算,都可以证明,市场均衡时经济剩余最大,从而说明市场机制是有效率的。相对于市场均衡时的最大经济剩余,如果政府干预导致经济剩余的损失,那就表明政府干预的效率损失。可利用这一分析框架来证明,政府对市场的任何一种干预,不管是价格干预(如支持价格与限制价格)、生产配额(如许可证的颁发)、贸易壁垒(如关税和进口配额),还是税收和补贴等,都会产生效率损失。

例 5.4 农产品支持价格的效应

世界上绝大多数国家都对农业进行管制。其中一个重要的管制措施就是对农产品实行支持价格,以提高农民的收入水平。如美国、日本、欧盟成员国等很久以来就对农产品实行价格支持制度。下面就来分析政府对农产品实行的支持价格及其效应,见图 5-17。

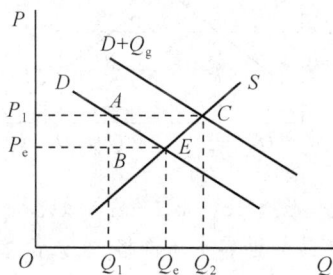

图 5-17 支持价格及其效应

在图 5-17 中，P_1 即为支持价格，它高于均衡价格 P_e。在该价格下，消费者的需求量下降至 Q_1，生产者的供给量上升到 Q_2，农产品过剩（$Q_2 - Q_1$）。为维持支持价格 P_1，政府必须收购过剩的农产品部分。这相当于政府把它的需求 Q_g 加到了消费者需求之上，从而使生产者能以 P_1 的价格出售他们想出售的全部产品。

对消费者来说，现在要支付更高的价格 P_1，却只能获得较少的数量 Q_1，由此减少的消费者剩余为梯形 P_1AEP_e 的面积。对生产者来说，由于能以高于均衡价格的支持价格出售，因而能够增加相当于梯形 P_1CEP_e 的超额利润。对政府来说，为维持支持价格，必须购买过剩的农产品（$Q_2 - Q_1$），为此政府支付的购买成本为（$Q_2 - Q_1$）P_1，相当于矩形 Q_1ACQ_2 的面积。综合考虑消费者剩余损失、生产者利润和政府的购买成本，支持价格的社会福利净损失等于梯形 Q_1Q_2CA 的面积减去三角形 AEC 的面积。

如果生产者为获取更多超额利润，通过技术创新增加供给的话，那么供给曲线 S 向右移，政府必须收购更多的过剩农产品，支付的购买成本将更大。此外，政府为储备过剩农产品还要支付仓储费，这种为储备而花费的仓储费是一种极大的资源浪费。20 世纪 80 年代中期以来，我国粮食政策执行的结果导致了粮食过剩，引起高昂的库存成本。粮食过剩和过度库存的损失最终集中表现在粮食部门的巨额亏损上，资料表明，1996 年以来我国粮食部门的亏损额达上千亿元，粮食贸易亏损补贴达上百亿元，这等于向外国消费者提供了巨额的消费补贴。因此，支持价格的出发点是为了支持农业发展和保护农民收入，但这种支持是建立在巨大的社会福利净损失的基础上的。

例 5.5　征收关税的效应

关税是对进口商品课征的一种税收。关税税率越高，进口限制的作用越大。发展中国家为保护本国的某些幼稚产业，对国外进口的相关产品征收关税，以抑制进口。发达国家也采用建立贸易壁垒抑制进口或给予出口补贴的政策来提高国内价格和增强对生产者的激励，尤其是当世界市场价格极低的时候，见图 5-18。

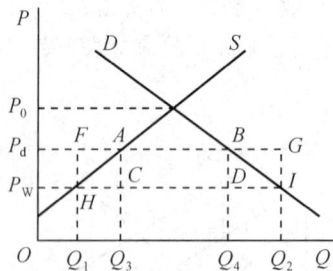

图 5-18　征收关税的效应

在图 5-18 中，P_w 是某产品的世界市场价格，在该价格水平下，某国自己生产该产品的产量为 Q_1，需求量大于供给量的部分 Q_1Q_2 通过进口来满足，因此，自由贸易时的进口量为 Q_1Q_2。如果政府为保护本国产品免于国外竞争和低价格导致的收入下降,将国内该产品价格提高至 P_d(但 P_d 低于国内市场均衡价格 P_0)。为维持这一价格,政府对每单位进口产品征收相当于($P_d - P_w$)的关税,提价使生产者的供给量从 Q_1 增加到 Q_3,使消费者的需求量从 Q_2 减少到 Q_4,从而进口量从 Q_1Q_2 减少到 Q_3Q_4。较高的价格使生产者剩余增加了梯形 P_wP_dAH 的面积,但价格上升使消费者剩余减少了梯形 P_wP_dBI 的面积。政府获得关税收入($P_d - P_w$)($Q_4 - Q_3$),相当于矩形 $ABDC$ 的面积。因此,对进口产品征关税的效率总损失为△ACH 和△BDI。

如果政府希望保持的定价 P_d 高于市场均衡价格 P_0,那么政府就要提供出口补贴以使国内过剩的产品按较低的世界市场价格 P_w 出口,从而政府的关税收入转变为补贴支出。现实中,欧盟和日本经常碰到类似的问题,政府在制定政策时往往低估了长期的供给弹性和需求弹性。有保证的高价导致农业部门扩大科研规模和增加农场投资,结果农产品供给增加,政府定价从低于市场均衡价格转变为高于市场均衡价格,为维持政府定价,政策由进口关税转变为出口补贴。

例 5.6 对生产者还是对消费者征税?

如果政府决定对某种产品征税,那么对于政府来说,需要考虑的一个问题是对生产者征税呢还是对消费者征税? 比如,政府决定对汽油征税,那么就有两种征税方式:一是政府直接向生产汽油的厂家征税,可以按照生产出来的汽油的产量征税,也可以按照汽油的价格征税;二是向汽油的消费者征税,如在加油站向每个加油的消费者征税。

凭个人的直觉,我们可能会认为直接向厂家征税对消费者有利,向消费者征税则对厂商有利。然而,经济学分析表明,无论在什么环节征税,结果都会使市场价格上升相当于税率(即单位产品所征收的税额)的水平,两种征税方式对于消费者的影响完全相同。把征税机构看作一个左右两侧分别开口的箱子,缴纳税款是向箱子里投钱,消费税与生产税的差别,如同选择从左边还是右边投钱,对于纳税人的影响是一样的。

在图 5-19 中,如果从量征税,即按数量征税,每升汽油征收相同的税额 t,t 相当于图中的 FG,那么生产税的直接效应是供给曲线从 S_0 向上移动至 S_1,移动的垂直距离等于 t;消费税的直接效应是需求曲线从 D_0 向下移动至 D_1,移动的垂直距离也等于 t。因此,两种征税方式对市场均衡状态的改变效应完全相同,都表现为汽油价格以原先均衡价格为起点上下移动,而汽油数量保持不变。

在没有征税时,由市场供求决定的汽油价格为 P_e,汽油数量为 Q_e。如果政府对生产者征税,每升汽油的税额为 FG,则生产者的供给曲线将由 S_0 向上移至 S_1,新的均衡点 F 决定了新的均衡价格 P_1 和新的均衡数量 Q_1。即在政府对生产者征税之后,汽油价格上升了,汽油数量减少了。政府为此获得的税收额为($P_1 - P_2$)Q_1,即图中矩形 P_1P_2GF 的面积。生产者和消费者所承担的税收由供求曲线的弹性决定(参见第二章的内容),在此,消费者为每升汽油所负担的税收为($P_1 - P_e$),生产者为每升汽油所负担的税收为{[$FG - (P_1 - P_e)$] = ($P_e - P_2$)}。征税所造成的社会效率损失为三角形

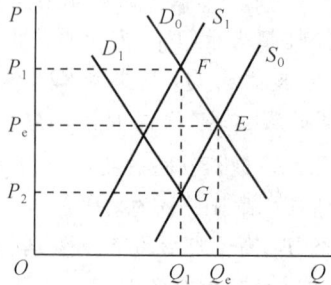

图 5-19　消费税与生产税的效应

EFG 的面积。

如果不是对生产者征税,改为对消费者征税,每升汽油的税额仍然是 FG,则供给曲线不变,需求曲线由 D_0 向左下方移至 D_1,新的均衡点 G 决定了新的汽油价格和汽油数量分别为 P_2 和 Q_1,即均衡价格下降了,均衡数量减少了。但政府获得的税收、消费者与生产者负担的税收及征税所造成的社会效率损失都不变。

练习与思考

一、名词解释

买方市场　卖方市场　完全竞争　完全竞争厂商所面临的需求曲线、平均收益曲线和边际收益曲线　停止营业点　收支相抵点　完全竞争厂商的短期供给曲线　完全竞争行业的短期供给曲线　成本不变行业　成本递增行业　成本递减行业　生产者剩余　经济剩余

二、分析题

1. 完全竞争的含义是什么?

2. 有人认为,完全竞争既然很难在现实中存在,那么也就没有什么实际的意义。对此,你是怎么认为的?

3. 分析为什么完全竞争厂商的利润最大化原则既可以表示为 $MR = MC$,也可以表示为 $P = MC$?

4. 为什么完全竞争厂商的短期供给曲线是 SMC 曲线上等于和高于 AVC 曲线最低点的部分?

5. "虽然很高的固定成本是厂商亏损的原因,但永远不会是厂商关门的原因"。你同意这一说法吗?

6. "在长期均衡点,完全竞争市场中每个厂商的利润都为零。因而,当价格下降时,所有这些厂商就无法继续经营。"你是否同意这一观点,请说明理由。

7. 完全竞争行业的短期供给曲线是该行业中厂商的短期供给曲线的水平相加,能否

说该行业长期供给曲线也是该行业中厂商的供给曲线的水平相加?

8. 如果行业中每个厂商都处于长期均衡状态,整个行业是否必定处于长期均衡状态,反之是否亦然? 如果厂商和行业都处于长期均衡状态,它们是否必然处于短期均衡状态? 反之是否亦然?

三、计算题

1. 完全竞争市场上需求函数为 $D = -400P + 4000$,单个厂商的短期成本函数 $C_i = 0.1$ $q_i^2 + q_i + 10$,该行业共有 100 个厂商。求:(1)厂商的短期供给函数;(2)行业的短期供给函数;(3)市场的均衡价格和均衡产量;(4)假设政府对厂商征收销售税,其税率是每销售一单位为 0.9 元。试求新的市场均衡价格和均衡产量,并分析销售税对厂商和消费者的影响。

2. 某一完全竞争行业中的某厂商的短期成本函数为 $STC = 0.04q^3 - 0.8q^2 + 10q + 5$。试求:(1)当市场上产品的价格为 $p = 10$ 时,厂商的短期均衡产量和利润。(2)当市场价格下降为多少时,厂商必须停产? (3)厂商的短期供给函数。

3. 假设某个完全竞争厂商生产的某产品的边际成本函数为 $MC = 0.4q - 12$,总收益函数为 $TR = 20q$,且已知生产 10 件产品时总成本为 100 元,试求生产多少件时利润极大,其利润为多少?

4. 完全竞争厂商在长期中,当其产量达到 1000 单位时,长期平均成本达到最低值 3元。(1)如果市场需求曲线为 $Q = 2600000 - 200000P$,求长期均衡的价格和均衡产量,以及长期均衡当中厂商的个数。(2)如果市场需求曲线由于某种原因变为 $Q = 3200000 - 200000P$,假设厂商无法在短期内调整其产量,求此时的市场价格及每个厂商的利润水平。(3)给定(2)中的需求状况,求长期均衡的价格和数量组合及长期均衡时的厂商数目。

5. 某个完全竞争行业中很多相同厂商的长期成本函数都是 $LTC = q^3 - 4q^2 + 8q$,如果利润为正,厂商将进入行业;如果利润为负,厂商将退出行业。(1)描述行业的长期供给函数;(2)假设行业的需求函数为 $Q_d = 2000 - 100P$,试求行业均衡价格、均衡产量和厂商数目。

6. 某一完全竞争市场中一个厂商的产品单价是 640 元,其成本函数为 $TC = 2400 - 20q^2 + q^3$。(1)求利润最大化的产量,及该产量水平上的平均成本、总利润;(2)假定这个厂商在该行业中具有代表性,试问这一行业是否处于长期均衡状态? 为什么? (3)如果这个行业目前尚未处于长期均衡状态,则均衡时这家厂商的产量是多少? 单位产品的平均成本是多少? 产品单价是多少?

7. 已知一个成本不变行业中某完全竞争厂商的长期总成本函数为 $LTC = 0.1q^3 - 1.2q^2 + 11.1q$(其中 q 代表每个厂商的年产量)。市场的需求函数为 $Q = 6000 - 200P$(其中 Q 为年行业产量,即销售量),试求:(1)厂商长期平均成本最低时的产量和销售价格;(2)该行业的长期均衡产量;(3)该行业长期均衡时的厂商数量;(4)

如果政府决定用公开拍卖营业许可证(执照)600 张的办法把该行业的厂商数目减少到 600 个,即市场销售量 $Q = 600q$,那么:①在新的市场均衡条件下,每家厂商的均衡产量和均衡价格各为多少? ②如果营业许可证是免费的,每家厂商的利润又是多少? ③如果领到许可证的厂商的利润为零,那么每张许可证的拍卖价格应该是多少?

四、讨论题

1. 既然现实中几乎找不到完全竞争的例子,经济学为什么还要以完全竞争市场作为分析的起点?

2. 为什么完全竞争市场是有效率的? 而对市场的干预可能导致效率损失?

3. 完全竞争厂商的利润最大化条件表示为 $P = MC$,其经济含义是什么? 对厂商决策有何启示?

第六章　不完全竞争的产品市场

尽管普遍认为完全竞争市场是有效率的,但是有关完全竞争市场的假设条件太过苛刻。首先,众多的厂商要求厂商的规模都很小,但很小的规模未必能用上大规模的先进技术;其次,产品无差别不能准确地反映消费者的不同偏好;第三,现实中难以找到这样的市场。正是由于以上原因,经济学通常把完全竞争市场当作一个理论模型。现实中的市场往往是一些不能满足完全竞争条件的市场,称之为不完全竞争市场。一般根据偏离竞争的程度,又可以将不完全竞争市场分为三种市场结构:完全垄断市场、寡头垄断市场和垄断竞争市场。本章分析不完全竞争市场中厂商的价格和产量的决定,并对其经济效率进行评价。

第一节　完全垄断市场

一、完全垄断市场的特征与成因

完全垄断通常简称垄断。在卖方市场上,完全垄断(Monopoly)是指一个行业只有唯一一家厂商的市场结构。具体来说,这一市场结构具有以下特征:

第一,一个行业中只有一家厂商生产和销售全部产品,而消费者的数目众多。在这种市场结构下,垄断厂商本身就构成一个行业。

第二,厂商生产和销售的产品不存在任何接近的替代品。如果存在替代品的话,该厂商就不得不面临其他厂商的竞争而没有完全控制市场的能力。由于没有接近的替代品,垄断厂商本身的行为(如价格变化、广告宣传)不会对其他厂商造成任何影响,而其他厂商的行为也不会对他造成影响。对于消费者来说,由于没有相近的替代品,要么按照垄断厂商制定的价格购买其生产的产品,要么就不消费。

例 6.1　怎么样的替代品才会构成竞争?

一个完全垄断厂商生产的产品必须是没有替代品的。因为如果存在着生产相近的替代品的厂商,他们之间就会有竞争,从而不可能是完全垄断的。例如,松下电器公司是生产松下电器的唯一厂商,但我们并不把它当作垄断者,因为索尼、东芝、菲利浦电器乃至国产的海尔、长虹、康佳电器等都是其非常接近的替代品,如果松下公司冒然提价,就会轻易失去自己的一部分市场份额。

可是,怎么样的替代品才构成竞争是有一定的模糊性的。例如,1956 年美国政府曾援用《谢尔曼反垄断法》(Sherman Antitrust Act)起诉杜邦公司,因为杜邦公司在玻璃纸市场销售额中占了 75%,有垄断的嫌疑。但最后法院判杜邦公司无罪,主要原因在于,用于包装的玻璃纸有许多替代品,如蜡纸、塑料纸、锡箔纸等,如果把所有软包装纸包括在内,杜邦公司的市场份额只有 20%,还不能构成垄断。再如,不少经济学家认为区域性发电厂在照明能源上具有垄断地位,因为煤油灯、蜡烛虽然是电灯的替代品,但毕竟不是相近的替代品;但在取暖能源上发电厂就不是垄断者,因为石油、煤气甚至木炭都是很好的替代品。

在判断垄断是否成立时,必须全面考虑替代品的存在和替代性的强度。

资料来源:黄亚钧、姜纬著,《微观经济学教程》,复旦大学出版社 1995 年,第 146 页。

第三,行业中存在着严格的进入壁垒,其他厂商要进入该行业极其困难,甚至是不可能的。垄断厂商作为某种产品唯一的生产者,指的是无论该产品价格的高低,该厂商都将是唯一的生产者。从这个标准来讲,如果一条街上只有一家理发店就不是垄断者,因为若他的利润丰厚,马上就会有竞争者开出第二家理发店,几乎没有什么进入壁垒。垄断市场中,几乎排除了所有的竞争因素,独家垄断的厂商控制了整个行业的生产和销售,从而控制了产品的价格和产量。

不难看出,完全垄断和完全竞争一样,是市场结构的一种极端形态,在现实生活中也是极其少见的。只有一些社会公用事业,如电力、自来水、管道煤气、地方电话、城市公交等行业,比较接近于完全垄断市场,但也不能说是严格意义上的完全垄断。因为这些行业并非完全没有替代品。只要有替代品,就不能算是完全垄断。例如,一家在某城市的公共汽车服务方面拥有独占经营权的厂商,不会面临其他公共汽车公司的竞争,却面临着其他交通工具的竞争。因为私人汽车、自行车、出租汽车、地铁都可以作为替代的交通工具。

尽管完全垄断的现象极少见到,但由于垄断厂商在市场上占有非常有利的地位,有着决定市场价格的能力,并且和完全竞争市场存在着对比关系,因此,完全垄断市场对于研究经济资源的配置,生产效率的提高和社会进步都有着重要的现实意义。

虽然完全垄断市场在现实中极其少见,但在现实经济活动中确实存在着形成垄断的很多因素,其中主要体现在以下四个方面:

1.规模经济

如果在某一行业中,一家厂商能以最低成本满足整个市场对某一产品的需求,该厂商就能取得市场的垄断地位。在这种情形下,如果市场上存在着多于一个的供给者,每一个厂商的平均成本都将高于最低的平均成本。因而每一个厂商都会产生进一步扩大生产以降低平均成本的动力。从厂商的相互竞争中产生的唯一幸存者便成为市场的垄断者。在经济学中,这种由于规模经济而导致的垄断被称为自然垄断(Natural Monopoly)。

现实中,许多公用事业属于规模经济导致的自然垄断。设想一个城市有多家自来水公司或管道煤气公司,那么地下纵横交错的管道设施,必然是一种重复建设,是对资源的一种极大浪费,既无规模经济可言,又有可能造成混乱。因此,这些行业就适宜垄断。

2.政府特许

有些行业,政府因某种特殊需要,而通过授予某个厂商对某一产品或某一服务独占的特许经营权的方式,使其获得垄断地位。显然,这是一种由政府创造的垄断。例如,许多国家出于经济原因,对于利润特别高的烟酒行业、盐业等,只允许独家经营;出于国家安全的需要,对军事工业、广电行业等实行特许经营。

3.原料控制

当生产某种产品所必需的一种投入被某一个厂商所控制时,该厂商就可能垄断该种产品的生产。这种情况历史上经典的例子是美国的铝业公司。该公司在1945年前,通过控制全美铝土矿的近乎所有来源而垄断制铝业十多年;南非的德比尔公司也曾一度控制了世界钻石生产的80%左右。另外,一些产品因用料特殊而获得垄断,如贵州的茅台酒、西湖的龙井茶、崂山的矿泉水等。

4.专利发明和知识产权

进行研究开发和发明创造要投入大量的时间、人力和财力。例如,美国吉列公司称为了研制20世纪80年代末投放市场的感应式剃须刀,公司投入了2亿美元!但是,一旦新产品发明出来,仿制的成本要低得多。因此,为了鼓励发明创造,需要给予发明者一个专利权。世界上多数国家都有专利保护法。

专利和知识产权是政府和法律容许的一种垄断形式,因为专利和知识产权禁止了他人生产某种产品、使用某项技术或拥有某项知识的权利,除非专利的持有者或知识产权的所有者同意。专利保护法通常赋予专利的发明者在一定时期内对具有专利的产品或产品生产工艺的独占权,这就排斥了竞争者的进入。一个厂商可以通过对某一产品的生产工艺拥有专利而取得垄断地位。知识产权也是一种专利,同样受到保护,因此拥有特定的知识产权也可以取得垄断地位。

如果你有自己的一台个人电脑,也许这台电脑用了微软公司在许多年前第一次设计视窗软件时,就申请并得到的政策给予的版权。因此,如果一个人要想购买视窗软件,他除了给微软对这种产品收取的将近100美元费用之外别无选择。可以说在视窗软件市场,像微软这样的垄断者没有接近的竞争者,因此微软可以影响它的产品的市场价格。

二、完全垄断厂商的收益曲线

我们已经知道,在完全竞争市场中,厂商面临的需求曲线是一条截距等于市场价格并与产量轴平行的直线,行业的需求曲线是一条向右下方倾斜的曲线。但是,在完全垄断市场中,由于垄断厂商是行业中唯一的生产者,因此垄断厂商所面临的需求曲线如同完全竞争市场中行业的需求曲线一样,是一条向右下方倾斜的曲线。向右下方倾斜的需求曲线表明,即使是完全垄断厂商,为了获取最大利润,也不能随意地制定价格,因为只有降低价格才能增加销售量,而提高价格会减少需求量。

由于垄断厂商所面临的需求曲线是向右下方倾斜的,因而,它的平均收益曲线与需求曲线重合,而它的边际收益曲线也是一条向右下方倾斜的曲线,并且位于需求曲线的左下方。我们以一个假设的垄断厂商为例,分别用表 6-1 和图 6-1 来说明垄断厂商的收益和收益曲线。

表 6-1　某垄断厂商的收益表

(1) 价格 P	(2)需求量 Q	(3)总收益 $TR = P * Q$	(4)平均收益 $AR = TR/Q = P$	(5)边际收益 $MR = \Delta TR/\Delta Q$
10	1	10	10	
9	2	18	9	8
8	3	24	8	6
7	4	28	7	4
6	5	30	6	2
5	6	30	5	0
4	7	28	4	-2
3	8	24	3	-4
2	9	18	2	-6
1	10	10	1	-8

表 6-1 反映了某垄断厂商在各个价格水平所面临的需求量、总收益、平均收益和边际收益。根据表 6-1 所提供的数据及其变化规律,可以画出一般情况下垄断厂商所面临的需求曲线和收益曲线,如图 6-1 所示。

在图 6-1(a)中,某垄断厂商所面临的需求曲线 D 是一条向右下方倾斜的线,它同时也是该厂商的平均收益曲线,用 AR 表示;该厂商的边际收益曲线 MR 也是一条向右下方倾斜的线,但它位于需求曲线 D 的左下方。在图 6-1(b)中,曲线 TR 是垄断厂商的总收益曲线,它先随着销量的增加而上升,在某销量水平达到最高点之后,又随着销量的增加而下降。由于价格随着销售量的增加而递减时,边际

收益、价格和需求价格弹性之间的关系可以表示为：$MR = P\left(1 - \dfrac{1}{|E_d|}\right)$ [见第四章(4-51)式]。因此，若将图(a)和图(b)结合起来，那么可以发现，当 $|E_d| = \infty$ 时，$MR = P$；当 $1 < |E_d| < \infty$ 时，$MR > 0$，所以，厂商的边际收益曲线虽然下降，但位于横轴的上方，厂商的总收益曲线随着产量的增加而上升；当 $|E_d| = 1$ 时，$MR = 0$，厂商的边际收益曲线与横轴相交于 H 点，由于 G 点是 AB 的中点，因此，H 点也是 OB 的中点，对应的总收益曲线达到最高点 F 点；当 $0 < |E_d| < 1$ 时，$MR < 0$，所以，厂商的边际收益曲线不仅下降，而且位于横轴的下方，厂商的总收益曲线随着产量的增加也开始下降。

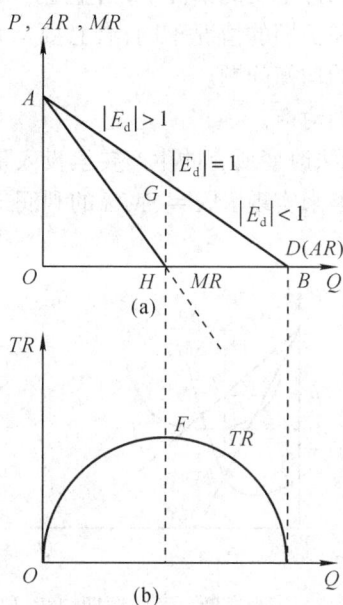

图 6-1 垄断厂商的收益曲线

在图 6-1(a)中，由 H 点是 OB 的中点可以知道边际收益曲线 MR 的斜率的绝对值是需求曲线 D 的斜率的绝对值的 2 倍，这可以用数学来加以证明。假设垄断厂商的线性的反需求函数为：

$$P = a - bQ \tag{6-1}$$

其中，a, b 为常数，且 $a, b > 0$，则该垄断厂商的总收益函数和边际收益函数分别为：

$$TR(Q) = PQ = aQ - bQ^2 \tag{6-2}$$

$$MR(Q) = \frac{\mathrm{d}TR(Q)}{\mathrm{d}Q} = a - 2bQ \tag{6-3}$$

根据式(6-1)和(6-3)可以知道,需求曲线和边际收益曲线的斜率分别为:$-b$ 和 $-2b$,即边际收益曲线斜率的绝对值正好是需求曲线斜率绝对值的两倍,因此,边际收益曲线和需求曲线是分离的,而且随着价格的下降,边际收益曲线比需求曲线下降得更快。

三、完全垄断厂商的均衡

与完全竞争厂商一样,完全垄断厂商生产的目的也是利润最大化。根据利润最大化原则,完全垄断厂商会按照边际收益等于边际成本($MR = MC$)的条件,来决定产量和价格。在其他条件不变的情况下,当垄断厂商实现了利润最大化时,就处于均衡状态。由于短期和长期的情况不同,有必要从短期均衡和长期均衡两个方面来分析完全垄断厂商的均衡问题。

1. 完全垄断厂商的短期均衡

在短期中,垄断厂商无法改变所有的生产要素投入量,只能在既定的生产规模上通过对产量和价格的调整来实现 $MR = SMC$ 的利润最大化原则。可以用图6-2来加以说明。

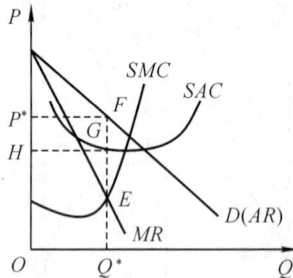

图 6-2　完全垄断厂商的短期均衡:盈利

在图 6-2 中,SMC 曲线和 SAC 曲线代表垄断厂商既定的生产规模,D 曲线和 MR 曲线代表垄断厂商所面临的需求曲线和边际收益曲线。SMC 曲线与 MR 曲线的交点满足 $MR = SMC$ 的条件,因而 E 点是垄断厂商的短期均衡点,它决定了产量 Q^* 和价格 P^*,同时决定了平均成本为 OH。显然,$P^* > OH$,因此,垄断厂商的总收益大于总成本,获得相当于四边形 HP^*FG 面积的超额利润,这个利润是垄断厂商凭借垄断地位获得的,也称垄断利润。

虽然图 6-2 中,垄断厂商短期均衡时获得了垄断利润,但并不是说垄断厂商在短期中总能获得利润的。实际中,当垄断厂商按照 $MR = SMC$ 的条件实现短期均衡时,可能获得最大的利润,也可能是亏损的,还可能刚好是既无利润也无亏损。造成亏损或无利润的原因可能是既定的生产规模成本过高,也可能是垄断厂商所面临的市场需求太小。如果垄断厂商短期均衡时有亏损,那么情况如图 6-3 所示。

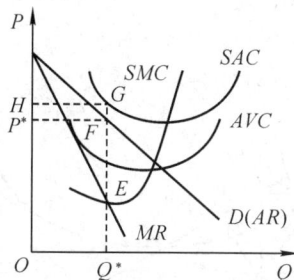

图 6-3　完全垄断厂商的短期均衡:亏损

在图 6-3 中,按照 $MR = SMC$ 原则,由 SMC 曲线与 MR 曲线的交点 E 决定了垄断厂商的产量 Q^* 和价格 P^*,对应的平均成本为 OH,$OH > P^*$,总成本大于总收益,垄断厂商是亏损的,亏损额相当于四边形 P^*HGF 的面积。与完全竞争厂商一样,在亏损的情况下,如果按照利润最大化原则确定的价格大于 AVC,垄断厂商继续生产;如果按照利润最大化原则确定的价格小于 AVC,垄断厂商就停止生产;如果按照利润最大化原则确定的价格等于 AVC,垄断厂商可以生产也可以不生产。

综上所述,垄断厂商短期均衡的条件为:$MR = SMC$。短期均衡时,垄断厂商可能获得最大利润,也可能利润为零,还可能遭受最小亏损。

2. 完全垄断厂商的长期均衡

在长期中,完全垄断市场的短期均衡可能被打破。其途径有两条:

第一条是竞争者的进入。如果竞争者得以成功,那么完全垄断的局面便被打破。在理论上,这种可能性是存在的。然而在现实中,有许多壁垒阻碍竞争者的进入。最为典型的壁垒就是行业进入所需的大规模的资本投资、原垄断厂商对某些投入的控制,生产所需的专门技术以及政府对行业进入的限制等完全垄断产生的条件。

第二条是完全垄断厂商通过调整所有的生产要素投入量从而调整生产规模以实现最大的利润。这与完全竞争厂商的长期均衡以零利润为标志有所不同。垄断厂商在长期内对生产的调整一般有三种情况:第一种情况,垄断厂商在短期内发生了亏损,但在长期中,由于市场需求的限制,不存在一个能使它摆脱亏损的生产规模,于是,垄断厂商退出生产。第二种情况,垄断厂商在短期内发生了亏损,但在长期中,通过生产规模的合理化,摆脱了亏损,甚至获得了利润。第三种情况,如果垄断厂商在短期内利用既定的生产规模获得了利润,在长期中,通过对现有生产规模的调整,以获得更多的利润。由于第二、第三种情况的分析差别不大,我们仅用图

6-4 来说明垄断厂商短期中有利润,长期中通过生产规模调整以获取更多利润的第三种情况。

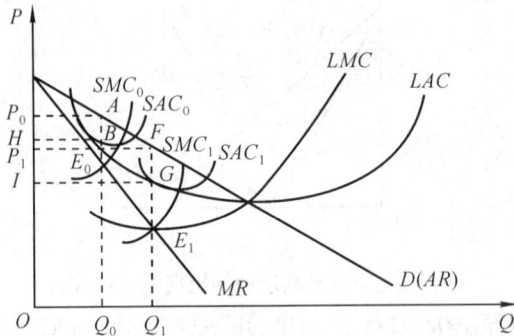

图 6-4 完全垄断厂商的长期均衡

在图 6-4 中,D 曲线和 MR 曲线分别表示垄断厂商所面临的市场需求曲线和边际收益曲线,LAC 曲线和 LMC 曲线分别是垄断厂商的长期平均成本曲线和长期边际成本曲线。假定开始时垄断厂商是在由 SAC_0 曲线和 SMC_0 曲线所代表的生产规模上进行生产。短期中,垄断厂商只能按照 $MR = SMC$ 的原则,在现有生产规模上确定短期均衡点 E_0,决定产量为 Q_0 和价格为 P_0,获得的利润相当于四边形 HP_0AB 的面积。

在长期中,垄断厂商通过对生产规模的调整,可以进一步增加利润。按照 $MR = LMC$ 的长期均衡原则,确定了长期均衡点 E_1,长期均衡产量和长期均衡价格分别为 Q_1 和 P_1,垄断厂商所选择的相应的最优生产规模由曲线 SAC_1 和 SMC_1 所代表。此时,垄断厂商比原先获得更多的利润,其利润额相当于四边形的 IP_1FG 面积。

由此可见,垄断厂商之所以长期中能获得更大的利润,其原因在于厂商的生产规模是可变的,而市场上又没有新厂商的加入。垄断厂商长期均衡的条件是最优生产规模的 SAC 曲线与 LAC 曲线相切,同时 SMC 曲线、LMC 曲线和 MR 曲线三线相交于一点。如图 6-4 中,在产量为 Q_1 的水平上,曲线 SAC_1 和 LAC 曲线相切于 G 点,同时曲线 SMC_1、LMC 和 MR 三线相交于 E_1 点。因此,垄断厂商长期均衡的条件可以概括为:$MR = LMC = SMC$。

3. 完全垄断厂商价格与产量的关系

在完全竞争的条件下,可以推导出厂商的短期供给曲线,从而将所有厂商的短期供给曲线水平加总就可以得到行业的短期供给曲线,长期中,根据行业成本的变动情况,也能推导出相应的行业供给曲线。行业供给曲线的存在,表明产品价格与产量(或供给量)之间存在着一一对应的关系。

然而,在完全垄断条件下,厂商的价格与产量之间却不存在这种一一对应关系,或者准确地说,完全垄断厂商没有供给曲线。由于垄断厂商具有某种垄断力量,可以对自己的产品销售实行市场分割,因此,不同的市场上垄断厂商可能面临不同的需求曲线,从而确定不同的价格。详细分析看接下来的内容。

例题6.1 假定垄断者面临的需求曲线为 $P = 100 - 4Q$,总成本函数为 $TC = 50 + 20Q$,求:(1)垄断者利润极大化时的产量、价格及利润;(2)假设垄断者遵从完全竞争法则,那么厂商的产量、价格及利润如何? 并与(1)进行比较。

解 (1)已经需求曲线 $P = 100 - 4Q$,则 $TR = 100Q - 4Q^2$,从而 $MR = \mathrm{d}TR / \mathrm{d}Q = 100 - 8Q$

又知 $TC = 50 + 20Q$,则 $MC = \mathrm{d}TC/\mathrm{d}Q = 20$

由垄断厂商利润极大化的条件 $MR = MC$,即 $100 - 8Q = 20$,解得:$Q = 10$

将 $Q = 10$ 代入 $P = 100 - 4Q$ 中得:$P = 60$

利润 $\Pi = TR - TC = PQ - (50 + 20Q) = 60 \times 10 - (50 + 20 \times 10) = 350$

(2) 如果垄断者遵从完全竞争法则,根据完全竞争厂商利润极大化的条件 $P = MC$,即 $100 - 4Q = 20$,得 $Q = 20$,从而有 $P = MC = 20$,利润 $\Pi = PQ - (50 + 20Q) = 20 \times 20 - (50 + 20 \times 20) = -50$

与(1)比较可以看出,完全竞争与完全垄断相比,产量增加了10,价格下降了40,利润减少了400,从而说明完全竞争比完全垄断的资源配置效率要高。

四、价格歧视理论

价格歧视(Price Discriminations),又称差别定价,是指销售者对同一商品出售给不同的消费者索取不同的价格,或者对同一消费者购买不同数量的同一商品索取不同的价格。如对工业用电、农业用电和城市居民用电的收费不同;购买公园门票、电影票、火车票时成人票与儿童票价格不同;某些商品的出口价与内销价不同等等。

1. 价格歧视的条件

实行价格歧视需要三个基本条件:第一,厂商必须拥有一定的市场力量,即能够将价格定于边际成本之上,否则竞争者能够以竞争价格破坏价格歧视;第二,商品能够在两个或两个以上被分割的市场上出售,也就是说,消费者不可能轻而易举地将商品在不同的市场之间进行倒卖。否则,不同市场的价格会因为商品倒卖而趋于相等;第三,不同市场的需求价格弹性不同。对于需求价格弹性较大的市场,价格定得较低;而需求价格弹性较小的市场,价格定得较高。如果不同市场的需求价格弹性相同,那么利润最大化的不同市场的价格也会一样。

2.价格歧视的类型

价格歧视可以分为三种基本类型:一级价格歧视、二级价格歧视和三级价格歧视。

所谓一级价格歧视(First-degree Price Discriminations)是指垄断厂商向购买商品的每一个消费者索取他愿意支付的最高价格,或者是垄断厂商向单个消费者购买的每一单位商品索取他愿意支付的最高价格。在这种情形下,垄断厂商剥夺了消费者的全部剩余。如图 6-5 所示,如果垄断厂商不实行价格歧视,以不变价格 P_0 出售 Q_0 单位商品,则垄断厂商的总收益为 P_0Q_0,消费者剩余为△ABP_0 的面积;如果垄断厂商实行一级价格歧视,向购买商品的每一个消费者索取他愿意支付的最高价格,那么,垄断厂商出售 Q_0 单位商品的总收益为梯形 $OABQ_0$ 的面积,即垄断厂商剥夺了全部消费者剩余△ABP_0。因此,一级价格歧视也称为完全价格歧视。一级价格歧视只是理论上的一种假设,在现实中,垄断厂商通常不可能实行一级价格歧视。

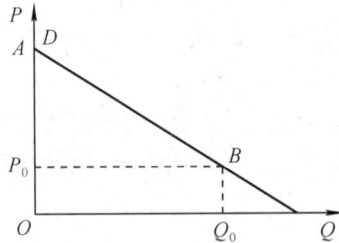

图 6-5　一级价格歧视

所谓二级价格歧视(Second-degree Price Discriminations)是指垄断厂商对同一消费者购买不同数量的同一商品索取不同的价格,从而占有每个消费者以不变的市场价格购买商品时应该得到的消费者剩余。二级价格歧视可以用图来说明。在图 6-6 中,如果垄断厂商不实行价格歧视,以不变价格 P_3 出售 Q_3 单位产品,则垄断厂商的总收益为 $P_3 \times Q_3$,消费者剩余为△ADP_3;如果垄断厂商实行二级价格歧视,在消费者购买量 $Q \leqslant Q_1$ 时,定价为 P_1;在消费者购买量 $Q_1 < Q \leqslant Q_2$ 时,定价为 P_2;在消费者购买量 $Q_2 < Q \leqslant Q_3$ 时,定价为 P_3。那么,垄断厂商的总收益为:$P_1Q_1 + P_2(Q_2 - Q_1) + P_3(Q_3 - Q_2)$。显然,通过价格歧视,垄断厂商的总收益增加了。而垄断厂商通过价格歧视所增加的垄断收益为:$(P_1 - P_3)Q_1 + (P_2 - P_3)(Q_2 - Q_1)$,这正是消费者按照不变的市场价格 P_3 购买时的消费者剩余的损失,相当四边形 P_1BFP_3 的面积加四边形 $ECGF$ 的面积。

所谓三级价格歧视(Third-degree Price Discriminations)是指以不同的价格向不同类型的消费者或在不同的市场上出售同一商品。假设垄断厂商的生产规模即

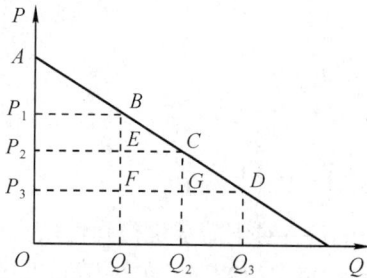

图 6-6　二级价格歧视

产量水平已经确定,那么垄断厂商应该以怎样不同的价格分别向不同的消费者出售多少数量的商品,才能实现利润最大化呢? 由于利润＝总收益－总成本,或利润＝各个市场的总收益之和－总成本,因此,根据求利润最大化的一阶条件,很容易知道,垄断厂商实行三级价格歧视的利润最大化原则是:商品的边际收益＝边际成本＝各个不同市场上的边际收益。

如图 6-7 所示,假定某一垄断厂商的商品在两个不同的市场上出售,商品的边际成本曲线为 MC,两个市场的需求曲线分别是 D_1 和 D_2,相应的边际收益曲线分别是 MR_1 和 MR_2,两个市场加总的边际收益曲线是 MR_{1+2}。那么,由 MC 曲线与 MR_{1+2} 曲线的交点 E 决定了厂商利润最大化的总产量为 Q_{1+2}。同时,根据 $MR=MC=MR_1=MR_2$ 的原则,由过 E 点与数量轴平行的直线与曲线 MR_1 和 MR_2 的交点 E_1、E_2 分别决定了两个市场上的不同出售数量 Q_1 和 Q_2,及相应的不同价格 P_1 和 P_2。也就是说,只要垄断厂商将总产量 Q_{1+2} 中的 Q_1 以价格 P_1 在市场 1 出售;总产量 Q_{1+2} 中的 Q_2 以价格 P_2 在市场 2 出售,厂商就可以实现利润最大化。

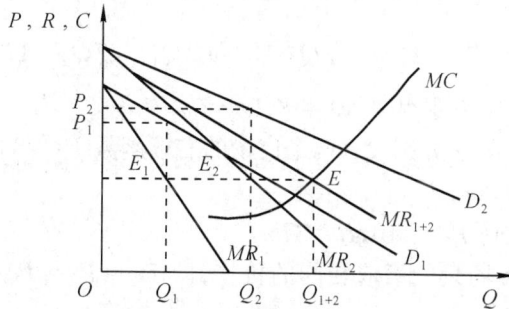

图 6-7　三级价格歧视

由于追求利润最大化的三级价格歧视要求不同市场上的边际收益必须相等,即在图 6-7 中要求 $MR_1=MR_2$,而商品的边际收益、价格和需求价格弹性之间存在着这样的关系：

$$MR = P\left(1 - \frac{1}{|E_d|}\right) \tag{6-4}$$

因此由 $MR_1 = MR_2$，得：

$$P_1\left(1 - \frac{1}{|E_{d_1}|}\right) = P_2\left(1 - \frac{1}{|E_{d_2}|}\right) \tag{6-5}$$

根据式(6-5)可以得出结论：对于需求价格弹性较大的市场，价格定得较低；而需求价格弹性较小的市场，价格定得较高。如果不同市场的需求价格弹性相同，定的价格也一定是相同的。

例题 6.2 假如某垄断厂商生产的产品能够在两个不同的市场上实行差别定价，其生产的总成本函数为 $TC = Q^2 + 10Q$，两个市场的需求函数分别为 $Q_1 = 32 - 0.4P_1$，$Q_2 = 18 - 0.1P_2$，求：(1)垄断厂商利润极大时两个市场的销售量、销售价格及厂商的总利润；(2)假如两个市场只能索取相同的价格，求解利润极大时的销售量、销售价格和利润。

解 (1)已知需求函数 $Q_1 = 32 - 0.4P_1$，$Q_2 = 18 - 0.1P_2$，从而有

$$P_1 = 80 - 2.5Q_1, P_2 = 180 - 10Q_2$$

因而有 $TR_1 = 80Q_1 - 2.5Q_1^2, TR_2 = 180Q_2 - 10Q_2^2$

由于两个市场的总销售量 $Q = Q_1 + Q_2$，所以 $TC = Q^2 + 10Q = (Q_1 + Q_2)^2 + 10(Q_1 + Q_2)$

则利润函数为：$\Pi = TR_1 + TR_2 - TC = 80Q_1 - 2.5Q_1^2 + 180Q_2 - 10Q_2^2 - [(Q_1 + Q_2)^2 + 10(Q_1 + Q_2)]$

使利润极大化的条件是：

$$\frac{\partial \Pi}{\partial Q_1} = 70 - 7Q_1 - 2Q_2 = 0, 即 7Q_1 + 2Q_2 = 70 \qquad (1)$$

$$\frac{\partial \Pi}{\partial Q_2} = 170 - 2Q_1 - 22Q_2 = 0, 即 2Q_1 + 22Q_2 = 170 \quad (2)$$

将(1)(2)联立，解方程组得：$Q_1 = 8, Q_2 = 7$。

再将 $Q_1 = 8, Q_2 = 7$ 分别代入两个市场的需求函数 $P_1 = 80 - 2.5Q_1$，$P_2 = 180 - 10Q_2$ 和利润函数，得：

$$P_1 = 60, P_2 = 110, \Pi = 875$$

(2)假如两个市场只能索取相同的价格，即 $P_1 = P_2 = P$，则由 $Q = Q_1 + Q_2$ 得：

$$Q = (32 - 0.4P_1) + (18 - 0.1P_2) = 50 - 0.5P, 也即 P = 100 - 2Q, MR = 100 - 4Q$$

又从 $TC = Q^2 + 10Q$ 中得 $MC = 2Q + 10$。

由利润极大化的条件 $MR=MC$，即 $100-4Q=2Q+10$，得 $Q=15$。

把 $Q=15$ 代入 $P=100-2Q$，得 $P=70$。

利润 $\Pi=TR-TC=PQ-(Q^2+10Q)=70\times15-(15^2+10\times15)=675$。

与(1)比较，就可以知道，垄断厂商实行差别定价可以获得更多的利润。

例6.2　折扣和优惠券

王大爷刚过完他的60岁生日，这天，他带着孙女去看电影。他很高兴地发现他可以得到老年人的五折电影票，但是他也很惊讶地发现，在他买爆米花时却必须付全价。王大爷的经历引出了两个关于厂商定价决策的问题：(1)对老年人实行折扣是慷慨之举，还是一种利润最大化手段？(2)如果对老年人的电影票实行折扣价是明智的，为什么爆米花的折扣就不明智呢？

电影票的老年人折扣价格并不是一种慷慨之举，而是为了增加利润设计的定价策略的一部分。老年人对电影愿意支付的价格往往比其他人低，因此电影院将消费者分为两个集团——老年人和其他人，并为老年人提供折扣。价格歧视通过向老年人提供折扣，增加了电影院的利润。而与电影票不同，爆米花可以很容易地被转卖。如果老年人可以以正常价格的一半购买到爆米花，那么很多年轻人就会请老年人替他们购买爆米花，这样以正常价格售出的爆米花的数量就会下降。从而，价格歧视就无利可图。

与折扣相似的，就是消费品生产商与零售商，如肯德基、麦当劳等快餐店，经常发行的一些商品优惠券。凭这类优惠券在购买产品时可以享受一定的优惠，比如，正常价格下买一个汉堡包需付10元，凭优惠券却可以以8元的价格购买到同样的汉堡包。

为什么厂商不降低产品的价格而是发行优惠券？发行优惠券实质上也是一种价格歧视的手段。研究表明，大约只有20%～30%的消费者会有心去保留优惠券并在购物时使用它们。采用优惠券后，将消费者分为两类：使用优惠券购物的消费者和不使用优惠券购物的消费者，前者对商品价格的变动较敏感，需求价格弹性较大，就同一商品支付较低的价格；后者对商品价格变动不太敏感，需求价格弹性较小，按原价支付。这种价格歧视的目的，既可以保持向需求价格弹性较小的消费者销售商品所获得的收益不减少，又可以凭优惠券将那些需求价格较大的消费者吸引过来，增加销售量以增加收益。

例6.3　"价格歧视"重新解释

同样的产品、同样的服务，但针对不同的顾客，价格却大不一样，这种现象无处不在。你可以说这是"价格歧视"、"不公平"、"不正当竞争"、"欺骗顾客"、"倾销"，也可以说这是"让利"、"优惠"、"补贴"、"扶持"。

需求定理说，价格越高，需求量就越小，价格越低，需求量就越大。几乎所有市场需求，都符合这个定理。有所差别的是，不同的顾客对不同的产品价格，具有不同的敏感程度。有时候，价格稍微下降，需求量就显著上升；但另外一些时候，价格即使出现较大的变动，需求量却停滞不动。

　　美国的机票价格变化多端,不要说头等舱、商务舱和经济舱座位标价悬殊,就是相临的两个座位也照样可以相差一倍,有时候经济舱的座位比头等舱的还贵!这种现象,什么"价值决定价格"理论,什么"成本决定价格"理论,都是根本没有解释力的。

　　从需求原理出发的经济分析是这样解释的:航空公司根据各种"线索",将乘客加以甄别(即"歧视"),根据乘客对飞行服务的不同需求,制定完全不同的价格,从而在不同类别的乘客身上分别实现收益的最大化。

　　还有一些"线索"是顾客不由自主表现出来的,比如顾客是否愿意花更多的时间在报纸和旅行社之间搜寻,是否愿意提前两个星期甚至半年预定机票,是否愿意耐心填写"里程奖励计划"的表格并随时留意各种优惠活动等等。航空公司根据这些线索,把"闲人"(也就是时间的成本较低的乘客)甄别出来,用低得多的价格吸引他们,从而创造本来不会发生的营业额,增加公司的总收益。

　　日本生产的汽车,运到美国后价格比在日本本土更便宜,因而被指责为"倾销",那是两国政治首脑谈判的重要议题。有人说日本厂商以低于成本的价格在美国倾销汽车,占领美国的市场,同时在日本本土用高价索取利润,补贴倾销的损失。

　　可是,这样的观点怎么能说得通呢——日本人怎么会用自己的钱补贴美国人呢?你说扩大市场,可是亏损的市场,谁愿意扩大?越扩岂不越亏?"低于成本,占领市场"的倾销阴谋理论不堪一击,不过至今仍然深受欢迎。

　　问题在于怎样定价才能多赚。在日本,价格定得较高,才能使总收益达到最大;但在美国,价格得定低一点,才能使总收益达到最大。显然,"价格歧视"的目的是增加交易,这对生产者和消费者双方都是有利的。

　　经济学可以拨开修辞的迷雾。"歧视"、"倾销"似乎不光彩,"让利"、"优惠"似乎符合消费者利益。然而,它们所指的都是同一种行为,就是厂商区分不同的需求,追求利润最大化的行为。反暴利法、反倾销法,都是经济学无知的经济法。如果法令强行禁止价格歧视,那么大多数人都会蒙受损失,并且以对价格变化更敏感的穷人为甚。

　　资料来源:http://www.smartplan.com.cn

五、两部收费

　　两部收费是一种与价格歧视相联系的攫取消费者剩余的另一种定价策略,垄断厂商凭借其市场控制能力要求消费者先付一笔费用以获得一种商品的购买权,然后,消费者再按照其消费量和单位商品价格支付使用费。两部收费所形成的收费结构由两部分组成:一是与消费量无关的进入费,二是根据消费量收取的使用费。

　　现实中,采用这种定价策略的实例很多。例如,电信公司向消费者索取的电话服务费就包括初装费和每月通话费;管道煤气公司收取的煤气费包括了接口费和按月使用费;游乐场收取的服务费包括门票和每玩一人次游戏都必须支付的费用;

甚至保险剃须刀的费用包括剃须刀的费用和只适用于这种牌子的剃须刀的刀片费用。

垄断厂商所面临的问题是如何确定进入费和使用费,即应该确定较高的进入费和较低的使用费呢,还是相反? 假定市场上只有一个消费者(或者许多消费者拥有同一条需求曲线),并假定垄断厂商知道该消费者的需求曲线。显然,要尽可能多地攫取消费者剩余变成自己的垄断利润,该厂商应该令进入费等于全部消费者剩余,单位商品的价格等于边际成本。如在图 6-8(a)中,该消费者为使用该商品首先支付进入费 T^*,相当于 $\triangle ABP^*$ 的阴影面积;然后为消费每单位该商品支付价格 $P^*(=MC)$,总的消费量为 Q_0,总的使用费相当于四边形 OP^*BQ_0 的面积。此时,垄断厂商就可以将全部消费者剩余变为自己的利润。

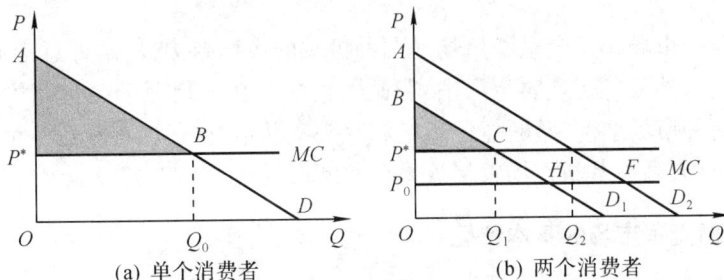

图 6-8 两部收费

现假定有两个(或两组)不同的消费者,而该厂商只能确定一种进入费和使用费。此时,如果该厂商仍然让单位商品的价格等于边际成本,那么进入费大于需求水平较低的那个消费者的剩余,从而该消费者就会退出市场。因此,厂商应该把价格定在边际成本之上,从而使进入费等于需求水平较低的消费者尚存的消费者剩余。在图 6-8(b)中,有两个不同的消费者,他们的需求曲线分别是 D_1 和 D_2,如果按照边际成本 MC 确定价格 P_0,并且进入费等于消费者 2 的剩余($\triangle P_0AF$ 的面积),那么进入费将大于消费者 1 的剩余($\triangle P_0BH$ 的面积),从而消费者 1 退出市场;如果仍然按照边际成本 MC 确定价格 P_0,并且进入费等于消费者 1 的剩余($\triangle P_0BH$ 的面积),那么垄断厂商获得的由消费者剩余转化来的利润额为两个 $\triangle P_0BH$ 的面积,但这不是厂商的最大利润。如果厂商把价格定在大于 MC 的 P^* 水平上,并且设定进入费 T^* 等于 $\triangle P^*BC$ 的阴影面积,那么垄断厂商的利润为:$2T^* + (P^* - MC)(Q_1 + Q_2)$。可以证明这一利润是 $\triangle P_0BH$ 的面积的三倍。如果知道厂商的边际成本,也知道消费者的需求曲线 D_1 和 D_2,就可以把利润写成 P^* 和 T^* 的函数,并且求出使利润最大化的 P^* 和 T^*。

现实中,大多数厂商面对具有不同需求的许多消费者。在这种情况下,没有任何简单的公式可以计算出最佳的两部收费标准,而只能采用某种试错法。但总存在着某种替代:较低的进入费,尽管意味来自进入费的利润减少了,但较低的进入费也意味着较多的进入者,以及来自该项销售的较多利润;问题在于选择一种导致最佳数量进入者从而产生最大利润的进入费。原则上,人们可以先确定一个使用价格 P,以此确定相应的最佳进入费 T,并测算由此产生的利润。然后,改变价格 P,并计算相应的进入费,以及由此产生的新利润;这一过程反复进行,直到确定利润最大的 P 和 T。

第二节　垄断竞争市场

完全竞争市场和完全垄断市场是两种极端的市场结构,从某种意义上来说,两者都是理论的抽象。在现实生活中,普遍而大量存在的是介于完全竞争和完全垄断之间的两种市场结构:垄断竞争市场和寡头垄断市场,其中垄断竞争市场较接近完全竞争市场,寡头垄断市场较接近完全垄断市场。

一、垄断竞争市场的基本特征

垄断竞争(Monopolistic Competition)市场是一种既有垄断又有竞争的市场。在这个市场上存在着许多生产和销售有差别的同种产品的厂商。由于行业是指生产同一种无差别产品的厂商的总和,因而,严格来说,行业的概念不适用于垄断竞争市场,通常把垄断竞争市场上生产非常接近的同种产品的厂商的总和称作为生产集团(Product Group),如快餐食品集团、服装集团、汽车加油站集团等。在这里,为了与其他市场的表述统一,仍称垄断竞争行业。

垄断竞争市场一般具有以下四个基本特征:第一,市场上有许多的厂商和消费者。由于厂商的数目很多,每一家厂商对产品的价格虽然有影响,但只是很小的影响。第二,市场上的许多厂商生产的是有差别的同种产品,因而,一方面这些产品能够满足消费者的各种不同偏好,另一方面这些产品之间又具有很强的替代性。第三,从长期来看,厂商可以比较自由地进入或退出一个行业。由于厂商数目很多,每个厂商的规模也不是太大,所需要的资本不是很多,因而要进出行业没有多大的障碍。第四,市场信息基本完备。

在垄断竞争市场的四个基本特征中,最重要是第二个特征,即许多厂商生产有差别的产品。所谓产品差别(Product Differentiation),不仅指同一种产品在质量、构造、外观、销售服务等方面的差别,而且指同一种产品在商标、广告、宣传等方面的差别。前一种差别往往被称作实质上的差别,是由于产品的设计,使用的原材料或者生产的技术等不同而造成的功能上的不同;后一种差别称作非实质上的差别,只是由于产品在商标、广告、宣传等方面的不同引起的消费者感觉上的不同。现实生活中所使用的许多产品都是有差别的产品,如牙刷牙膏、衬衫裤子、鞋子袜子、饭菜点心等。由于有差别的产品是同一种产品,因此,它们之间具有很强的替代性。例如,各种品牌的牙刷牙膏、各种质地的衬衫裤子、各种款式的鞋子袜子、各式各样的饭菜点心等,在一定程度上都是可以相互替代的。

产品差别的存在是导致垄断竞争市场既有垄断又有竞争的原因。一方面,由于市场上每种产品之间存在着差别,或者说,由于每种带有自身特点的产品都是唯一的,因此,每一个厂商对自己的产品的价格具有一定的垄断力量,从而使得市场中带有垄断的因素。一般来说,产品的差别越大,厂商的垄断程度越高。另一方面,由于有差别的产品之间又有很强的替代性,或者说它们之间的需求交叉弹性较高,每一个厂商的产品都会遇到来自其他厂商的产品的竞争,从而,市场中又具有竞争的因素。通常,在短期中,厂商能够凭借产品的差别获得相对垄断地位;而在长期中,由于信息基本完备,进出行业较自由,其他厂商能够通过创新、模仿等手段生产有差别的产品,与原有的厂商进行竞争。

垄断竞争是现实经济中的普遍现象。大城市的零售业、杂货店、发廊、干洗店、服装店、餐馆、茶馆等,一般都具有垄断竞争的特点。与完全竞争相比,垄断竞争的主要特征是产品的差别,它有完全垄断的特点。而与完全垄断相比,垄断竞争的主要特征是产品的可替代性,它又有完全竞争的特点。因此,垄断竞争市场是一种兼有垄断又有竞争的市场。

二、垄断竞争厂商的需求曲线

在完全竞争市场中,单个厂商所面临的需求曲线是一条水平直线,而完全垄断厂商代表了整个行业,其所面临的需求曲线就是整个行业的需求曲线,根据需求定理,它是一条斜率为负即向右下方倾斜的曲线。由于垄断竞争介于完全竞争和完全垄断之间,因此,垄断竞争厂商所面临的需求曲线也将介于完全竞争厂商所面临的需求曲线和完全垄断厂商所面临的需求曲线之间。也就是说,垄断竞争厂商所面临的需求曲线也是向右下方倾斜的,即斜率为负,但它倾斜的幅度要比完全垄断厂商的小,即垄断竞争厂商的斜率的绝对值比完全垄断厂商的小。由于垄断竞争厂商所面临的需求曲线是一条向右下方倾斜的线,因此,它的平均收益曲线与所面临的需求曲线重合,它的边际收益曲线也向右下方倾斜,但位于所面临的需求曲线的左下方。

严格来讲,垄断竞争厂商所面临的需求曲线有两条:一条称为主观需求曲线,表示垄断竞争行业中的单个厂商改变产品价格,而其他厂商的产品价格都保持不变时,该厂商的产品价格与产销量之间的关系,如图 6-9 中的曲线 d;另一条称为实际需求曲线,表示垄断竞争行业中的单个厂商改变产品价格,其他厂商的产品价格同时变化时,该厂商的产品价格与产销量之间的关系,如图 6-9 中的曲线 D。此时单个垄断竞争厂商与其竞争者共享整个产品市场时所面对的需求,因此,如果一个垄断竞争行业有 N 家厂商,并且这 N 家厂商的生产函数相似,那么每家厂商的产销量只能是整个市场需求量的 N 分之一,因此,实际需求曲线也称比例需求曲线。

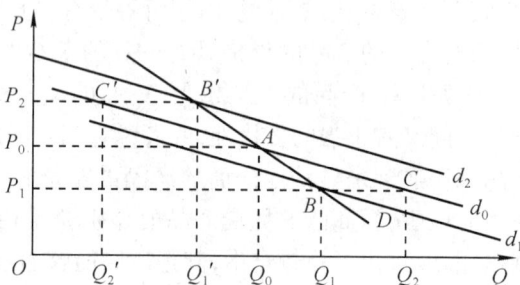

图 6-9 垄断竞争厂商所面临的需求曲线

在图 6-9 中,某垄断竞争厂商开始时处于价格为 P_0 和产量为 Q_0 的 A 点上,先来分析降价时的情形。如果该垄断竞争厂商降低价格至 P_1,其竞争者没有相应地跟着降价,那么,由于该垄断竞争厂商的价格低于其竞争者而将其竞争者的一部分消费者吸引过来,因此,该垄断竞争厂商的销售量将沿着主观需求曲线 d_0 从点 $A(Q_0, P_0)$ 移动至点 $C(Q_2, P_1)$,相应地,销售量从 Q_0 增至 Q_2,销量增量为 $(Q_2 - Q_0)$。相反,如果该垄断竞争厂商降低价格至 P_1,其竞争者也跟着降价至 P_1,那么,该垄断竞争厂商的降价并不能吸引其竞争者的消费者。但是,由于市场价格下降时,整个行业的销售量会增加,因此,该垄断竞争厂商的销售量也增加。该垄断竞争厂商的销售量将沿着实际需求曲线 D 从点 $A(Q_0, P_0)$ 移动至点 $B(Q_1, P_1)$,销售量增量 $(Q_1 - Q_0)$ 小于对应于主观需求曲线 d_0 时的销售量增量 $(Q_2 - Q_0)$。同时,由于竞争者可替代的有差别产品的价格的下降,将导致该垄断竞争厂商的主观需求曲线从 d_0 向左下方平行移动至过点 B 的新的主观需求曲线 d_1,它表示当整个行业将价格固定在新的价格水平 P_1 以后,该垄断竞争厂商单独变动价格在各个价格下的预期销售量。

同样道理,再来分析垄断竞争厂商提价时的情形。假设垄断竞争厂商将价格从 P_0 提高至 P_2,根据需求定理,厂商的销售量将减少,至于减少的数量则取决于竞争者的反应。如果竞争者不提价,则由于该垄断竞争厂商的价格相对偏高而将失去部分消费者,此时需求曲线上的点 $A(Q_0, P_0)$ 将沿主观需求曲线 d_0 移动至

$C'(Q_2', P_2)$，假如产品是无差异的话，那么在信息完备的条件下，产品价格较高的厂商的销售量将减少至零。但由于垄断竞争厂商拥有差别产品，所以，在价格提高至 P_2 时仍可吸引部分消费者而保持一定的销售量 Q_2'，销售量的减少量为（Q_0 - Q_2'）。相反，假设垄断竞争厂商将价格从 P_0 提高至 P_2 时，其竞争者也跟着提价至 P_2，则需求曲线上的点 $A(Q_0, P_0)$ 将沿实际需求曲线 D 从点 $A(Q_0, P_0)$ 移动至 $B'(Q_1', P_2)$，该垄断竞争厂商因提价而减少的销售量（Q_0 - Q_1'）小于对应于主观需求曲线 d_0 时的销售量减少量（Q_0 - Q_2'）。同时，由于竞争者可替代的有差别产品的价格的上升，将导致该垄断竞争厂商的主观需求曲线从 d_0 向左上方平行移动至过点 B' 的新的主观需求曲线 d_2，它表示当整个行业将价格固定在新的价格水平 P_2 以后，该垄断竞争厂商单独变动价格在各个价格下的预期销售量。

综上所述，关于垄断竞争厂商所面临的两条需求曲线 d 和 D，可以得到如下结论：第一，当垄断竞争行业的所有厂商都以相同方式改变价格时，整个市场价格的变化会使单个厂商的主观需求曲线 d 沿市场需求曲线 D 上下平移，即当市场价格下降时，主观需求曲线 d 沿市场需求曲线 D 向下平移；当市场价格上升时，主观需求曲线 d 沿市场需求曲线 D 向上平移。第二，由于主观需求曲线 d 表示单个垄断竞争厂商单独改变价格时所预期的产量，而市场需求曲线 D 表示每个垄断竞争厂商在每个市场价格水平上实际所面临的市场需求量，所以，主观需求曲线 d 和市场需求曲线 D 相交意味着垄断竞争市场的供求相等状态。第三，主观需求曲线 d 比市场需求曲线 D 平坦，即在两条曲线的交点上，主观需求曲线 d 的价格弹性大于市场需求曲线 D 的价格弹性。

三、垄断竞争厂商的均衡

1. 垄断竞争厂商的短期均衡

在短期中，垄断竞争厂商无法改变生产规模，只能在现有生产规模下通过对产量和价格的同时调整，来实现利润极大化的均衡条件：$MR = SMC$，可以用图 6-10 来说明垄断竞争厂商的短期均衡的形成过程。

在图 6-10 中，短期平均成本曲线 SAC 和短期边际成本曲线 SMC 代表某垄断竞争厂商的生产规模，d 和 D 分别表示厂商的主观需求曲线和市场需求曲线。与主观需求曲线 d_0 和 d_1 对应的边际收益曲线分别是 MR_0 和 MR_1。假设开始时产品的价格为 P_0，销售量为 Q_0，此时，短期边际成本曲线 SMC 与边际收益曲线 MR_0 的交点为 E_0，厂商为实现利润最大化，必须将其销售量增至 Q_1'，同时将价格降至 P_1。如果其他厂商不作出降价的反应，那么该厂商的短期均衡价格和均衡销售量分别为 P_1 和 Q_1'。但是，在通常情况下，当某垄断竞争厂商降价后，其他厂商同时会作出降价反应，从而该厂商在价格下降至 P_1 后，实际销售量仅沿市场需求

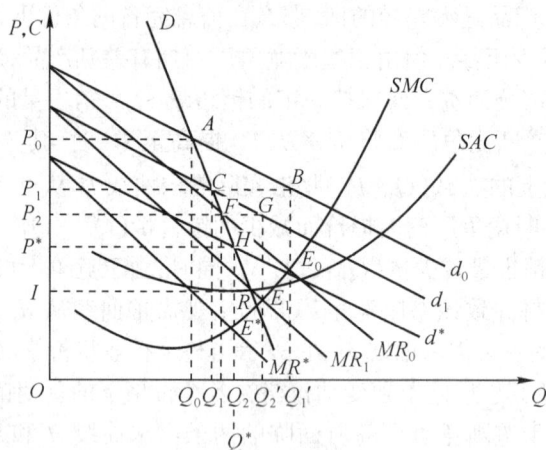

图 6-10　垄断竞争厂商的短期均衡

曲线 D 增加至 C 点对应的 Q_1。同时,该厂商的主观需求曲线 d_0 向下平移至 d_1。所以,厂商为使利润达到极大,将根据 $MR = SMC$ 原则重新决定其销售量,并相应调整价格。

由于新的主观需求曲线 d_1 对应的边际收益曲线 MR_1 与短期边际成本曲线 SMC 相交于点 E_1,决定了追求利润最大化的厂商必须再次将其销售量调整至 Q_2',同时将价格降至 P_2。如果其他厂商不作出降价的反应,那么该垄断竞争厂商的短期均衡价格和均衡销售量就是 P_2 和 Q_2'。但通常的情况是,其他厂商再次降价竞争,从而该厂商在价格下降至 P_2 后,实际销售量仅沿着市场需求曲线 D 增加至 F 点对应的 Q_2。同时,该垄断竞争厂商的主观需求曲线 d_1 继续向下平移。

上述垄断竞争厂商调整价格与销售量的过程将一直持续到厂商实现利润最大化的短期均衡为止。当短期边际成本曲线 SMC 与边际收益曲线 MR^* 相交于 E^* 点,确定的销售量为 Q^*,价格为 P^*,同时,厂商将价格降至 P^*,从而厂商的主观需求曲线下移至 d^* 时,d^* 与市场需求曲线 D 正好相交于 $H(Q^*, P^*)$ 点,那么 $d^*(Q^*) = D(Q^*) = P^*$,即垄断竞争厂商的主观需求量与实际需求量在价格为 P^* 时相等而且满足利润极大化的均衡条件的 $SMC = MR^*$。因此,P^* 与 Q^* 分别是厂商的短期均衡价格和均衡销售量。由此可知,垄断竞争厂商的短期均衡条件是:$SMC = MR$,并且在由此确定的销售量 Q^* 和价格 P^* 处有 $P^* = d(Q^*) = D(Q^*)$。

短期内,实现利润最大化时,垄断竞争厂商是否能够获取超额利润取决于均衡价格和均衡时的平均成本的对比。如果均衡价格大于均衡时的平均成本,那么厂商获得超额利润;如果均衡价格小于均衡时的平均成本,那么厂商将亏损;如果均衡价格等于均衡时的平均成本,那么厂商既无利润也无亏损。由于垄断竞争厂商能够在短期中凭借产品差别获取一定的相对垄断地位,所以,通常情况下,短期中能够获得超额利润。在图 6-10 中,当垄断竞争厂商确定短期均衡销售量 Q^* 和均衡价格 P^* 时,短期平均成本为 OI,$P^* > OI$,相应的总收益为四边形 $OP^* HQ^*$ 的面积,总成本为四边形 $OIRQ^*$ 的面积,总收益大于总成本,垄断竞争厂商获得相当于四边形 $IP^* HR$ 面积的超额利润。

2. 垄断竞争厂商的长期均衡

在短期中,无论是厂商的规模,还是行业中厂商的数目都是不变的,因此,垄断竞争厂商可能盈利,可能利润为零,也可能蒙受亏损。而在长期中,垄断竞争厂商不仅可以调整生产规模,而且可以进入或退出某一行业,即行业中各厂商的规模及厂商的数目都是可变的,因此,垄断竞争厂商长期均衡的利润必定为零。

在短期,可以假定厂商的实际需求曲线 D 是固定的;而在长期,则由于行业中厂商数目的变化及厂商规模的变化使每一家厂商在市场总销售量中的份额相应地发生变化,也就是说,厂商的实际需求曲线 D 将随着行业中厂商数目及厂商规模的变化而移动。当行业中厂商数目及厂商规模增加时,每一家厂商在市场总销售量中的份额相应地减少,厂商的实际需求曲线 D 将向左平移。反之,当行业中厂商的数目减少及厂商规模缩小时,行业中的每一家厂商在市场总销售量中的份额相应地增加,厂商的实际需求曲线 D 将向右平移。在图 6-11 中,当某垄断竞争厂商的销售份额减少时,该厂商的实际需求曲线 D 将由 D_0 左移至 D_1,当厂商的销售份额增加时,该厂商的实际需求曲线 D 将由 D_0 右移至 D_2。

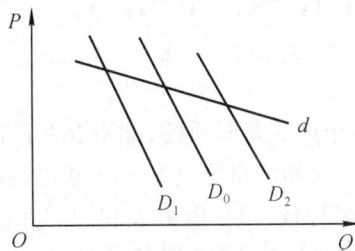

图 6-11　垄断竞争厂商的实际需求曲线的移动

如果某垄断竞争行业的厂商在短期中获得了超额利润,那么,长期中,超额利润必将吸引新厂商不断地进入该行业,这会使市场有差别的同类产品的供给增加从而引起厂商的主观需求曲线 d 和市场需求曲线 D 都不断地向左下方平移,直到超额利润消失为止,因此,垄断竞争厂商长期均衡时的情形如图 6-12。

在图 6-12 中,垄断竞争厂商的主观需求曲线 d 和市场需求曲线 D 相交于 F 点,该点也是长期平均成本曲线 LAC 与主观需求曲线 d 及代表最优生产规模的

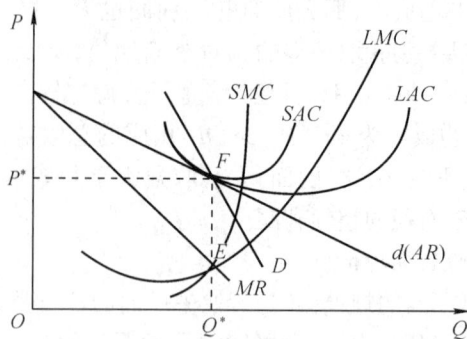

图 6-12 垄断竞争厂商的长期均衡

短期平均成本曲线 SAC 和长期平均成本曲线 LAC 的切点,对应的销售量为 Q^*,价格为 P^*,并且厂商的长期平均成本、短期平均成本及平均收益都等于 P^*,因此,厂商的利润为零。与此同时,厂商的短期边际成本曲线 SMC、长期边际成本曲线 LMC 和边际收益曲线 MR 三线相交于一点 E 点,因此,当厂商的销售量及相应的价格调整到 Q^* 和 P^* 时,虽然厂商的利润为零,但已经实现了利润最大化,从而实现了长期均衡。垄断竞争厂商长期均衡必须满足的条件可以概括为:

(1)边际收益等于长期边际成本:$MR(Q^*) = LMC(Q^*)$

(2)主观需求曲线 d 与实际需求曲线 D 相交:$d(Q^*) = D(Q^*) = P^*$

(3)主观需求曲线 d 与长期平均成本曲线及短期平均成本曲线相切:

$$d(Q^*) = LAC(Q^*) = SAC(Q^*) = P^*$$

且 $d'(Q^*) = LAC'(Q^*) = SAC'(Q^*)$

四、垄断竞争的方式

在完全竞争市场上,由于产品是同质的,即不存在任何差别,而且,各厂商都是市场价格的接受者,因此,厂商间的竞争只有一种方式:数量竞争,即根据利润最大化原则 $MR = MC$ 确定其销售量,以获取最大利润。然而,在垄断竞争市场上,各厂商生产的产品在质量、造型、包装、销售服务及商标、广告、宣传等方面是有差别的,垄断竞争厂商可以从同种产品中制造各式各样的产品差别来满足消费者千差万别的需求,因此,垄断竞争市场上的竞争方式要比完全竞争市场丰富得多。垄断竞争厂商之间除了价格竞争以外,还存在着两种重要的非价格竞争方式:品质竞争和广告竞争。品质竞争是要努力制造产品差别,以适应不同消费者的需要;广告竞争则是利用广告宣传,努力使消费者的需要适应产品的差别,两者的最终目的都是为了获取因产品差别而在一定时期内垄断所产生的好处。

垄断竞争厂商的价格竞争就是数量竞争,因为厂商根据 $MR = MC$ 调整其价格的同时调整其销售量以获取最大利润。这在前面已经作了介绍,所以下面着重说明垄断竞争厂商之间的品质竞争和广告竞争。

1.品质竞争

品质差别可以定义为同种产品之间除数量差别、价格差别和广告差别以外所有其他差别的综合,包括了质量差别、造型差别、包装差别、销售服务差别和商标差别等等。实际中,产品的品质差别是很难衡量的。例如,小汽车的品质差别可以是制造材料的不同、颜色的不同、发动机的不同、款式的不同或装配线的不同,等等。通常将产品按差别性质的不同分成几类,每一类用一个指标来代表,并根据每类对消费者偏好的影响程度进行加权,最后测算出产品的综合质量指标,指标值越大表示产品质量愈高,反之,产品质量愈低。

如果将产品的质量指标记为 G,产品的需求函数将由原来的一元函数 $Q = D(P)$ 改为二元函数 $Q = D(P, G)$,那么需求曲线将随着 G 的变动而移动,当 G 上升,即产品质量提高时,需求增加,需求曲线将向右上方移动;反之,当 G 下降,即产品质量降低时,需求减少,需求曲线向左下方移动。这意味着厂商的总收益 TR 也是 G 的增函数,即在价格不变的前提下,随着产品质量的提高,相应的总收益增加;而随着产品质量的降低,相应的总收益减小。另一方面,由于厂商提高其产品质量,必须付出相应的成本,因此,厂商的总成本函数 TC 也是 G 的增函数。

厂商在进行品质竞争时,不是产品质量越高越好,而是取决于提高质量所引起的总收益增量与总成本增量的比较。以 $MR_G = \dfrac{\Delta TR}{\Delta G}$ 表示每增加一个单位的质量指标所增加的总收益,称为关于质量指标 G 的边际收益;以 $MC_G = \dfrac{\Delta TC}{\Delta G}$ 表示每增加一个单位的质量指标所增加的总成本,称为关于质量指标 G 的边际成本,那么,在其他条件不变的情况下,当 $MR_G = MC_G$ 时,厂商的利润达到最大,对应的质量指标达到最佳。

具体来说,当 $MR_G > MC_G$ 时,提高质量所增加的收益大于所增加的成本,因此,提高质量对厂商有利可图;当 $MR_G < MC_G$ 时,提高质量所增加的收益小于所增加的成本,因此,提高质量对厂商反而不利;当 $MR_G = MC_G$ 时,提高质量所增加的收益等于所增加的成本,因此,厂商将不再改变其产品质量。使 $MR_G = MC_G$ 成立的质量指标值 G^* 是垄断竞争厂商在品质竞争中所应达到的最佳质量指标值。

显然,对于同一行业的不同厂商来说,应该达到的最佳质量指标是不同的。因此,现实中,很容易观察到,生产各个不同质量档次同种产品的厂商是并存的。此外,厂商提高产品质量在短期内可能获得经济利润,长期中,由于新厂商的加入,经济利润将会减小直至消失。这就需要厂商不断地开展品质竞争,才能获得短期利润。

例 6.4　细分的服装市场

服装市场是一个典型的垄断竞争市场，从世界名牌到国内名牌，到市场里无品牌可言的廉价服装，可谓琳琅满目，眼花缭乱。可是，为什么品质差异很大，从而价格悬殊的各类服装都能在市场中并存呢？

从供给方面看，对于同一行业的不同厂商来说，由于地理位置、投入要素及规模的差异，应该达到的最佳质量水平也会有很大差异，因此，同一行业的不同厂商就算都是按照利润最大化的条件进行生产的，那么，在它们实现利润最大化的产量和质量水平上，品质也是参差不齐的。

从需求方面看，地区经济发展的不平衡及城乡差别导致消费者收入水平的差异、个人偏好的差异，所有这些使得不同的消费者对各式各样的服装都有其需求。一般来说，收入最高层的消费者消费最高质量的服装，如世界名牌；收入中等的消费者消费中等质量的服装，如国内名牌或一般品牌；而广大的低收入者往往只购买价廉质次的没有什么牌子讲究的服装。当然，由于个人偏好不同，也不排斥个别高收入者喜欢穿着廉价的服装。

既然供给方面厂商供给的是不同质量水平的服装，而需求方面消费者需求的也是不同质量的服装，那么市场供求相互作用，就导致服装市场并不是一个同一质量同一价格的市场，而是按照质量可以细分的市场。一个服装市场按照产品的差别，可以细分为国际名牌服装、国内名牌服装及一般的服装市场，也可以细分为女装市场、男装市场、童装市场，还可以细分为内衣市场、西装市场、休闲装市场、运动装市场，等等。

2. 广告竞争

广告竞争是指垄断竞争厂商通过对其产品进行广告宣传，使消费者认识其产品，从而促进其产品的销售，达到自身利润最大化的行为。广告竞争目前已成为市场竞争中的一种主要方式，原因在于广告的影响能够改变消费者的偏好，从而促成消费者需求的变化。

做广告是需要付费的，而且广告费用是一种典型的沉没成本，一旦投入就无法收回。但广告的收益通常会呈现递增到递减的变化过程。一般来说，只进行一两次广告宣传，作用不大；广告次数增多了，会产生重复效应，引起消费者的注意和好奇，效果才会逐渐显现出来。但广告增加到相当次数以后，销售量就会达到饱和状态，继续增加广告投入的收益就会很小。因此，做广告也必须考虑广告的成本和收益比较。

如果将厂商用于广告的费用及其他销售费用记为 A。一般来说，随着 A 的增加，厂商所面临的需求曲线将向右上方移动。这是因为在价格不变的情况下，由于广告的作用将吸引更多的消费者购买此种产品，因此，需求将增加。需求的增加导致厂商的总收益 TR 亦增加。但与此同时，厂商的总成本 TC 也相应地增加。与品质竞争类似,如果以 $MR_A = \dfrac{\Delta TR}{\Delta A}$ 表示广告费用的边际收益;$MC_A = \dfrac{\Delta TC}{\Delta A}$ 表示广告费用的边际成本,那么在其他条件不变的情况下,$MR_A = MC_A$ 就是厂商决定最优广告费用支出,以使其利润达到最大的条件。

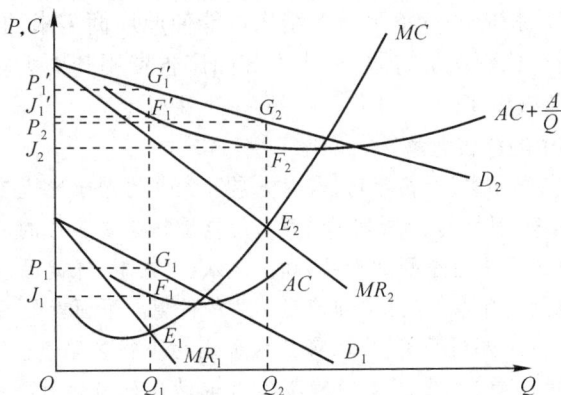

图 6-13 广告费用及销售量的同时调整

一般来说,在调整广告费用 A 的同时,适当调整销售量 Q,厂商的利润将进一步增加。在图 6-13 中,垄断竞争市场中的某厂商在没有广告费用的情况下,其需求曲线为 D_1,边际收益曲线为 MR_1,利润最大化的均衡价格和均衡产量由 MC 与 MR_1 曲线的交点 E_1 决定,分别为 P_1 和 Q_1,相应的最大利润由矩形 $J_1P_1G_1F_1$ 的面积表示。现假设该垄断竞争厂商根据 $MR_A = MC_A$ 开支一笔总额为 A 的广告费用,这笔费用的支出使得:①由于广告费用相当于一项固定成本,厂商的平均成本曲线 AC 因此而向上位移至 $AC + A/Q$ 的位置,但边际成本曲线不变$\left(\text{因为 } MC = \dfrac{\mathrm{d}TC}{\mathrm{d}Q} = \dfrac{\mathrm{d}(TC+A)}{\mathrm{d}Q}\right)$;②广告费用的支出使厂商的需求曲线从 D_1 向右上方移动至 D_2。此时,若仍保持原来的销售量,则厂商的利润相当于图中矩形 $J_1'P_1'G_1'F_1'$ 的面积。这是由于广告提高了产品在消费者心里的价值,从而在同等的销售量上愿意以更高的价格来购买。但由于需求曲线从 D_1 移至 D_2 从而边际收益曲线相应地从 MR_1 移至 MR_2,因此,厂商将重新根据曲线 MR_2 与 MC 的交点 E_2 确定其均衡产量 Q_2 和均衡价格 P_2,相应地,厂商的最大利润是矩形 $J_2P_2G_2F_2$ 的面积。

比较厂商开支广告费用前后的情形,可以看出,厂商在开支广告费用后,其产品的市场销售价格从 P_1 提高到 P_2,销售量从 Q_1 增加到 Q_2,利润总额从原先的 $J_1P_1G_1F_1$ 增加到 $J_2P_2G_2F_2$。由于广告费用开支使得厂商的利润增加了,因此这笔广告费用开支是值得的。但是,某一厂商在垄断竞争市场中通过增加推销费用来增加利润量,是以该厂商需求曲线的提高为前提的,只有在需求曲线明显提高时,销售量和销售价格才可能较大幅度地上升。从另一个方面看,在整个垄断竞争市场中,一家厂商在一定时期内销售量大幅度增加,势必使其他厂商在整个市场销售总量中所占的份额减少。在这种情况下,其他厂商为了保证自己的市场销售量和利润额,也会采取相应的竞争手段。结果可能使原厂商需求曲线提高的幅度远比无竞争时小,销售总额增加有限,但成本却因广告费用开支大幅上升,厂商的最大利润反而较以前减少了。

例 6.5　现实中的广告竞争

现实中,采用广告方式,开拓市场,与对方展开竞争的例子比比皆是。我们每天都能在报纸、杂志、电视、因特网、大街小巷、商场门口看到各式各样的广告。而做广告的几乎都是垄断竞争市场中有差别的产品,如洗发水、软饮料、保健品、药品等,好的广告总是给人们留下深刻的印象,甚至立即产生购买的欲望。下面就是两则成功的广告。

广告一:一天,在澳大利亚某城市,突然从天上落下很多手表。人们大为惊讶,纷纷走上前去,拾起来一看,手表还在滴滴答答地走动。与当地时间一对,居然完全一致。原来,这是日本西铁城手表厂商做的一次广告,澳大利亚人深为西铁城手表的高质量、高精确度所折服。从此,西铁城手表迅速在澳大利亚打开了销路。

广告二:1989 年 1 月,日本裕仁天皇逝世,皇太子明仁继位,改年号为"平成"。一家酒商灵机一动,于明仁继位的第二天推出"平成酒"。日本人一见酒名,立即产生了浓厚兴趣。加之该酒限量 1008 瓶,更煽动了消费者的购买欲。尽管酒价昂贵,每瓶 2500 多日元,却是买者踊跃,一上市就抢购一空。其实,该酒原名"多满多漫",是用米酿成,非常寻常,名称一变,立刻身价百倍。

在商品琳琅满目的情况下,厂商通过广告向消费者提供与自己的商品有关的信息,如价格、性能、出售地点等,使消费者扩大了选择的范围,节省了搜寻的成本;同时也使自身开拓了市场,增加了潜在的需求者;从整个社会来说,广告的存在,使垄断竞争市场更接近完全竞争市场"信息充分"的要求,从而市场运行的效率提高了。

然而,许多厂商做广告的目的只是为了推销其产品,因此,厂商可能会直截了当地劝说消费者购买某种产品,而不管你是否真的需要,也不管这种产品是否适合你。一些厂商甚至在广告中倾向于夸大其词,做虚假广告,欺骗、误导消费者受骗上当。因此,在某些情况下,广告又会损害消费者的利益,需要政府对广告进行管制,以保护消费者的利益。

另外,人们对广告是否提高了商品价格也是颇有争议的,毕竟广告费是要分摊到单位商品价格中去的。但一般认为,广告对价格的作用是双重的,一方面,广告的支出,包括支付给广告明星的巨额报酬,最终总是要打入成本进入价格的,正所谓"羊毛出在羊身上",广告费到头来还是要由被广告打动的消费者来承担的,如果保健品的广告费是价格的 30%,那么最后仍然是由消费者支付的;另一方面,广告使消费者具有更多关于产品的信息,使得任何一家厂商都无法操纵价格,这又使价格能更接近于完全竞争水平。

3.数量、质量和广告竞争

实际中,垄断竞争厂商在竞争时往往自觉或不自觉地同时采用数量(价格)竞争、品质竞争和广告竞争三种竞争方式。我们已经讨论了垄断竞争厂商最优销售量、最佳品质及最适广告费用的确定。但在前面的讨论中,任何一项之最的确定,都是在假定其余两项都已被确定的前提下进行的。即在假定质量指标和广告费用不变的前提下,确定最优销售量 Q^*;在假定广告费用和销售量不变的前提下,确定最佳质量指标 G^*;在假定销售量和质量不变的前提下,确定最适广告费用 A^*,这样就形成一个循环。人们不禁要问:究竟应该先确定哪一项,最后确定哪一项,才能通过三项的同时调整使利润达到最大?

事实上,我们可以通过解联立方程组同时确定 Q^*、G^* 和 A^*,使垄断竞争厂商达到利润最大。假设垄断竞争厂商的需求函数和总成本函数都是销售量 Q、质量指标 G 和广告费 A 的函数,那么:

需求函数　　　$P = P(Q,G,A)$　　　　　　　　　　　　　　(6-6)

总成本函数　$TC = C(Q,G,A)$　　　　　　　　　　　　　　(6-7)

总收益函数　$TR = TR(Q,G,A) = P(Q,C,A) \cdot Q$　　　　(6-8)

利润函数　　$\pi = TR - TC = P(Q,G,A) \cdot Q - C(Q,G,A)$　(6-9)

利润 π 达到最大的必要条件是:

$$\frac{\partial \pi}{\partial Q} = P + Q \cdot \frac{\partial P}{\partial Q} - \frac{\partial C}{\partial Q} = 0 \tag{6-10}$$

$$\frac{\partial \pi}{\partial G} = P \cdot \frac{\partial Q}{\partial G} + Q \cdot \frac{\partial P}{\partial G} - \frac{\partial C}{\partial G} = 0 \tag{6-11}$$

$$\frac{\partial \pi}{\partial A} = P \cdot \frac{\partial Q}{\partial A} + Q \cdot \frac{\partial P}{\partial A} - \frac{\partial C}{\partial A} = 0 \tag{6-12}$$

由以上三个联立方程可解得厂商的最优销售量、最佳品质及最适广告费用分别是 Q^*、G^* 和 A^*,从而可以进一步求出最大的利润 π^*。

第三节　寡头垄断市场

寡头垄断市场是另一类介于完全竞争市场与完全垄断市场之间的市场结构,但它更接近于完全垄断。与垄断竞争市场一样,寡头垄断也是一个现实中普遍而大量存在的市场结构,在国民经济中占有十分重要的地位。

一、寡头垄断市场的特征与成因

寡头是对寡头垄断市场上厂商的别称,寡头垄断(Oligopoly)市场是指少数厂商控制某一产品极大部分生产和销售的市场结构。

具体地说,寡头垄断市场具有以下四方面的特征:

第一,有许多买者,但只有少数卖者。卖者的数目至少等于2,否则就变成了完全垄断。当一个行业中仅有两家厂商时,称之为双寡头。一般卖者的数目可以多至几家、十几家乃至几十家。每一家厂商在市场上都有举足轻重的地位,对其产品的价格都有相当的影响力,因此,他们在市场上相互依存,其决策要比其他市场厂商的决策复杂得多。一般可以根据他们之间的依存关系,将他们的行动方式分为独立行动和相互勾结两种类型。

第二,各家厂商所生产或销售的产品可以是同质的,也可以是异质的。对于生产或销售同质产品的厂商,称其为纯粹寡头,而对于生产或销售异质产品厂商,则称其为差别寡头。一般来说,钢铁、炼铝、石油、水泥等行业属于纯粹寡头,各厂商的产品几乎没有差别,彼此间的替代程度很高;而机械、石油产品、汽车、家电等行业属于差别寡头,各厂商的产品有差别,彼此间的替代程度相对较低。

第三,厂商进出行业受到限制。对于在位厂商来说,由于规模较大,并且拥有既得利益,一般不会轻易退出所在行业;而对于新厂商来说,由于规模经济等自然障碍和在位厂商的人为设障,通常很难进入寡头垄断行业。

第四,信息不完全。寡头垄断市场上,由于寡头之间的依存关系,交易的信息是不完全的,而且情况非常复杂。

可见,寡头垄断市场要比其他市场复杂得多,故至今尚无一个统一的寡头垄断市场模型来说明寡头垄断市场上厂商的产量和价格的决定。但现实中存在着形成寡头垄断市场的各种因素,其中主要是:

1.规模经济。如果最先进入某一行业的几家厂商实现了规模经济,新厂商要想进入该行业就会很困难,因为行业中的老厂商往往比新进入的厂商在许多方面具有明显的优势。首先,老厂商比新进入的厂商有较高的市场占有率,因此拥有整个市场的较大的销售份额;其次,老厂商比新进入的厂商有较先进的工艺、技术和熟练工人,从而具有较强的生产能力,即无论是在产品的数量上还是在质量上都超过新进入的厂商;最后,老厂商的平均成本往往低于新进入厂商的平均成本,也就是说,老厂商的生产效率比新进入厂商的生产效率更高。

2.对投入的控制。如果行业中的老厂商能对产品的关键投入进行控制,那么就能有效地限制新厂商的进入。例如,在本世纪60年代,美国最大的九家钢铁厂和四家主要的铁矿商占有了美国近95%的富铁矿储备,从而形成了钢铁行业的寡头垄断。

3. 大量的资本。在许多行业中,厂商需要大量的资本才能使其经营处在有效率的水平上。例如汽车生产,如果厂商没有大量的资本建立生产流水线,那么该厂商的汽车生产就不可能有效率,也就无法与其他厂商竞争或共同垄断汽车市场。

4. 技术领先。老厂商通常拥有优越的科研条件和能力,易取得先进的技术并掌握技术发明的专利。这种对生产的关键技术的控制也形成了新厂商进入的障碍。在制药、通讯设备等行业中可以找到很多此类例子。

5. 沉没成本。当一个厂商进入一个特殊的行业时,往往需要支付一笔费用,例如工人的培训费、广告宣传费、保险费,为获取生产和销售的许可证所支付的费用,以及购买为本行业所需的特殊资本品所支付的费用(这种特殊资本品由于它们的其他用途很少,因此残值很小)。这些费用专门或几乎专门用于此行业,因此厂商若改行就很难得到补偿,故将它们形象地称为沉没成本。显然,沉没成本也是厂商在进入某特殊行业之前必须考虑的一个重要因素。巨额的沉没成本在限制新厂商进入的同时,也限制了老厂商的退出。因此,它以进入和退出两个方面的限制作用维持着寡头垄断市场的存在。

6. 政府的保护与扶植。政府通过经营许可证、生产或销售执照来保护某些厂商而将另一些厂商排斥在市场之外也是寡头垄断形成的条件之一。政府的保护与扶植是一种非经济因素,通常发生在邮电通讯、交通运输、民用航空等行业。

二、寡头竞争模型

由于寡头垄断种类繁多,并且在同一寡头垄断市场中各寡头之间是相互依存的,即它们彼此的行为会在相互之间发生很大的影响,因此,很难像其他市场那样建立一个统一的寡头垄断市场均衡模型。为了克服这一难题,经济学家通常假定:在给定对手们的行为以后,每个厂商都采取它能够采取的最好的行为。而这样的状态就是著名的纳什均衡(Nash Equilibrium),以诺贝尔经济学奖得主约翰·F.纳什(John F.Nash)命名。纳什均衡的概念已经在经济学领域获得广泛应用,下一章我们再做详细分析。这里仅介绍几个最基本的寡头竞争模型,其中古尔诺模型和斯坦克贝模型是产量竞争模型;而贝尔特兰模型和斯威齐模型是价格竞争模型。

1. 古尔诺模型(Cournot Model)

古尔诺模型是19世纪法国经济学家古尔诺(Augustin Cournot)在1838年出版的《财富理论的数学原理研究》一书中提出的一个双寡头垄断模型,它分析的是两个出售矿泉水的寡头之间的行为。该模型的假定是:①市场上只有两个寡头 A 和 B 生产和销售同质的产品,而且生产成本为零;②市场需求曲线是一条直线,且对 A、B 来说都是已知的;③A、B 两寡头无勾结行为,他们都是在已知对方产量的情况下,各自确定自己利润最大的产量;④A、B 都追求自身利润的最大化,并通过调整产量来实现。

　　根据以上假定,寡头 A 和寡头 B 的产量决策过程见图 6-14。图中横轴是数量轴,由于两寡头的生产成本都为零,因此也代表寡头 A 和 B 的边际成本曲线和平均成本曲线;纵轴是价格轴,也代表成本与收益。D 和 MR 分别是市场需求曲线(也是平均收益曲线)和边际收益曲线,市场的总需求量为 Q_T。

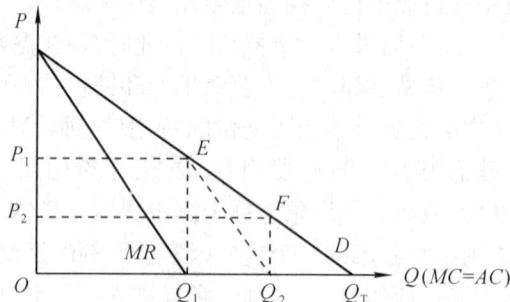

图 6-14　古尔诺模型

　　A 寡头首先进入市场。为追求最大利润,A 将根据 $MR = MC = 0$ 即边际收益曲线 MR 与横轴的交点来决定自己的最优产量 Q_1,显然,$Q_1 = \frac{1}{2} Q_T$,对应的价格为 P_1,最大利润额相当于四边形 OP_1EQ_1 的面积。

　　然后,B 寡头进入市场。B 准确地知道 A 的产量为 Q_1,留给自己的市场份额为 $Q_1Q_T = \frac{1}{2} Q_T$。同样,为追求最大利润,根据 $MR = MC = 0$ 的条件,B 将决定自己的最优产量为剩下的市场份额中的一半,即 $Q_1Q_2 = \frac{1}{4} Q_T$。这样,当 B 进入市场后,整个市场的销售量由原来的 $\frac{1}{2} Q_T$ 扩大到 $\frac{3}{4} Q_T$,市场价格下降到 P_2。

　　A 寡头为使利润最大化,必须重新调整产量。由于 B 占去市场的 $\frac{1}{4}$ 份额后,留给 A 的市场份额为 $\frac{3}{4}$,因此,A 将把自己的最优产量定为 B 余下的市场份额的 $\frac{1}{2}$,即为 $\frac{3}{8} Q_T$。与原先相比,A 的产量减少了 $\frac{1}{8} Q_T$。

　　当 A 调整产量后,B 也重新调整自己的产量。调整的方法与前面类似,即调整到 A 所余下的市场份额的 $\frac{1}{2}$,即为 $\frac{5}{16} Q_T$。与原先相比,B 的产量增加了 $\frac{1}{16} Q_T$。

　　这样的调整将一直延续下去,直到寡头 A、B 的产量不再调整时,达到均衡。

均衡时,A、B 两寡头的产量都为市场总容量的 $\dfrac{1}{3}$,即 $\dfrac{1}{3}Q_T$。这可以通过计算得到。以 Q_A 和 Q_B 分别表示寡头 A 和寡头 B 的均衡产量,那么:

$$Q_A = Q_T\left(\frac{1}{2} - \frac{1}{8} - \frac{1}{32} - \cdots\right) = \frac{1}{3}Q_T \tag{6-13}$$

$$Q_B = Q_T\left(\frac{1}{4} + \frac{1}{16} + \frac{1}{64} + \cdots\right) = \frac{1}{3}Q_T \tag{6-14}$$

行业的均衡总产量为:$Q_A + Q_B = \dfrac{2}{3}Q_T$ $\tag{6-15}$

以上双寡头古尔诺模型的结论可以推广到有更多厂商的寡头垄断市场。令寡头数目为 n,市场的总容量仍然为 Q_T,那么,在相同的假定条件下,可以得到一般的结论:

每个寡头的均衡产量 $= \dfrac{1}{n+1}Q_T$ $\tag{6-16}$

行业的均衡总产量 $= \dfrac{n}{n+1}Q_T$ $\tag{6-17}$

式(6-17)通常称之为古尔诺解(或古尔诺均衡)。古尔诺解也可以通过建立寡头厂商的反应函数的方法来得出。在古尔诺模型的假设条件下,设市场线性的反需求函数为:

$$P = H - aQ,\ (a, H > 0) \tag{6-18}$$

设寡头 A 和 B 的产量分别记为 Q_A 和 Q_B,则 $Q = Q_A + Q_B$,代入式(6-18),得:

$$P = H - a(Q_A + Q_B) \tag{6-19}$$

则 A 和 B 的利润函数分别是:

$$\pi_A = PQ_A - TC_A = HQ_A - aQ_A^2 - aQ_AQ_B - TC_A \tag{6-20}$$

$$\pi_B = PQ_B - TC_B = HQ_B - aQ_B^2 - aQ_BQ_A - TC_B \tag{6-21}$$

根据假定条件,$TC_A = TC_B = 0$,而且寡头双方都天真地认为自己在改变产量时,对方不会改变原有的产量,所以,两寡头同时达到利润最大化的必要条件为:

$$\frac{\partial \pi_A}{\partial Q_A} = H - 2aQ_A - aQ_B = 0 \tag{6-22}$$

$$\frac{\partial \pi_B}{\partial Q_B} = H - 2aQ_B - aQ_A = 0 \tag{6-23}$$

也即:

$$Q_A = \frac{H}{2a} - \frac{1}{2}Q_B \tag{6-24}$$

$$Q_B = \frac{H}{2a} - \frac{1}{2}Q_A \tag{6-25}$$

式(6-24)和式(6-25)分别是寡头 A 和寡头 B 的反应函数(Reaction Function),它们表示在双寡头垄断市场上,任何一家厂商的最优产量都是其竞争对手的产量的函数。由式(6-24)和式(6-25)可求得寡头 A 和 B 的最优产量为:

$$Q_A = Q_B = \frac{H}{3a} \tag{6-26}$$

$\frac{H}{a}$正是价格为零时的市场总需求量,即等于图 6-14 中的 Q_T。设 $H = 300$,$a = 1$,则寡头 A 和 B 的反应函数分别为:

$$Q_A = 150 - \frac{1}{2}Q_B \tag{6-27}$$

$$Q_B = 150 - \frac{1}{2}Q_A \tag{6-28}$$

由式(6-27)和式(6-28)可求得寡头 A 和 B 的最优产量为:$Q_A = Q_B = 100$,进而求出价格:$P = H - a(Q_A + Q_B) = 300 - (100 + 100) = 100$。

这一解也可以用图 6-15 来说明。在图 6-15 中,S_A 是根据寡头 A 的反应函数(式 6-27)作出的反应曲线(Reaction Curve),表示寡头 A 在对寡头 B 的产量水平做出各种推测的条件下,生产的相应的能使其自身利润最大化的产量;S_B 是根据寡头 B 的反应函数(式 6-28)作出的反应曲线,表示寡头 B 在对寡头 A 的产量水平做出各种推测的条件下,生产的相应的能使其自身利润最大化的产量。两线的交点 E 点决定了均衡的产量为:$Q_A = Q_B = 100$。

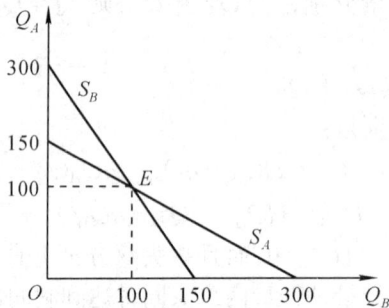

图 6-15　反应曲线和古尔诺均衡

古尔诺模型通过对寡头行为的基本假定,得到寡头垄断市场的均衡产量和均衡价格。但这一模型存在着某些缺陷。最重要的问题是,该模型假定厂商的最优行为是以其竞争对手的产量不变为条件的,这显然不符合现实中寡头的行为。正因为如此,古尔诺模型不是寡头行为的一般分析。在古尔诺模型之后,产生了关于寡头垄断市场上产量或价格决定的其他一些重要模型,其中较为著名的是斯坦克贝模型和贝尔特兰模型。

2. 斯坦克贝模型(Stackelberg Model)

1934 年德国经济学家斯坦克贝在其著作《市场形式和均衡》中提出了另一种双寡头垄断模型,被称为斯坦克贝模型。该模型将寡头分成老练的和天真的两类,老练寡头看穿了一家天真寡头会按照古尔诺假定行事,于是它就根据天真寡头的反应函数来决定自己的产量,即对天真寡头采取了一种单方控制的态度,就像完全垄断厂商那样追求自身利润的最大化。

假定有两个寡头:寡头 A 和寡头 B;寡头 A 为老练厂商,即在决定自己产量时,会考虑寡头 2 的反应,这一假设显然与古尔诺模型不同;寡头 B 为天真厂商,只是简单地根据寡头 A 的既定产量做出自己的产量决策,这一假设与与古尔诺模型相同。在这样的假设下,沿用前面的例子,设两个寡头都有零边际成本,即 $MC_A = MC_B = 0$,且市场需求曲线为 $P = 300 - (Q_A + Q_B)$。由于寡头 B 是在根据寡头 A 的既定产量来做出自己的产量决策的,因此,根据古尔诺模型的相关分析,可以知道寡头 B 的反应函数为:

$$Q_B = 150 - \frac{1}{2}Q_A \tag{6-29}$$

在给出寡头 B 的反应函数后,我们来分析寡头 A 的产量决策。寡头 A 为实现利润最大化,它将选择使其边际成本等于边际收益的产出水平 Q_A。根据前面的知识,寡头 A 的总收益函数为:

$$TR_A = PQ_A = (300 - Q_A - Q_B)Q_A = 300Q_A - Q_A^2 - Q_AQ_B \tag{6-30}$$

由于寡头 A 知道寡头 B 将根据反应函数(式 6-29)选择其产量 Q_B,因此,将式(6-29)代入式(6-30)中的 Q_B,就可求得寡头 A 的总收益为:

$$TR_A = 300Q_A - Q_A^2 - Q_A(150 - \frac{1}{2}Q_A) = 150Q_A - \frac{1}{2}Q_A^2 \tag{6-31}$$

因此,寡头 A 的边际收益为:

$$MR_A = 150 - Q_A \tag{6-32}$$

由利润最大化的条件 $MR_A = MC_A = 0$,得 $Q_A = 150$;而根据寡头 B 的反应函数 $Q_B = 150 - \frac{1}{2}Q_A$,可得 $Q_B = 75$。

将 $Q_A = 150$ 和 $Q_B = 75$ 代入市场需求函数 $P = 300 - (Q_A + Q_B)$,可求得 $P = 75$。

从计算结果可以看出来,寡头 A 生产寡头 B 的两倍产量,并赚取两倍的利润。这表明老练者比天真者生产更多的产量和获取更多的利润。

3. 贝尔特兰模型(Bertrand Model)

以上讨论的古尔诺模型和斯坦克贝模型都是寡头之间的产量竞争模型。可是,在许多寡头垄断行业,寡头之间是通过定价竞争的。例如,对通用、福特和克莱斯勒来说,价格是一非常关键的竞争变量,各寡头在考虑到它的竞争对手的价格之后选择其价格。1883 年法国数学家贝尔特兰提出的一个模型认为,在寡头垄断市场上,寡头之间是通过价格竞争来实现自身利润最大化的,下面我们来介绍该模型。

和古尔诺模型一样,贝尔特兰模型也假定各寡头生产的产品同质,但是,与古尔诺模型相反,贝尔特兰模型视价格为自变量而产销量为因变量。仍然利用前面的双寡头模型,设市场需求曲线为 $P = 300 - (Q_A + Q_B)$,但现在假设 $MC_A = MC_B = 30$ 元。根据前面的知识,很容易算出古尔诺均衡是 $Q_A = Q_B = 90$,市场均衡价格是 120 元。

现假设这两个寡头通过选择价格而不是产量竞争,那么,均衡价格和利润各是多少呢? 由于产品是同质的,消费者将只会从价格低的寡头那里购买。因此,如果两个寡头定价相同,则消费者从哪个寡头那里购买都无所谓,所以,均衡时可假定每个寡头各占领一半市场,其均衡条件是价格等于边际成本,即 $P_A = P_B = 30$ 元,对应地,行业均衡产量为 270,寡头 A 和寡头 B 分别生产 135 单位。由于价格等于边际成本,两寡头的利润都为零。对于这样一个均衡状态,没有一个寡头愿意改变其价格,因为,如果寡头 A 把价格提高到边际成本以上,那么寡头 B 就会占领整个市场;如果寡头 A 把价格降低到边际成本以下,虽然他能够占领整个市场,但他是亏损的。因此,寡头 A 只能将价格定为边际成本,寡头 B 也只能如此。

显然,与古尔诺模型相比,贝尔特兰模型表明,将选择变量从产量改为价格,均衡结果会有很大改变。但这一结果却表明,即使在只有两个寡头的情况下,均衡时满足价格等于边际成本,并且利润为零,与完全竞争市场的均衡一样。这一寡头垄断市场的假设矛盾,因此被称为"贝尔特兰悖论"(Bertrand Paradox)。解开这一悖论的方法之一是引入产品差别。如果寡头垄断市场上的厂商生产的产品是有差别的,替代弹性就不会无穷大,此时消费者对不同厂商生产的产品有着不同的偏好,价格将不再是他们唯一感兴趣的经济变量,厂商均衡时价格就不会等于边际成本。

贝尔特兰模型受到几个方面的批评:第一,当各厂商生产同质产品时,厂商更可能采取定产竞争而不是定价竞争。第二,即使各厂商是定价而且竞争的结果选择了相同的价格,也无法保证它们恰好平分市场。尽管有许多缺点,但贝尔特兰模型仍然表明,一个寡头垄断的均衡结果与厂商所选择的战略变量有很大关系,从这点上讲,该模型仍然是有意义的。

4.斯威齐模型(Sweezy Model)

人们发现,在寡头垄断市场上价格是相当稳定的,即使生产成本发生了变化,价格也不会改变,即价格具有刚性。根据利润最大化原则即 $MR = MC$,如果 MC 发生变动,厂商为继续保持利润最大就必须调整价格。然而实际情况并非如此。

因此,有人认为寡头的目标不是利润最大化。

为解释利润最大化与价格刚性这一表面的矛盾现象,美国经济学家斯威齐于 1939 在《寡头垄断条件下的需求》一文中提出了一个模型,后人称之为"斯威齐模型"。在这一模型中,斯威齐把寡头垄断市场的需求曲线描述成一条弯折的需求曲线,如图 6-16 所示,故斯威齐模型亦被称作弯折的需求曲线模型。

在图 6-16 中,寡头垄断厂商 A 的初始价格和产量分别为 P_0 和 Q_0。如果厂商 A 想改变价格,其他厂商将作何反应呢? 一种可能是其他厂商也跟着改变价格,在这种情况下,厂商 A 的需求曲线为 DD',相应的边际收益曲线为 MRD;另一种可能是其他厂商不跟着改变价格,在这种情况下,厂商 A 的需求曲线为 dd',相应的边际收益曲线为 MRd。然而,实际情况往往是,当厂商 A 降价时,其他厂商为防止失去顾客也相应地降价;而当厂商 A 提价时,其他厂商为吸引顾客却不提价。这样厂商 A 的需求曲线就成为 dED 那样的弯折曲线,即当价格高于 P_0 时,厂商 A 的需求曲线由线段 dE 构成,而当价格低于 P_0 时,厂商 A 的需求曲线由线段 ED 构成。E 点是一个拐折点,在 E 点微分是不存在的,因此,厂商 A 的边际收益曲线在产量为 Q_0 处间断,当产量小于 Q_0 时,边际收益曲线由线段 dF 构成;当产量大于 Q_0 时,边际收益曲线由线段 GH 构成,间断的两条边际收益曲线由垂直虚线段 FG 相联结。由于需求曲线上的线段 dE 比线段 ED 平坦,因此,弯折需求曲线 dED 表明失去顾客容易而得到顾客很难。正因为这样,寡头垄断厂商不会轻易地改变价格。

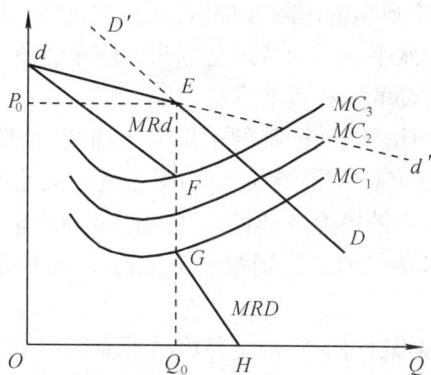

图 6-16 斯威齐模型

从图 6-16 中可以看出,寡头垄断厂商 A 按利润最大化原则 $MR = MC$ 进行决策时,除非厂商的边际成本的变动幅度超出了 GF 的范围,厂商 A 才会重新调整其价格和产量,否则,厂商 A 不会改变其原来的产量 Q_0 和价格 P_0。这就说明,在寡头垄断市场上,价格是相当稳定的。并且,价格的稳定程度取决于 GF 的间距,间距越大,价格愈稳定,反之,则愈不稳定。而 GF 的间距又取决于曲线 dd' 的斜率和 $D'D$ 的斜率。

斯威齐模型为寡头垄断市场普遍存在的价格刚性现象提供了一种解释,但该模型并没有说明具有刚性的价格本身,即图中的价格 P_0 是如何形成的。这是该模型的一个缺陷。

三、寡头垄断厂商的勾结与定价策略

在寡头垄断市场上,由于厂商之间具有很强的依存性,即任何一个厂商的竞争行为都会严重地影响其他厂商,因此,一旦发生竞争,就会愈演愈烈,最后导致两败俱伤,同归于尽。为了避免这种情况的发生,寡头垄断厂商往往会放弃竞争,而采取不同的形式勾结起来以保护共同的利益和各自的利益。寡头垄断厂商的勾结形式多样,方法各异,有的公开勾结,有的秘密勾结;有的采用正式协议,有的则通过默契进行勾结。一般来说,寡头垄断之间在定价和产销量决策方面进行勾结(或称合作)的主要方式有两种:①卡特尔;②价格领导制。

1.卡特尔

卡特尔一词是法语 Cartel 的音译,原意为协定或同盟。在寡头垄断市场上,卡特尔指同一行业的少数几家厂商组成的一种集团或称组织,它可以是正式的,也可以是非正式的,集团内的成员为了增进共同的和各自的利润而采取共同行动。它们通常采取正式的或非正式的协议形式,共同确定价格、产量和市场等。石油输出国组织(OPEC)就是一个典型的国际卡特尔,在过去的 30 多年中曾多次成功地将世界价格控制在较高的水平上。卡特尔是寡头为防止竞争可能造成严重恶果所采取的相互勾结以协调行动的一种重要且有效的方式。

卡特尔通常根据全体成员所面临的市场需求曲线,按照利润最大化原则 $MR = MC$,来确定总的均衡产量,同时制定与均衡产量相应的均衡价格作为全体成员必须严格遵守的统一市场销售价格,然后,在此产量和价格的前提下,来分配各成员的市场销售份额。卡特尔的总产销量一般通过下列主要方式分配给各成员厂商:

(1)定额配给。依据某种标准,确定各成员厂商的产销份额。确定配额的主要标准有:①垄断厂商的地位和实力;②垄断厂商以前的生产能力和销售量;根据垄断厂商所处的地理区位划分市场范围以确定配额。

(2)市场划分。按完全平均的标准来分配产销份额,即将卡特尔总产销量除以卡特尔内的成员数来确定平均每家厂商的产销量,使每家厂商的产销量都相等且总和等于整个市场的销售量。

(3)非价格竞争。在卡特尔确定的统一市场价格不得违反的前提下,由卡特尔

所属各厂商通过非价格竞争方式来分配市场销售份额。例如在统一价格下,厂商通过品质竞争和广告竞争等手段来占有市场。

一般来说,一个卡特尔要成功地提高价格和控制产量需要三个条件:第一,对产品的总需求弹性不能很大;第二,该卡特尔必须几乎控制所有的世界供给(或某一区域内的供给),否则,非卡特尔生产商的供给就绝不会是价格弹性很大的;第三,卡特尔组织必须在其成员对价格和产量达成一致的基础上形成,并能够共同遵守协定。要做到第三点很不容易。由于卡特尔成员的生产成本、经营目标等是不同的,达成一致的价格和产量是彼此之间讨价还价的结果。同时,由于卡特尔成员都在价格高于边际成本的条件下生产,因而就算个别成员秘密削价或增加销售量,都可能获得更多的垄断利润。若卡特尔组织不能有效地制裁其成员的"越轨"行为,则整个卡特尔就会瓦解。事实上,由于卡特尔成员的自身利益最大化倾向,卡特尔组织往往是很不稳定的。关于这一点,比较适合用博弈论加以分析,将在下一章中阐述。

例6.6　卡特尔实例:OPEC

世界石油的大部分生产国家形成了一个卡特尔,称为世界石油输出国组织(OPEC)。在1960年最初成立时,欧佩克包括伊朗、伊拉克、科威特、沙特阿拉伯和委内瑞拉。到1973年,又有其他八个国家加入:卡塔尔、印度尼西亚、利比亚、阿联酋、阿尔及利亚、尼日利亚、厄瓜多尔和加蓬。这些国家控制了世界石油储藏量的四分之三。正如任何一个卡特尔一样,欧佩克力图通过协调减少产量来提高其产品的价格。欧佩克努力确定每个成员国的生产水平。

欧佩克想维持石油的高价格。但是,卡特尔的每个成员都受到增加生产以得到更大总利润份额的诱惑。欧佩克成员常常就减少产量达成协议,然后又私下违背协议。

在1973年到1985年,欧佩克最成功地维持了合作和高价格。原油价格从1972年的每桶2.64美元上升到1974年的11.17美元,然后在1981年又上升到35.10美元。但在80年代初,各成员国开始扩大生产水平,欧佩克在维持合作方面变得无效率了。到了1986年,原油价格回落到每桶12.52美元。

现在,欧佩克成员继续每两年开一次会,但卡特尔在达成或实施协议上不再成功了,欧佩克成员主要是相互独立地做出生产决策,世界石油市场是相当有竞争性的。

2.价格领导制

由于形成有效的卡特尔面临不少困难,寡头垄断市场上的厂商会设法暗中勾结,也就是说,他们可能在彼此之间实际上不达成明确协议的情况下,设法进行沟通。价格领导制就是这样一种暗中勾结的形式之一。

所谓价格领导制(Price Leadership)是指在寡头垄断行业中产品的市场销售价格由某一厂商率先制定,其余厂商追随其后来确定它们各自售价的一种寡头垄断定价方式。在实行价格领导制的寡头垄断市场上,如果产品是同质的,那么价格通常是一致的;如果产品是有差别的,那么价格可能是一致的,也可能是不一致的,但有差别的同类产品的价格的变动方向是一致的,即价格上升时,所有差别产品价格同时上升;价格降时,所有差别产品价格同时下降。具体来讲,寡头垄断厂商的价格领导制主要有以下三种方式:

(1)晴雨表型的价格领导。在这种价格领导制中,率先制定或调整价格的厂商被称为晴雨表型厂商。一般来说,寡头垄断市场中的晴雨表型厂商不一定是该行业中规模最大或效率最高的厂商,但它必须对本行业产品的市场行情变化方向具有较准确的判断能力,即它能比较准确地预测本行业产品的需求变化。如果晴雨表型厂商判断本行业产品的市场需求将持续地处于疲软状态,在与其他寡头垄断厂商进行非正式协商后,晴雨表型厂商将率先宣布降低产品的市场销售价格,而后,其他厂商就会随之宣布降低各自的产品的市场销售价格。

(2)支配型厂商的价格领导。在这种价格领导制中,充当价格领导者的厂商一般在寡头垄断行业中具有较大规模,或在产品的整个市场销售量中占有居支配地位的份额。由于支配型厂商的竞争实力最强,它可以按照 $MR = MC$ 即利润最大化原则,首先确定自己的产销量和销售价格,随后,该行业中的其他规模相对较小的厂商将根据支配型厂商的决策,接受支配型厂商制定的价格或相应确定自身产品的价格和产销量。为说明市场销售量在支配型厂商与其他厂商之间的分配情况,可以借助图 6-17。

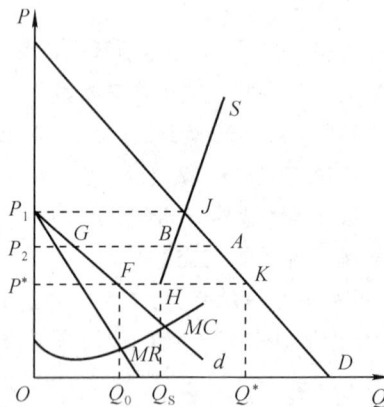

图 6-17　支配型厂商的价格领导模型

在图 6-17 中,D 为寡头垄断市场的需求曲线,S 为该行业中除支配型厂商以外的所有其他厂商的加总供给曲线,d 和 MR 分别为支配型厂商的需求曲线和边际收益曲线,MC 为支配型厂商的边际成本曲线。如果市场价格为 P_1,则市场需

求曲线 D 与其他厂商的加总供给曲线 S 相交于 J 点,市场供给量全部由其他厂商提供,支配型厂商的销售量为零;如果市场价格为 P_2,则所有其他厂商的总供给量为 P_2B,从而支配厂商的供给量为 BA,若在线段 P_2A 上取一点 G 并使 $P_2G = BA$,那么,点 G 必在支配型厂商的需求曲线 d 上;由于支配型厂商在价格 P_2 和销售量 P_2G 时,并未满足 $MR = MC$ 的条件,即并没有实现利润最大化,因此,支配型厂商必将其产销量和价格调整到 MR 曲线与 MC 曲线的交点 E 所决定的 Q_0 和 P^*,此时,支配型厂商的产销量为 $P^*F = Q_0$,所有其他厂商的产销量为 $FK = P^*K - P^*F = P^*K - HK = P^*H = Q_S$(因为 $P^*F = HK$),而整个市场的销售量 $Q^* = P^*F + FK = Q_0 + Q_S$。

(3)最低成本厂商的价格领导。在这一价格领导制中,寡头垄断厂商通过暗中默契瓜分整个市场,而市场销售价格则由生产成本最低的一家厂商按其自身利润最大化原则 $MC = MR$ 来确定,其他厂商为保持其各自的市场销售份额,追随价格领导厂商所制定的销售价格。但是,其他厂商在为保持自身的市场销售份额而追随定价时,并不一定能使各自的 $MR = MC$,从而未必能实现自身利润最大化。为说明这一事实,假定寡头垄断市场上有三个厂商 A,B,C,它们瓜分整个市场,各自的市场销售量分别为 Q_A,Q_B,Q_C 且相等,即 $Q_A = Q_B = Q_C$,市场的销售总量 $Q = Q_A + Q_B + Q_C$。三个厂商的所面临的需求曲线、边际收益曲线和边际成本曲线如图 6-18(a)、(b)和(c)所示。

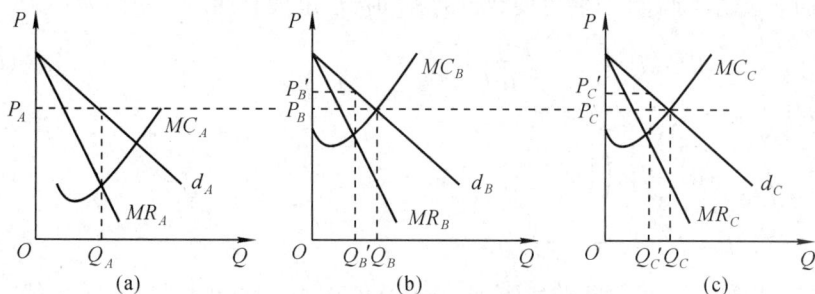

图 6-18　成本最低厂商的价格领导模型

在图 6-18 中,由于销售价格是由成本最低厂商 A 根据其自己的利润最大化原则 $MR_A = MC_A$ 来确定的,由图(a)可知厂商 A 的销售价格为 P_A,销售量为 Q_A。厂商 B 和厂商 C 追随厂商 A 的定价,也将自身价格定为 P_A,即 $P_B = P_C = P_A$,而销售量根据均分原则均为 Q_A,即 $Q_B = Q_C = Q_A$。但如果厂商 B 和厂商 C 都按自身的利润最大化原则 $MR_B = MC_B$ 和 $MR_C = MC_C$ 来确定自身的销售量和价格,则厂商 B 的销售量应为 Q_B',销售价格应为 P_B';厂商 C 的销售量应为 Q_C',销售价格应为 P_C'。由于 $Q_B' < Q_B$,$Q_C' < Q_C$;$P_B' > P_B$,$P_C' > P_C$,即追随者的实际销售量大于其自身的均衡销售量;追随者的实际定价小于其自身的均衡价格。因此,在最低成本厂商领导制中,除最低成本厂商即价格领导厂商外,其余厂商并未实现利润最大化。

3. 成本加成定价法

成本加成定价法是寡头垄断厂商比较常用的一种简单易行的定价方法。按照这一方法,寡头垄断厂商以某种统一的方法估算出平均生产成本 AC,然后在 AC 上加上一个平均成本的百分比 r,据此确定产品的市场销售价格 P,即:

$$P = AC(1 + r) \tag{6-33}$$

按照成本加成定价法确定价格的主要步骤有三个:(1)计算出各种产品的平均可变成本,例如工人的工资、原材料和其他生产费用。由于这部分成本是随实际产量的变化而变化的,而厂商的实际产量取决于厂商的生产能力及开工率。一般来说,寡头垄断厂商的开工率通常在 2/3 至 3/4 之间,据此便可以估算出实际产量和平均可变成本。(2)根据厂商使用的固定成本总额和实际产量计算出平均固定成本。(3)在平均成本(平均可变成本加上平均固定成本)之上加上平均成本的某一百分比,便得出产品的销售价格。

按这种方法定价可使各厂商定出相同的或相似的销售价格,并使厂商拥有一定的平均利润额为 $P - AC = AC \cdot r$。实际上,这里的 r 就是成本利润率。由于价格并不是按 $MR = MC$ 来制定的,因此,厂商获得的并不是最大利润。但在长期中,厂商通过适当调整 r,便可使获得的利润接近最大利润。这是因为:

$$MR = P \cdot \left(1 - \frac{1}{|E_d|}\right) \tag{6-34}$$

若使 $MR = MC$,必须满足

$$MC = P \cdot \left(1 - \frac{1}{|E_d|}\right) \tag{6-35}$$

从而有: $P = MC\left(1 + \frac{1}{|E_d| - 1}\right) \tag{6-36}$

在长期中,厂商的规模收益不变,则有 $MC = AC$,将此式代入(6-36)式,得:

$$P = AC\left(1 + \frac{1}{|E_d| - 1}\right) \tag{6-37}$$

对比式(6-33)和式(6-37)可知,只要将 r 定为 $\frac{1}{|E_d| - 1}$,则在长期中按成本加成定价法获得的利润就是厂商的最大利润。

第四节　不完全竞争市场的效率与比较

经济效率是指利用经济资源的有效性。高的经济效率表示资源的充分利用或能以最有效的生产方式进行生产;低的经济效率表示对资源的利用不充分或没有以最有效的方式进行生产。不同市场结构的经济效率是不同的,市场结构的类型直接影响经济效率的高低。经济学家通过对不同市场结构中的厂商的长期均衡的分析得出结论:完全竞争市场的经济效率最高;垄断竞争市场较高;寡头垄断市场较低,完全垄断市场最低。可见,市场的竞争程度越高,经济效率越高;反之,市场的垄断程度越高,经济效率越低。

一、完全垄断市场的效率

完全垄断市场被认为是经济效率最低的一种市场结构。从资源配置角度来说,垄断使产量不足,市场价格偏高,成本也偏高,因而缺乏效率。可以用图 6-19 来说明之。

在图 6-19 中,假如某厂商处于完全竞争行业,曲线 LAC 和 LMC 分别是厂商的长期平均成本曲线和长期边际成本曲线,厂商所面临的需求曲线是从价格 Pc 出发的水平线 D',该线与厂商的 LAC 曲线相切于 LAC 曲线的最低点 E 点,按照完全竞争厂商的利润最大化原则:$P = LMC$,E 点是长期均衡点,对应的均衡产量为 Q_c,厂商只能获得零利润。

假如该厂商处于完全垄断厂商,其所面临的需求曲线为 D,边际收益曲线为 MR,但长期平均成本曲线 LAC 和长期边际成本曲线 LMC 不变,那么按照垄断厂商的利润最大化原则:$MR = LMC$,曲线 LMC 与曲线 MR 的交点 F 点是长期均衡点,对应的产量为 Q_m,价格为 P_m,长期平均成本位于长期平均成本曲线 LAC 最低点的左边。

根据图 6-19 的分析,通过完全竞争厂商和完全垄断厂商的长期均衡的比较,可以得到以下结论:

第一,在完全竞争市场中,每一家厂商都把生产规模确定在长期平均成本的最低水平上;而在完全垄断市场中,虽然垄断厂商会选择具有较低平均成本的生产规模,但绝不是最低平均成本的生产规模。垄断厂商所选择的产量水平低于最低平均成本的产量水平。因此,完全垄断市场中社会资源的利用效率要低于完全竞争市场中社会资源的利用效率。

第二,与完全竞争市场相比,完全垄断市场的产出水平较低而价格水平较高。

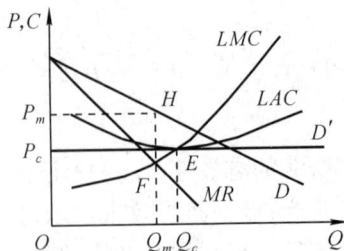

图 6-19 完全竞争厂商和完全垄断厂商
的长期均衡的比较

即在图 6-19 中，$P_m > P_c$，$Q_m < Q_c$。

第三，完全垄断市场中的经济福利低于完全竞争市场中的经济福利。这里，经济福利是产出的社会总收益与总成本之差。如图 6-20 所示，完全竞争市场中的经济福利相当于 $\triangle ACP_c$ 的面积，其中，社会总收益为四边形 $OACQ_c$，总成本为四边形 OP_cCQ_c。完全垄断市场中的经济福利相当于梯形 $ABEP_c$ 的面积，其中，社会总收益为四边形 $OABQ_m$，总成本为 OP_cEQ_m。完全垄断中的经济福利显然低于完全竞争市场中的经济福利，其损失额相当于 $\triangle BCE$ 的面积，称为垄断的净福利损失。这一净福利损失源于完全垄断市场中产量的减少。

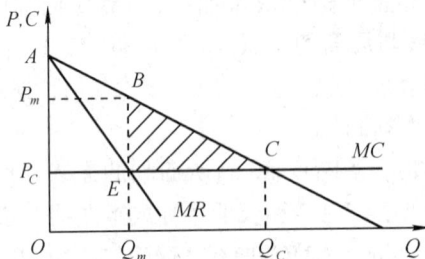

图 6-20 垄断的净福利损失

如果考虑经济福利的分配问题，在上述假定下，完全垄断市场中的消费者福利要少于完全竞争市场中的消费者福利，其损失额相当于梯形 P_mBCP_c 的面积，其中相当于四边形 P_mBEP_c 的面积在完全垄断市场中被厂商所得。很清楚，利用垄断势力所增加的厂商福利仅等于消费者福利损失额的一部分。

二、垄断竞争市场的效率

垄断竞争市场的经济效率介于完全竞争市场和完全垄断市场之间。与完全竞争厂商的长期均衡相比，垄断竞争厂商长期均衡时的产量较低，价格较高，平均成本也没有达到最低点，因而也是缺乏效率的。这可以用图 6-21 来加以说明。

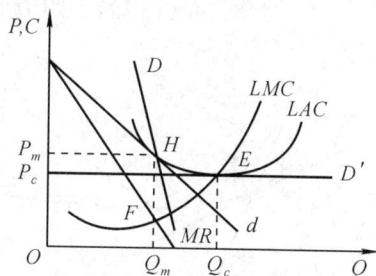

图 6-21　垄断竞争厂商和完全竞争
厂商的长期均衡的比较

假设厂商处于完全竞争市场和垄断竞争市场的成本曲线不变,即长期平均成本曲线 LAC 和长期边际成本曲线 LMC 都如图 6-21 所示。但是,如果厂商处于完全竞争市场,那么所面临的需求曲线为从 P_c 出发的水平线 D',该线与长期平均成本曲线相切于它的最低点 E 点,决定了长期均衡的产量 Q_c。如果厂商处于垄断竞争市场,那么所面临的主观需求曲线 d 及相应的边际收益曲线 MR、市场需求曲线 D。由曲线 MR 和 LMC 的交点 F,及曲线 d 和 D 的交点同时也是曲线 d 与 LAC 的切点 H,同时决定了长期均衡的产量 Q_m,均衡价格 P_m。

将垄断竞争厂商的长期均衡与完全竞争厂商的长期均衡进行比较,可以得到以下结论:第一,垄断竞争厂商生产较少的产量而索取较高的价格,即 $Q_m < Q_c$,而 $P_m > P_c$;第二,完全竞争厂商长期均衡时,价格等于边际成本,即 $P_c = LMC$;而垄断竞争厂商的均衡价格高于边际成本,即 $P_m > LMC$,因而对应的产量 Q_m 并没有使经济福利达到最大;第三,完全竞争厂商的需求曲线与长期平均成本曲线相切于它的最低点;而垄断竞争厂商的需求曲线与长期平均成本曲线相切于长期平均成本曲线的最低点的左边,即不是在平均成本最低点进行生产,因此,垄断竞争厂商的效率较低,并且在技术上没有达到最优,同时也表明垄断竞争厂商尚拥有过剩的生产能力。因此,垄断竞争市场的效率要比完全竞争市场低。

虽然垄断竞争市场的效率比完全竞争市场低,但又要比完全垄断市场高。可以用图 6-22 来加以说明。在图中,假设厂商处于垄断竞争市场和完全垄断市场的成本曲线不变。如果厂商处于垄断竞争市场,它所面临的主观需求曲线 d,与之相应的边际收益曲线 mr,市场需求曲线 D。长期均衡的产量 Q_1 和均衡价格 P_1 由曲线 mr 和 LMC 的交点 F,及曲线 d 和 D 的交点同时也是曲线 d 与 LAC 的切点 H 同时决定,长期均衡时利润为零。如果厂商处于完全垄断市场,它所面临的需求曲线和边际收益曲线分别是市场需求曲线 D 和相应的边际收益曲线 MR,因此,完全垄断厂商按照利润最大化原则 $MR = LMC$,即曲线 MR 和 LMC 的交点 E 决

定长期均衡的产量 Q_2，价格 P_2，均衡时获得相当于四边形 RP_2GJ 面积的利润。

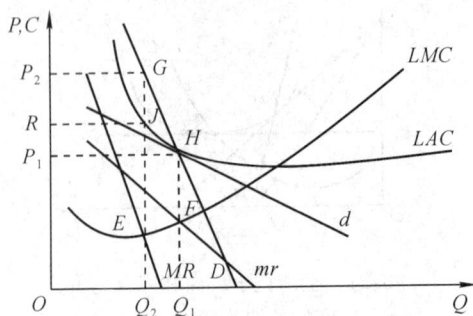

图 6-22　垄断竞争厂商和完全垄断
厂商的长期均衡的比较

将垄断竞争厂商的长期均衡与完全垄断厂商的长期均衡进行比较，可以得到以下结论：第一，垄断竞争厂商生产较多的产量而索取较低的价格，即 $Q_1 > Q_2$，而 $P_1 < P_2$；第二，虽然垄断竞争厂商和完全垄断厂商长期均衡时都没有在长期平均成本的最低点上生产，但垄断竞争厂商的长期平均成本仍然要比完全垄断厂商低，即 $HQ_1 < JQ_2$；第三，垄断竞争厂商长期均衡时利润为零，而完全垄断厂商长期均衡时利润为正。因此，垄断竞争市场的效率比完全竞争市场低但比完全垄断市场要高。

三、寡头垄断市场的效率

寡头垄断市场的经济效率介于垄断竞争市场和完全垄断市场之间。由于寡头垄断市场上没有一个统一的价格和产量决定的模型，因此，我们无法用模型来比较寡头垄断市场与其他市场之间的效率。但一般认为，在寡头垄断市场上，市场价格高于边际成本，同时高于最低的平均成本，因此，寡头垄断厂商在产量和技术使用方面是缺乏效率的。而从程度上看，由于寡头之间存在着竞争，有时还可能竞争很激烈，因而其效率要比完全垄断市场高。

四、不完全竞争市场与完全竞争市场的比较

在微观经济学中，一个行业在长期均衡时是否实现了价格等于边际成本即 $P = LMC$，被认为是判断该行业是否实现有效资源配置的一个条件。商品的市场价格 P 通常被看作是商品的社会边际收益，商品的长期边际成本 LMC 通常被看成是商品的社会边际成本。当 $P = LMC$ 时，商品的社会边际收益等于商品的社会边际成本，表示资源在该行业得到了最有效的配置。如果 $P > LMC$，商品的社会

边际收益大于商品的社会边际成本,表示相对于该商品的需求而言,其供给是不足的,应该有更多的资源投入到该商品的生产中来,以使该商品的供给增加,价格下降,最后使该商品的社会边际收益等于其社会边际成本,这样社会的境况可以变好。

在完全竞争市场上,厂商长期均衡时有 $P = LMC$,因而资源在行业中得到了有效的配置;而在不完全竞争市场上,完全垄断厂商、寡头垄断厂商和垄断竞争厂商长期均衡时都有 $P > LMC$,因而资源在行业生产中的配置是不足的,尤其在完全垄断市场上,独家厂商所维持的低产高价,往往使资源配置不足的现象更为突出。

相比于完全竞争市场,不完全竞争市场的效率较低,然而,不完全竞争市场在某些方面仍然具有其优点。

第一,关于垄断与技术进步。虽然有观点认为,垄断会阻碍技术创新,但也有观点认为,垄断有利于技术进步。这是因为,一方面垄断厂商利用高额利润形成的雄厚经济实力,有条件进行各种科研和创新活动;另一方面,垄断厂商可以利用自身的垄断地位,在长期中保持由于技术进步而带来的更高利润。

第二,关于规模经济。对于不少行业来说,只有大规模生产才能获得规模经济的好处,而这往往要在完全垄断或寡头垄断市场的条件下才能做到。

第三,关于产品差别。完全竞争市场上所有厂商生产的产品无差别,因而无法满足消费者的不同偏好。但在垄断竞争市场或差别寡头市场上,厂商所提供的丰富多样的差别产品,不仅能够满足各种类型消费者的不同偏好,也使得消费者愿意为享受丰富多彩的差别产品而付出相对较高的价格。

例6.7　经济转型时期市场结构的演变

从市场结构角度,计划经济向市场经济的转型表现为市场结构的演变。具体来讲,是从市场结构的两种极端类型——完全竞争和完全垄断向介于垄断与竞争之间的市场结构——垄断竞争市场和寡头垄断市场演变。

改革之前,长期的计划经济体制导致物品极其匮乏,因此,计划经济也被称为短缺经济。在我国渐进式改革过程中,一开始实行市场化改革的产业,面对极大释放出来的被抑制的需求,几乎生产什么就能销售什么,因为那些从短缺经济走来的消费者在乎的是消费品的从无到有,因而,几乎对产品没有什么挑剔。所以,当时的许多产品市场可以说都是完全竞争市场。然而,随着改革的进行,一些收入水平上升较快的消费者开始不满足于没有什么品质可言的产品了。于是对产品的质量提出各种要求,由此导致对充斥市场档次又低的同质产品发出声讨。声讨之后,企业面对已经出现的挑剔又有支付能力的顾客,开始打造产品品质,并在追求品质的过程中,逐渐决胜出一些品牌,此时的产品市场已经从完全竞争市场演变为垄断竞争市场。在更进一步的竞争过程中,也有一些行业进一步演变为寡头垄断市场。

另一方面,渐近式改革到一定阶段,几乎所有竞争性领域已经市场化了,剩下来的都是兼有自然垄断和行政垄断性质的行业。这些行业在计划经济时期都是全国性或区域性的完全垄断市场,如铁路、通讯、电力、自来水等,因而,凭借其长期的垄断地位,往往提供的产品数量少、质量差,而价格高,企业的生产效率和资源配置效率都很低。反垄断,引入竞争机制的结果,就是使完全垄断市场走向寡头垄断,甚至在一些寡头垄断行业,伴随技术进步,还能继续演变为垄断竞争市场。

练习与思考

一、名词解释

完全垄断 自然垄断 价格歧视 一级价格歧视 二级价格歧视 三级价格歧视 两部收费 垄断竞争 产品差别 主观需求曲线 市场需求曲线 品质竞争 广告竞争 寡头垄断 古尔诺模型 斯坦克贝模型 贝尔特兰模型 斯威齐模型 卡特尔 价格领导制 成本加成定价

二、分析题

1. 垄断厂商是价格的制定者,这是否意味着该厂商对于给定的产量,可以任意索取价格?

2. 为什么完全竞争厂商的利润最大化原则是价格等于边际成本,而垄断厂商利润最大化时价格大于其边际成本?

3. 垄断厂商的长期均衡点是否和完全竞争厂商一样,位于其长期平均成本的最低点?为什么?

4. 假设一个偏远小镇上只有一家私人诊所,试说明该医生为什么能实行三级价格歧视?

5. 说明产品差别对垄断竞争市场形成的意义。

6. 解释垄断竞争厂商的两条需求曲线的含义及其相互关系,并进一步用图说明垄断竞争厂商的短期均衡和长期均衡的形成及其条件。

7. 假设在一个垄断竞争行业中的所有厂商都被并入一个大厂商,这个新厂商会仍然生产那么多品牌吗?或者它会只生产一种单一品牌?请解释。

8. 寡头垄断市场上各厂商之间的关系与其他三个市场有什么不同?寡头之间关系的特殊性产生了什么后果?

9. 为什么参加卡特尔的各厂商会按相同的价格出售产品而不会要求生产相等的产量?

三、计算题

1. 某垄断厂商的短期总成本函数为 $STC = 0.1Q^3 - 6Q^2 + 140Q + 3000$,反需求函数为 $P = 150 - 3.25Q$,求该厂商的短期均衡产量和均衡价格。

2. 假设垄断厂商拥有不变的平均成本和边际成本,并且 $AC = MC = 5$,厂商面临的市场需求曲线 $Q = 53 - P$。求:(1)该垄断厂商利润最大化时的价格、产量及相应的利润水平;(2)如果该市场是完全竞争的,价格和产量又分别是多少? (3)计算从垄断转向竞争的消费者剩余的变化。

3. 假如某个厂商生产的产品全部销往世界上的两个地方:美国和日本,其生产的总成本函数为 $TC = 0.25Q^2$。美国对该厂商生产的产品的需求函数为 $Q_1 = 100 - 2P_1$,相应地,日本的需求函数为 $Q_2 = 100 - 4P_2$。(1)如果该厂商可以控制它销往这两个国家的产品数量,为使利润极大,它应在这两国各销售多少数量? (2)在这两个国家,应对其产品如何定价? (3)总利润是多少?

4. 垄断竞争市场中某厂商的长期总成本函数为 $LTC = 0.001q^3 - 0.425q^2 + 85q$,其中 q 为月产量。假设不存在进入障碍,产量由该市场的整个行业调整。如果行业中所有厂商按同样比例调整某价格,出售产品的实际需求曲线为 $q = 300 - 2.5P$。试计算:(1)厂商的长期均衡产量和价格;(2)厂商主观需求曲线上的长期均衡点的弹性;(3)若厂商主观需求曲线是线性的,求出厂商长期均衡时的主观需求曲线。

5. 垄断竞争市场中的长期(集团)均衡价格 P^*,是代表性厂商的需求曲线与其长期平均成本(LAC)曲线的切点,因而 $P^* = LAC$。已知代表性厂商的长期成本函数 $LTC = 0.0025q^3 - 0.5q^2 + 384q$,其所面临的需求曲线为 $P = A - 0.1q$(A 是集团内厂商数的函数)。试求:(1)代表性厂商的均衡价格的产量;(2)A 的数值。

6. 假设只有 A、B 两个寡头垄断厂商出售同质且生产成本为零的产品;市场对该产品的需求函数为 $Q_d = 240 - 10P$;厂商 A 先进入市场,随之 B 也进入;各厂商确定产量时认为另一厂商会保持产量不变。试求:(1)均衡时各厂商的产量和价格为多少? (2)与完全竞争和完全垄断相比,该产量和价格如何? (3)各厂商取得利润多少? 该利润与完全竞争和完全垄断时相比情况如何? (4)如果再有一厂商进入该行业,则行业的均衡产量和价格会发生什么变化? 如有更多厂商进入,情况又会怎样?

7. 某公司面对以下两段需求曲线:当产量为 1~20 时,$P = 25 - 0.25Q$;当产量超过 20 时,$P = 35 - 0.75Q$。公司的总成本函数为:$TC_1 = 200 + 5Q + 0.125Q^2$。(1)说明该公司所属行业的市场结构是什么类型? (2)公司的最优价格和产量是多少? 这时利润(或亏损)多大? (3)如果总成本函数改为 $TC_2 = 200 + 8Q + 0.25Q^2$,最优价格和产量又是多少?

8. 考虑下面的双寡头。需求由 $P = 10 - Q$ 给出,其中 $Q = Q_1 + Q_2$。厂商的成本函数分别为 $C_1(Q_1) = 4 + 2Q_1$ 和 $C_2(Q_2) = 3 + 3Q_2$。(a)假设两厂商都已进入了该行业,联合利润最大化的产量水平是多少? 各厂商将生产多少? 如果两厂商还都没有进入该行业,你的回答将如何改变? (b)如果两厂商的行为非常不合作,各厂商的均衡产量和利润是多少? 利用古尔诺模型,画出两厂商的反应曲线,并表示出均衡。(c)如果串谋是非法的但吞并却并不违法,厂商 1 会愿意出多少钱收购厂商 2?

四、讨论题

1. 四种市场类型的优缺点。

2. 试论我国经济转型过程中某一市场的演进过程。

3. 竞争与垄断哪个更有利于技术创新？

第七章　博弈论与决策行为

　　如果厂商的决策问题只是一个单人决策问题，那么厂商在决策时只需考虑如何最大化自己的利润，无需考虑其他厂商对此的反应。但从前一章的分析中可以看到，在厂商之间高度依存的寡头垄断市场中，厂商在决策过程中必须考虑其行为对竞争对手的影响及竞争对手的反应。从目前来看，分析厂商之间决策的相互作用或互动决策的最好的理论是博弈论，而且这一理论正被广泛地应用于经济、政治、外交、法律、文化、历史等领域，博弈论的语言几乎变成了整个社会的语言。所以，在这里有必要专辟一章来介绍博弈论的一些基础知识，并且应用博弈论的方法来研究相互依存的厂商之间的竞争与合作。

第一节　博弈论概述

　　博弈论（Game Theory），又称对策论或游戏论，它是研究理性的决策主体之间发生冲突时的决策问题及均衡问题，也就是研究理性的决策者之间冲突与合作的理论。严格讲它不是经济学的一个分支，而是一种分析方法。博弈论试图将现实中人类行为之间错综复杂的关系理性化、抽象化，以便更精确地刻画事物变化发展的逻辑，为实际应用提供决策指导。

一、博弈论的产生

　　一般认为，博弈论的研究始于 1944 年由冯·诺依曼（John Von Neumann）和摩根斯坦恩（Oskar Margensten）合作出版的《博弈论与经济行为》，特别是 1947 年这部著作第二版的出版，标志着博弈论的真正形成。到了 20 世纪 50 年代，合作博弈发展到鼎盛时期，包括纳什（1950）和夏普里（Shapley, 1953）的"讨价还价"模型，吉利斯（Gillies）和夏普里（1953）关于合作博弈中的"核"（Core）概念，以及其他一些人的贡献。与此同时，博弈论的局限性也日益暴露出来，由于它过于抽象，致使应用范围受到很大限制，在很长时间里，人们对博弈论的研究知之甚少，只是少数数学家的专利，因而影响力很有限。

正是在这个时候,非合作博弈中最重要的概念"纳什均衡"应运而生了。纳什在 1950 年和 1951 年发表了两篇关于非合作博弈的重要文章,塔克(Tucker)也于 1950 年列举了"囚徒困境"(Prisoners' Dilemma)的例子。他们两人的著作基本上奠定了现代非合作博弈论的基石,标志着博弈论的新时代的开始。尤其是纳什对非合作博弈作出了开创性的研究,提出了著名的"纳什均衡"概念。到了 20 世纪 60 年代,博弈论研究上又出现了一些重要人物。他们做了一系列拓展性的工作。泽尔腾(1965)将纳什均衡的概念引入了动态分析,提出了"精炼纳什均衡"概念;海萨尼(1967—1968)则解决了不完全信息博弈的基本问题。到了 80 年代,又出现了几个比较有影响的人物,例如克瑞普斯(Kerps)和威尔逊(Wilson),他们在 1982 年合作发表了关于动态不完全信息博弈的重要文章。

现代经济学假设人是理性的,即在给定的约束条件下总能最大化自身利益,为此需要人与人之间的相互合作,然而合作中会产生冲突。为实现合作的潜在利益和有效地解决合作中的冲突,理性人发明了各种各样的制度规范他们的行为。价格制度(或市场制度)就是其中最重要的制度之一。新古典经济学在研究价格制度时有两个基本假设:(1)参与者数目众多;(2)完全信息,即参与者之间不存在信息不对称问题。但在现实中,这两个条件并不一定符合。参与者数目少和信息不对称的情况经常发生。博弈论正是研究决策主体行为发生相互影响时的决策及其均衡的理论,这种方法对信息不对称和动态行为的分析尤其有用。

因此,自 20 世纪 40 年代博弈论被系统地引入经济学研究以后,到 80 年代博弈论不仅被大量地用于各种经济问题的研究,而且被广泛地应用于政治、外交、法律、文化、历史及生物等领域的研究。

博弈论和经济学研究一样,都强调个人理性,也就是在给定的约束条件下实现自身利益最大化。正是由于博弈论的研究方法与经济学(新古典)的一致性,博弈论的思想得以在经济学中迅速扩展,不仅构成现代微观经济学的重要理论,而且为宏观经济分析提供了重要的微观基础。事实上,博弈论的许多成果正是借助于经济学现象发展起来的,而在应用领域更是如此。1994 年(纳什(Nash)、泽尔腾(Seltten)、海萨尼(Harsanyi))和 1996 年(莫里斯(Mirrlees)、维克瑞(Vickrey))诺贝尔经济学奖两度授予在博弈论的理论及应用领域作出卓越贡献的经济学家(或称数学家)。这既是对博弈论在经济学中地位的认可,又预示着将来经济学发展的前沿动态。它表明经济学研究将越来越重视人与人之间的关系和相互影响及作用的研究,特别是人与人之间的利益和冲突的最佳制度安排的倾向;也表明经济学越来越重视信息,特别是更接近现实世界的有关信息不完全、信息不对称,对个人选择和制度安排及其影响的研究倾向。

例 7.1　纳什与纳什均衡

纳什是一个天才的数学家,早在上大学时就开始从事纯数学的博弈论研究。1948年进入普林斯顿大学后更是如鱼得水,20 岁出头已成为闻名世界的数学家。特别是在经济博弈论领域,他作出了划时代的贡献,是继冯·诺依曼之后最伟大的博弈论大师之一。他提出的著名的纳什均衡的概念在非合作博弈理论中起着核心的作用。后续的研究者对博弈论的贡献,都是建立在这一概念之上的。纳什均衡的提出和不断完善为博弈论广泛应用于经济学、管理学、社会学、政治学、军事科学等领域奠定了坚实的理论基础。纳什也因此被授予诺贝尔经济学奖。

纳什的主要贡献是 1950 至 1951 年在普林斯顿读博士学位时做出的。那两年他发表的两篇关于非合作博弈论的重要论文(包括一篇博士论文),彻底改变了人们对竞争和市场的看法。因为他在文中证明了非合作博弈及其均衡解,并证明了均衡解的存在性,即著名的纳什均衡,从而揭示了博弈均衡与经济均衡的内在联系。然而,他的天才发现——非合作博弈的均衡,即“纳什均衡”并不是一帆风顺的。

1948 年纳什到普林斯顿大学读数学系的博士。那一年他还不到 20 岁。当时普林斯顿可谓人杰地灵,大师如云。纳什不是一个按部就班的学生,据他的同学们回忆,他们根本想不起来曾经什么时候和纳什一起完完整整地上过一门必修课,但纳什广泛涉猎数学王国的每一个分支,如拓扑学、代数几何学、逻辑学、博弈论等等,深深地为之着迷。纳什经常显示出他与众不同的自信和自负,充满咄咄逼人的学术野心。1950 年整个夏天纳什都忙于应付紧张的考试,他的博弈论研究工作被迫中断,他感到这是莫大的浪费。殊不知这种暂时的“放弃”,使原来模糊、杂乱和无绪的若干念头,在潜意识的持续思考下,逐步形成一条清晰的脉络,突然来了灵感! 这一年的 10 月,他骤感才思潮涌,梦笔生花。其中一个最耀眼的亮点就是日后被称之为“纳什均衡”的非合作博弈均衡的概念。

1950 年纳什才把自己的研究成果写成题为“非合作博弈”的长篇博士论文,1950年 11 月刊登在美国全国科学院每月公报上,立即引起轰动。说起来这全靠师兄戴维·盖尔之功。就在投稿之前纳什曾遭到冯·诺依曼的断然否定,还受到爱因斯坦的冷遇。幸运的是,他遇到盖尔,告诉他自己已经将冯·诺依曼的“最小最大原理”(Minimax Solution)推到非合作博弈领域,找到了普遍化的方法和均衡点。盖尔听得很认真,他终于意识到纳什的思路比冯·诺伊曼的合作博弈的理论更能反映现实的情况,而对其严密优美的数学证明极为赞叹。盖尔建议他马上整理出来发表,以免被别人捷足先登。纳什这个初出茅庐的小子,根本不知道竞争的险恶,从未想过要这么做。结果还是盖尔充当了他的“经纪人”,代为起草致科学院的短信,系主任列夫谢茨则亲自将文稿递交给科学院。纳什写的文章不多,就那么几篇,但已经足够了,因为都是精品中的精品。

二、博弈的基本要素

所谓博弈指的是一种互动决策,即每一行为主体的利益不仅依赖于它自己的行动选择,而且有赖于别人的行动选择,以致它所采取的最好行动有赖于其竞争对手将选择什么行动。生活中到处存在博弈,小到剪刀、石头和布的游戏,大到国与国之间的合作和冲突。概括起来,一个完整的博弈至少包括以下几个基本要素。

1. 参与人

参与人(Player)是指参加博弈的当事人,他是博弈的决策主体和策略的制定者。在不同的博弈问题中参与人的含义是不同的。他们既可以是个人,也可以是团体,如厂商、政党、国家等。诚然,在一个团体内部各成员之间对于目标和利益的理解可能会有不同意见和冲突,从而也构成一个博弈问题。根据经济学的理性假定,参与人同样是以利益最大化为目标的。在一个博弈中,至少得有两个参与人。如果是两人参加的博弈,叫两人博弈;如果是三人参加的博弈叫三人博弈;以此类推,n 人参加的博弈叫 n 人博弈。

2. 策略

策略(Strategy,也称作战略)是指参与人为实现其目标而采取的一系列行动或行动计划。策略是参与人进行博弈的手段和工具。由于策略要对所有可能的状况作出反应,所以每个参与人在一个博弈中至少有两种不同的策略可以选择,否则,他的行动是预先规定了的,实际上他是不参加博弈的。

3. 支付

支付(Payoff)是指博弈结束时参与人依据所选择的策略而得到的利益。支付有时以参与人得到的效用来刻画,有时以参与人得到的货币收益来表示。

4. 策略均衡

博弈论研究的多人互动决策问题表面上和我们前面研究的消费者效用最大化和厂商利润最大化等单人决策问题区别不大,因为他们都要解决目标的最大化问题。所不同的是,在一个单人决策中,我们能够确定什么是最优决策或最优解,尽管有时数学计算上有些复杂,比如消费者效用最大化的计算。但是,在一个多人互动决策问题中,什么是最优决策是不确定的,因为一般来说此时没有哪个人可以单独控制最终的结果,任何参与人的决策后果都依赖对方的决策。只有确定博弈的结果,才能确定什么是参与人的最优决策。

博弈论的特点就在于通过均衡概念确定了博弈的结果,从而确定了什么是最优决策,同时也给出了如何确定这一最优决策的方法。经济学中,均衡一般指某种稳定的状态,比如我们前面讲过的市场均衡、消费者均衡、厂商均衡等。而博弈论中的均衡是一种策略均衡,是指由各个参与人所使用的策略构成的策略组合处于一种稳定状态,在这一状态下,各个参与人都没有动机来改变自己所选择的策略。这样,各人的策略都已给定,不再发生变化,博弈的结果必将确定。从而,每个参与人从中得到的支付也就确定了,每个参与人的最优决策也确定了。

博弈均衡的概念很多。对于同一个博弈,如果运用不同的均衡概念就会得到不同的解。因此,对于既定的博弈问题运用什么样的均衡概念可以得到更好的解就成了博弈论中的一个核心问题。事实上,博弈论的发展过程就是不断提出新的均衡概念的过程。这些均衡概念对策略的均衡施加越来越严格的要求,也使得博弈的均衡结果更为合理。如上策均衡、纳什均衡、子博弈精炼纳什均衡、贝叶斯纳什均衡、序贯均衡等。本章主要介绍上策均衡、纳什均衡和子博弈精炼纳什均衡,其他的博弈均衡概念可以参考相关教材或著作,如张维迎的《博弈论与信息经济学》(上海三联出版社、上海人民出版社 1996 年版)。

下面以一个古老而著名的例子——田忌赛马来说明上述各种基本要素。据说齐国的大将田忌很喜欢赛马,有一回,他和齐威王约定,要进行一场比赛。他们商量好,把各自的马分成上、中、下三等。比赛结果是每输一场就得赔一千斤铜。比赛的时候,由于是上马对上马,中马对中马,下马对下马,而齐威王每个等级的马都比田忌的马略胜一筹,所以比赛下来,田忌连输三场,以一场赔一千斤铜计,共赔了三千斤铜。田忌觉得很扫兴,比赛还没有结束,就垂头丧气地想要离开赛马场。这时,田忌的好朋友孙膑走过来,拍着他的肩膀说:"我刚才看了赛马,威王的马比你的马快不了多少呀。"孙膑还没有说完,田忌瞪了他一眼:"想不到你也来挖苦我!"孙膑说:"我不是挖苦你,我是说你再同他赛一次,我有办法准能让你赢了他。"田忌疑惑地看着孙膑:"你是说另换一批马来?"孙膑摇摇头说:"连一匹马也不需要更换。"田忌毫无信心地说:"那还不是照样得输!"孙膑胸有成竹地说:"你就按照我的安排办事吧。"齐威王屡战屡胜,正在得意洋洋地夸耀自己马匹的时候,看见田忌陪着孙膑迎面走来,便站起来讥讽地说:"怎么,莫非你还不服气?"田忌说:"当然不服气,咱们再赛一次!"齐威王心里暗暗好笑,但还是同意了。一声锣响,比赛开始了。孙膑先以田忌的下马对齐威王的上马,第一局输了。齐威王站起来说:"想不到赫赫有名的孙膑先生,竟然想出这样拙劣的对策。"孙膑不去理他。接着进行第二场比赛。孙膑拿田忌的上马对齐威王的中马,获胜了一局。齐威王有点心慌意乱了。第三局比赛,孙膑拿田忌的中马对齐威王的下马,又战胜了一局。这下,齐威王目瞪口呆了。比赛的结果是三局两胜,当然是田忌赢了齐威王,并赢回了一千斤铜。还是同样的马匹,由于调换一下比赛的出场顺序,就得到转败为胜的结果。

田忌赛马的故事被认为是最早的博弈论案例。在这一例子中,有两个参与人:田忌和齐威王。他们每个人都同时做出选择,而且双方都有三种策略可以选择:上马、中马、下马。博弈的支付是输一场就要赔一千斤铜,赢一场就能得一千斤铜。他们的互动决策是:如果上马对上马,中马对中马,下马对下马,那么齐威王连胜三场,得三千斤铜,相对应,田忌连输三场,赔三千斤铜。如果田忌的下马对齐威王的上马,田忌的上马对齐威王的中马,田忌的中马对齐威王的下马,那么,田忌输一场赢两场,齐威王刚好相反,因此,三局两胜,齐威王赔一千斤铜,相对应,田忌得一千斤铜。

三、博弈的分类方式

博弈涉及的范围十分广泛,可以从不同的角度进行不同的分类。

1. 静态博弈和动态博弈

所谓静态博弈(Static Game)是指参与人同时选择策略或虽非同时选择但后行动者并不知道前行动者采取了什么具体行动。这种选择是一次性的,也就是说同时做出选择后博弈就结束。比如,喝酒时人们进行的"划拳"游戏、小孩经常玩的"剪刀、石头、布"的游戏等就属于静态博弈。动态博弈(Dynamic Game)是指参与人行动有先后顺序并且后行动者能够观察到先行动者所选择的行动的博弈。比如,下棋游戏中,对弈双方总是你走一步,我走一步,序贯行动。又如,市场中存在一个在位者厂商 I(Incumbent Firm)和一个潜在进入厂商 E(Entrant Firm)。厂商 E 首先决定是否进入市场,然后厂商 I 决定是否发动价格战打击进入者,最后厂商 E 再次决定是否迎战。日常生活中动态博弈比比皆是,比如购物中的讨价还价过程就是一个典型的动态博弈。静态分析方法是博弈研究的重要基础;而动态分析则有助于人们从根本上认识和把握利益主体的行为特征、诱变因素和变化规律。

有一种较特别的动态博弈,我们称之为重复博弈。所谓重复博弈实际上就是同一个博弈反复进行所构成的博弈过程。构成重复博弈的一次性博弈我们称之为原博弈或阶段博弈。一般来说,我们研究的大多数重复博弈是由静态博弈构成的,也即原博弈或阶段博弈为一个静态博弈。这种由同样一些参与人,在同样的环境、规则下重复进行的博弈在现实中有很多实际的例子,如商场中的回头客、厂商间的长期竞争与合作等,如果不考虑条件方面的细小变化,都可以看作是重复博弈问题。重复博弈的最少重复次数是两次,有些重复博弈可能会重复许多次,甚至会不断地重复下去,比如雀巢公司和麦氏公司就认为他们之间相互竞争的博弈会永远地持续下去。在重复博弈中,人们所关心的不是某一次重复的支付,而是博弈重复多次以后的总体效果或平均效果。并且由于大多数情况下,各次重复之间存在着相互影响和相互制约,因此不能把重复博弈割裂为一次次独立的博弈进行分析,而是要将它们作为一个完整的过程或整体来进行分析,因此,重复博弈是动态博弈,确切地说,是一种特殊的动态博弈,要用动态博弈的分析方法加以分析。

2. 完全信息博弈和不完全信息博弈

知己知彼,百战不殆。从参与人事先是否拥有其他参与人决策方面的信息,博弈可以划分为完全信息博弈(Complete Information Game)和不完全信息博弈(Incomplete Information Game)。在完全信息博弈中,每个参与人都拥有所有其他参与人的特征、策略及支付方面的准确信息。如在下棋这种双人动态博弈中,双方的每一步棋大家都一目了然,每一方在每走一步棋之前都清楚此前的对局(博弈)过程。在不完全信息博弈中,参与人只能了解上述信息中的一部分。比如在投标和拍卖活动中,由于各竞投者和竞拍者对其他竞投者和竞拍者的估价常常并不清楚,因此,即使最后的成交价大家都能看到,但每个投标者仍然无法知道其他人中标、拍得标的物的真正利益究竟是多少。

将上述两种划分结合起来,就得到四种不同类型的博弈,这就是:完全信息静态博弈、完全信息动态博弈、不完全信息静态博弈和不完全信息动态博弈。与上述四类博弈对应的四个均衡概念是:纳什均衡(Nash Equilibrium)、子博弈精炼纳什均衡(Subgame Perfect Nash Equilibrium)、贝叶斯纳什均衡(Bayesian Nash Equilibrium)和精炼贝叶斯纳什均衡(Perfect Bayesian Nash Equilibrium)。见表 7-1 所示。

表 7-1　四类博弈与四个均衡

信息　＼　行动顺序	静　态	动　态
完全信息	完全信息静态博弈 纳什均衡 纳什(1950,1951)	完全信息动态博弈 子博弈精炼纳什均衡 泽尔腾(1965)
不完全信息	不完全信息静态博弈 贝叶斯纳什均衡 海萨尼(1967—1968)	不完全信息动态博弈 精炼贝叶斯纳什均衡 泽尔腾(1975) Kreps 和 Wilson(1982) Fuderberg 和 Tirole(1991)

3. 零和博弈、常和博弈和变和博弈

从支付结果角度,博弈可以划分为零和博弈和非零和博弈。所谓零和博弈(Zero-Sum Game),是指博弈双方的支付结果加起来为零的博弈。零和意味着双方的利益在博弈中是相互冲突的,一方所得必是另一方所失,一方利益的增加必然是另一方利益的减少。大多数体育比赛从结果看属于零和博弈。田忌赛马的故事中,田忌所得的一千斤铜就是齐威王所赔的,因此他们的支付之和为零,也是一个零和博弈。所谓非零和博弈(Non-zero-Sum Game),是指博弈双方的支付结果加起

来不为零的博弈。非零和博弈又可以分为常和博弈和变和博弈。常和博弈再分为正和博弈和负和博弈。正和博弈(Positive-Sum Game),即双方的支付结果加起来为一个正的常数。比如,在几个人之间分配固定数额的奖金、财产或利润。正和博弈意味着双方的利益冲突不是那么激烈,有可能出现双赢局面。至于负和博弈(Negative-Sum Game),如果假定参与人都是理性的,理论上没有人参与这样的博弈,然而在现实中不乏损人不利己之事。变和博弈意味着双方在不同策略组合下的支付之和是不相同的,如我们后面要讲的囚徒困境。变和博弈是最一般的博弈类型,常和博弈是变和博弈的一种特殊类型,而零和博弈又是常和博弈的一种特殊类型。

4. 合作博弈与非合作博弈

根据研究方法的不同,博弈可以划分为合作博弈(Cooperative Game)和非合作博弈(Non-cooperative Game)。具体来说,在非合作博弈中,分析对象是个体参加者,考察的是单个的参与人在具体的博弈规则以及一定信息条件约束下,面对其他人可能的反应将如何行动,因而其更注重的是博弈的过程,而不是博弈的结果。如象棋、围棋比赛,厂商间的价格战、合伙企业的散伙、卡特尔的解体等。而在合作博弈中,分析对象经常是一个团体,用博弈论的术语称之为联盟(Coalition)。该联盟是由参加博弈的若干参与人通过达成有约束力的协议形成的。如果寡头垄断市场上的两个寡头之间达成一个协议,联合确定最大化的垄断利润,并且各自按这个协议生产,这就是一个合作博弈。合作博弈通常并不涉及博弈的规则,而集中于不同的人结盟将得到什么,因而其更注重的是结果,而不是过程。

在博弈论的历史上,对于合作博弈的分析一度是人们研究的重点。毕竟现实中一些博弈的参与人之间并不是竞争的,而会通过某些方面的合作,给双方带来好处。但在纳什的研究之后,人们认识到非合作博弈分析对于揭晓现实中的经济现象具有更强大的作用。从而非合作博弈分析逐渐成为博弈论研究的主流。本章也主要介绍非合作博弈分析的基本概念、分析方法及其在寡头垄断市场上的应用。

四、博弈的表达方式

在非合作博弈的分析中,基本的表达方式有两种:一种是策略式(Strategic Form),也称标准式(Normal Form);另一种是扩展式(Extensive Form)。为了避免过多的数学工具,又便于把经济思想简明地提示出来,下面分别举例说明这两种表达方式。

1. 策略式

通常将所有参与人采取各种不同的策略的各种不同组合以及相应得到的支付组成一个矩阵,称为支付矩阵(Payoff Mattix)。策略式用支付矩阵来表示某个博弈。

假定某寡头垄断市场上只有两个厂商 A 和 B,他们生产的产品基本一样。这两个厂商中,每个厂商都花 100 万元作广告费用,花这样巨额广告费用的目标是为保持自己的市场份额。实际上,如果这两家厂商能够达成共识,一致将广告费用压缩到 20 万元,也不会影响到他们各自的销售额。而且,这样的情况下,每家厂商都能省下 80 万元广告费用。但关键是他们都会害怕自己压缩广告费用,而对手不压缩广告费用,客户就会跑到对手那里去。如 A 厂商把广告费用降至 20 万元,B 厂商不压缩广告费用,那么,由于客户的减少,销售下降,利润下降,A 厂商的赢利就会减少 40 万元,而 B 厂商由于广告效益,客户增加,销售上升,增加赢利 120 万元。若 A、B 厂商的策略对换,则 A 赢利 120 万元,B 亏损 40 万元。如果将四种可能的策略组合的支付构成一个矩阵,就可以得到寡头之间广告博弈的支付矩阵,如图 7-1 所示。

	A厂商	
	100万元	20万元
B厂商 100万元	(0, 0)	(120, −40)
20万元	(−40, 120)	(80, 80)

图 7-1 广告博弈的支付矩阵

2.扩展式

扩展式博弈注重各参与人的行动顺序,以及他们在行动时所掌握的信息上。通常用博弈树(Game Tree)来形象地加以表述。博弈树,顾名思义,是一种树状结构图,由节点、枝权等构成。在一棵博弈树上,往往可以比较完美地体现博弈的几个基本要素。

考虑前面的例子:市场中存在一个在位者厂商 I 和一个潜在进入厂商 E。厂商 E 首先决定是否进入市场,然后厂商 I 决定是否发动价格战打击进入者,最后厂商 E 再次决定是否迎战。据此可以画出博弈树,如图 7-2 所示。

在图 7-2 中的博弈树中,那个没有填充黑色的圆圈表示博弈的开始,因此,该节点被称为初始结。初始结边上所注的"厂商 E"表示厂商 E 首先行动。由初始结出发形成的两个枝权,表示厂商 E 有两种策略可供选择,枝权的标签表明可供选择的策略名称。如果一个节点后面没有枝权,表明博弈进行到这一点将会结束,因此,我们把这类节点称为终点结,用黑色的圆圈表示。终点结后面括号中的数字表示此时双方的支付。图 7-2 中,具体过程为:由初始结"厂商 E"出发,经过"进入"枝权到达节点"厂商 I",表示轮到厂商 I 行动时,他已经知道厂商 E 选择了"进入"

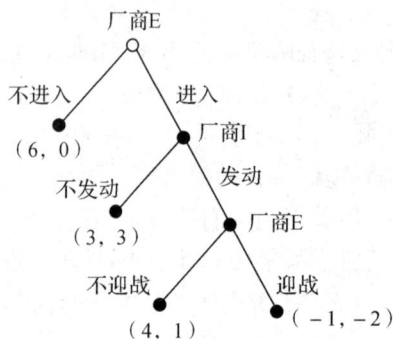

图 7-2   进入博弈的博弈树

这一行动。如果厂商 I 选择"发动",同样,厂商 E 也知道厂商 I 选择"发动"这一行动,并决定"迎战"或"不迎战",然后博弈结束,所以,此博弈树中一共有四个节点为终点结。

扩展式博弈通过博弈树非常直观地显示了参与人的行动次序、策略选择与支付水平。图 7-2 是一个典型的完全信息动态博弈,该博弈中,每位参与人在任何节点上选择时都拥有以前子博弈的所有信息。在此基础上,每位参与人任意节点上从策略选择开始至结束都构成一个"子博弈",比如,当厂商 E 进入之后,厂商 I 选择"发动"或"不发动"就构成一个子博弈问题。

第二节   博弈均衡

博弈均衡的概念很多。这里主要介绍上策均衡、纳什均衡和子博弈精炼纳什均衡等概念,并探讨如何通过这些概念来求解一些非合作博弈问题。

一、上策和上策均衡

所谓上策(Dominant Strategy)是指无论对方选择什么策略,都能使自己的支付大于其他选择的策略。如果某个参与人的某一策略为上策,那么他的其他策略相对而言就都是下策(Dominanted Strategy)。完全由上策构成的策略组合就是上策均衡(Dominant Strategy Equilibrium)。下面通过博弈论中的经典例子——"囚徒困境"来说明上策与上策均衡。

1."囚徒困境"

"囚徒困境"讲的是这样一个故事:有一天,一位富翁在家中被杀,财物被盗。警方在此案的侦破过程中,抓到两个犯罪嫌疑人,张三和李四,并从他们的住处搜出被害人家中丢失的财物。但是,他们矢口否认曾杀过人,辩称是先发现富翁被杀,然后只是顺手牵羊偷了点儿东西。于是警方将两人隔离,分别关在不同的房间进行审讯。由地方检察官分别和每个人单独谈话。检察官说:"由于你们的偷盗罪已有确凿的证据,所以可以判你们两年刑期。但是,我可以和你做个交易。如果你单独坦白杀人的罪行,我只判你一年刑,但你的同伙要被判十年刑。如果你拒不坦白,而被同伙检举,那么你就将被判十年刑,他只判一年刑。但是,如果你们两人都坦白交代,那么,你们都要被判 5 年刑。"

检察官的话表明了张三和李四在各种策略组合中的支付,构成一个支付矩阵。图 7-3 列出了这个博弈的支付矩阵,数字表示张三和李四被判刑的年数。显然最好的策略是双方都抵赖,结果是大家都只被判两年。

		李四	
		坦白	抵赖
张三	坦白	(5, 5)	(1, 10)
	抵赖	(10, 1)	(2, 2)

图 7-3　囚徒困境

但是,张三和李四真的都会抵赖吗?事实上,由于两人处于隔离的情况下无法串供。所以,按照经济学的理性假设,每一个人都是从自身利益最大化出发的话,他们选择坦白交代是上策。因为在这个博弈中,对张三来说,假定李四坦白,他坦白被判 5 年,他抵赖将被判 10 年,故他的最优选择也是坦白;假定李四抵赖,他坦白被判 1 年,他抵赖将被判 2 年,故他的最优选择还是坦白,因此,不管李四是否坦白,张三都会选择坦白。对李四来说,情况也是一样。所以,这里的坦白就是张三和李四的上策。(坦白,坦白)这一策略组合构成一个上策均衡。

在囚徒博弈中,虽然(坦白,坦白)这一策略组合构成一个上策均衡,但是,这一均衡给双方带来的支付低于策略组合(抵赖,抵赖)带来的支付。这就表明,双方都已经从自身利益最大化出发所做出的选择,对于他们整体利益来说并不是最大的。所以,这一结果被称为"囚徒困境"。"囚徒困境"带给我们的启示是,个人的理性选择有时不一定是集体的理性选择。换言之,个人的理性有时将导致集体的非理性。现实生活中有很多"囚徒困境"的例子,如厂商间的价格大战、国家间的军备竞赛、环境污染问题等等。

事实上,图 7-1 的广告博弈也是一个类似"囚徒困境"的例子。图 7-1 中的数字表明,对于厂商 A 和 B 来说,如果双方能够坦诚相商将广告费用降到 20 万元,则双方都将因节省广告费用而增加赢利 80 万元。这是对双方来说最优的选择。实际上,由于不知对方会作出什么反应,两厂商做不到坦诚相商,结果都将花费

100万元的广告费用,赢利不变,还造成不必要的资源浪费。因为每个厂商都是追求利润最大化的主体,他们都会在对方策略既定时选择自己的最优策略。对于A厂商来说,假定B厂商用100万元做广告,那么A也用100万元做广告,赢利不变;若A用20万元做广告,就要减少赢利40万元,因此,花100万元做广告优于花20万元,较好的选择是用100万元做广告。假定B用20万元做广告,那么A用100万元做广告,就可增加赢利120万元;若A用20万元做广告,增加赢利只有80万元,因此,还是花100万元做广告优于花20万元,选择用100万元做广告。这就是说,不管B厂商花100万元还是20万元做广告,对于A厂商来说,最优选择都是花100万元做广告,因此,A厂商一定选择用100万元做广告。B厂商的情况类似。因此,这个例子中,结果A、B厂商都用100万元做广告,也就是说,竞争的双方从自身利益最大化出发作出的决策并不是对双方来说最优的选择。

2. 重复剔除的上策均衡

在每个参与人都有上策的情况下,上策均衡是一个非常合理的预测,但在绝大多数博弈中,上策均衡是不存在的。尽管如此,在有些博弈中,我们仍然可以应用上策的逻辑来找出均衡。考虑"智猪博弈"的例子:猪圈里圈着两头猪,一头大猪,一头小猪,猪圈的一头有一个猪食槽,另一头安装着一个按钮,控制着猪食的供应。按一下按钮会有10个单位猪食进槽,但需要支出2单位成本。若大猪先到,大猪吃到9个单位,小猪只能吃到1个单位;若小猪先到,大猪吃6个单位,小猪吃4个单位;若大猪小猪同时到,大猪吃到7个单位,小猪吃到3个单位。在这里,每头猪都有两种策略:按与等待。图7-4列出了对应不同策略组合下的支付矩阵,如第一格表示两猪同时按,因而同时走到食槽,大猪吃7个单位,小猪吃3个单位,扣除2单位成本,大猪和小猪的支付水平分别为5个单位和1个单位。

		小猪	
		按	等待
大猪	按	(5, 1)	(4, 4)
	等待	(9, −1)	(0, 0)

图7-4 智猪博弈

显然,这个博弈中没有上策均衡,因为尽管等待是小猪的上策,但大猪没有上策。大猪的最优策略依赖于小猪的策略:如果小猪选择等待,大猪的最优策略是按;如果小猪选择按,大猪的最优策略是等待。因此,这里不能应用上策找出均衡。那么什么是这个博弈可能的均衡解呢?假定小猪是理性的,小猪肯定不会选择按,因为,不论大猪选择什么策略,对小猪来说,等待的支付都大于按的支付,因而理性的小猪一定会选择等待。再假定大猪知道小猪是理性的,那么,大猪会正确地预测到小猪会选择等待;给定这个预测,大猪的最优选择只能是按。这样,(按,等待)就是这个博弈唯一的均衡。

在找出上述智猪博弈的均衡解时,实际上应用了重复剔除下策的思路,即:首先找出某个参与人的下策(假定存在),并把它剔除掉,重新构建一个不包含已剔除下策的新的博弈;然后再剔除这个新博弈中某个参与人的下策;继续这个过程,一直到只剩下一个唯一的策略组合为止。这个唯一剩下的策略组合就是这个博弈的均衡解,称为重复剔除的上策均衡(Iterated Dominance Equilibrium)。在上例中,我们首先剔除小猪的下策——按,再在剔除小猪下策的新博弈中,剔除大猪的下策——等待,剩下的唯一策略组合就是(按,等待)。所以,(按,等待)就是一个重复剔除的上策均衡。

二、纳什均衡

所谓纳什均衡(Nash Equilibrium)是指这样一种状态:在给定对手们的策略以后,每个参与人都采取它能够采取的最好的策略。因此,满足纳什均衡的策略组合具备两个条件:第一,在该策略组合下,每个参与人的策略都是给定其他参与人的策略情况下的最佳反应。第二,该策略具有自我实施功能,即在纳什均衡下,没有一个参与人可以通过单方面改变自己的策略来提高自己的支付。也就是说,没有人愿意偏离均衡。这一概念由美国数学家、诺贝尔经济学奖得主约翰·纳什(John Nash)提出,故命名为纳什均衡。

1. 纳什均衡与上策均衡

在一个博弈中寻找纳什均衡的最简单的办法是检查一下每个可能的策略组合是否符合纳什均衡定义中的条件。在一个两人博弈中,可以针对每个参与人及其策略,找出对方对该策略的最佳反应。如果每个参与人的策略都是针对对方策略的最佳反应,那么相应的策略组合就是满足纳什均衡条件的策略组合。显然,图7-1 广告博弈中的(100 万元,100 万元)和图7-3 囚徒博弈中的(坦白,坦白)及图7-4 智猪博弈中的(按,等待)都满足纳什均衡的条件,从而这些策略组合都是纳什均衡。

然而,每个参与人的策略都是针对对方策略的最佳反应,却未必是无论对方选择什么策略,都能使自己的支付大于其他选择的那个策略,即针对对方策略的最佳反应未必是自己的上策;相反,自己的上策一定是针对对方策略的最佳反应。因此,由博弈的参与人都选择上策构成的上策均衡,显然是纳什均衡,但纳什均衡不必一定是上策均衡。换言之,上策均衡是纳什均衡的一种特殊情况。图7-1 广告博弈中的(100 万元,100 万元)和图7-3 囚徒博弈中的(坦白,坦白)不仅是纳什均衡,而且是纳什均衡中的一种特殊情况——上策均衡;但图7-4 智猪博弈中的(按,等待)只是纳什均衡,而不是上策均衡。

2. 纳什均衡的存在性

在现实的博弈中,我们或许很难达到上策均衡,但是,是否每一个博弈都能找到一个纳什均衡呢? 1950 年,纳什曾经证明,对任何有限博弈(指参与人和策略都有限的博弈)来说,至少存在一个纳什均衡(这个均衡可能是混合策略均衡)。纳什对纳什均衡存在性的这一表述被称为纳什定理。纳什定理可以简单地理解为,如果一个博弈的参与人是有限的,并且每个参与人只有有限个策略,那么该博弈至少存在一个纳什均衡。

纳什定理虽然给出了纳什均衡的存在性,但没有说明其是否唯一的。实际上,通过"性别战"的经典例子,我们将发现一个博弈可能存在多个纳什均衡。这个被称之为"性别战"的博弈说的是这样一件事:一对热恋中的男女想在一起度周末而不愿分头行动,但是女方想看电影,而男方想看足球比赛,因此,女方希望男方和自己一起去看电影,而男方希望女方一起看足球比赛。双方的支付矩阵如图 7-5 所示。

		女方	
		球赛	电影
男方	球赛	(2, 1)	(0, 0)
	电影	(0, 0)	(1, 2)

图 7-5　性别战

在图 7-5 中,首先,可以肯定没有上策均衡。因为对于男方来说,找不到无论女方选择什么,都能使自己的支付大于其他选择的那个策略;同样,对于女方来说,也找不到无论男方选择什么,都能使自己的支付大于其他选择的那个策略,即双方都没有上策,因而也就没有上策均衡。其次,对照纳什均衡的条件,能够找到纳什均衡,但有两个纳什均衡。给定男方看足球比赛,那么女方的最佳反应也是看足球比赛;给定女方看电影,那么男方的最佳反应也是看电影。因此,(球赛,球赛)和(电影,电影)都是纳什均衡。这就表明纳什均衡虽然存在,但它不是唯一的。

当然,现实生活中,人们不可能同一个夜晚既一起去看电影又一起去看足球比赛。通常的情况是,这一次一起去看电影,下一次一起去看足球比赛,如此循环,形成一种默契。这里还有一种先动优势,也就是说,如果男的买票,两人很可能会出现在足球场;如果女的买票,那就很可能出现在电影院了。

类似的例子还有斗鸡博弈。设想甲乙两个人要过独木桥,他们现在分别站在桥的两端,那么每个人都有两种策略:进和退。如果两人同时进或同时退,显然,谁也过不了桥;如果一方进另一方退,那么很快就能过桥。因此这个博弈中也有两个纳什均衡:甲进乙退和乙进甲退。抢占地盘、警察与游行队伍、夫妇吵架等都是类似的斗鸡博弈问题。

事实上,上一章中的古尔诺解就是一个纳什均衡。在古尔诺模型中,假定 A、B 两寡头无勾结行为,他们都是在已知对方产量的情况下,各自确定自己利润最大的产量。按照纳什均衡条件的表述,就是说,寡头 A 在给定寡头 B 的最优产量选择下,选择使自己利润最大的产量;同样,寡头 B 也在给定寡头 A 的最优产量选择下,选择使自己利润最大的产量。因此,寡头 A 和 B 各生产相当于市场总需求量的三分之一产量是一个纳什均衡。

三、子博弈和子博弈精炼纳什均衡

纳什定理表明了纳什均衡的存在性,但是,纳什均衡本身还存在着一些问题,其中一个问题就是,一个博弈可能不止一个纳什均衡。事实上,有些博弈可能有多个纳什均衡。而在多个纳什均衡中可能包含了非合理均衡,其原因在于现实中存在着不可置信的威胁。如果考虑那些不可置信威胁的存在,那么各个纳什均衡中的一些纳什均衡实际中是不会出现的。

以图 7-2 中的进入博弈为例,第一,该博弈存在着两个纳什均衡:一个纳什均衡是[(进入,不迎战),发动],即厂商 E 选择进入并且进入后选择迎战,那么厂商 I 的最优选择将是发动价格战;给定厂商 I 发动价格战,厂商 E 的最优选择是首先进入然后不迎战。另一个纳什均衡是[(进入,迎战),不发动],即给定厂商 E 选择进入并且进入后选择迎战,厂商 I 将不发动价格战;而给定厂商 I 不发动价格战,厂商 E 的最优选择是首先进入,然后迎战。第二,对该博弈的第二个纳什均衡所预测的结果——厂商 E 进入后厂商 I 不发动价格战感到怀疑。因为这个均衡似乎表明厂商 I 对于厂商 E 将迎战的威胁信以为真。但这威胁是不可置信的,因为一旦厂商 I 选择价格战后,厂商 E 的最优选择将是不迎战。如果我们假设参与人都是理性的话,对于这一不可置信的威胁,厂商 I 将不会相信,厂商 E 也将意识到厂商 I 不会相信,从而将不会出现这一均衡结果。但应用纳什均衡概念时,出现了这一结果,这就说明纳什均衡作为一个解概念还必须得到进一步的精炼。

这里只介绍第一个精炼的纳什均衡的解概念——子博弈精炼纳什均衡(Subgame Perfect Nash Equilibrium),即完全信息动态博弈的均衡。至于不完全信息静态博弈中的贝叶斯纳什均衡(Bayesian Nash Equilibrium)和不完全信息动态博弈中的精炼贝叶斯纳什均衡(Perfect Bayesian Nash Equilibrium)本书不作介绍。

1.子博弈

子博弈是原博弈的一部分,在一个扩展式博弈中,子博弈始于原博弈的某个决策结,包括该决策结后的所有决策结和终点结,最为关键的是保持原博弈的信息集的完整性,即原来知道的,现在必须知道;原来不知道的,现在还是不知道。实际上,可以把子博弈看成原博弈的一个阶段,该阶段开始于子博弈的初始结。当然,如果一个博弈是由一连串的简单博弈构成,就可以很容易确定该博弈的子博弈。如果给定历史,那么从每个行动选择开始至博弈结束构成一个博弈,因而一个博弈中可能存在着许多个子博弈。在博弈论著作中,一般把整个博弈也称为子博弈。

子博弈的概念可以用生活中的例子来说明,如果把家庭生活作为一个博弈,这个博弈始于男女双方谈恋爱,结婚后是一个子博弈,生孩子后又是一个子博弈,离婚也是一个子博弈,如此等等。事实上,由于生活每天都在进行,每天都是一个子博弈的开始。

2. 子博弈精炼纳什均衡

如果构成某个纳什均衡的策略组合在每一个子博弈上面所形成的新策略组合都构成了该子博弈的一个纳什均衡,那么这个纳什均衡构成子博弈精炼纳什均衡。也就是说,当且仅当参与人的策略组合在每个子博弈中都构成纳什均衡时,才形成子博弈精炼纳什均衡。子博弈精炼纳什均衡的中心意义是要将纳什均衡中包含的不可置信的威胁策略剔除出去,就是说,使均衡策略不再包含不可置信的威胁。它要求参与人的决策在任何时点上都是最优的,因而决策者要"随机应变",而不是固守旧略。

应该强调的是,一个子博弈精炼纳什均衡首先必须是一个纳什均衡,但纳什均衡不一定是子博弈精炼纳什均衡。只有那些剔除了明显的不可置信威胁的纳什均衡才是子博弈精炼纳什均衡。

那么,什么样的威胁是不可置信的? 或者说什么样的威胁是可置信的呢? 这涉及另一个概念"承诺行动"(Commitment)。承诺行动是当事人使自己的威胁变得可置信的行动。如果当事人在不施行某种威胁时,就会遭受更大的损失,那么这种威胁就是可置信的,相反,这种威胁就是不可置信的。承诺行动意味当事人要为自己的"失信"付出成本,尽管这种成本并不一定真的发生。但承诺行动给当事人带来很大的好处,因为它会改变均衡结果。

设想一个姑娘爱上一个小伙子,但她父亲坚决不同意,并威胁说,如果女儿不与小伙子断绝恋爱关系,他就与女儿断绝父女关系。如果父亲的话是可置信的威胁,她大概就会中断与那个小伙子的恋爱关系。问题是,假使女儿真的和那个小伙子结婚,父亲难道真的会选择断绝父女关系吗? 一般来说不会,因为断绝父女关系对父亲来说损害会更大,这就是说,父亲的威胁是不可置信的。因此,她与那个小伙子就算继续恋爱下去直到结婚,父亲最终还是承认父女关系,甚至承认那个他当初并不喜欢的女婿。

但是,在两军对垒中,承诺行动会使威胁变成可置信的。成语"破釜沉舟"讲的就是这个意思。项羽与秦兵交战,领兵过河后就砸锅沉船,这就是一种承诺行动。这种承诺行动会使"决一死战"的威胁变成可置信的,从而有可能吓退敌兵,甚至转败为胜。

在图7-2的进入博弈中,厂商E进入后,厂商I决定发动价格战,如果厂商E发出的威胁是迎战,那么厂商E迎战的威胁将是不可置信的,因为一旦厂商E迎战,那么迎战的支付是-2,而不迎战的支付是1,显然,不迎战比迎战好,所以,对于厂商I来说,厂商E的这一威胁是不可置信的,从而厂商I应该发动价格战。

3.子博弈精炼纳什均衡的确定

回到我们前面提到的进入博弈。(发动,不迎战)和(不发动,迎战)构成两个纳什均衡。现在来考虑这两个纳什均衡是否都构成了子博弈精炼纳什均衡。根据子博弈的定义,从厂商E进入后开始,可以将图7-2分解为两个子博弈:一个子博弈从厂商E进入后开始,是厂商I(发动,不发动)与厂商E(迎战,不迎战)之间的博弈;另一个子博弈是厂商I发动开始,只有厂商E在行动,其策略是迎战与不迎战,实际是厂商E的单人决策。如图7-6所示。

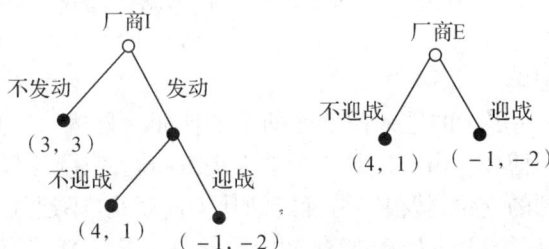

图7-6　进入博弈的两个子博弈

首先考察第一个纳什均衡:(发动,不迎战)。该策略组合在第一个子博弈上所形成的新策略组合是(发动,不迎战),显然,该策略组合是第一个子博弈的纳什均衡;该策略组合在第二个子博弈上所形成的策略组合是不迎战,显然这也是纳什均衡。所以,纳什均衡(发动,不迎战)构成子博弈精炼纳什均衡。

再看第二个纳什均衡:(不发动,迎战)。该策略组合在第一个子博弈上所形成的新策略组合是(不发动,迎战)。给定厂商E迎战,厂商I的最优选择是不发动;而给定厂商I不发动,博弈结束,厂商E选择任何策略都可看成最佳反应。所以,(不发动,迎战)在第一个子博弈中构成纳什均衡。但在第二个子博弈中,E所面临的选择是迎战或不迎战,但迎战显然不是厂商E的最佳反应,所以策略组合(不发动,迎战)不构成纳什均衡。这样,(不发动,迎战)在第二个子博弈中没有诱致子博弈的纳什均衡而不能称为子博弈精炼纳什均衡。

通过子博弈精炼纳什均衡剔除第二个不合理的纳什均衡之后,在图 7-2 的进入博弈中就得到了唯一的均衡解(发动,不迎战),即厂商 E 进入,厂商 I 发动价格战,厂商 E 不迎战,两个厂商分别得到 1 和 4 的支付。

把上述确定进入博弈的子博弈精炼纳什均衡的过程一般化,就可以在一个博弈中找到子博弈精炼纳什均衡。具体步骤是:首先确定一个博弈的纳什均衡,然后检验该纳什均衡在各个子博弈中能否诱致纳什均衡,通过这一检验,我们就说该纳什均衡是一个子博弈精炼纳什均衡,否则,就不是。但这一方法无疑是繁琐的,因为我们首先要确定一个博弈的纳什均衡,这意味着如果一个博弈是扩展式的,还需要把它转换成策略式,有时会比较麻烦;其次,确定纳什均衡后,如果均衡有许多个,还需要对它们进行一一检验,这一过程在存在多个纳什均衡的情况下也将是非常繁琐的。

一个较为简便地确定子博弈精炼纳什均衡的方法是逆向归纳(Back-wards Induction)。简单地说,所谓逆向归纳就是指首先在最接近终点的子博弈上确定一个纳什均衡,然后把这个纳什均衡带来的结果作为新的终点结,继续寻求最接近这一终点结的子博弈纳什均衡,反复下去,直到原博弈的终点结。仍然以进入博弈为例来说明这一方法。

考察图 7-6 中所展示的进入博弈的两个子博弈。显然,右边的子博弈是最接近终点结的一个子博弈。由于这是一个单人决策问题,只要比较一下厂商 E 在迎战与不迎战时得到的支付,就很容易确定纳什均衡就是"不迎战"。给定这一均衡结果,并把这一均衡结果作为新的终点结,则最靠近这一新终点结的子博弈如图 7-7(a)所示。显然,这也是一个单人决策问题。只要比较一下厂商 I 在发动与不发动时得到的支付,也很容易确定纳什均衡就是"发动"。

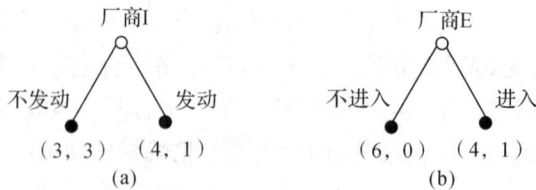

图 7-7　逆向归纳求解

进一步说,给定这一均衡结果作为新的终点结,问题就成为图 7-7(b)所展示的厂商 E 的单人决策问题。比较一下厂商 E 在进入与不进入时得到的支付,就可以确定厂商 E 将选择进入。这样,经过逆向归纳得到的均衡结果将是厂商 E 选择进入,厂商 I 选择发动,然后厂商 E 选择不迎战。这和我们前面得到的子博弈精炼纳什均衡的结果一样,但过程却要简单得多。

由此可见,逆向归纳确定是寻找子博弈精炼纳什均衡的十分简便的方法。但是不难发现,这一方法必须假设参与人都是理性的为共同知识。也就是说,每个参与人都知道所有参与人是理性的,并且每个参与人也知道每个参与人都知道所有参与人都是理性的,以及每个参与人知道每个参与人也知道每个参与人都知道所有参与人都是理性的……如此下去,直到无穷。事实上,逆向归纳法对参与人为理性是共同知识这种要求是非常高的。现实中,如果一个参与人是理性的而另一个是非理性的,那就无法运用逆向归纳法来求解。当然,经济学分析的基础就是假定人是理性的,所以,仍然可以使用逆向归纳方法来确定子博弈精炼纳什均衡。

回顾前一章的斯坦克贝模型,运用逆向归纳法,即首先确定后行动的寡头 B 的最优选择,然后给定这一最优选择,再确定先行动的寡头 A 的最优选择,就可以证明,斯坦克贝模型的解是一个子博弈精炼纳什均衡。需要指出的是,运用子博弈精炼纳什均衡来求解现实问题时,必须弄清楚博弈中行动的先后顺序,以及由此决定的变量之间的相互依赖关系。

第三节　经济中的博弈

在厂商之间高度依存的寡头垄断市场中,厂商在决策过程中必须考虑其行为对竞争对手的影响及竞争对手的反应。从目前来看,分析厂商之间决策的相互作用或互动决策的最好的理论是博弈论。事实上,不仅寡头垄断市场的厂商之间,而且买者与卖者之间,以及企业内部的所有者与经营者之间都是相互博弈的。因此,在阐述了博弈论的基本知识和基本概念之后,现在来分析现实中完全信息博弈与不完全信息博弈的一些例子。

一、完全信息博弈

1.卡特尔的解体

在寡头垄断市场上,厂商之间的高度依存关系往往使得所有厂商一荣俱荣,一损俱损。因此,对于这个市场的厂商来说,面临着两种策略选择:第一种是合作,即所有厂商都努力使共同的利润极大化。合作的前提是将这些利润在厂商之间作一合适的分配,能使所有厂商比采取不合作态度时的整体境况要好。第二种是不合作,即每个厂商努力使自己的利润极大化。不合作的极端情况就是近似于完全竞争,最终所有厂商都只能获得零利润。

从寡头垄断市场理论的分析已经知道,为了共享垄断利润,避免两败俱伤,厂商们往往采取合作的态度,而合作的形式就是卡特尔。但是,如果厂商之间的合作不能得到有效的监督或强制执行,厂商们仍然会有强烈的机会主义倾向,出现类似于"囚徒困境"现象,并最终导致卡特尔的解体。

假设一个市场上只有两个同等规模的厂商:甲和乙,为谋取共同的最大利润,他们通过协议结成了卡特尔,那么,现在每个厂商都有两种策略可选:守约和违约。图 7-8 中给出了各种策略组合下的支付。即两个厂商都守约,他们的总利润极大,各自利润分别是 1000 万元;如果一方违约另一方守约,那么由于总产量大于协议规定的总产量,从而市场供给增加,产品价格下降,相应地,他们的总利润下降,其中违约方的利润增加到 1200 万元,守约方的利润减少到 400 万元;如果两个厂商都悄悄地违约,那么卡特尔形同虚设,暗中竞争的结果,各自的利润都下降到 500 万元。

		厂商乙 守约	厂商乙 违约
厂商甲	守约	(1000, 1000)	(400, 1200)
	违约	(1200, 400)	(500, 500)

图 7-8 卡特尔的困境

与囚徒困境一样,两个厂商最后都会违约,从而卡特尔实质上已经解体,因为对于每个厂商来说,不管别的成员选择什么策略,自己违约总比不违约带来更多的利润,因而,最终的结果双方都会违约。在这里,违约既是厂商甲的上策,也是厂商乙的上策,因而,(违约,违约)是一个上策均衡。

当然,如果厂商甲乙之间暗地里大幅度扩大产量的结果,导致双方同时违约时各自的利润比一方守约一方违约时违约方的利润还要少的话,如图 7-8 中,假如双方都违约的结果,大家都只能获 300 万元利润,即小于单方违约时守约方的利润 400 万元,那么,厂商们又会意识到守约,哪怕是对方违约的前提下自己守约的利润都要大于双方违约时的利润,因而,它们又会重新走向缔约,即在新的协议下再次组成卡特尔。正因为如此,现实中的卡特尔极其不稳定,但尽管如此,卡特尔并不会因此解散,而是此一时彼一时,不稳定却长久存在着。

2. 价格战

现实中,我们经常会遇到各种各样的家电价格大战,彩电大战、冰箱大战、空调大战、微波炉大战等。每当看到一种家电产品的价格大战,百姓都会"没事儿偷着乐"。显然,竞争的结果可能对消费者是有利的,但对厂商而言是灾难性的。所以,价格战对厂商而言意味着自杀。下面我们来看看价格战的博弈分析。

假设市场上有两家厂商 A 和 B,它们生产的产品几乎是同质的,每家厂商在考虑价格策略时都有两种选择:正常价格和超低价格。图 7-9 给出了各种策略组合下的支付结果。在双方都采用正常价格时,各自获得 100 万元的利润,如果一方采用超低价格(盈亏平衡,利润为零的竞争性价格),而一方保持正常价格,那么采用超低价格方的利润为 0,保持正常价格方因为价格太高,销售不出去,亏损 100 万元。当然,如果双方都采用超低价格,价格竞争的结果,双方利润都为 0。

		厂商B	
		正常价格	超低价格
厂商A	正常价格	(100, 100) 400*	(−100, 0) 600*
	超低价格	(0, −100) 600*	(0, 0) 800*

图 7-9　价格战

显然,这里出现了两个纳什均衡:(正常价格,正常价格)和(超低价格,超低价格)。也就是说,给定厂商 A 的策略是正常价格,那么厂商 B 的最优选择也是正常价格;但给定厂商 A 的策略是超低价格,那么厂商 B 的最优选择也是超低价格。更进一步,对于厂商来说,策略组合(正常价格,正常价格)给予他们的利润较大,因此,从他们集体理性的角度,应该选择(正常价格,正常价格),所以就算厂商之间没有专门的协议组成卡特尔,他们也可能通过某种默契构成事实上勾结,共同获取最大的利润。

但是,考虑四种情况下的社会整体福利(用 * 表示的支付),那么在两厂商都采用正常价格时,社会整体福利为 400;而在一方采用正常价格另一方采用超低价格时,社会整体福利为 600,而在双方都采用超低价格时;社会整体福利为 800。所以,对于厂商来说利润最大的纳什均衡,对于全社会来说,却是低效率的。相反,完全竞争的非合作均衡却导致了社会所期望的经济效率状态。这就是为什么 WTO和各国政府要加强反垄断的意义所在。

例 7.2　彩电价格和彩电"价格峰会"

1988 年在国内彩电市场仍处于供不应求的状态下,长虹以高于国家牌价,低于黑市价的手段,作价卖给四川工商银行一批 17 英寸彩电作为奖品开展有奖储蓄活动。

到 1989 年初,国家对彩电征收特别消费税,彩电市场一下陷入低迷,彩电企业产品普遍积压,资金短缺。长虹敏锐捕捉到商机,从 8 月 9 日起,每台彩电降价 350 元,向消费者让利销售。可以说,这是中国彩电第一次降价,而长虹是唯一的赢家。

1996 年 3 月 26 日,当时中国最大的电视机生产厂家四川长虹电器股份有限公司宣布大幅度降低其主导产品彩电的销售价格,其规格由 43cm 至 74cm 共 76 个品种,降价幅度从 8% 至 18%,降价额由 100 元至 850 元。虽然长虹声称此举是针对 4 月 1 日开始的大幅度降低进口关税而作出的重大举措,但是,人们几乎未看到进口彩电有何反应,倒是其他国内彩电企业纷纷闻风而动——TCL 彩电宣布:以拥抱春天为题自 4 月份到奥运会结束期间让利 5%;康佳则以迎奥运五环大奖回报消费者为口号,大搞产品促销活动——由此引发了自 1989 年以来彩电市场的又一次降价风潮。

如果说自上一次彩电降价后,几年来彩电市场的竞争还是比较温文尔雅的话,那么,此次长虹又一次率先大规模降价,则使竞争局面变得表面化,白热化。有资料显示,在长虹降价后的一个月内,北京彩电市场的国产彩电销售格局发生重大变化,像长虹、康佳、TCL 王牌等主动参与此次降价风潮的企业在北京的市场销售均有大幅度提高,尤其是长虹的销售几夺榜首,那些在生产规模、技术水平、资金实力方面有诸多不足的企业则明显大受影响。

然而,降价并未停止。继长虹降价之后,康佳集团紧随其后,掀起了更大规模的降价浪潮。1996 年 6 月上旬,在中国几大新闻媒体《经济日报》《中国电子报》等报刊上同时刊出一份深圳康佳电子集团的“宣言”,称康佳要“领先国内,赶超世界”,其广告词称:“谁升起,谁就是太阳”,矛头直指“长虹”,摆出了一决雌雄的架势。6 月 6 日,康佳集团宣布:康佳彩电从 37cm(14 英寸)至 74cm(29 英寸)所有的品种全部降价,让利幅度达 20%,最高让利金额达 1200 元／台(2910A)。

据康佳集团发言人宣称,此次降价的目的,一是为回报社会,回报消费者;二是欲与长虹联手,共同抵御国外彩电行业对中国民族彩电行业的冲击。然而,据北京市几大商场的市场调查,康佳在此期间的销售额已开始出现明显的抬头势头。同时,康佳的这一举措使得 1996 年本不平静的彩电市场风云再起,形成自长虹率先宣布降价后的又一次降价风潮。6 月 15 日,我国彩电生产的老牌企业——南京“熊猫”终于也打破沉默而宣布参战:在南京市的 15 家商场同时大幅度降低彩电售价,其中包括两种当年刚上市且销售形势看好的新型号彩电,最多让利金额达 1120 元。还有“TCL”、“北京”、“创维”、“厦华”……也纷纷出台了让利措施。一时间,彩电市场狼烟四起。

1997 年初,广东高路华推出超低价位彩电,冲击一些地区市场,甚至把专卖店直接开到了长虹、熊猫、TCL 等彩电企业的厂门口。此后不久,各彩电企业纷纷推出各自的低价位彩电打入市场,以适应不同层次的消费者需求。

1998 年 6 月,康佳、TCL 推出几种特价机型销售,其 29 英寸、25 英寸比普通机型低 500 元、1000 元。这次价格战令康佳、TCL 受益匪浅,市场占有率上升很快。但是,全国彩电行业因为降价而减少的利润约为 52 亿元,影响到彩电企业的资金积累和技术进步。

1999 年 4 月 10 日,长虹集团终于在南京点燃了 1999 年第一场彩电价格大战的导火索。这一天,长虹以"迎南京解放 50 周年,长虹倾情大奉献联合大行动"为由,将南京七大商场和两家专卖店的 13 个品种的长虹彩电,同时调低售价最高达 800 元,随后,长虹宣布其全线产品价格下调 50 至 1000 元。长虹突然降价,立即引起了其他彩电厂家的反应。反应最为迅速的当数南京"熊猫"。长虹 3419 型彩电售价从 9797 元降为 9500 元,熊猫 3488 型彩电立刻从 9800 元降到 9450 元。长虹 T2918 型彩电从 5570 元降至 4700 元,熊猫 2918 型彩电则一步降至 3580 元。其他包括康佳、索尼、菲利浦在内的众多品牌都纷纷调低售价,共同应战。

从 6 月底开始,南京熊猫集团在南京市场首先将其畅销品牌 2939A 型超平 A 超黑彩电以 2580 元的价格推向市场,使得其市场占有率大幅上升。7 月 3 日,TCL 集团率先将其 2909A 型彩电降至 2580 元。7 月 4 日,长虹、康佳、海信等同类彩电都降至 2580 元,厦华甚至降至 2480 元。8 月初,随着天气的逐渐变热,新一轮彩电价格战也在逐渐"升温"。继厦华、康佳、TCL 等推出特价机后,数源·西湖紧随其后推出两款特价机,其中 CH—2989 型的超平彩电降价达 430 元之多,金星随后打出了"每款彩电送电费 300 元"的横幅。一向不热衷打价格战的海信也耐不住寂寞,将其最新环保超平彩电降至 2988 元,降幅近 10% 之多。此后,索尼彩电也纵身加入此轮价格战,降价幅度在 400 元至 500 元之间。

为保持企业正常利润,避免"杀鸡取卵"式的价格战,2000 年 6 月 9 日,康佳、TCL、创维、乐华、海信、熊猫、厦华、西湖、金星等 9 家彩电企业在深圳举行首次"中国彩电企业峰会"。会议达成加强行业自律,制定一个时期各类彩电产品的最低限价并共同遵守、相互监督的合作意向。

有趣的是,前脚开完会,后脚跟着打起价格大战。6 月 10 日前后,南京、北京等市场出现了 3680 元左右的熊猫 2999 型 74cm 纯平彩电;6 月 16 日,北京、南京、济南等地市场上彩电价格不涨反跌。为此,在第一次峰会过后十几天,9 家彩电企业又于 6 月 21 日在南京召开了第二次"峰会",主要议题是针对华东地区彩电价格混乱问题进行联手限价和讨论彩管价格。

然而,第二次"峰会"的第二天,也就是 6 月 22 日,熊猫在天津公然违反限价协议,其 74 厘米纯平彩电售价低于限价 600 元。同时,在上海、成都等地,最低限价亦受阻。7 月 8 日,北京国美电器商城各门店以低于限价 610 元的价格推出厦华 298K 超平彩电。7 月中旬熊猫彩电在国美商城京、沪、津三地的连锁店上演跳水比赛。其主导产品 53cm 超平彩电及主销机型 2966 型超平彩电的售价均低于限价 690 元。7 月 12 日,彩电业界的第三次"峰会"在香港召开,议题仍是如何突破价格战的重围。在前次会议上未曾露面的康佳总裁陈伟荣、TCL 总裁李东生都到会,并表示坚决保证限产,以减少市场供给,尽量平衡供求关系,从而达到打压彩管价格和抬高彩电售价的目的。

　　然而,7月15日至16日,熊猫2966型74cm超平彩电在国美电器商城卖到1898元,低于彩电峰会最低限价690元;7月22日,北京大中电器城以1888元出售800台金星特价彩电;同日,乐华74cm彩电也在天津华联商厦以1980元的低价出售。7月22日北京大中电器城热卖800台金星特价彩电,以1888元再创价格新低。同日,乐华74cm彩电也在天津华联商厦以1980元的低价"跳楼"。7月29日长虹29N18彩电以1980元在国美推出。同日,大中电器城推出260台海尔74cm超平及400台东宝74cm彩电特价机。8月1日武汉汉商集团推出"北京"74cm彩电1680元,创历史新低。8月4日广州一商家乐华74cm彩电卖特价,为1899元。8月5日北京百货大楼推出1780元的74cm平面直角彩电,北京彩电价格大战再次掀起。这样,8月9日,四川华西都市报社邀请了TCL、长虹、创维、康佳、海尔、海信、厦华、乐华等8家彩电企业参加主题为"价格、诚信与突围"的座谈会,业内人士称之为第四次彩电业界的"峰会"。

　　可是,8月11日,康佳宣布其产品在全国范围内降价20%,长虹即宣布开闸放水,第七次彩电价格大战爆发。彩电市场风云顿起的"军情"传出后,彩电各路诸侯在第一时间作出了迅速的反应。除"熊猫"按捺不住在8月12日,率先喊出"全面参与"外,另有几家彩电巨头的高层人物纷纷"挑灯夜谋"。

　　彩电价格战、彩电价格"峰会"、彩电价格再战、彩电价格再次"峰会"——如此循环反复,在经济转型的过程中,中国彩电业呈现出明显的寡头垄断市场特征,各彩电企业之间的博弈渐趋显著。相信通过彩电企业之间的不断博弈,最终会形成一个有利于消费者的较高效率水平的博弈均衡。

　　资料来源:上海财经大学干春晖教授MBA教学案例《中国彩电企业的竞争》。

3.污染博弈

　　如果市场经济中,企业生产的结果导致严重的环境污染,但政府并没有管制环境污染,那么企业为了追求利润的最大化,宁愿以牺牲环境为代价,也绝不会主动增加环保设备投资进行治理。按照看不见的手的原理,所有企业都会从利己的目的出发,采取不顾环境的策略,从而陷入"囚徒困境"状态。在图7－10中,假设有两家企业X和Y,面对环境污染可选的两种策略是:治理和不治理。如果双方都不治理,各自获得30万元利润;如果双方都投资设备治理污染,那么由于生产成本上升,各自的利润减少到20万元;如果一方治理另一方不治理,那么治理一方生产成本上升,产品价格就要提高,产品的竞争力下降,从而获得利润下降,甚至破产,在此假设利润下降为10万元;而不治理一方因生产成本较低从而产品价格较低,获得较多利润,在此假设为40万元。因此,企业之间污染博弈的纳什均衡是(不治理,不治理)。

　　污染博弈是一个"看不见的手的有效的完全竞争机制"失败的例证。在这种情

厂商Y

		治理	不治理
厂商X	治理	（20，20）	（10，40）
	不治理	（40，10）	（30，30）

图7-10　污染博弈

况下,纳什均衡是无效率的。然而,从20世纪90年代中期中国乡镇企业的盲目发展,到21世纪中国民营经济的快速发展过程中,都造成了类似情况下的严重污染。在这种情况下,迫使企业走出污染博弈的囚徒困境的选择是,政府加强污染管制,实施排污收费或明确产权,强制或诱导企业在生产产品的同时投资治理污染。

例7.3　山西焦化企业污染触目惊心

山西省是全国最大的炼焦用煤资源基地,丰富的炼焦用煤资源支持了山西省焦化产业的逐步发展壮大。但与此同时,焦化行业对环境的污染也到了触目惊心的程度。

有资料显示,该省万元工业产值的污染负荷,烟尘、工业粉尘、工业固体废弃物等分别是全国平均值的4.5倍、2.3倍和10.4倍;全省26条河流有77%的断面为劣五类水质,经济社会发展的环境支持系统排全国倒数第一。由于焦化工业"三废"排放过量,炼焦区大气中以及附近地表水中的有害物质都严重超标,焦化行业对大气和水环境的污染负荷已分别达到全省总负荷的30%和40%,当地的生存环境已不堪重负!

山西省十届人大常委会第十二次会议上,省经济委员会主任张诚所做的关于《山西省焦化产业管理条例(草案)》的说明让与会的代表们深感震惊。说明中指出,全省违规建成和在建的机焦炉生产能力已高达6235万吨,其中不符合产业政策的小机焦就有3145万吨。而这些企业多数没达到环保要求,大都是单纯炼焦,从而导致严重的资源浪费和环境污染。同时,由于副产品不回收或回收利用率低,焦化企业不同程度地存在着煤气、煤焦油大量浪费的现象,同时形成了环境污染。

《山西省焦化产业管理条例(草案)》要求调整全省焦化企业的布点、布局,集中建设吕梁、临汾两个焦化基地,发展符合国家产业政策达到环保要求的年产量在60万吨以上的大型机焦企业。同时,采用法律和行政手段,淘汰严重污染的落后小机焦炉、坚决取缔改良焦炉和土焦炉,并利用行政、信贷、运销政策支持大型机焦企业采用先进的技术,鼓励焦化各类副产品的综合加工利用,减少环境污染。

资料来源:新华网山西频道,2004年7月7日。

二、不完全信息博弈

生活中,由于买者与卖者在买卖过程中存在的信息不对称,即通常卖者对交易对象拥有较多信息,而买者对交易对象拥有较少信息。从而会出现卖者欺骗买者的现象。这可以从博弈论角度来加以分析。

1. 旧车市场

在旧车市场上,外表装饰相同的旧车,实际质量却相差很大。但是,事实上,卖主对此了如指掌,即拥有充分信息,而买者并不了解。卖者与买者之间的信息不对称,一方面使得卖者可以利用买者的信息缺乏而把非常破损的旧车经过装饰作为较好的旧车卖出去,即拥有信息者以损害缺乏信息者为代价而获取利益。另一方面,作为买者尽管不了解每一辆旧车的确切质量,但知道旧车市场上的信息不对称和道德风险的存在,因此,他们不会出高价,只愿意出较低的价格买旧车。既然买主只愿出较低的价格买旧车,卖者就不会将质量较高的旧车拿到旧车市场出售,从而导致较高质量的旧车退出旧车市场,旧车市场上留下来的都是低质量的旧车,类似于金融史上的"劣币驱逐良币"现象。

不仅旧车市场存在信息不对称及由此导致上述问题,而且新车也一样;不仅车,而且几乎所有的商品都或多或少存在类似问题。

如何解决此问题? 一是买者根据价格变化(保修期长短、企业规模、消费经验等)推断产品质量,所谓"只有买错,没有卖错"、"便宜没有好货",通常价格高(保修期长、企业规模大)的产品质量较高。二是制定统一的质量识别标准,如 ISO90002 质量体系,公开信息。三是在买者与卖之间介入中间人,如在旧车市场上,由中间商对旧车质量进行鉴定,并给各种不同质量的旧车作出标记,使买者放心购买。

为什么会有中间商? 获取信息要付成本,也有收益。单个买者为买一辆旧车学习鉴别知识,成本肯定大于收益,是非理性行为。中间商却不同,他们学习旧车鉴别知识是为许多车作鉴定,分摊到每辆车上的学习成本必然很小,因而具有规模经济。中间商是市场机制的产物,市场机制反过来保证了中间商的数量与质量(取决于从事其他职业的收益,即机会成本)。中间商也是分工细化的结果。

2. 保险市场

为什么有保险? 未来的不确定性与风险的存在。风险是蒙受损失的可能性,这个可能性可以用概率表示。以汽车保险为例,任何个人发生车祸的概率难以确定,但一旦发生损失惨重。如果事先投保就可获赔偿。根据大数定律,整个社会发生车祸的平均概率是可以估算出来的。保险公司根据估算的平均概率收取保费。投保人以少量保费换得保险,保险公司收取保费(扣除赔偿及成本)获利,是个双赢模式。

事实上,保险公司与投保人之间存在信息不对称,投保人知道自己的开车技术、习惯、车祸概率,保险公司并不了解。于是,那些事故概率大于社会平均概率的人选择投保,小于平均概率的人不投保,因为按平均概率计算的保费对前者过低,对后者过高。即使保险公司提高保费也无济于事,因为保费越高,投保人的车祸概率越大,车祸概率越小的人越不投保。保了险的车主往往降低驾驶的谨慎度,甚至有意弄坏车子。

解决以上问题的办法:一是强制保险,但这是非市场行为,是我国目前反垄断的专项之一。二是对不同人收取不同保费,如对初开者和有事故记录者收较高保费,对驾龄长者和无事故记录者收较低保费。三是将保费用于投资(共同基金、股票、债券、企业、房地产等)增加获利。

3. 信贷配给

在间接融资的资本市场上,银行贷款的收益取决于利率与企业还款的可能性,而企业还款的可能性很大程度上与企业经济活动的风险相关。企业对自身经营状况、前景及偿债能力一清二楚,但银行并不清楚或者清楚的成本太高,通常银行根据企业平均风险状况决定贷款利率。于是,那些从事低风险投资的企业因贷款成本高于预期收益而退出借贷市场,而那些从事高风险投资企业由于可能获超额利润,趋之若鹜。结果贷款的平均风险提高,导致银行经营风险增大,呆账坏账增多。为了降低风险,减少损失,银行在给定贷款利率水平上,愿意提供的贷款数量小于贷款需求量,从而发生信贷配给不足。

从银行角度,在均衡利率水平下,部分经营成本相对较高的银行就会出现亏损,为了避免支付不保而不倒闭,亏损银行将以高于均衡利率的利率来吸收存款,结果成本进一步提高。一般情况下,最有动力依靠提高利率揽储的往往是低效率银行。如果不控制利率上升,那么亏损银行与赢利银行的动态博弈结果便是存款利率的螺旋式上升,最终整体利率高于均衡利率,造成两败俱伤。前几年,我国各地的存款大战即是典型案例。

练习与思考

一、名词解释

参与人 支付 策略 静态博弈 动态博弈 重复博弈 完全信息博弈 不完全信息博弈 零和博弈 常和博弈 变和博弈 合作博弈 非合作博弈 策略式 扩展式 上策 上策均衡 纳什均衡 子博弈 子博弈精炼纳什均衡 囚徒困境

二、分析题

1. 如果一个博弈中,每个参与人都有一个上策的话,该博弈就一定会有一个上策均衡吗?

2. 在三个和尚没水吃的故事中,三个和尚都不去挑水是一个囚徒困境吗?

3. 在田忌赛马的故事中,田忌所使用的策略是什么? 除此之外,他还有哪些策略? 他有没有上策? 为什么?

4. 上策均衡与纳什均衡之间的联系与区别是什么?

5. 子博弈精炼纳什均衡与纳什均衡之间的关系是什么?

6. 一个博弈如果只有一个纳什均衡,请问题该纳什均衡是上策均衡吗? 是子博弈精炼纳什均衡吗? 为什么?

第八章 要素市场

在产品市场上,需求来源于消费者,供给来源于厂商。但在分析消费者需求行为时,通常假定消费者的收入保持不变;而在分析厂商供给行为时,又假定厂商使用的生产要素的价格保持不变。事实上,如同产品的价格决定一样,生产要素的价格也是在生产要素市场中由厂商对要素的需求和家庭对要素的供给决定的。生产要素价格的变化不仅影响厂商对要素的需求,也会改变家庭提供要素的数量及所获得的要素收入。本章从产品市场转向生产要素市场,着重分析要素价格的决定问题。首先,考察生产要素的需求、供给及其价格的决定;其次分析劳动、资本、土地、企业家才能等各种生产要素市场上的供求及其价格的决定。由于要素价格和数量是决定消费者收入水平的重要因素,决定了要素价格和数量,在很大程度上决定了要素所有者的收入分配,所以要素市场理论在经济学中也被称作"分配理论"。相应地,在本章的最后引入劳伦斯曲线和基尼系数来说明收入分配的平等程度。

第一节 要素的需求

一、派生需求

微观经济学把生产过程中的各种投入称为生产要素(Production Factor),也简称要素,并把生产要素划分为资本、劳动、土地和企业家才能四种类型。生产要素市场上的需求与产品市场上的需求具有很不相同的性质。在产品市场上,需求的主体是消费者,消费者购买产品是为了直接满足自己的吃、穿、住、行等方面的需要,因而是一种直接需求;而在生产要素市场上,需求的主体是厂商,厂商购买生产要素不是为了自己的直接需要,而是为了生产和出售产品以满足消费者的需要并获取收益,因而是一种间接需求。也就是说,厂商对生产要素的需求是因消费者对产品的需求而引申出来的,是一种派生需求(Derived Demand)。例如,消费者购买面包,这是直接需求;消费者对面包的直接需求引致面包店购买面粉、劳动等生产要素去生产面包,那么,面包店对面粉、劳动等生产要素的需求就是派生需求。

　　厂商对某种生产要素的需求(量)取决于很多因素,其中主要的因素有:

　　1.该生产要素的价格

　　一般来说,在其他条件不变的情况下,厂商对某种生产要素的需求量与其价格成反方向变化,即该生产要素的价格越高,厂商的使用量越少;该生产要素的价格越低,厂商的使用量越多。

　　2.消费者对产品的需求

　　由于厂商对生产要素的需求是由消费者对产品的需求派生出来的,因此,消费者对某种产品的需求越大,该产品的价格越高,厂商就投入越多的生产要素去生产该产品。例如,消费者对面包的需求增加,就会导致面包店对面粉的需求的增加。

　　3.相关生产要素的价格

　　厂商所需要的各种生产要素之间既是互补的又是替代的。说它们互补是因为单独一种生产要素一般不能生产任何东西,只有多种生产要素相结合才能达到生产的目的。例如,一个面包店,只有面包师而没有面粉,根本就生产不出面包,正所谓"巧妇难为无米之炊"。说它们替代是因为同一种产品,既可以多用资本少用劳动来生产,也可以多用劳动少用资本来生产。例如,美国和泰国都是世界大米净出口国,但美国采用的是资本密集型生产方式,而泰国采用的是劳动密集型生产方式。

　　由于各种生产要素之间的互补关系和替代关系,其他生产要素价格的变化必然引起对某种生产要素需求的变化。比如,在某些地区劳动力资源特别丰富,劳动力价格特别便宜,但其他资源匮乏,那么,由于生产需要各种生产要素的结合,人们不会仅被便宜的劳动力吸引而到那些地区投资办企业,从而对便宜的劳动力没有需求。又如,在资本价格不变的情况下,劳动力价格的上升会促使厂商更多地投入资本来替代劳动;相反,在劳动价格不变的情况下,资本价格的上升会促使厂商更多地投入劳动来替代资本。

　　4.技术水平

　　技术进步使得厂商用更少的投入生产出更多的产品。通常技术进步减少的是厂商对劳动的投入量,相应地,厂商使用资本的数量会增加。比较一个使用挖掘机的挖道工和一个使用手铲的挖道工的劳动效率,或比较以往的抄写员和当今秘书利用复印机复制材料的能力,就可以明显地感受到这一点。在过去的一个世纪中,我们看到电灯代替了油灯、飞机代替了马车、复印技术代替了羽毛笔和墨水笔、计算机代替了算盘……所有这些,都标志着技术的巨大进步,与此同时,厂商投入的要素组合发生了变化。

二、厂商使用要素的原则

由于厂商的目标是利润最大化,因此,只要某种生产要素的投入所引起的产量增加及相应的总收益的增加大于相应的总成本的增加,厂商就会在扩大生产的过程中继续增加该种生产要素的使用量;相反,如果某种生产要素的投入所引起的总收益的增加小于相应的总成本的增加,厂商就会在缩小生产的过程中减少对该种生产要素的使用量;而只有某种生产要素的投入所引起的总收益的增加等于相应的总成本的增加时,厂商既不会增加也不会减少对该种生产要素的使用量。

如果将厂商增加一单位某种生产要素投入所增加的总收益,称为要素的边际收益(Marginal Revenue of Factor, MR_F);将厂商增加一单位某种生产要素投入所增加的总成本,称为要素的边际成本(Marginal Cost of Factor, MC_F),那么,追求利润最大化的厂商使用该种生产要素的原则就是:要素的边际收益=要素的边际成本,用公式表示就是:

$$MR_F = MC_F \tag{8-1}$$

但是,厂商使用生产要素的这个原则在不同的市场组合中有不同的表述。

1.要素的边际收益

从实物形态上讲,厂商增加一单位要素投入所增加的产量,就是边际产量(MP),也称边际生产力。从价值形态上讲,在其他条件不变时,每增加一单位要素投入所增加的产值,称为边际产品价值(Value of Marginal Product, VMP),它是要素的边际产量(MP)与产品市场价格(P)的乘积,即 $VMP = MP \cdot P$;而每增加一单位要素投入所增加的收益,称为边际产品收益(Revenue of Marginal Product, MRP),它是要素的边际产量(MP)与产品边际收益(MR)的乘积,即 $MRP = MP \cdot MR$。

以劳动为例,厂商增加一单位劳动所增加的收益,可以表示为增加一单位劳动所增加的产量与增加一单位产品所增加的收益的乘积,其推导过程为:

$$MRP_L = \frac{dTR(Q)}{dL} = \frac{dTR}{dQ} \cdot \frac{dQ}{dL} = MR \cdot MP_L \tag{8-2}$$

可以知道,如果产品市场是完全竞争的,那么产品价格由市场的供求决定,对于单个厂商来说,它只是市场价格的接受者,因而厂商的产品价格不变,产品的边际收益与产品的价格相等,即 $P = MR$,所以,厂商增加一单位要素投入的边际产品价值也等于其边际产品收益,即 $VMP = MRP$。在这种情况下,我们用 VMP 或 MRP 表示要素的边际收益是一样的。如果产品市场是不完全竞争的,那么产品的价格大于产品的边际收益,即 $P > MR$,所以厂商增加一单位要素投入的边际产品价值也大于其边际产品收益,即 $VMP > MRP$,此时,我们就只能用 MRP 表示要素的边际收益而不能用 VMP。

2. 要素的边际成本

如果一个厂商投入的只是劳动和资本两种生产要素,劳动与资本的投入数量分别为 L 和 K,劳动和资本的价格分别是工资(w)和利息率(r),那么厂商的总成本可以表示为:

$$TC = wL + rK \tag{8-3}$$

在生产要素市场是完全竞争市场时,要素的价格由市场供求决定,对于单个厂商来说,它也只是要素市场价格的接受者,因此,厂商增加一单位要素投入所增加的成本就等于要素的价格,即增加一单位劳动投入所增加的成本等于工资(w),增加一单位资本投入所增加的成本等于利息率(r)。这就是说,在生产要素市场完全竞争时,可以用要素的价格来表示要素的边际成本。但是,如果生产要素市场是不完全竞争市场的,那么要素边际成本就只能是增加一单位某种生产要素投入所增加的总成本。当增加的是劳动或资本的投入时,劳动与资本的边际成本可以通过对式(8-3)求偏导得到:

$$MC_L = \frac{\partial TC}{\partial L} = \frac{\partial}{\partial L}(wL) = w + L \cdot \frac{\partial w}{\partial L} \tag{8-4}$$

$$MC_K = \frac{\partial TC}{\partial K} = \frac{\partial}{\partial K}(rK) = r + K \cdot \frac{\partial r}{\partial K} \tag{8-5}$$

由于在不完全竞争的生产要素市场上,随着某种生产要素使用量的增加,其价格是上升的,因此,劳动的边际成本大于工资,即 $MC_L > w$;资本的边际成本大于利息率,即 $MC_K > r$。

3. 厂商使用要素的原则

在产品市场划分为完全竞争市场和不完全竞争市场,生产要素市场也划分为完全竞争市场和不完全竞争市场的情况下,产品市场与生产要素市场的两两组合,就会产生四种市场组合:(1)完全竞争的产品市场与完全竞争的生产要素市场;(2)不完全竞争的产品市场和完全竞争的生产要素市场;(3) 完全竞争的产品市场和不完全竞争的生产要素市场;(4)不完全竞争的产品市场和不完全竞争的生产要素市场。在这四种不同的市场组合下,厂商使用生产要素的原则可以用表 8-1 概括表述。

表 8-1　厂商使用生产要素的原则(以劳动为例)

		生产要素市场	
		完全竞争	不完全竞争
产品市场	完全竞争	$VMP_L = w$	$VMP_L = MC_L$
	不完全竞争	$MRP_L = w$	$MRP_L = MC_L$

在表 8-1 中,产品市场完全竞争时,劳动的边际收益可以用 VMP_L 来表示,在

生产要素市场完全竞争时,劳动的边际成本就等于劳动市场供求均衡时的工资 w,因而两个市场都是完全竞争时,厂商使用劳动这一生产要素的利润最大化原则可以表示为 $VMP_L = w$;同样地,在产品市场不完全竞争和生产要素市场完全竞争时,厂商使用劳动这一生产要素的利润最大化原则可以表示为 $MRP_L = w$;在产品市场完全竞争和生产要素市场不完全竞争时,厂商使用劳动这一生产要素的利润最大化原则可以表示为 $VMP_L = MC_L$;而在产品市场和生产要素市场都不完全竞争时,厂商使用劳动这一生产要素的利润最大化原则可以表示为 $MRP_L = MC_L$。

三、厂商对要素的需求

由于厂商对生产要素的需求是由消费者对产品的需求派生出来的,因此,厂商对生产要素的需求不仅与生产要素市场有关,而且与产品市场也有关。我们按照产品市场与生产要素市场的四种不同组合及四种组合中厂商使用要素原则的不同表示(表8-1)来说明厂商对生产要素的需求。

1.完全竞争的产品市场与完全竞争的要素市场

当产品市场是一个完全竞争市场时,要素的边际收益可以用边际产品价值(VMP)来表示。假定劳动(L)是厂商在生产过程中投入的唯一的可变生产要素,则劳动的边际产品价值(VMP_L)等于劳动的边际产量(MP_L)与产品的市场价格(P)的乘积,即:$VMP_L = MP_L \cdot P$。根据生产要素的边际收益递减规律,随着某种可变生产要素投入量的增加,该种生产要素的边际产量终将不断减少;而在产品市场完全竞争时,产品的市场价格不变,所以,生产要素的边际产品价值会随着要素投入量的增加而减少,即要素的边际产品价值曲线是一条向右下方倾斜的曲线。如图8-1所示,劳动的边际产品价值曲线 VMP_L 是一条向右下方倾斜的曲线,它表示随着劳动投入量的增加,劳动的边际产品价值不断减小。

生产要素市场也是完全竞争市场,因此,要素的市场价格不会随着一个厂商的要素投入量的变化而变化。对厂商来说,它只是要素市场价格的接受者,所面临的要素供给曲线是一条从要素市场价格出发的水平线。如图8-1所示,厂商所面临的劳动供给曲线 S_L 是一条从均衡工资 w_0 出发的水平线,它表示厂商可以在 w_0 的工资水平上雇用到任意数量的劳动。

当产品市场和生产要素市场都是完全竞争市场时,厂商利润最大化的要素使用原则是:要素的边际产品价值等于要素的价格。对应地,在图8-1中,E 点满足厂商使用要素的原则:$VMP_L = w$,所以,厂商将根据其所面临的劳动供给曲线 S_L 和劳动的边际产品价值曲线 VMP_L 的交点 E 来决定最优的劳动投入量 L_0。给定的不同的工资水平(w),只要厂商始终按照这一原则决策,那么,厂商总能在曲线

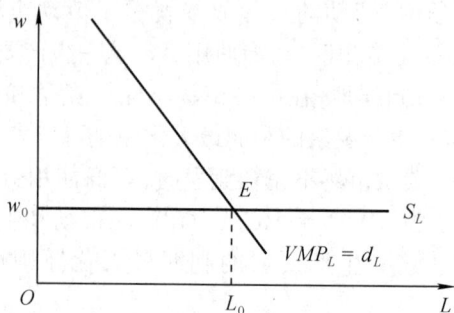

图 8-1　产品市场和要素市场都是完全竞争市场时
厂商对某种要素的需求曲线:一种可变要素

VMP_L 上确定相应的最优劳动投入量,因此,厂商的劳动的边际产品价值曲线 VMP_L,就是厂商对劳动这种生产要素的需求曲线 d_L,它表示厂商对劳动的需求量与工资呈反方向变化。

　　当劳动只是厂商在生产中所使用的诸种可变生产要素中的一种时,VMP_L 就不再能代表厂商对劳动的需求曲线。这种变化的原因在于,当其他可变生产要素的价格也是既定时,工资的变化,将会引起各种可变生产要素的相对价格的变化,从而引起厂商对其他可变生产要素的使用量的变化,最后导致厂商的 VMP_L 曲线本身的移动。这样,在不同的生产要素价格条件下,厂商对劳动这一生产要素的需求量,将由各条不同的 VMP_L 曲线上的各点给出,如图 8-2 所示。

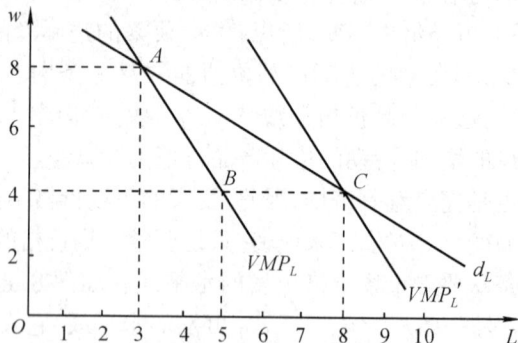

图 8-2　产品市场和要素市场都是完全竞争市场时
厂商对某种要素的需求曲线:多种可变要素

　　在图 8-2 中,假定某厂商最初对劳动的需求曲线是 VMP_L,此时,单位劳动的工资是 $w=8$ 元,厂商使用的劳动量是 3 个单位,即 VMP_L 曲线上的 A 点。当其他可变生产要素的价格保持不变时,由于劳动市场的供求原因使得工资从 8 元下降至 4 元。假如劳动是唯一可变的生产要素,这时,厂商对劳动的使用量将只增加 2 个单位,即在 VMP_L 曲线上 B 点所表示的劳动使用量($L=5$)。但是,在厂商使用多种可变生产要素的情况下,工资的下降改变了各种可变生产要素的相对价格,由于劳动这一生产要素变得相对便宜了,因此,厂商在生产中将改变各种可变生产要素的使用比例,增加相对便宜的生产要素的使用量,以替代其他各种可变生产要素。在这一情形下,由于出现了劳动对其他可变生产要素的替代,使得厂商的劳动的边际产品价值曲线向右移动,即从原来的 VMP_L 移至 VMP_L'。在新的 VMP_L' 曲线的 C 点上,对应于 $w=4$ 元,厂商对劳动的需求量是 8 个单位($L=8$)。

由此可见,在厂商使用多种可变生产要素的情形下,某种生产要素价格的单独变动将引起该生产要素的边际产品价值曲线的移动,因此,连接不同的 VMP 曲线上的各点,就构成了厂商对该种可变生产要素的需求曲线。在图 8-2 中,连接 VMP_L 上的 A 点和 VMP_L' 上的 C 点而得出的曲线 d_L 就是厂商对劳动的需求曲线。

2. 不完全竞争的产品市场与完全竞争的要素市场

假定厂商是某种产品的生产和销售的垄断者,那么产品的价格将随着该厂商的产销量的增加而下降,从而产品的边际收益小于产品的价格,即 $MR < P$。由于要素的边际产品收益是要素的边际产量与产品边际收益的乘积,即 $MRP = MP \cdot MR$;而要素的边际产品价值是要素的边际产量与产品价格的乘积,即 $VMP = MP \cdot P$;所以,$MRP < VMP$,对应地,MRP 曲线一定位于 VMP 曲线的左下方。如图 8-3 所示,假定劳动(L)是某垄断厂商使用的唯一可变生产要素,那么劳动的边际产品收益曲线 MRP_L 位于劳动的边际产品价值曲线 VMP_L 的左下方。由于生产要素市场是完全竞争的,因此,该厂商所面临的劳动的供给曲线 S_L 仍然是一条从均衡工资 w_0 出发的水平线。

在产品市场不完全竞争而生产要素市场完全竞争时,厂商利润最大化的要素使用原则是:要素的边际产品收益等于要素的价格。对应地,在图 8-3 中,E 点满足厂商使用要素的原则:$MRP_L = w$,因此,厂商将根据其所面临的劳动供给曲线 S_L 和劳动的边际产品收益曲线 MRP_L 的交点 E 来决定最优的劳动投入量 L_0。给定不同的工资水平(w),只要厂商始终按照这一原则决策,那么总能在曲线 MRP_L 上确定相应的的最优劳动投入量,所以,该厂商的劳动的边际产品收益曲线 MRP_L 就是厂商对劳动这种生产要素的需求曲线 d_L,它表示厂商对劳动的需求量与工资呈反方向变化。

由于 MRP_L 曲线位于 VMP_L 曲线左下方,所以,对应于相同的工资水平,产品市场的垄断厂商对劳动的需求量要小于产品市场完全竞争时厂商对劳动的需求量。例如,在工资为 W_0 时,产品市场的垄断厂商对劳动的需求量 L_0 要小于产品

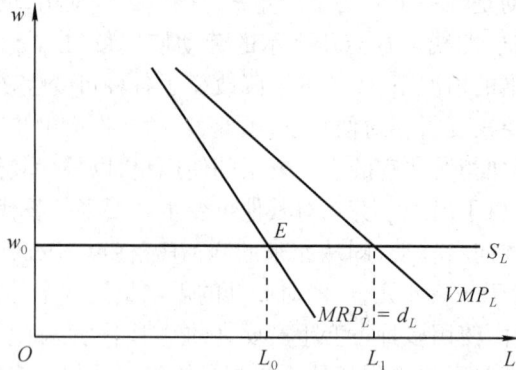

图 8-3　产品市场不完全竞争而要素市场完全竞争时
厂商对某种要素的需求曲线

市场完全竞争时厂商对劳动的需求量 L_1。

　　由于厂商增加一单位劳动投入的边际产品价值大于其边际产品收益,即 $VMP_L > MRP_L$,而厂商是按照劳动的边际产品收益支付的,这意味厂商对劳动的支付少于其边际产品价值,从而被认为是对劳动所有者的剥削。琼·罗宾逊(Joan Robinson)称之为"卖方垄断的剥削"。

　　当产品市场的垄断厂商所使用的不是单一而是多种可变生产要素时,它在完全竞争的生产要素市场上对某种生产要素的需求曲线,可以参照图 8-2 通过连接两条不同的 MRP_L 曲线上的点来得到。

　　3. 完全竞争的产品市场和不完全竞争的要素市场

　　前面的分析中,无论厂商在产品市场上处于完全竞争或是处于垄断的地位,厂商所面临的生产要素市场都是完全竞争市场。然而,在现实中,生产要素市场也可能是不完全竞争市场,现在就来考察一种不完全竞争的生产要素市场——买方垄断。所谓买方垄断(Monopsony)是指一个市场只有单一的购买者。假定在某个生产要素市场上,生产要素的需求者是唯一的一家厂商,即这家厂商是该生产要素市场的买方垄断者。

　　一家厂商之所以能成为某一产品或要素的唯一购买者,一定是有某种原因使其他厂商不能进入该市场并购买同种产品或要素。一般来说,买方垄断的形成主要有以下两个原因:(1)资源用途的局限性。如果某种资源只有一种专门用途,那么购买该资源的厂商就可能成为一个买方垄断者。例如,我国某地区农民种植的一种葡萄,是专门用来酿造红酒的原料,但该地区只有一家红酒厂,它是葡萄的唯一收购者,那么,该红酒厂就成为这种葡萄的买方垄断者。(2)要素市场区位的特殊性。由于地理位置及劳动力流动方面的障碍,在某些城镇只有一家厂商的情况下,该厂商很自然就成为当地劳动力市场上的唯一雇用者。

在生产要素市场存在着买方垄断的条件下,不完全竞争的生产要素市场的一个非常重要的特点,是厂商所面临的生产要素的供给曲线不再是一条与横轴(生产要素数量轴)平行的直线,而是一条具有正斜率(或向右上方倾斜)的供给曲线。它表示厂商对某种生产要素(如劳动)的需求量越大,它所必须支付的该生产要素的购买价格越高。这一正斜率的供给曲线反映了厂商对生产要素需求量的变化将引起生产要素价格的变化,而在完全竞争的生产要素市场上,单个厂商对生产要素需求量的变化不会对该生产要素的价格产生影响。

由于买方垄断厂商所面临的生产要素的供给曲线向右上方倾斜,所以,当厂商需要更多的生产要素时,它不仅只是对所增加的需求部分,而且必须对其需求的全部的生产要素数量,都支付相应更高的购买价格。结果,厂商的要素边际成本大于要素的价格;相应地,厂商的要素边际成本曲线位于生产要素供给曲线的上方。如图 8-4 所示,假定某厂商是劳动市场上的买方垄断者,那么劳动的边际成本曲线 MC_L 位于劳动供给曲线 S_L 的上方。由于产品市场是完全竞争的,劳动的边际产品价值等于劳动的边际产品收益,即 $VMP_L = MRP_L$,因此,在这里,用劳动的 VMP_L 曲线表示劳动的边际收益曲线。

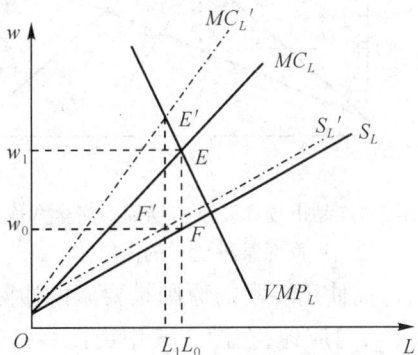

图 8-4 产品市场完全竞争而要素市场不完全竞争时
厂商对某种要素的需求

在产品市场完全竞争而生产要素市场不完全竞争时,厂商利润最大化的要素使用原则是:要素的边际产品价值等于要素边际成本,即 $VMP_L = MC_L$。对应地,在图 8-4 中,厂商将根据其所面临的劳动的边际成本曲线 MC_L 和劳动的边际产品价值曲线 VMP_L 的交点 E 来决定劳动的投入量 L_0,对应的工资为 w_0。

但是,我们得到的仅仅是一个关于劳动的需求量 L_0 与工资 w_0 的组合 F,而不能得到一条完整的劳动的需求曲线。这是因为给定任意的工资水平 w_1,只要

它不等于 w_0，就不存在对应于该工资水平下的最优的劳动投入量，因为在 w_1 工资水平上，厂商不可能找到某个劳动投入量，使 $VMP_L = MC_L$。当然，随着劳动供给曲线及劳动边际成本曲线的变化，在劳动的边际产品价值曲线不变的情况下，能够得到不同的工资和劳动需求量的组合。但是，即便如此，仍然不能得出一条劳动的需求曲线。假设劳动的边际成本曲线 MC_L 和劳动的供给曲线 S_L 上移至 MC_L' 和 S_L'，则由曲线 MC_L' 和 VMP_L 的交点 E' 所决定的最优劳动投入量为 L_1，但工资仍然为 w_0，这就是说，对于一个工资水平 w_0，可能有两个最优的劳动投入量 L_0 和 L_1。因此，在生产要素市场不完全竞争时，厂商对要素的需求曲线是不存在的。

4.不完全竞争的产品市场和不完全竞争的要素市场

在产品市场不完全竞争时，厂商投入劳动的边际产品收益曲线 MRP_L 位于边际产品价值曲线 VMP_L 的左下方；而在生产要素市场不完全竞争时，劳动的边际成本曲线 MC_L 位于劳动的供给曲线 S_L 的上方，如图 8-5 所示。

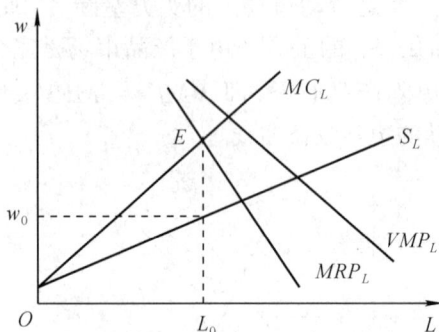

图 8-5　产品市场和要素市场都不完全竞争时
厂商对某种要素的需求

为实现利润最大化，厂商使用要素的原则是要素的边际产品收益等于要素的边际成本，即 $MRP_L = MC_L$，对应地，在图 8-5 中由曲线 MRP_L 和 MC_L 的交点 E 决定了厂商利润最大化的劳动投入量为 L_0，相应的工资为 w_0。同样，由于生产要素市场是不完全竞争的，我们只能决定厂商的某个劳动投入量及该劳动投入量对应的工资，而不能给出厂商对劳动的需求曲线。

四、要素的市场需求曲线

由于生产要素市场存在买方垄断时，厂商对生产要素的需求曲线是不存在的，因此，我们是在假定生产要素市场是完全竞争的情况下来分析生产要素的市场需求曲线的。

在前面，我们已经给出了单个厂商对某种生产要素的需求曲线，即在生产要素市场完全竞争时,如果产品市场也是完全竞争的,那么某种生产要素的边际产品价值曲线就是厂商对该种生产要素的需求曲线;如果产品市场是不完全竞争的,那么某种生产要素的边际产品收益曲线就是厂商对该种生产要素的需求曲线。但是,在已知单个厂商对某种生产要素的需求曲线时,如何推出该生产要素的市场需求曲线呢?

　　某种生产要素的市场需求曲线并不是各个厂商对该种生产要素的需求曲线的简单的水平相加。因为在推导单个厂商对劳动的需求曲线时,是假定该厂商所生产的产品的市场需求不变时,该产品的市场供给量的增加,是不会引起产品的市场价格变化的。但是,从生产某种相同产品的所有厂商来看,当某种生产要素的价格下降时,所有厂商都会增加该要素的使用量,生产出更多的产品。这样,在这种产品的市场需求不变时,该产品的市场供给量的增加会引起产品的市场价格的下降,而产品的市场价格的下降会导致各个厂商减少对该生产要素的需求,结果各个厂商对该种生产要素的需求曲线向左移动。如图 8-6(a)所示,当工资(w)下降时,由于所有厂商都会增加对劳动的需求量,生产出更多的产品。这样,在产品的市场需求不变时,产品市场供给的增加会引起产品市场价格的下降,而产品的市场价格的下降使得各个厂商的劳动的需求曲线都从 d_L 向左移至 d_L'。所以,当 w 下降时,只有将各个厂商已经左移后的劳动的需求曲线 d_L' 进行水平相加,才能得到劳动的市场需求曲线 D_L,见图 8-6(b)。

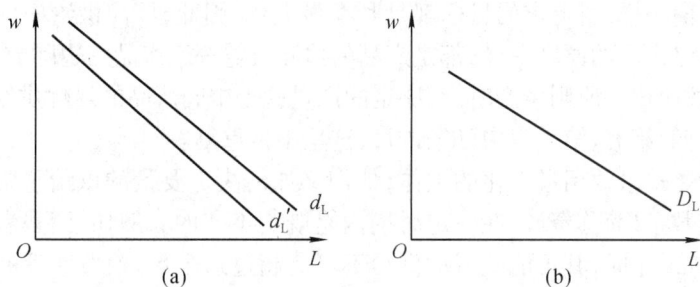

图 8-6　生产要素的市场需求曲线

第二节　要素的供给

一、要素的供给者及其供给要素的原则

在分析了厂商对生产要素的需求之后,我们来分析要素所有者对生产要素的

供给。

1.要素的供给者

谁是生产要素的供给者呢？消费者和厂商。

消费者是生产要素市场的原始供给者,他们提供原始的各种生产要素,如劳动、资金、土地、企业家才能等。厂商是中间生产要素的供给者,他们提供机器、设备、初级加工产品等资本品。这类厂商的一个重要特征是:它们既是生产要素的需求者,同时又是生产要素的供给者。作为生产要素的需求者,它们需要投入消费者提供的各种原始的生产要素来生产产品;而作为生产要素的供给者,它们生产的产品是中间产品,即不是直接用于消费的最终产品,而是被当作投入品用于生产其他产品的产品。

例如,轮胎制造厂向汽车制造厂提供轮胎,汽车制造厂再用轮胎和购买的其他厂商生产的汽车配件组装成汽车并销售给消费者,那么这里的轮胎既是轮胎制造厂的产品,同时也是汽车制造厂的投入品,所以,这里的轮胎是一种中间产品,而汽车制造厂销售给消费者的汽车就是最终产品。当然,如果一家出租车公司购买了汽车,那么汽车又被作为投入品用于向消费者提供出租车服务时,汽车又成了中间产品,而出租车服务才是最终产品。

2.供给要素的原则

生产要素的供给者如何决定其要素的供给量?提供中间产品的厂商和提供最终产品的厂商一样,所追求的目标都是利润最大化,因此,厂商供给中间产品的原则与供给最终产品的原则一样,都是产品的边际收益等于产品的边际成本,也就是说,当厂商按照这一原则生产时,所决定的产量就是中间产品的最优供给量。类似的分析在第四、第五、第六章中已经讲过,这里不再重复。

消费者是追求效用最大化的主体,他们又如何决定要素的供给量呢?消费者拥有的要素数量(简称资源)在一定时期内是既定不变的。例如,消费者拥有的时间一天只有24小时,其可能的劳动供给不可能超过这个数;消费者拥有的土地如果只有2公顷,那么所能供给的土地最多也只有2公顷;消费者拥有的收入每月3000元,那么他每月的储蓄不能比这个数更多,等等。由于资源既定,消费者只能将其拥有的全部既定资源的一部分作为生产要素提供给市场,其余的部分必须保留自用。消费者从保留自用的资源上直接获得效用,比如闲暇所产生的效用;而消费者作为要素供给他用的资源,其直接目的是为了获取收入,但最终目的还是为了获得效用,即用所获得的要素收入购买所需要的商品和劳务并在消费它们的过程中间接获得效用。这样,所谓的要素供给问题就可以看成是消费者在一定的要素价格水平下,将其全部既定资源在"要素供给"和"保留自用"两种用途上进行分配以获得最大效用的问题。

那么,怎样分配才能使总效用达到最大呢? 消费者在一定的要素价格水平下,将其全部既定资源在"要素供给"和"保留自用"两种用途上进行分配以获得最大效用的问题,类似于消费者在收入和商品价格既定条件下购买两种商品以获取最大效用的问题,因此,参照第三章的分析,很容易知道,消费者供给要素的原则应该是:作为"要素供给"的资源的边际效用与作为"保留自用"的资源的边际效用必须相等。如果要素供给的边际效用小于保留自用的边际效用,那就意味着减少一单位要素供给所损失的效用小于增加一单位保留自用所增加的效用,因此,可以通过将用于要素供给的资源转移一单位到保留自用上去来增加总效用;如果要素供给的边际效用大于保留自用的边际效用,那就意味着减少一单位要素供给所损失的效用大于增加一单位保留自用所增加的效用,因此,可以通过将用于保留自用的资源转移一单位到要素供给上去来增加总效用。最后,由于边际效用递减规律的作用,资源在"要素供给"和"保留自用"之间的这种调整达到各自的边际效用相等时,消费者获得的总效用最大。

从要素的供给来讲,由于要素供给本身对消费者并不直接产生效用,只有当消费者供给要素得到收入并用于消费时才产生效用,因此,要素供给的效用是一种"间接效用"。以劳动为例,用 $\dfrac{\mathrm{d}U}{\mathrm{d}L}$ 表示劳动供给的边际效用,即劳动供给量增加一单位所带来的消费者效用的增加量;用 $\dfrac{\mathrm{d}U}{\mathrm{d}Y}$ 和 $\dfrac{\mathrm{d}Y}{\mathrm{d}L}$ 分别表示收入的边际效用和劳动供给的边际收入,则劳动供给的边际效用等于劳动供给的边际收入与收入的边际效用的乘积,即:

$$\frac{\mathrm{d}U}{\mathrm{d}L} = \frac{\mathrm{d}U}{\mathrm{d}Y} \cdot \frac{\mathrm{d}Y}{\mathrm{d}L} \tag{8-6}$$

一般来说,单个消费者往往是要素市场上的完全竞争者,他增加或减少某种生产要素的供给量不会影响该种生产要素的市场价格,或者说,他所面临的某种生产要素的需求曲线是一条水平线。如果劳动的均衡工资为 w,那么就有 $\dfrac{\mathrm{d}Y}{\mathrm{d}L} = w$,从而式(8-6)可以简化为:

$$\frac{\mathrm{d}U}{\mathrm{d}L} = \frac{\mathrm{d}U}{\mathrm{d}Y} \cdot w \tag{8-7}$$

当然,在某种特殊的情况下,如果消费者不是要素市场的完全竞争者,则劳动供给的边际效用表达式仍然为一般形式,即式(8-6)。

从自用资源来说,与要素供给提供间接效用相比,保留自用的资源可能带来间接效用,但更重要的是可能产生直接效用。例如,对于消费者来说,如果不把时间作为劳动要素供给市场,就可以用来做家务、照看孩子、旅游、娱乐、睡觉休息等。当消费者将时间用于做家务或照看孩子时,节省了雇人做家务或照看孩子的开支,因而与要素供给一样,开支的节约或相对收入的增加间接增加了效用;当消费者旅游、娱乐或睡觉休息时,则直接增加了消费者的效用。为分析简便,假定消费者自用资源的效用都是直接效用。如果用 L' 表示自用时间的数量,则 $\dfrac{dU}{dL'}$ 就是自用时间的边际效用,它表示增加一单位自用时间所产生的效用增量。

如果将要素供给的边际效用和自用资源的边际效用结合起来,那么,消费者供给要素的原则就是要素供给的边际效用等于自用资源的边际效用。以劳动为例,消费者供给劳动的原则就是:

$$\frac{dU}{dL'} = \frac{dU}{dY} \cdot w \tag{8-8}$$

式(8-8)的推导如下:设消费者拥有某种既定资源(劳动)的总量为 L,资源价格(即劳动的价格,也即工资)为 w,在该要素价格下,消费者的自用资源为 L',从而其要素供给量为 $L - L'$,从要素供给中获得的收入为 $Y = w(L - L')$。消费者获得的效用来源于自用资源和要素供给的收入,故效用函数可以写为:

$$U = U(Y, L') \tag{8-9}$$

消费者的既定资源数量分为要素供给和保留自用两个部分,因此,消费者的约束条件(即预算线)为 $(L - L') + L' = L$,或者,两边都乘以 w 后可以表示为:

$$Y + wL' = wL \tag{8-10}$$

在这里,单位资源自用的价格相当于单位要素没有供给他用所损失的收入,即单位资源自用的机会成本就是单位要素供给他用的收入,因此,可以用 w 表示自用资源 L' 的价格。在式(8-10)的约束条件下求使式(8-9)中效用最大化的条件,就可得到要素供给原则,即式(8-8)。

3. 要素的供给曲线

下面以劳动为例,来推导单个要素供给者的要素供给曲线。显然,消费者对劳动的供给涉及到消费者对其拥有的既定时间资源的分配,其供给原则是:劳动供给的边际效用与时间自用的边际效用相等。因此,我们是在这一供给原则下来推导单个消费者的劳动供给曲线的。具体推导如下:

一个人一天只有 24 小时,假定睡眠必须 8 小时,那么剩下来消费者可以自由支配的时间每天为固定的 16 小时。这 16 小时就是消费者可能的最大劳动供给。如果消费者每天的劳动供给量为 8 小时,那么其余的 8 小时,统称为闲暇(Leisure),它包括了消费者用于吃、喝、玩、乐等所有活动的时间。如果用 H 表示闲暇,那么 $16 - H$ 就代表消费者的劳动供给量。于是,劳动的供给问题就可以看成是消费者如何决定其固定的时间资源 16 小时中闲暇 H 和劳动供给量 $16 - H$ 的分配以实现效用最大化的问题。显然,一旦决定了闲暇的时间,对应的劳动供给量也就决定了;相反,一旦决定了劳动供给量,对应的闲暇也被决定了。关于 16 小时中劳动供给量与闲暇时间的分配决定,可以用图 8-7 来加以说明。

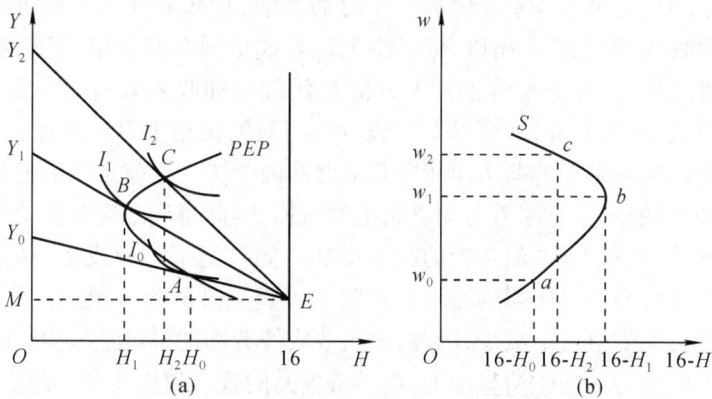

图 8-7 单个消费者的劳动供给曲线的推导

在图 8-7(a)中,横轴 H 表示闲暇,纵轴 Y 表示收入。消费者的初始状态点 E 表示非劳动收入 M 和时间资源总量 16 小时的组合,此时,闲暇为 16 小时,对应的劳动供给量为 0。假定劳动的价格即工资为 w_0,则消费者最大的劳动收入为 $16w_0$,最大的总收入为 $Y_0 = M + 16w_0$,对应的消费预算线为 EY_0,EY_0 与无差异曲线 I_0 相切,切点为 A,与 A 对应的最优闲暇量为 H_0,从而劳动供给量为 $(16 - H_0)$。假定工资上升到 w_1,再上升到 w_2,则消费者的预算线将以点 E 为轴心顺时针方向旋转到 EY_1 和 EY_2,其中 $Y_1 = M + 16w_1$,$Y_2 = M + 16w_2$,预算线 EY_1 和 EY_2 分别与无差异曲线 I_1 和 I_2 相切,切点分别为 B 和 C。均衡点 B 和 C 对应的最优闲暇量分别为 H_1 和 H_2,从而相应的劳动供给量分别为 $(16 - H_1)$ 和 $(16 - H_2)$。连结点 A、B、C 等所得到的曲线 PEP 称为价格消费曲线(参见第三章第二节关于 PCC 的分析)。

如果将图 8-7(a)中 A、B、C 等点对应的工资和劳动供给量的组合,描绘在横轴表示劳动供给量,纵轴表示工资的图 8-7(b)中,就可以得到 a,b,c 等点,联结这些点,得到的曲线就是单个消费者的劳动供给曲线 S。与一般曲线的形状不同,它是一条先向右上方倾斜后又向左上方弯曲的曲线。即在工资水平较低时,随着工资的上升,劳动的供给量增加,对应的劳动供给曲线向右上方倾斜;而当工资上升到某一水平时,劳动的供给量达到最大;此后,如果工资继续上升,那么随着工资的上升,劳动的供给量反而减少,对应的劳动供给曲线也开始向左上方倾斜。

为什么单个消费者的劳动供给曲线是先向右上方倾斜后又向左上方弯曲?这取决于工资上升的替代效应与收入效应的对比(参考第三章第三节的相关分析)。首先,在时间资源总量既定的前提下,劳动供给量的增加意味着闲暇的减少;反之亦然。因此,劳动供给量与闲暇之间是此消彼长的关系。其次,劳动的价格即工资实际上就是闲暇的机会成本。增加 1 小时的闲暇,意味着失去本来可以得到的 1 小时劳动的收入,即工资。所以,可以将工资看成是闲暇的价格,工资越高则闲暇的价格越贵。然后,我们来看工资上升的替代效应和收入效应。一方面,工资上升,闲暇的机会成本上升,从而以工资表示的闲暇的价格上升。因此,消费者就会减少对变得昂贵的闲暇的购买而转向其他商品的购买。这就是工资上升的替代效应。显然,闲暇的减少意味着劳动供给量的增加,因此替代效应使劳动的供给量增加。另一方面,工资上升,消费者的收入增加。如果把闲暇看成是一种正常商品,那么消费者就会增加对闲暇的需求。这就是工资上升的收入效应。显然,闲暇的增加意味着劳动供给量的减少,因此,收入效应使劳动的供给量减少。既然工资上升的替代效应使劳动的供给量增加,而工资上升的收入效应使劳动的供给量减少,那么工资上升到底使劳动的供给量增加还是减少,就取决于替代效应与收入效应的对比。如果替代效应超过收入效应,那么工资上升后,劳动供给量的增加超过劳动供给量的减少,从而劳动的供给量增加;如果收入效应超过替代效应,那么工资上升后,劳动供给量的减少超过劳动供给量的增加,从而劳动的供给量减少。

一般情况下,对于单个消费者来说,当工资水平较低时,工资上升的替代效应大于收入效应,从而劳动的供给量增加;而当工资水平达到某一程度以后,工资继续上升的替代效应就会小于收入效应,从而劳动的供给量减少。如在图 8-7(b) 中,当工资从 w_0 上升到 w_1 时,工资上升的替代效应大于收入效应,从而劳动的供给量从 $16 - H_0$ 增加到 $16 - H_1$;而当工资从 w_1 继续上升到 w_2 时,工资上升的替代效应小于收入效应,从而劳动的供给量又从 $16 - H_1$ 减少到 $16 - H_2$。

在给出了单个消费者的劳动供给曲线之后,现在来推导市场的劳动供给曲线。市场的劳动供给曲线由单个消费者的劳动供给曲线水平相加而得到,但它的形状与单个消费者的劳动供给曲线不同,是一条一直向右上方倾斜的曲线,如图 8-8 中的 S_L。这是因为,在较高的工资水平上,现有劳动供给者也许会减少劳动的供给量,但高工资会吸引更多的新劳动供给者供给劳动,所以,市场的劳动

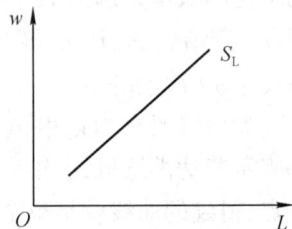

图 8-8 劳动的市场供给曲线

供给量一般随着工资的上升而增加,即劳动的市场供给曲线是一条向右上方倾斜的曲线。

二、完全竞争条件下要素价格的决定

不管产品市场是完全竞争还是不完全竞争,在生产要素市场完全竞争的条件下,厂商对生产要素的需求曲线都是向下方倾斜的,从而生产要素的市场需求曲线也是向右下方倾斜的;而当生产要素市场是完全竞争时,单个厂商所面对的要素供给曲线是一条从要素市场价格出发的水平线,而整个生产要素市场的供给曲线则是一条向右上方倾斜的曲线,它表明生产要素的供给者只有在较高的价格条件下,才会提供较多数量的生产要素。因此,在生产要素市场完全竞争

图 8-9 完全竞争条件下
要素市场的均衡

时,如产品市场一样,某种生产要素的市场价格和均衡的供求数量,是由该生产要素的供给曲线和需求曲线的交点决定的,如图 8-9 中,劳动这一生产要素的需求曲线 D_L 和供给曲线 S_L 的交点 E 点决定了均衡工资 w_e,均衡的劳动数量 L_e。

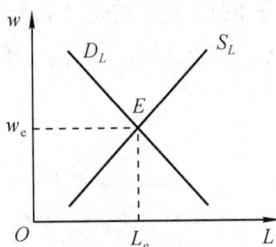

三、不完全竞争条件下要素价格的决定

在存在买方垄断的生产要素市场上,生产要素的均衡价格和使用量的决定见图 8-10。

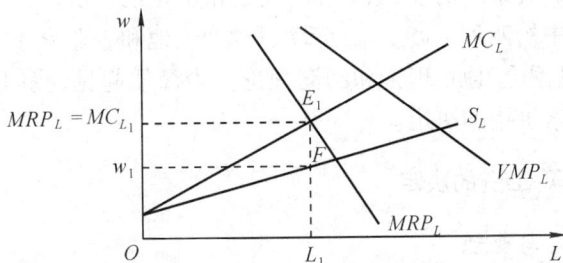

图 8-10 不完全竞争条件下要素市场的均衡

在图 8-10 中,生产要素市场上的垄断购买者所面临的要素边际成本曲线和要素供给曲线分别是 MC_L 和 S_L。当垄断购买者所处的产品市场也是一个不完全竞争的市场时,它的生产要素需求曲线由边际产品收益曲线 MRP_L 表示,因此,曲线 MC_L 和 MRP_L 的交点 E_1 即是该生产要素市场的均衡点,与该点对应的生产要素的均衡数量是 L_1,均衡价格是 w_1,对应的要素边际成本和要素边际收益为 MC_{L_1} 和 MRP_{L_1},并且 $MC_{L_1} = MRP_L$。

当生产要素市场上的垄断购买者所处的产品市场是一个完全竞争市场时,垄

断购买者的生产要素需求曲线由边际产品价值曲线 VMP_L 表示,如图 8-11 所示。因此,生产要素市场的均衡点是曲线 MC_L 和 VMP_L 的交点 E_1,与该点对应的生产要素的均衡数量是 L_1,均衡价格是 w_1,对应的要素边际成本和要素边际收益为 MC_{L_1} 和 VMP_{L_1},并且 $MC_{L_1} = VMP_L$。

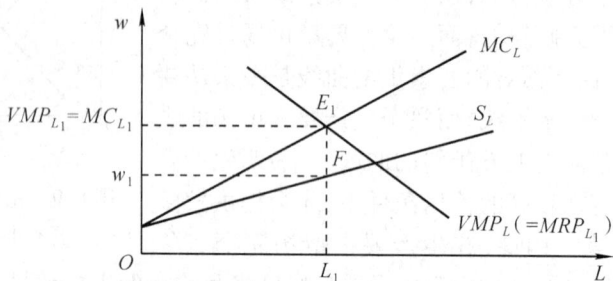

图 8-11　产品市场完全竞争、要素市场不完全
竞争条件下要素市场的均衡

第三节　工资、利息、地租和利润的决定

在分析了生产要素的需求、供给和均衡价格决定的一般理论之后,现在分别来说明微观经济学中的四种生产要素:劳动、资本、土地和企业家才能的价格的决定,即工资理论、利息理论、地租理论和利润理论。为简便起见,我们只分析完全竞争条件下的各种要素价格的决定。

一、劳动市场:工资的决定

1.工资的决定与变动

工资作为生产要素中的劳动报酬,取决于劳动的需求和供给。根据本章第一节,厂商对生产要素的需求曲线和生产要素的市场需求曲线的分析,可以知道劳动的市场需求曲线也是一条向右下方倾斜的曲线,它表示工资水平与市场愿意并且能够提供的劳动数量成反比。根据本章第二节的分析,劳动的市场供给曲线是一条向右上方倾斜的曲线。因此,根据市场供求均衡模型,劳动市场的均衡价格即均衡工资,由劳动的市场需求和市场供给共同决定。

在图 8-12(a)中,劳动的市场曲线 D_L 和劳动的市场供给曲线 S_L 相交于 E 点,从而决定了劳动市场的均衡工资为 w_0,均衡数量为 L_0。

如果劳动的需求或(和)劳动的供给发生变动,那么劳动的需求曲线或(和)供

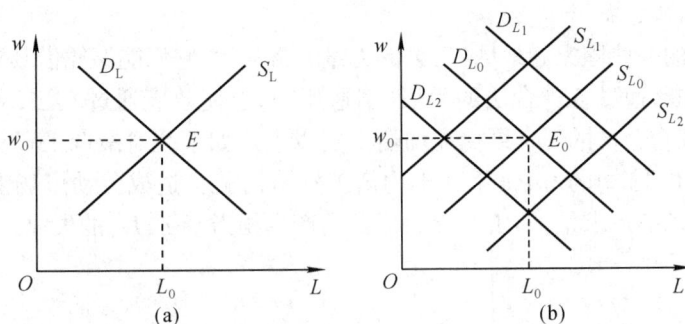

图 8-12　工资的决定与变动

给曲线就会发生移动,从而均衡点移动,均衡的工资和劳动数量发生变动,如图 8-12(b)。现实中影响劳动供给的因素主要有:人口总量及其年龄、性别结构;社会习俗,如在有些国家和地区,多数女性结婚后就不再工作;非劳动收入,即财富;禁止童工、强制退休、限制移民;等等。而影响劳动需求的因素有增加出口、限制进口等。

例8.1　工资刚性的故事

　　尽管市场机制表明,工资由市场供求决定,并且在现实工资偏离均衡工资时,总能够回到均衡工资水平,并且在均衡工资上,重新实现劳动市场的供求均衡,但在现实中,就算是一个发达的市场经济体制下,工资也存在着上涨容易下降难的现象,这被称之为工资刚性。下面就是一个巧妙利用工资刚性解决生活问题的小故事。

　　一个刚退休的老人回到老家——一个小城,并在那里买了一座房屋住下来,想在那儿安静地打发自己的晚年,写些回忆录。刚开始的几个星期,一切都很好,安静的环境对老人的精神和写作很有益,但有一天,三个半大不小的男孩子放学后开始来这里玩,他们把几只破垃圾桶踢来踢去,玩得不亦乐乎。老人受不了这些噪音,于是出去跟年轻人谈判。"你们玩得真开心,"他说,"我很喜欢看你们踢桶玩,如果你们每天来玩,我给你们三人每天每人一块钱。"三个小青年很高兴,更加起劲地表演他们的足下功。过了三天,老人忧愁地说:"通货膨胀使我的收入减少了一半,从明天起,我只能给你们5毛线。"小年青们很不开心,但还是答应了这个条件。每天下午放学后,继续去进行表演。一个星期后,老人愁眉苦脸地对他们说:"最近没有收到养老金汇款,对不起,每天只能给两毛了。""两毛钱?"一个小年青脸色发青,"我们才不会为了区区两毛钱浪费宝贵时间为你表演呢,不干了。"从此以后,老人又过上了安静的日子。

　　老人退休前是一家单位的工会主席。他深知现实中工资刚性的道理,即上涨容易下跌难,加之年轻人的逆反心理作用,老工会主席巧妙地利用这一道理达到了自己的目的。如果不是这样拐弯抹角,而是直言相斥,毛孩子们则会更加调皮难缠。

2. 最低工资法

在西方的一些国家和地区,工会的力量非常强大,它们能够凭借其对某一行业劳动力的垄断,通过各种合法的手段,制造压力,迫使政府通过立法,规定最低工资,从而使工会会员的工资维持在均衡工资以上。如果政府最低工资法规定的最低工资是图 8-13 中的 w_1,w_1 高于均衡工资 w_0,就会造成劳动市场上劳动的供给量大于劳动的需求量,即 $L_2 > L_1$,因此会产生相当于 $L_1 L_2$ 的失业。

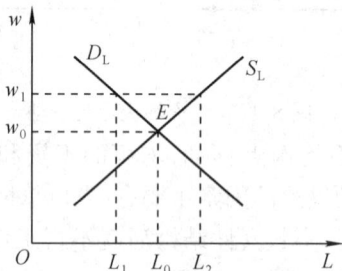

图 8-13　最低工资

随着各项改革的深化和市场经济的发展,我国也在考虑实行类似的最低工资制度。目的是提高非熟练工人整体收入水平,扶助低收入居民和降低收入差别。但是图 8-13 显示,即使通过法律和制度将最低工资规定在 w_1 这一较高水平,法律上也不能规定每个厂商必须雇用的工人数量。如果最低工资政策把一个学徒工的工资从 10 元提高到 20 元,那么其他形式的竞争就会马上涌现:(1)劳动强度增加了,雇主为了抵偿多付的工资,必然提高在职工人的劳动强度。(2)工人求职时,附加的条件增加了,更高的工资吸引了本来不参与竞争的劳动力,雇主的招聘要求便水涨船高。如果扫地的工作是每月 1 万元,那么扫地的就是博士。扫地这个行业"滥用"了博士的智力资源,并造成了博士原来工作的行业的人才短缺。更糟糕的是,这项最低工资政策本来特意要照顾的那些扫地工人,现在得到的最低工资不是政府所希望的 20 元,而是 0 元——因为他失业了。动机最善良的政策,却令最需要帮助的人,受到最直接的打击。事与愿违,莫过于此。因此,实际中,最低工资规定会减少厂商对工人的需求量,并刺激工人增加劳动供给量,结果导致失业的上升。因而,政策效果虽然使保持工作的那部分工人得利,但是可能会使失去工作的那部分人受损。

利益的损失和增进还取决于不同行业或领域非熟练工人需求弹性的大小。如果需求弹性大于1,那么一定比例的工资上涨就会产生更大比例的需求量的减少,从而就业工人工资提高带来的收入增量小于新增失业人员所减少的收入,因而,最低工资会使这一行业工人的整体收入减少;反之,如果需求弹性小于1,那么工资提高会使行业工人的整体收入增加。因而,实施最低工资制度提高非熟练工人收入的前提条件是行业的劳动需求弹性小于1。尽管如此,一些实证分析结果表明,最低工资制度虽然很可能增加了非熟练工人整体工资收入,但仍然可能增加非熟练工人失业数量以及他们内部的收入差距。

3. 双边垄断

双边垄断(Bilateral Monopoly)是指一个市场只有一个卖者并且只有一个买者的情况。在这种市场结构中,买者和卖者都处于讨价还价的地位,很难确定市场价格与数量。因而,没有一个简单的法则能决定究竟哪方在讨价还价中更有利。

在劳动市场上,当工会代表与雇用某种类型工人的公司谈判工资时,双边垄断可能出现。图 8-14 显示了一个典型的双边讨价还价情形。S_L 曲线代表技术工人的供给曲线,厂商对劳动的需求曲线 D_L 由边际产品收益曲线 MRP_L 给出。

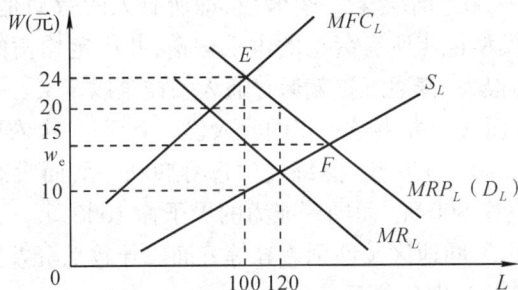

图 8-14　劳动市场的双边垄断

如果工会没有垄断势力,厂商作为垄断买主按照使用劳动的要素边际成本曲线 MC_L 与对劳动的需求曲线 D_L 即边际产品收益曲线 MRP_L 的交点 E,决定雇用100 个工人,并且支付他们每小时 10 元的工资。相应地,厂商得到的每小时劳动的收益是 24 元,因而,这里被认为存在着厂商对工人的剥削。

在工会具有垄断势力的情况下,作为垄断的劳动出售者,工会面临一条向右下方倾斜的需求曲线 D_L,它表示厂商随着工资的变化而作出的雇用计划。由于随着雇用人数的增加,厂商向所有工人支付的工资都下降,因此,随着被雇用人数的增加,工会为其成员得到的额外工资收入也是下降的,这里用向右下方倾斜的边际收益曲线 MR_L 来描述。这一点,类似于产品市场的垄断厂商所面对的需求曲线和边际收益曲线,由于垄断厂商面对的需求曲线 D_L 是向右下方倾斜的,从而其边际收益曲线 MR_L 也是向右下倾斜的,并且位于其需求曲线的左下方。

供给曲线告诉工会,这是鼓励工人向厂商提供劳动所必须的最低工资。假定工会想使其成员的经济租最大化,工会可以把供给曲线看作劳动的边际成本。为了使得到的经济租最大化,工会选择 20 元的工资,因为 20 元工资是使边际收益

(工资的边际增加)等于边际成本(劳动被雇用所需要的最低工资的增加)的工资。在 20 元工资水平上,厂商将雇用 120 个工人。

由于厂商是劳动市场唯一的买者,按照利润最大化原则,他愿意支付每小时 10 元的工资,并雇用 100 个工人;而由于工会是劳动市场的唯一卖者,按照经济租最大化原则,他要求厂商支付每小时 20 元的工资,并雇用 120 个工人,因此,谈判的工资水平将在 10 元与 20 元之间。具体结果取决于双方的实力和讨价还价的策略。如果工会作出可置信的罢工威胁,实际工资水平可能接近于 20 元;如果厂商作出可置信的威胁,要雇用非工会工人,实际工资水平可能接近于 10 元。如果双方都作出可置信的威胁,那么在势均力敌的状况下,最后谈判的结果,可能是图中所示,大约 15 元的工资水平,接近于竞争性结果(工资 w_e)。

4. 工资差别

在前面的分析中,我们暗含着一个假设,即所有人的劳动是同质的,因而可以用一个简单的供求模型说明所有劳动的供求均衡,并决定均衡的工资水平。实际中,人们的工资差别很大,普通工资就像普通人一样难以定义。一个国有企业的老总年收入 300 万元,而一个办事员一年的收入仅 3 万元;一个农民一年的全部收入可能只有 2000 元;在同一工厂里,熟练技工每月 2000 元,而没有技术的门卫只挣 400 元。妇女每月只挣 800 元,而同等能力的男子挣 1000 元。工资差别表现在不同的职业、不同产业、不同地区及性别差异等方面。导致工资差别的原因是多方面的,其中主要体现在以下几个方面:

首先,工资差别体现了劳动质量的差异。这是指人的体力、脑力、受教育的程度的差异所导致的劳动效率的不同。劳动效率高,能创造更多的劳动成果,工资当然就高。得诺贝尔奖的比未得诺贝尔奖的经济学家年薪高,是因为其成果显耀。现代社会由于科学技术的发展,生产过程对人的智力要求越来越高,对脑力劳动者的需求也越来越大,从而脑力劳动者的工资整体来说越来越高于体力劳动者。刚改革开放时,我国曾出现过"拿手术刀的不如拿剃头刀的"、"造原子弹的不如卖茶叶蛋的"等脑体倒挂现象,但随着经济社会的发展和市场经济体制的逐步建立,近几年,这种现象已经纠正过来,并且基本形成了知识技术水平与收入正相关的局面。

其次,工资差别包含了补偿性因素。每种职业的工作条件、工作方式、它的风险、它的社会评价和地位都是不同的,工资就要有差异才能予以补偿,否则这种职业的工人供求不能平衡,也无法与其他职业的供求和收入水平相平衡。比如爬在高楼大厦的外墙上清洗墙面的"蜘蛛人"既辛苦又危险,只能"重赏之下必有勇夫"。在野地作业、在夜间上班,长年在外面、随时要出差,还有在垃圾场、殡仪馆等单位的工作,都由于对它的供给相对要小,为了满足需求,也必须提高他们的工资。警察的高薪是因为这个职位具有一定的危险性,井下矿工的危险性更大,所以工资更高,不然没人肯干。

再者,劳动市场竞争的不完全性也是造成工资差别的一个原因。劳动力不能充分流动、信息不对称、用人单位或当事人的歧视等都会引起工资差别。譬如,有的人热土难离,或担心迁徙的费用和对新环境的不适应,而不愿去外地;有的人缺乏足够的信息,不知道各个地方各种工作的不同报酬情况或者不知道具体哪些单位需要用人,也就无法"人往高处走"。有些用人单位存在着就业歧视,包括性别歧视、年龄歧视、种族歧视、甚至还有对人的相貌和身材之类的歧视。就业歧视虽然是不合理的,或是非法的,但事实上还是存在着的。

总的说来,在一个市场经济社会里,工资是由劳动市场的供求关系决定的。在不同的劳动市场上,主要取决于对各种不同的劳动的供求关系。有人开玩笑说,总统之所以不如企业家"值钱",是因为从理论上讲人人都有被选举权,供给充分,而需求只一个。但企业家要有特别的才能,而且需求量很大,股东们都盼着他赚钱呢。

例8.2 工资管制难管人才外流

我国国有企业职工的收入,一向是由政府通过政策指导来管制的。国企职工工资只能维持在政策指导的范围内,在过去,熬1年工龄也就涨十几元钱,这是无法突破的底线,也是人们习以为常的观念。

但在我国从计划经济向市场经济转型过程中,非国有企业的分配制度与市场接轨了,而国有企业的工资仍然是管制的,于是就出现了一系列下面的事件:一位冶金专业研究生,分配到一家国有钢铁企业已经好几年,算得上业务骨干,两万多元的年收入据说在效益并不理想的厂子里已属令人羡慕的档次了。但是,当一家私营钢厂的老板给他开出了"住宅一套、一次性支付20万元的跳槽费、年薪6万元"的条件时。那位研究生左思右想,还是婉拒了国有大厂厂长的挽留。

说那家私营企业挖墙脚也好,说那位跳槽者见利忘义也罢。市场经济条件下的人们,在扮演"社会的人"的角色的同时,他也是一个"自然的人"、一个"经济的人"。对更高收入的追求,是合乎情理的选择。

问题是在政府对国企职工分配仍然管制较多的情况下,非国有企业的分配制度却迅速与市场接轨,真正体现了"凭本事吃饭"的公平原则。有真才实学的佼佼者在那儿可以获得成倍于普通职工的收入。于是,国企的优秀人才纷纷外流,其结果是,国企因失去大批优秀人才而最终失去竞争能力。

不管你承认不承认,分配的杠杆作用永远是吸引人的磁场。政府和企业固然可以用"看得见的手"来决定国企职工的分配,但市场经济下的劳动力资源本身就是特殊的商品,而商品的价格是很难由政府的"指导政策"来决定的。最终左右人力资源流动的，还是那只"看不见的手"。所谓"重赏之下必有勇夫"，虽然不免有点太"经济"，少了点"公而忘私"的觉悟，但这恰恰是谁也无法左右的现实。

有专家指出，国企之所以很难搞好，一个重要原因就是不尊重人才资源作为资本所发挥的作用。在企业，企业家和技术创新者所体现的贡献，已远远不能用"劳动"两个字来涵盖，因此，经济学理论是将企业家才能这一特殊的劳动作为一种单列的生产要素来论述的。那么在现实中，这种人力资本为什么就不能作为企业产权制度的重要组成部分？货币资本的重要性不言自明，但如不通过人力资本的运作，货币资本又如何增值保值？所以，如果把人力资本作为普通的劳动力而仅仅给予与他所作贡献严重背离的微薄收入，其分配合理性实际上很难体现。

中国加入 WTO 以后，外国企业纷至沓来。有人说外企进入中国，第一是抢人，第二是抢资源，第三是制造游戏规则。抢人靠什么？不外乎提供发挥你的才能的岗位和诱人的收入。这种竞争性的环境无时无刻不在教育着我们的"国企老大"：要是你的对手比你更能吸引优秀人才，那你的麻烦也就在眼前了。

参考资料：承伟毅，"'分配管制'难管人才外流"，《中国青年报》，2001 年 5 月 18日。

二、资本市场：利息率的决定

广义的资本是一个经济系统中所有有形资源和无形资源的总和。人们习惯上把资本视作一定量的货币或股票、债券等资产凭证。但在微观经济理论中，资本指的是实物意义上的"真实资本"或资本品(Capital Goods)，如厂房、机器、设备及其他生产工具和生产投入等。因此，作为与劳动、土地并列的一种生产要素，资本有两个重要的特点：第一，它的数量是可以改变的，即它可以通过人们的经济活动生产出来；第二，它之所以被生产出来，是为了作为投入获取更多的商品和劳务。因此，可以将资本定义为：由经济体系本身所生产、被用作投入要素生产其他商品与劳务的那些商品。

利息(Interest)是厂商使用实物资本应付的价格。通常所说的资本的价格不是以绝对量——利息表示的，而是以利息占资本总额的百分比——利息率(Rate of Interest)表示的。因此利息率就是资本的市场价格。利息率由资本的需求和供给决定。

1. 资本的需求

资本的需求来自厂商。厂商对资本的需求也被称为投资(Investment)。一方面，厂商使用资本进行生产，经过一定时期后，资本品所带来的边际产品收益，除弥补资本品的自身价值以外，还能带来一个额外的收益余额，这个余额称为资本的净收益。资本净收益与资本原值之比，称为资本净收益率。另一方面，厂商使用资本进行生产,除补偿资本所有者的资本价值以外,还必须为使用资本向资本所有者支付利息。利息与资本原值之比,称之为利息率。只有当资本净收益率大于或等于他必须支付的利息率时,厂商才会使用资本进行生产。因而资本的净收益率是厂商使用资本愿意支付的最高价格即最高利率。如果一个项目的资本净收益率为6%,而使用资本的利息率为8%,那么厂商就会放弃这一项目。相反,如果利息率小于6%率,比如是4%,厂商就不会错过这个项目。

实际中,厂商在计划使用资本时,资本净收益往往是预期的,即是预期的资本净收益。所以,厂商在考虑资本使用时,他应该比较的是预期资本净收益率与利息率。只有预期的资本净收益率不低于利息率,即预期的资本净收益率 - 利息率$\geq$0时,才形成厂商对资本的需求。由于未来的1元钱和现在的1元钱是不同的,在年利息率为10%时,现在的1元钱就相当于未来的1.1元$[=1\times(1+10\%)]$,反过来,未来的1.1元才相当于现在的1元$[=1.1/(1+10\%)]$。这里的1.1元是现在的1元钱一年后的终值;这里的1元是一年后的1.1元的贴现值。由于不同时点的1元钱的价值是不同的,因此不能将不同年份获得的现金收益简单相加来计算一项资本的总收益,并将这一个总收益与总成本比较来确定是否使用资本,而应该选择同一时点的收益与成本的比较,所以在估算预期的资本收益时必须将未来的收益进行贴现。

设一台机器的价格为 C 元,可使用 n 年,n 年后残值为 0,未来每年的现金收益为 R,未来现金收益的贴现率为 r,那么使用机器的净现值(Net Present Value,NPV):

$$NPV = -C + \frac{R}{(1+r)} + \frac{R}{(1+r)^2} + \cdots + \frac{R}{(1+r)^n} \tag{8-11}$$

式(8-11)的 NPV 表明了厂商使用这台机器的预期净收益等于未来各年现金收益的贴现值(即按贴现率对未来各年的现金收益折算成的现在收益)之和减去机器购置成本的差额。显然,$NPV\geq0$,投资可行;$NPV<0$,则放弃。

净现值的含义取决于贴现率。那么厂商应该如何选择贴现率呢? 通常贴现率的选择根据厂商投资的机会成本。假如厂商不购置这台机器,就可以将同一笔资金投资于其他项目,比如购买债券,那么他就可以获得利息,不考虑对利息征税,购买债券的净收益率就等于债券的利息率。如果以这个利息率作为贴现率,那么意味着厂商购置机器这一投资的成本正好等于其机会成本(购置机器的资金用于购买债券可以得到的利息收益)。由此可见,净现值即是资本预期净收益的现值与机会成本之差,净现值为正意味着投资收益大于机会成本,为负意味着投资收益小于机会成本。因此,对于厂商来说,只有投资收益大于等于机会成本,即 $NPV\geq0$时,投资才是可行的。

　　根据要素的边际收益递减规律,随着资本存量的增长,资本的边际产量递减,因而资本的边际收益下降,从而资本的净收益率趋于下降,厂商愿意支付的利息率也下降。所以,利息率与厂商对资本的需求量成反比,资本的需求曲线是一条向右下方倾斜的曲线。由于厂商对资本的需求就是经济学中所指的投资,因此,资本的需求曲线也即投资曲线。

2. 资本的供给

　　资本的供给来自资本所有者所牺牲的现期消费。因为期待在未来获得更多的收入和消费,资本所有者延缓消费,将收入的一部分用于储蓄,并最终以资本品的形式提供给资本的使用者——厂商。相应地,资本的所有者要求资本的使用者为其所做的牺牲提供补偿,即除经一定时间偿还其资本价值以外,还要按一定的比率支付利息。一般来说,单位时间内的利息率越高,资本所有者愿意牺牲的现期消费就越多,即储蓄越多,相应地,最终所能提供的资本数量也越多,因此,利息率与资本的供给量成正比。当然,在特定的时间内,资本的供给量可能是固定的,但随着时间的推移,资本的供给越来越富有弹性。由于资本的供给量在价值上等同储蓄,因此,资本的供给曲线也即储蓄曲线,它是一向右上方倾斜的曲线。

3. 利息率的决定

　　在图 8-15 中,横轴 OK 表示资本的数量,纵轴 Or 表示资本的价格,即利息率。资本的需求曲线(或投资曲线)是一条向下方倾斜的曲线 I,而资本的供给曲线(或储蓄曲线)是一条向右上方倾斜的曲线 S,两线的交点 E 决定了资本市场上均衡的利率为 r_e,均衡的资本数量为 K_e。

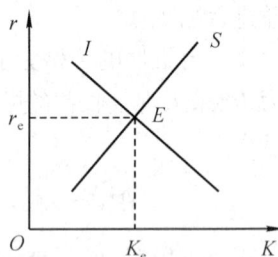

图 8-15　利息率的决定

　　实际中,利息率往往是一种管制价格,即由政府控制影响的价格,政府通过调低或调高利息率来进行货币政策调控,以实现宏观经济的稳定。

例 8.3　中国的利率市场化

　　利率是资金供求的信号,它是市场参与者"发言"的地方。如果利率管制,由官方规定统一的利率,就难以反映银行的贷款风险。按照市场原则,风险和收益应当匹配,风险大的贷款,利率理应高一些,风险小的,利率可以低一点。不论企业效益好坏、信誉高低、还款能力强弱、银行都用"一刀切"的利率,实际上阻碍了优胜劣汰机制的有效发挥,抑制了市场活力。资金是经济运行的血脉,大家都在争取资金,效益好的企业可以站出来说:我能承受较高的利率,因此可以开"大价钱"。那些开不起价钱的企业,听了立马就得退场。同是资金供应者,管理好、成本低的银行,能以较低的利率放贷,而那些差银行,经受不住考验,只好走开。可见,市场化的利率起到了优化资源配置的作用。我们知道,市场经济靠价格信号来配置资源,而资源流动得靠资金引导。只放开价格,不放开利率,市场机制就不完整。

官定利率是由中央银行(央行)厘定的。央行虽然握着这样的权利,免不了会听些抱怨。把利率降下去,储户不高兴;把利率提上来,企业有怨言。央行夹在中间,两头不讨好。即使站在央行的角度,官定利率也是个损失,损失了一个很有价值的政策信息。想想这些年,宏观经济冷热无常,物价不是"飞上天",就是负增长,原因在哪里?归根到底,还是货币调控不够准确。为什么不准确?利率没放开恐怕是因素之一。货币政策的传导需要一个过程,中间有一段很长的"时滞"。调节货币"闸门",先是影响市场利率,再引导企业做出反应,最后才体现为需求的变化。把利率一定死,市场反应就不容易观察了,央行无法根据利率这个中间参数,对货币政策进行修正,只好一竿子插到底,结果失之毫厘,差之千里。

需要指出的是,利率市场化并不是利率100%的自由化。完全自由的利率,是历史的"陈迹",只存在于20世纪30年代之前。现代市场经济国家,或多或少都会对利率进行干预。例如即使在利率市场化程度最高的美国,2000年为走出衰退十几次降息,近两年却为防止经济过热,连续多次加息。只不过它的加息,是通过调节货币供给实现的,并非由政府直接厘定;而且最终形成的利率,只供金融机构参考,不是非执行不可。因此要实现利率市场化,得具备一些基本的条件,包括要有一个发达的货币市场,能真实反应资金供求,以便让央行在这里表达自己的意见。

我国的利率市场化改革事关重大,必须综合考虑宏观经济形势、人民币自由兑换、监管水平等因素,稳步推进。总的说来,我国将本着先放开外币、再放开本币、先放开贷款利率、再放开存款利率的原则,有计划、有步骤地加快利率市场化改革步伐。

参考资料:王东京等:《利率市场化一路走好》,中国青年出版社,2001年,第42-47页。

三、土地市场:地租的决定

经济学中的土地,泛指一切自然资源。地租是指因使用土地而支付的报酬。由于土地的供给是固定的,地租主要由土地的需求决定。

1.地租的决定

土地需求取决于土地的边际产量。当其他生产要素投入量固定不变时,随着土地使用量的增加,其边际产量递减。因此,土地的需求曲线是一条向右下方倾斜的曲线,如图8-16中的D_N,它表示地租与土地需求量之间的反方向变化关系。

土地的供给不同于其他生产要素的供给,土地作为一种自然资源,是自然界直接提供的生产要素,具有数量有限、位置固定、不能再生的特点。这就决定了土地的供给量是固定的,不会随着地租的变化而变化。因此,通常假定土地的供给弹性为零,其供给曲线是一条垂直线,如图8-16中的S_N是从固定的土地供给量N_0出发的垂线。

在图 8-16 中，横轴 N 表示土地的数量，纵轴 R 表示地租，土地的需求曲线 D_N 和供给曲线 S_N 的交点 E，决定了均衡的地租为 R_0。由于土地的供给量固定为 N_0，所以地租的高低完全取决于土地的需求，或者说土地需求曲线的位置，而与土地的供给曲线无关。地租随着土地需求曲线的上移而上升，随着土地需求曲线的下移而下降。

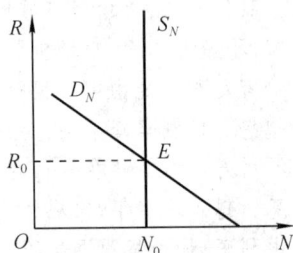

图 8-16　地租的决定

2. 租金、准租金和经济租

地租是土地供给固定时使用土地而支付的报酬，因此地租只与固定不变的土地有关。但在很多情况下，不仅土地可以看成是固定不变的，而且有许多其他的资源在某些情况下也可以看成是固定不变的。为了与特殊的地租相区别，可以把供给那些类似于土地的固定资源所获得的报酬统称为租金。显然，地租是租金的一种，只是当考虑的固定资源是土地时，对应的租金才被叫做地租，而租金则是一般化的地租。

租金及其中特殊的地租均与资源的固定不变相关，而这里的固定不变对短期和长期都适用。现实生活中，有些生产要素在长期中是可变的，但在短期中却是固定的。对某些供给量暂时固定的生产要素所支付的报酬，称为准租金（Quasi-rent）。可以用完全竞争市场上厂商的短期成本来加以分析，如图 8-17。图中的 AVC、SAC、SMC 分别是厂商的平均可变成本曲线、短期平均成本曲线和短期边际成本曲线。假定产品的价格为 P_0，则厂商利润最大化的产量为 Q_0。对应的总收益为四边形 OP_0EQ_0 的面积，总可变成本为四边形 $OGBQ_0$ 的面积。总收益与总可变成本的差额 GP_0EB 就是厂商取得的准租金，它是短期中固定要素所获得的报酬。这个准租金可以分两部分，总固定成本 $GDCB$ 和超额利润 DP_0EC。可见，准租金为总固定成本和超额利润之和。当经济利润为 0 时，准租金等于固定成本；当厂商有亏损时，准租金可能小于固定成本。

长期中，一切生产要素都是可变的。当使用某种要素时，为防止其转移到别的用途而必须支付的报酬称为转移收入，也就是使用某种要素的机会成本。而在这种要素所得的总收益中超过转移收入的部分称为经济租（Economic Rent）。当经济租大于 0 时，生产要素继续留在原有产业；当经济租小于 0 时，生产要素退出原有产业。经济租的几何解释类似于所谓的生产者剩余，见图 8-18。图中要素供给曲线 S 以上，要素价格 R_0 以下的划线阴影区域 HR_0E 即为经济租。提供要素的实际收入为 OR_0EQ_0，而在产量 Q_0 时，提供要素所愿意接受的最低要素收入，即转移收入却是 $OHEQ_0$，因此，经济租等于要素实际收入减去转移收入的差额。

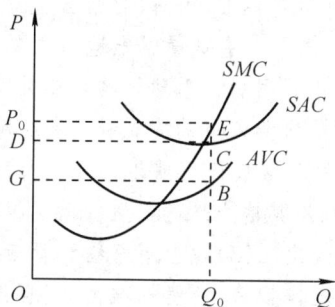

图 8-17 准租金

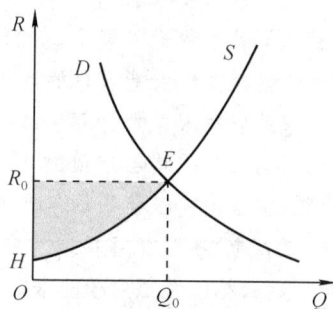

图 8-18 经济租

经济租的大小取决于要素供给曲线的形状。供给曲线愈陡峭,经济租就愈大;特别地,当供给曲线为垂线时,全部要素收入均变为经济租,它恰好等于租金或地租。由此可见,租金实际是经济租的一种特例,即当供给曲线为垂线时的经济租。因而,经济租又是比租金更为一般的概念。它不仅适用于供给曲线为垂线的情况,也适用于供给曲线向右上方倾斜的情况,还适用于供给曲线为水平线的情况。当然,供给曲线为水平线时,经济租变为零。

例 8.4 征用土地的补偿

改革开放以来,随着我国经济的快速增长,与工业化、城市化伴随的是大量的土地被征。以浙江省为例,1978—2000 年,该省年均经济增长率达 13.2%,经济总量由全国第 12 位跃至第 4 位,人均 GDP 由第 14 位升到第 4 位,实现了由农业大省向工业大省的转变。与此同时,土地占用较多,人均耕地不断下降。1978－2000 年间,全省实有耕地面积减少 345.6 万亩,人均占有耕地面积由 1978 年的 0.73 亩减少到 2000 年的 0.54亩。仅 1990－2000 年十年间,全省共征用集体土地 161.97 万亩,其中耕地 115.56万亩。

我国土地归国家和农村集体所有,农村集体所有土地实行农民承包经营,国家建设用地需向农民征用。按国家有关规定,征用集体土地的补偿原则:(1)保持被征地农民原有生活水平的原则。土地是农民最基本的生产资料,征用农民的土地等于剥夺了他们的生活来源。因此,征地补偿应使被征地农民的生活水平不降低为原则,以保障农民的利益不因征地而受损。(2)按照被征用土地的原用途给予补偿的原则。征用土地的补偿标准和补偿范围不能因征用土地之后的用途改变而改变,而是按照被征用土地的原用途确定补偿标准和补偿范围。原来是耕地的,按耕地的标准给予补偿;原来是林地的,按林地的标准给予补偿;对地上物的补偿和对人员的安置也是如此。

按国家新《土地管理法》,国家建设征用土地由用地单位支付补偿费用。征用土地的补偿费用包括以下三项内容:(1)土地补偿费,主要是因国家征用土地而对土地所有人和使用人的土地投入和收益损失给予的补偿,征用耕地的土地补偿费为该耕地被征用前 3 年平均产值的 6 至 10 倍。征用其他土地的补偿费标准,由省(自治区、直辖市)参照征用耕地的补偿费标准规定。(2)安置补偿费,这是为了安置以土地为主要生产资料并取得生活来源的农业人口的生活所给予的补助费用。征用耕地的安置补助费,按照需要安置的农业人口数计算。每一个需要安置的农业人口的安置补助费标准,为该耕地被征用前三年平均年产值的 4 至 6 倍,但是每公顷被征用耕地的安置补助费,最高不得超过被征用前三年平均年产值的 15 倍。征用其他土地的安置补助费标准由省(自治区、直辖市)参照征用耕地的安置补助标准规定。(3)地上附着物和青苗补助费,如房屋、水井、林木及正处于生长而未能收获的农作物等,补偿标准由省(自治区、直辖市)规定。

土地是农民的基本生产资料,尽管国家对征用土地及其补偿有相应的规定,实际中,在全国各地征用土地的过程中普遍存在着对农民不利甚至侵害农民利益的事件。

四、企业家市场:正常利润的决定

企业家是从事工商活动的个人,直接从事企业的经营管理,并承担损失和获得利润。作为一个企业家,他必须通过购买生产要素并将各种生产要素按一定比例结合在一起,来生产产品或劳务。在生产过程中,他要根据市场条件决定生产什么,生产多少和以什么方式进行生产,以此获得最大化的利润。当企业家进行这些决策时,实际上是把他的才能作为一种生产要素,运用于生产过程。因此,企业家是劳动力中的特殊群体,企业家才能则是一种特殊的劳动。

广义地讲,正常利润(Normal Profit)是企业的经营者使用自有资本的利息、使用自有土地的地租、以及自己直接经营管理企业而应该得到的报酬。在经济学中,它不是真正的利润,而是一种隐性成本。从狭义讲,正常利润是企业所有者经营管理自己的企业而应该得到的报酬,它相当于企业聘请企业家来担任经理所应付的薪酬。

企业家才能作为一种生产要素,其价格也是由企业家市场的需求和供给共同决定的。在激烈竞争的商业社会中,市场对企业家的需求很大。这是因为,企业家才能是实现各种生产要素的合理组合,谋求利润最大化的关键。而企业家才能的供给与一般劳动的供给不同,它具有一定的特征。首先,企业家才能具天然垄断的特点,这种才能源于企业家才能的特殊禀赋性,它是与生俱来的而不能通过后天习得。这点类似各种明星,像乔丹这样的球星其球技是别人无法模仿的,不论我们怎样努力也不能够达到他那种水准;影星无可挑剔的容貌和特殊气质也都是特有的。其次,企业家才能的培养是一个相当漫长的过程,并且培养费用极高,企业家不仅要具备必须的知识和经验,而且还必须接受残酷的竞争选择,因此他们不得不承担他们的这一选择的巨大机会成本和潜在的利益损失。企业家才能的上述特征,使企业家的供给十分有限且弹性极小。企业家才能的需求与供给的特点,决定了企业家才能的报酬总是很高的,如图 8-19 所示。

在图 8-19 中,横轴 OG 表示企业家才能,纵轴 ONP 表示正常利润,则由于企业家才能的需求曲线 D_G 和供给曲线 S_G 的位置很高,从而它们的交点 E 决定了正常利润 NP_e 也很高,但企业家才能 G_e 很少。

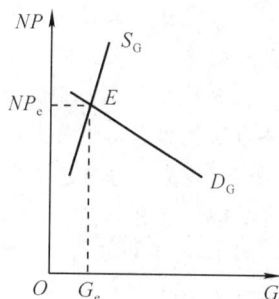

例 8.5　中国企业家价值几何?

我国市场经济的发展,催生出一批颇具市场眼光和管理才能的企业家。然而国内许多企业家却拿着与所创业绩很不相符的收入。调查显示,中国上市公司高管的平均年薪只有 12 万元,收入最低的 10 家公司的高管年薪仅 1 万元左右。

图 8-19　正常利润的决定

刘瑞旗曾经是上海黄浦区百货公司毛纺门市部的经理,从 20 世纪 90 年代开始,他运用品牌经营和贴牌生产的方式,使资产 293 万元的小门市部每年上缴利润超过了 1000 万元。与此同时,刘瑞旗提出"绩效挂账"的想法:在保证每年一定的净资产收益率的基础上,超出部分按 10% 的比例计为经营者的业绩,并以挂账的形式逐年累积,以体现经营者的身价。尽管这些钱并不会实际发给刘瑞旗和其下属,但起码可以提供一种形式上的认可和激励。然而,即使是这样一种"安慰"也因为涉及国有资产而不能被接受。直到 2000 年,刘瑞旗还是拿着十几万元的年薪。2001 年,刘瑞旗融资 9200 万元,以 MBO 的方式买断了恒源祥的全部股权,自己做起了老板。

与他相似,全国第一届优秀企业家(1978 年)冯根生的收入也经历了一段漫长的变化,这一过程可看作是中国企业家价值被逐渐认可的样本。1972 年,冯根生作为厂长的月薪是 90 多元,按照当时的收入水平已经很高了,随后的 20 年一直稳定上升,到了 1992 年是 480 元。这一年是冯根生收入的一个分水岭,自此,青春宝和正大集团合资。按照合资公司的收入水平,他的工资立即涨到了几千元。虽然,他年薪的具体数值不得而知,但按他自己对外的口径,"几十万元肯定是有的"。据青春宝内部人士透露,冯持有的正大青春宝 2% 的股份每年的税前收益也在 130 万元左右,另外冯还持有胡庆余堂的部分股份。

20 世纪 80 年代初,中央组织部要求国有大中型企业的经理必须是大学本科生,而冯根生只是一个小学生,最后杭州市政府破例挽留,他才留下来了。冯开玩笑说:"当初我要是离开,肯定去做民营企业了,也许现在的身价也能进福布斯的排行榜了。如果我 60 岁退休,这八九年,我自己做私营企业也搞大了。"曾经有一家想进入中药行业的外企给冯根生开出了 100 万美金的安家费,年薪的承诺是"你开个价"。同样,跟着刘瑞旗做贴牌毛线的江浙老板大多有了过千万的资产。业绩收入倒挂是企业家心中挥之不去的痛。

著名经济学家周其仁把企业家价值被低估的现象表述为:"我们有世界上最昂贵的企业制度和最便宜的企业家。"

上海复旦大学企业研究所所长张晖明针对沪市 593 家公司的研究也表明,沪市上市公司高管的平均报酬最高的为 60 万元左右,有过 6 成的高管年薪在 10 万元以下,"低报酬"现象十分普遍。即使是国内生活水平最高的上海地区,高级管理人员的平均年度报酬也才 8 万多元。

与 1998 年世界各地 CEO 的报酬比较,中国经理人的收入大多处于尴尬的地位。如美国为 107.2 万美元,英国为 64.6 万美元,德国为 39.8 万美元,法国为 52 万美元,中国香港为 68.1 万美元,巴西为 70.1 万美元。即使除去 10%～40% 不等的股票期权份额,他们的收入也远远在中国大陆经理人之上。虽然有制度文化、发展过程等差异,但毫无疑问,国内高级管理人员的年度报酬是与其在市场经济中的地位和人们所期望的作用极不相称的。

参考资料:《人才视点:中国企业家价值几何?》,新华网,2003 年 3 月 14 日。

第四节 洛伦茨曲线和基尼系数

在完全竞争的要素市场上,厂商使用要素的原则是要素的边际产品价值等于要素的市场价格。当要素所有者都按照要素的供给数量与要素价格的乘积来确定各自的要素收入时,任何产品的总价值(即总收益)最终都会以工资、利息、地租、利润等形式全部转化为各种要素的收入之和,也就是说生产并销售产品所获得的总收益恰好全部以要素收入的形式分配完毕。但是,这种分配的结果未必是平等的,评价收入和财富分配平等与不平等程度的重要指标是洛伦茨曲线和基尼系数。

一、欧拉定理

前面的分析表明,要素的价格由它的市场供给与需求共同决定。在完全竞争条件下,要素价格对于单个厂商而言是外生给定的,在厂商使用要素的均衡点上,要素的边际产品价值等于要素的价格,即要素所有者按照要素的市场价格取得收入。那么,是否全部要素取得的总收入恰好等于社会所有产品的总价值呢?

假定一个社会只生产一种产品,其价格为 1,生产该产品要使用两种要素:劳动和资本。假定生产函数为:

$$Q = Q(L, K) \tag{8-12}$$

式中,Q 代表产量,L 代表劳动使用量,K 代表资本使用量。假设市场是完全

竞争的,并且厂商的规模收益不变,那么可以推导出如下结果[①]:

$$Q = L \cdot \frac{\partial Q}{\partial L} + K \frac{\partial Q}{\partial K} \qquad (8-13)$$

等式右边第一项为劳动按其边际产量获得的报酬,第二项为资本按其边际产量获得的报酬。等式意味着全部产品按边际产量分配,正好足够分配给劳动和资本两种生产要素。这一结论被称为产品分配净尽定理。其证明应用到数学上的欧拉定理,故又称为欧拉定理(Theorem of Euler)。

需要指出的是,产品分配净尽定理只有在规模收益不变的条件下才成立。如果规模收益递增,则有

$$Q < L \cdot \frac{\partial Q}{\partial L} + K \frac{\partial Q}{\partial K} \qquad (8-14)$$

即按照边际产量分配,产品不够分配给各生产要素。相反,如果规模收益递减,则有

$$Q > L \cdot \frac{\partial Q}{\partial L} + K \frac{\partial Q}{\partial K} \qquad (8-15)$$

即按照边际产量分配,产品在分配给各生产要素之后,还会有部分剩余。

二、洛伦茨曲线和基尼系数

生产要素的价格从另一角度看就是要素所有者的收入。因此,生产要素价格的确定过程,同时也是各种生产要素参与收入分配的过程。各种生产要素以它们在生产中的贡献为依据参与收入分配,就能够实现社会资源的有效配置。那么这种分配的结果是否平等? 如何衡量这种收入分配的平等与否呢?

洛伦茨曲线(Lorenz Curve)和基尼系数(Gini Coefficient)就是衡量社会收入或财富的平等与不平等程度的一个重要指标。为了研究国民收入在国民之间的分配,美国统计学家M.O.洛伦茨提出了著名的洛伦茨曲线。洛伦茨先将一国总人口按收入由低到高排队,然后考虑收入最低的任意百分比人口所得到的收入百分比,例如,收入最低的20%人口、40%人口等等所得到的收入百分比分别为3%、8%等。然后将这样得到的人口累计百分比和收入累计百分比的对比关系描绘在图上,即得到洛伦茨曲线,如图8-20所示。图中横轴 OH 表示人口的累计百分比,纵轴 OM 表示收入的累计百分比,ODL 即为洛伦茨曲线。

显而易见,洛伦茨曲线的弯曲程度具有重要意义。一般来说,它表示了收入分配的不平等程度。弯曲程度越大,收入分配的不平等程度越大;弯曲程度越小,收入分配的不平等程度越小。特别是,如果所有收入都集中在某一个人手中,而其余

---

① 由于涉及较难的数学,本书不作证明,但可以参阅中级的微观经济学教材。

人口均一无所获时,收入分配处于完全不平等,洛伦茨曲线成为折线 OHL;另一方面,如果任一人口百分比均等于其收入百分比,从而人口累积百分比等于收入累积百分比,则收入分配就是完全平等的,洛伦茨曲线成为过原点的 45°线 OL。

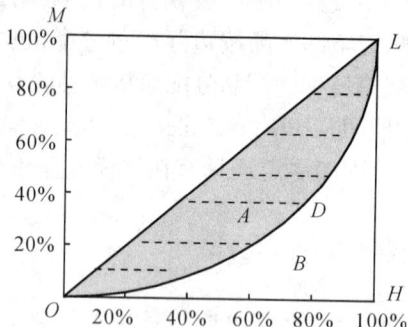

图 8-20　洛伦茨曲线

一般来说,一个国家的收入分配,既不是完全平等的,也不是完全不平等的,而是介于两者之间;相应地,洛伦茨曲线既不是 45°线,也不是折线,而是像 ODL 那样凸向横轴的曲线。收入分配越是不平等,洛伦茨曲线就越是凸向横轴。

由于洛伦茨曲线相对复杂,为便于说明,通常用该曲线引申出的基尼系数指标来衡量收入的平等与不平等程度。如果将洛伦茨曲线与 45°线之间的部分叫做"不平等面积",用 A 表示,而劳伦曲线与折线之间的部分用 B 表示,则 $A+B$ 就是"完全不平等的面积",不平等面积与完全不平等面积之比,即称为基尼系数,用 G 表示,则:

$$G = \frac{A}{A+B} \tag{8-16}$$

当收入分配达到完全不平等时,洛伦茨曲线成为折线 OHL,对应地 $B=0$,$A=A+B$,$G=1$;当收入完全平等时,$A=0$,$G=0$。通常,基尼系数介于 0 与 1 之间,即 $0<G<1$。基尼系数越大,表示收入分配越不平等。在经济发展过程中,如果一个国家的基尼系数变大,就表示该国的收入平等程度越来越差了,或者收入的不平等程度越来越严重了。

现实中,由于个人所继承的才智和财富等初始禀赋不同,还由于种族、性别、地点、努力、健康和运气等方面的差异,不同国家之间,不同地区之间,不同行业之间,城乡之间,以及城市居民之间、农村居民之间都存在收入和财富分配的不平等。所以,政府还必须对市场机制形成的收入进行再分配,以保证从整个社会角度看收入分配的公平性,也就是在保证效率的基础上促进更为公平的分配。

例 8.6　中国的基尼系数

基尼系数是国际上公认的衡量社会成员总体收入分配差异状况的一个重要分析

指标。党的十一届三中全会以来,随着改革的深入,我国的分配制度发生了深刻变革;随着生产力的不断解放和发展,人民的生活水平不断提高。与此同时,人们的收入差距也在不断扩大,我国的基尼系数不断提高,已经达到国际上公认的警戒线(基尼系数0.45)。

一般认为,我国目前基尼系数偏大是各种因素综合作用的结果。其中,既有客观因素又有主观因素,既有合理因素又有不合理因素,既有历史因素又有现实因素,既有合法因素又有非法因素。归纳起来主要有六个方面:第一,我国经济的发展在城乡之间存在着二元结构。农村主要从事第一产业,城镇从事第二、三产业,由于基础不同、改革力度不同,城乡收入差距的扩大是必然的。第二,多种分配方式并存,按劳分配与按生产要素分配相结合的分配制度改革,在竞争机制作用下必然导致收入差距的扩大。第三,东部地区凭借优越的地理位置和优惠的经济政策吸引了国内外大量的资金、先进技术和人才,率先实现了经济的快速发展,从而拉大了与中、西部地区的收入差距。金融保险、航空运输、邮电通讯等高度垄断性行业则凭借垄断地位获得了高额垄断利润,从而拉大了与非垄断行业的收入差距。第四,随着外资经济、私营经济、个体经济的迅速发展,一些外资企业的高级雇员、私营企业主、个体工商户率先富裕起来;那些著名的歌星、影星、运动员、房地产开发商、成绩突出的科技人员等,收入也相当丰厚,形成了一个高收入群体。与此同时,分散在老、少、边、困地区的农村贫困人口和分散在城镇的下岗待业职工成为低收入群体。第五,非法非正常收入导致我国居民收入差距的非正常扩大。第六,宏观调控的手段和功能严重不足也导致居民收入差距扩大。

例8.7 平等与效率的取舍

平等是指社会成员收入或财富的均等化。效率则是指经济资源的有效配置,即做到人尽其才,物尽其用。

平等与效率的关系是一个难以取舍的难题。因为从个人角度来看,由于在市场经济中,收入分配的基本依据是市场对生产要素供给的评价和报酬。而对生产要素供给的评价和报酬主要取决于生产要素的效率。所以,生产要素的经济效率高,市场就给以较高的评价和报酬,个人的收入也就多;生产要素的经济效率低,市场就给以较低的评价和报酬,个人的收入也就少。这样,效率虽可以得到保证,但收入分配必然会不平等。反过来,如果把个人收入拉平,即不管生产要素的效率如何都给予相同的评价和报酬,这样,收入分配平等了,但效率却会受到损失。

从全社会角度看,平等所涉及的不是收入总量的增加或减少问题,而是既定的收入总量在社会各成员之间的分配问题;效率所涉及的不是资源(各种生产要素)总供给量的增加或减少问题,而是既定的资源总供给量的合理利用问题。如果社会各成员所提供的生产要素的报酬差别不大,就不能刺激人们提供更多数量的生产要素,从而资源不能得到合理利用;相反,如果要使资源得到合理利用,就不得不拉开社会成员之间的收入水平。因此,从这个意义上说,平等和效率依然是不能兼得的。

平等与效率之间不仅有矛盾,存在着交替关系,而且会影响到社会经济生活的方方面面。比如,多发点失业救济金,提高一点福利待遇,就有可能使人产生多工作不如少工作,少工作不如不工作的想法,这虽然有利于平等,但降低了效率,反之亦然。如果受教育年限越长,文化水平越高,工资也越多,那么,人们就往往愿意用更多的时间和精力求学读书,从而有助于间接提高效率。如果个人累进税税率过高,人们就有可能选择少工作多闲暇的生活方式,或不在国内而去国外工作。

一个国家不能只强调平等不要效率,或只强调效率不要平等。如果切断了平等和效率的联系,就会既无平等,又无效率。所以,经济发展到一定阶段,一个国家就要适当兼顾平等与效率,建议增加教育支出,修改福利措施,修订税收规则,提高社会流动性,以此来协调平等和效率的关系。平等和效率的最优权衡取舍,就是要以最小的不平等换取最大的效率,或者以最小的效率损失换取最大的平等。

练习与思考

一、名词解释

生产要素　派生需求　厂商使用要素的原则　消费者供给要素的原则　边际产品价值　边际产品收益　要素的边际成本　要素的价格　工资　最低工资　双边垄断　工资差别　利息　地租　准租金　经济租　正常利润　洛伦茨曲线　基尼系数

二、分析题

1. 生产要素的需求有什么特性?

2. 要素使用原则与利润最大化原则有何关系?

3. 在完全竞争条件下,厂商对作为多种生产要素之一的某种要素的需求曲线与对作为唯一生产要素的该种要素的需求曲线的形成有何不同? 并解释原因。

4. 个人劳动供给曲线为什么先向右上方倾斜后又向左上方倾斜?

5. 地租、租金、经济租三者之间有什么联系与区别?

6. 王先生的效用函数为 $U = \sqrt{CH}$,其中 C 表示消费,H 表示闲暇。当他一天工作 14 小时时他获得最大效用 $U = 20$。如李女士给他 5 美元,请他放弃一小时闲暇驱车去球场,他会干吗?

三、计算题

1. 假设劳动的需求由 $L = -50w + 450$ 给出,劳动的供给由 $L = 100w$ 给出。其中 L 代表雇用的劳动小时数,w 代表每小时实际工资率。求:(1)该市场的均衡工资率和均衡劳动量;(2)假定政府给雇主补贴,从而将均衡工资提高到每小时 4 美元,每小时将补贴多少? 什么是新的均衡劳动量? 总的补贴额为多少? (3)假定宣布最低工资是每小时 4 美元,此时劳动需求量为多少? 将有多少失业?

2. 设某一厂商使用的可变要素为劳动,其生产函数为: $Q = -0.01L^3 + L^2 + 36L$,其中 Q 为每日产量,L 是每日投入的劳动小时数,劳动市场及产品市场都是完全竞争市场,单位产品价格为 10 美分,小时工资率为 4.80 美元,厂商实现利润最大化时每天雇用多少小时劳动?

3. 假设在完全竞争的水泥管行业有 1000 个相同的厂商,每个厂商生产市场总量的相同份额,并且每个厂商的水泥管生产函数由 $q = \sqrt{KL}$ 给出。假设水泥管的市场需求为 $Q = 400000 - 100000P$,求:(1)若 W(工资) $= V$(资本品的租金) $= 1$ 美元,代表性厂商使用 K 与 L 的比率为多少? 生产水泥管的长期平均成本和边际成本是多少?(2)长期均衡时水泥管的均衡价格和数量是多少? 每个厂商将生产多少? 每个厂商及整个市场将雇用多少劳动?(3)假设市场工资 W 上升到 2 美元而 V 保持不变(1 美元),代表性厂商资本和劳动的比率将如何变化? 这将如何影响边际成本?(4)在上述(3)条件下,什么是长期的市场均衡点,整个水泥管行业雇用的劳动是多少?

4. 某厂商生产产品 A,其单价为 16 元,月产量为 200 单位,每单位产品的平均可变成本为 8 元,平均不变成本为 5 元。求其准租金和经济利润。

四、讨论题

1. 企业家的报酬大大高于一般劳动者,你认为合理吗? 为什么?

2. 目前我国的利率高于均衡利率还是低于均衡利率,为什么?

3. 是否地租高就决定了房地产价格高?

4. 雇主为了吸引工人自愿延长工作时间(即加班),加班工资是否一定要高于正常工作时间的工资? 正常工作时间的工资是否需要提高? 为什么?

5. 经济学认为,在所有生产要素中,企业家才能是最重要的生产要素。你认为呢? 为什么?

第九章　一般均衡与福利经济学

前面各章详细研究了个体决策单位的行为和单个市场的运行。但在研究个体决策单位的行为和单个市场的运行时，我们假定个体之间、市场之间是相互独立、互不影响的。这一分析方法可以使人们对市场有一个简单的认识，但是它"只见树木不见森林"，脱离了现实世界。实际中，单个个体、单个市场之间是相互联系、相互影响的。本章首先简要介绍一般均衡分析，接着考察完全竞争市场中是否存在一般均衡，并探讨这种均衡的有效性，最后讨论市场结果的公平问题。

第一节　一般均衡及其存在性

一、局部均衡与一般均衡

到目前为止，讨论某一产品市场或要素市场的均衡问题时，我们假定其他产品市场或要素市场已经达到了均衡。或者说，在前面的讨论中，我们是不考虑各产品市场之间，各要素市场之间，以及产品市场与要素市场之间的联系的。这种分析方法，称为局部均衡分析方法(Partial Equilibrium Analysis Method)。在局部均衡分析中，通常假定某一产品(或要素)的需求和供给只取决于其自身的价格，因此，很容易明白供求力量如何相互作用，以决定某一产品(或要素)的价格和数量。显然，用局部均衡分析法得到的某一产品(或要素)的均衡价格或均衡数量只是真值的近似值，其近似程度有赖于该产品(或要素)与其他市场的联系程度。

事实上，任何一种产品(或要素)的需求和供给不仅受其自身价格的影响，还受其他许多因素的影响，诸如：其他产品(或要素)的价格，消费者的偏好和收入，企业的目标，等等。也就是说，各类市场、各种市场之间的联系是不能忽略的，一种产品(或要素)的价格变动会影响其他产品(或要素)的价格，反过来，其他产品(或要素)的价格变动又影响该产品(或要素)的价格。这种市场之间的相互作用通常称为反馈效应(Feedback Effect)。例如，我们来考察石油、汽油、汽车、汽车工人这样四个相关市场，如图9-1所示。

(a) 石油市场

(b) 汽油市场

(c) 汽车市场

(d) 汽车工人市场

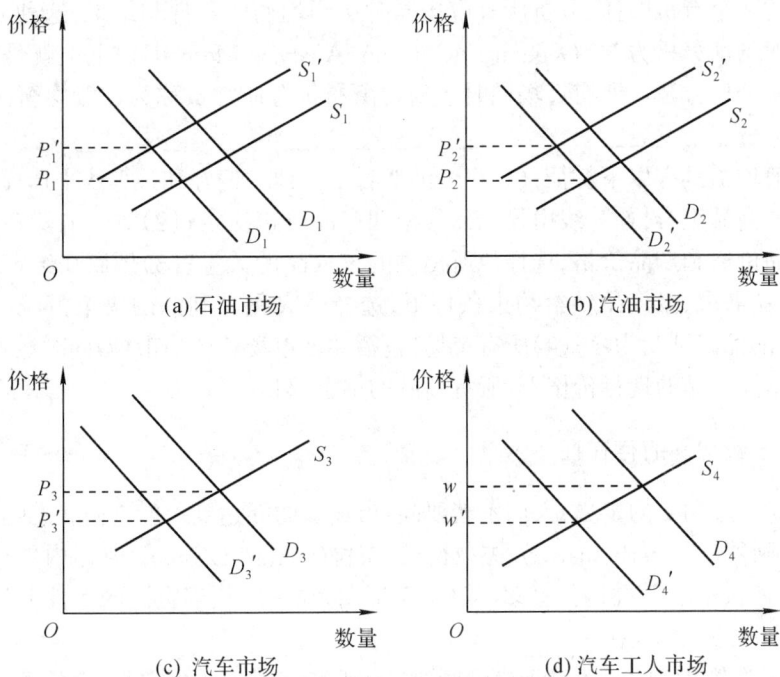

图 9-1　石油及其相关市场的均衡

在图 9-1 中,假定这些市场最初都是均衡的,石油、汽油、汽车、汽车工人的均衡价格分别是 P_1, P_2, P_3, w。现在石油供应商决定减产以提高价格,石油供给曲线由 S_1 上移至 S_1',结果石油价格上升,石油产量减少;石油价格上升导致汽油成本增加,汽油供给曲线也从由 S_2 上移至 S_2',结果汽油价格上升,汽油产量减少;汽油价格上升,导致行车费用提高,这又导致对汽车的需求减少,汽车的需求曲线由 D_3 下移至 D_3',汽车价格下降;汽车价格下降又导致对汽车工人的需求减少,对汽车工人的需求曲线由 D_4 下移至 D_4',汽车工人的工资下降;汽车需求减少反过来导致对汽油、进而对石油的需求减少,从而汽油、石油的价格下降,⋯⋯一直继续下去,可以预期这四个市场最终达到一个新的均衡,这个新的均衡由各个市场新的供求曲线的交点所决定。如图 9-1 所示,最终的结果是石油价格上升到 P_1',汽油价格上升到 P_2',汽车价格下降到 P_3',汽车工人工资下降到 w'。不足的是,我们这里只能通过一个虚拟的案例,显示各市场之间的相互联系,曲线的移动具有一定的随意性,这样就有可能忽视了一些效应。当然,这种精确方面的不足并不影响案例本身所揭示的市场本质。

为使分析的结果更符合实际,就必须同时考虑所有的市场,将所有市场看成是经济中的一个有机整体,分析所有市场同时达到均衡的条件和结果,这种分析法,称为一般均衡分析方法(General Equilibrium Analysis Method)。上例就是简化的一般均衡分析方法。所有市场同时达到均衡的状态通常被称为一般均衡(General Equilibrium)。

一般均衡具有以下特征:(1)每个消费者依据他的偏好和预算线来选择最大化其效用的商品组合,预算线由投入品价格和产品价格决定;(2)每个消费者依据现行投入品价格和产品价格,选择他所提供的投入品的数量;(3)厂商在给定的现有技术、产品需求、投入品供给约束条件下,选择最大化其利润的决策,且从长期来看,厂商的经济利润为零;(4)所有市场(包括要素市场和产品市场)同时达到均衡,即在要素及产品的现行价格下,所有商品的供求都相等。

二、一般均衡的存在性

面对一般均衡的定义,人们不禁要问:市场真的能达到一般均衡状态吗? 包括肯尼斯·阿罗(Kenneth Arrow)、杰拉德·德布鲁(Gerard Debreu)、莱昂内尔·麦肯齐(Lionel Mckenzie)等在内的许多经济学家证明,在一组相当宽泛的条件下,可以实现所有市场的一般均衡。

不同学者提供的一般均衡模型所要求的假定条件有一定差异,有的条件严格,有的条件宽松。在一般经济学教科书所提供的模型中,这些条件主要包括:(1)所有市场都是完全竞争的,即:所有的产品都是同质的;市场上有大量的买者和卖者,单个家庭或厂商对市场的影响可以忽略不计;交易费用为零;信息是完全的。(2)每个家庭既是产品需求者,又是投入品供给者,收入来自他们供给的要素,且收入全部用于消费,他们在一定的约束条件下追求效用最大化。每个家庭的效用函数都是连续的,且无差异曲线凸向原点。(3)每个厂商都是要素的需求者和产品的供给者,他们在生产函数的约束下追求利润最大化,且等产量曲线凸向原点,不存在规模收益递增。(4)只考虑最终产品的生产和交换,没有中间产品。

一般均衡存在并不意味均衡是唯一的。只有相对价格才影响消费者、厂商、资源所有者的决策,因此,如果所有市场在一组价格下是均衡的,那么,当所有的价格同比例增加或减少时,市场仍然是均衡的。经济学家已经证明,在一定的条件下,存在唯一的一组相对价格可以实现一般均衡。

第二节　简单的一般均衡模型

一、经济循环流程

假定一个经济由两部门组成,即只有一个生产部门和一个消费部门。尽管抽象掉了政府和国外部门,但这并不影响我们对一般均衡的本质特征的描述。同时假定所有的生产均由厂商完成,所有投入品均由消费者提供,即没有中间产品。可以用图9-2来描绘投入和产出、生产和消费形成的经济循环流程,其中位于外部的实线表示要素与产品的流动,内部的虚线表示货币的流动。在这一流程中,所有的要素和产品市场相互依存,形成了一张看不见的网络系统。

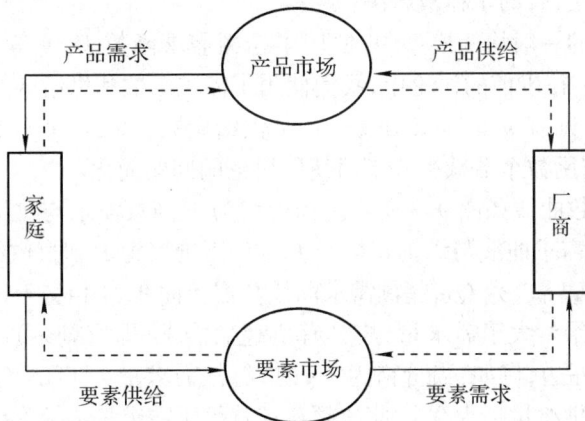

图9-2　两部门经济流程图

在图9-2中,我们可以看到各个市场中的价格和数量决定的逻辑结构:家庭按照效用最大化原则供给要素,购买产品;厂商按照利润最大化原则购买要素,生产并出售产品,由此形成了产品和要素两类市场。从面包、牛奶到服装、汽车,从计算机、电视机到劳动、资本,每种产品和要素都在市场上交易,并在供求两种力量作用下同时决定所有产品和要素的价格与数量。根据前几章的分析,可以知道,在这样一个相互联结的网络型市场结构中,从最终来看,家庭的效用动机和厂商的利润动机是决定均衡的两种基本力量。

二、瓦尔拉斯一般均衡模型

1874年,法国经济学家L. 瓦尔拉斯(Leon Walras)首先提出了在完全竞争条件下的一般均衡理论。他认为所有市场都是有一定联系的,所有产品和要素的价格和数量都是相互影响,相互作用的。因此,必须将所有市场看成是一个经济整体来分析它们的同时均衡问题,即一般均衡问题。瓦尔拉斯证明了在完全竞争条件下一般均衡存在的可能性,也就是说,如果买者和卖者都是价格的接受者,则可能存在一组均衡价格使所有市场都被出清(即在每个市场上供求相等),并使消费者的效用和企业的利润都实现最大化。

尽管瓦尔拉斯的理论在当时是相当完善的,但他仍然留下了一些重要问题没有被解决。首先,瓦尔拉斯只给出了一般均衡存在的必要条件,而没有指出一般均衡是否一定存在,即没有给出充分条件;其次,即使通过联立方程得出一般均衡解,但此解可能是负数、虚数或复数,而在实际经济意义上,无论是均衡价格还是均衡数量,都必须是非负实数;最后,根据联立方程得到的解并不一定是唯一的。此外,还有关于一般均衡的稳定性问题,非完全竞争条件下的一般均衡问题,等等。这些问题有的已被解决,有的正在被解决。

在瓦尔拉斯的一般均衡模型中,使用了超额需求函数 E,它等于需求函数 D 减去供给函数 S。在以前的讨论中,我们使用了需求函数和供给函数,如果有 n 种产品和生产要素,则有 n 个需求函数和 n 个供给函数,共 $2n$ 个函数,引进了超额需求函数后,可将函数个数减少一半而使所讨论的问题简化。

超额需求函数曲线如图 9-3 所示。当价格为 P_0 时,需求与供给相等,因此超额需求为 0,超额需求曲线与纵轴相交于 P_0 点;当价格为 P_1 时,供给量为零,需求量为 Q_1,因此超额需求为 Q_1,超额需求曲线与需求曲线 D 相交于 E' 点;当价格高于 P_0 时,由于供给量大于需求量,故具有负超额需求(即有剩余),因此超额需求曲线位于纵轴的左边,例如,当价格为 P_2 时,超额需求量为 $Q_2 - Q_2' < 0$;当价格低于 P_1 时,由于供给量恒为 0,因此超额需求就等于需求量。综上所述,超额需求曲线由线段 $EE'D$ 所构成,超额需求在均衡价格 P_0 处等于 0,在其上方小于 0,在其下方大于 0。

如果在经济中共有 n 种产品和生产要素,第 i 种产品或生产要素的价格记为 P_i,需求记为 D_i,供给记为 S_i,则分别有 n 个需求函数和 n 个供给函数:

$$Q_i^d = D_i(P_1, P_2, \cdots, P_n), \ i = 1, 2, \cdots, n \tag{9-1}$$

$$Q_i^s = S_i(P_1, P_2, \cdots, P_n), \ i = 1, 2, \cdots, n \tag{9-2}$$

由此可以得到 n 个超额需求函数:

$$E_i(P_1, P_2, \cdots, P_n) = D_i(P_1, P_2, \cdots, P_n) - S_i(P_1, P_2, \cdots, P_n), i = 1, 2, \cdots, n \tag{9-3}$$

即我们得到了具有 n 个变量 $P_1, P_2, \cdots, P_n$ 的 n 个函数 $E_1, E_2, \cdots, E_n$,每一个函数代表了一种产品或生产要素的超额需求。当经济处于一般均衡时,所有的超

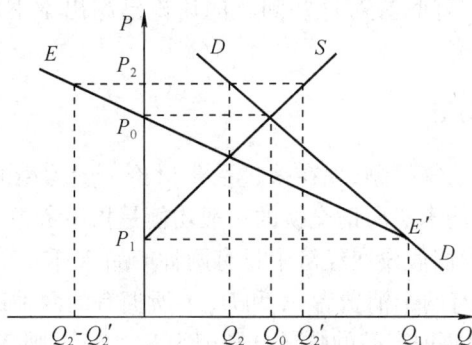

图9-3 超额需求曲线

额需求均为零,也就是说均衡的条件是:

$$E_i(P_1,P_2,\cdots,P_n)=0, i=1,2,\cdots,n \qquad (9\text{-}4)$$

这里共有 n 个可变价格和 n 个方程。然而,这 n 个方程并不完全独立。这是因为,在整个经济中,买者的总支出等于卖者的总收入,即:

$$\sum_{i=1}^{n}P_iD_i(P_1,P_2,\cdots,P_n)=\sum_{i=1}^{n}P_iS_i(P_1,P_2,\cdots,P_n) \qquad (9\text{-}5)$$

因此:

$$\sum_{i=1}^{n}P_iE_i(P_1,P_2,\cdots,P_n)=0 \qquad (9\text{-}6)$$

这表明式(9-4)中独立方程的个数不超过 $n-1$ 个。式(9-6)所包含的经济含意是:只要由 n 个市场所构成的经济中的 $n-1$ 个市场实现了均衡,则最后一个市场自然同时实现均衡,这就是著名的"瓦尔拉斯法则"。

如果式(9-4)中独立方程的个数等于 $n-1$ 且是一致的,则对 n 个价格变量就无唯一解。为解决这一问题,瓦尔拉斯引进了相对价格的概念,即将某一产品的价格视为 1,比如 $P_1=1$,则其余价格相应地变为:

$$P_2'=\frac{P_2}{P_1},P_3'=\frac{P_3}{P_1},\cdots,P_n'=\frac{P_n}{P_1}$$

于是有:

$$E_i(1,P_2',P_3',\cdots,P_n')=0, i=1,2,\cdots,n \qquad (9\text{-}7)$$

在理论上,我们可从式(9-7)中的 $n-1$ 个独立方程解出唯一一组价格变量 $P_2',P_3',\cdots,P_n'$,从而解决了一般均衡问题。但是,回顾前面的讨论,不难发现,最后的结论是建立在很强的条件之上的,这就是"如果式(9-4)中独立方程的个数等于 $n-1$ 且是一致的"。如果方程组不一致,则无解;如果一致,但独立个数小于 $n-1$,则有无数解。另外,即使上述条件满足,唯一解也未必一定是非负实数。可见,瓦尔拉斯留给后人许多问题,对这些问题的讨论已超出本书的要求,这里不作阐述。

三、交换的一般均衡

前面给出了一般均衡模型,现在来进一步讨论一般均衡的内容、特征及效率。首先讨论交换的一般均衡。所谓交换的一般均衡是指不考虑生产的纯交换的一般均衡。为简便起见,我们假设在经济中只有两种产品 X 和 Y,各自的数量是常数,分别记为 $\bar{X}$ 和 $\bar{Y}$;只有两个消费者 A 和 B,A 所拥有的两种产品的数量分别记为 X_a 和 Y_a,B 所拥有的两种产品的数量分别记为 X_b 和 Y_b,则 $X_a + X_b = \bar{X}$,$Y_a + Y_b = \bar{Y}$。图 9-4(a)和(b)分别是消费者 A 和 B 的无差异曲线图,A 和 B 初始拥有的产品组合分别记为 $S_a(X_a^0, Y_a^0)$ 和 $S_b(X_b^0, Y_b^0)$,相应地,在初始时刻,A、B 所具有的效用水平分别为 a_2 和 b_2。

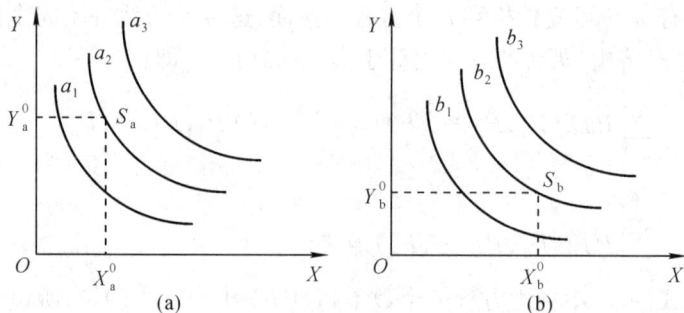

图 9-4　消费者 A 和 B 的无差异曲线

假定在初始时刻,消费者 A 和 B 的总效用没有达到最大,并且他们都是理性的,两人之间可以自由交换,而且交易成本为零,那么,他们将通过相互之间的交换来实现总效用的最大化。我们可以用艾奇沃思盒状图(Edgeworth Box)来说明他们之间的交换及交换后的均衡状态。具体来说,将图 9-4(b)旋转 180 度后再与图 9-4(a)拼合而成的图 9-5,就是交换的艾奇沃思盒状图。图中的横坐标代表产品 X 的数量,横坐标的长度表示经济中产品 X 的总量,等于 $\bar{X}$;图中的纵坐标代表产品 Y 的数量,纵坐标的长度表示经济中产品 Y 的总量,等于 $\bar{Y}$。艾奇沃思盒状图对解释一般均衡原理和福利经济学都是非常有用的。

从图 9-5 中看到,初始时刻,消费者 A 的无差异曲线 a_2 与消费者 B 的无差异曲线 b_2 相交于 S 点,此处,$S = S_a(X_a^0, Y_a^0) = S_b(X_b^0, Y_b^0)$,且满足 $X_a^0 + X_b^0 = \bar{X}$,$Y_a^0 + Y_b^0 = \bar{Y}$。但在此时,A 与 B 的总效用没有达到最大,因为他们可以通过交换提高各自的效用水平。例如,点 S 沿 A 的无差异曲线 a_2 移动到 E_2 点,由于点 E_2

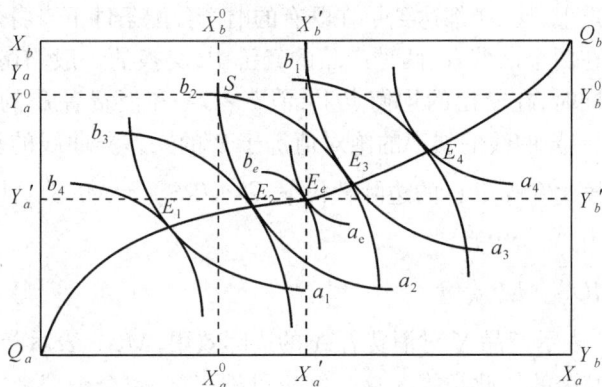

图 9-5 交换的艾奇沃思盒状图

是 A 的无差异曲线 a_2 与 B 的无差异曲线 b_3 的切点,因此,消费者 A 因仍然处于无差异曲线 a_2 上而保持原效用水平不变,但消费者 B 因处在离原点 Q_b 更远的无差异曲线 b_3 上而效用水平得到了提高。同样,点 S 沿 B 的无差异曲线 b_2 移动到 E_3 点,由于点 E_3 是 A 的无差异曲线 a_3 与 B 的无差异曲线 b_2 的切点,因此,消费者 A 因处在离原点 Q_a 更远的无差异曲线 a_3 上而效用水平得到了提高,但消费者 B 因仍然处于无差异曲线 b_2 上而保持原效用水平不变。如果点 S 移动到 A 的无差异曲线 a_2 与 B 的无差异曲线 b_2 构成的区域内的某一点,如 A 的无差异曲线 a_e 与 B 的无差异曲线 b_e 的切点 E_e,则在该点处,消费者 A 与 B 的效用水平都得到了提高。这就是说,如果 A 放弃数量为 $Y_a^0 - Y_a'$ 的 Y 产品用以换取数量为 $X_a' - X_a^0$ 的 X 产品,同时 B 用数量为 $X_b^0 - X_b' = X_a' - X_a^0$ 的 X 产品换取数量为 $Y_b' - Y_b^0 = Y_a^0 - Y_a'$ 的 Y 产品,则 A 和 B 的效用水平都得到了提高。

由于 E_1, E_2, E_3, E_4 及 E_e 点都是 A 的某一无差异曲线 a 与 B 的某一无差异曲线 b 相切的切点,不难发现,在它们的无差异曲线相切的切点以外的任何点上,A 与 B 都能通过交换,或同时提高各自的效用水平,或在不降低某人效用水平的前提下,提高另一人的效用水平;而在两无差异曲线相切的这些切点上,再想在不降低某人的效用水平的前提下,提高另一人的效用水平则是不可能的。这就是说,处在这些切点上时,A, B 中的任何一个人若想提高自己的效用水平而提出交换的要求,必然会遭到另一个人的拒绝。换句话说,在这些切点上,不可能再发生交换,即达到了交换的均衡。

在艾奇沃思盒中,将消费者 A 和 B 的无差异曲线两两相切的所有切点,如 E_1, E_2, E_3, E_4 及 E_e 点等连结起来所形成的曲线 Q_aQ_b 称为交换的契约线(Contract Curve of Trade)。根据上面的分析可知,交换契约线上的所有点都是交换的均衡点,在均衡点上,A、B 都达到了在既有的财产分配条件下自身效用的最大化。

综上所述,在两个消费者、两种产品的经济中,交换的一般均衡发生且只能发生在契约线上;同时,在交换的均衡点上,消费者 A 和消费者 B 的无差异曲线相切,从而 A 的无差异曲线的斜率的绝对值等于 B 的无差异曲线的斜率的绝对值,故有 A 的边际替代率等于 B 的边际替代率,即 $MRS_{XY}^A = MRS_{XY}^B$,因此有:

$$\frac{MU_X^A}{MU_Y^A} = \frac{MU_X^B}{MU_Y^B} \tag{9-8}$$

其中,MU_X^A 表示产品 X 对消费者 A 的边际效用,MU_X^B 表示产品 X 对消费者 B 的边际效用,其余的依此类推。这个结论可推广至 m 个消费者、n 种产品的经济中,即在完全竞争条件下,经济中发生交换均衡的条件是:

$$\frac{MU_h^i}{MU_k^i} = \frac{MU_h^j}{MU_k^j}, \ h,k = 1,2,\cdots,n;\ i,j = 1,2,\cdots,m \tag{9-9}$$

其中 MU_h^i 表示第 h 个产品对第 i 个消费者的边际效用,其余的依此类推。式(9-9)表示在一个存在众多消费者消费众多产品的经济中,只要每两个消费者消费任意两种产品的边际替代率相等,那么社会的总效用达到最大,或者说实现了交换的一般均衡。

例 9.1 交换的好处

设想世界上有两个人——养猪人和种蔬菜的农民,他们都既爱吃猪肉又爱吃蔬菜。如果养猪人只会生产猪肉,而农民只会种蔬菜,那么交换的好处是显而易见的。因为交换使得他们都既有猪肉吃又有蔬菜吃。

可是,如果养猪人会种蔬菜,但不擅长种蔬菜;而种蔬菜的农民会养猪,但不擅长养猪。那么在这种情况下,他们是自给自足呢,还是专门从事自己最擅长的活动并通过交换来获益? 显然是后者,即专门从事自己最擅长的活动并通过交换来提高双方的福利水平。

再假如养猪人在养猪和种蔬菜上都比农民要擅长,那么养猪人和农民是保持自给自足呢,还是仍然可以通过交换来提高他们各自的福利水平? 回答仍然是通过交换来提高他们各自的福利水平。

如果养猪人和农民每人每周工作 40 小时,农民生产 1 公斤蔬菜需用 10 小时,生产 1 公斤猪肉需用 20 小时;养猪人在这两种产品生产上的效率都比较高,生产 1 公斤蔬菜只用 8 小时,生产 1 公斤猪肉只用 1 小时。

在没有交换时,农民用 20 小时生产 2 公斤蔬菜,用其余的 20 小时生产 1 公斤猪肉,因此,他每周最多能消费的蔬菜和猪肉的数量分别是 2 公斤和 1 公斤。而养猪人用 20 小时生产 20 公斤猪肉,用其余的 20 小时生产 2.5 公斤蔬菜,因此,他每周最多能消费的猪肉和蔬菜的数量分别是 20 公斤和 2.5 公斤。

如果养猪人和农民协商,现在农民把每周的 40 小时全部用于生产蔬菜,共生产 4 公斤蔬菜;而养猪人每周用 24 小时养猪,生产 24 公斤猪肉,同时用其余的 16 小时生产 2 公斤蔬菜。然后,农民用其生产的 4 公斤蔬菜中的 1 公斤去和养猪人交换,并换回 3 公斤猪肉。那么,现在农民每周能消费的蔬菜和猪肉的数量分别提高到 3 公斤和 3 公斤;而养猪人每周能消费的蔬菜和猪肉的数量分别提高到 3 公斤和 21 公斤。显然,协商生产和交换后,他们的福利水平都提高了。

那么,为什么养猪人在养猪和种蔬菜上都比农民要擅长,他们之间仍然可以通过适度的专业化生产和交换来提高各自的福利呢? 原因在于,虽然养猪人在养猪和种蔬菜上都比农民要擅长,但养猪人只在猪肉生产上具有比较优势,而在蔬菜生产上不具有比较优势;相反,农民在猪肉生产上不具有比较优势,却在蔬菜生产上具有比较优势。所谓比较优势是指生产某种产品的机会成本较低。

对于养猪人来说,生产 1 公斤蔬菜用 8 小时,生产 1 公斤猪肉用 1 小时,因此,生产 1 公斤蔬菜的机会成本是 8 公斤猪肉,相反,生产 1 公斤猪肉的机会成本是 1/8 公斤蔬菜;对于农民来说,生产 1 公斤蔬菜用 10 小时,生产 1 公斤猪肉用 20 小时,因此,生产 1 公斤蔬菜的机会成本是 1/2 公斤猪肉,相反,生产 1 公斤猪肉的机会成本是 2 公斤蔬菜。很容易知道,养猪人生产猪肉的机会成本比农民低,因而在猪肉生产上具有比较优势;农民生产蔬菜的机会成本比养猪人低,因而在蔬菜生产上具有比较优势。

比较优势理论表明,只要两个人在两种产品生产上具有不同的机会成本,从而各自在某种产品生产上具有比较优势,他们就可以专门从事具有比较优势的活动并通过交换相互获利。

四、生产的一般均衡

在生产的一般均衡中,我们也是考察最简单的一种情形,即只用两种生产要素 L 和 K 生产两种产品 X 和 Y 的情形。假定 L 和 K 的总数是既定的,分别记为 $\bar{L}$ 和 $\bar{K}$,生产 X 产品的初始投入为 L_X^0 和 K_X^0,生产 Y 产品的初始投入为 L_Y^0 和 K_Y^0,并且 $L_X^0 + L_Y^0 = \bar{L}$,$K_X^0 + K_Y^0 = \bar{K}$。图 9-6(a) 和 (b) 分别是生产 X 产品和生产 Y 产品的等产量曲线图。初始时刻,生产 X 产品和 Y 产品的要素组合分别为 S_X (L_X^0, K_X^0) 和 $S_Y(L_Y^0, K_Y^0)$,相应地,产品 X 和产品 Y 的产量水平分别为 X_2 和 Y_2。

假定在初始时刻,用既定资源 L 和 K 生产产品 X 和 Y 的总产量没有达到最大,那么可以用艾奇沃思盒状图来说明要素 L 和 K 的投入量的调整及生产的均衡状态。具体来说,将图 9-6(b) 旋转 180° 后再与图 9-6(a) 拼合而成的图 9-7,就是生产的艾奇沃思盒状图。图中的横坐标代表要素 L 的数量,横坐标的长度表示经

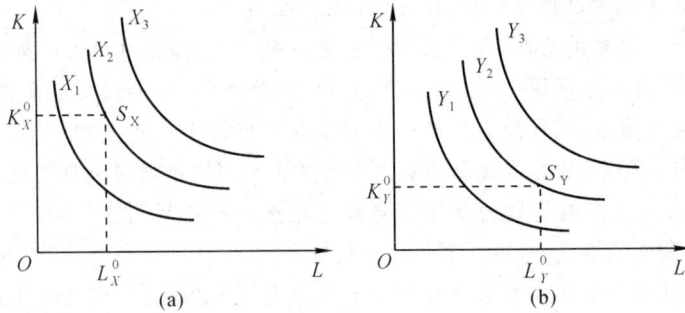

图 9-6　产品 X 和 Y 的等产量曲线

济中要素 L 的总量,等于 $\overline{L}$;图中的纵坐标代表要素 K 的数量,纵坐标的长度表示经济中要素 K 的总量,等于 $\overline{K}$。

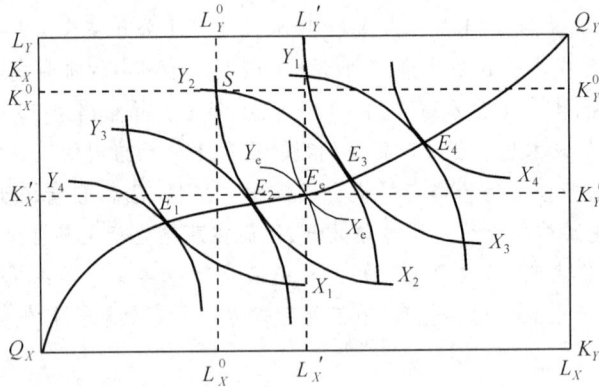

图 9-7　生产的艾奇沃思盒状图

　　从图 9-7 中看到,初始时刻,产品 X 的等产量曲线 X_2 与产品 Y 的等产量曲线 Y_2 相交于 S 点,此处,$S = S_X(L_X^0, K_X^0) = S_Y(L_Y^0, K_Y^0)$,且满足 $L_X^0 + L_Y^0 = \overline{L}$,$K_X^0 + K_Y^0 = \overline{K}$。但在此时,$X$ 产品和 Y 产品的总产量没有达到最大,因为通过调整用于生产 X 和 Y 产品的要素 L 和 K 的投入量可以提高总产量水平。例如,点 S 沿 X 产品的等产量曲线 X_2 移动到 E_2 点,由于点 E_2 是 X 产品的等产量曲线 X_2 与 Y 产品的等产量曲线 Y_3 的切点,因此,X 产品的产量保持不变,但 Y 产品的产量增加了。同样,点 S 沿 Y 产品的等产量曲线 Y_2 移动到 E_3 点,由于点 E_3 是 X 产品的等产量曲线 X_3 与 Y 产品的等产量曲线 Y_2 的切点,因此,X 产品的产量增加的同时 Y 产品的产量保持不变。如果点 S 移动到 X 产品的等产量曲线 X_2 与 Y 产品的等产量曲线 Y_2 构成的区域内的某一点,如 X 产品的等产量曲线 X_e 与 Y 产品的等产量曲线 Y_e 的切点 E_e,则在该点处,X 产品和 Y 产品的产量都增加了。

这就是说,在 X 产品的生产上,减少 K 的投入量 $K_X^0 - K_X'$,增加 L 的投入量 $L_X' - L_X^0$,同时在 Y 产品的生产上,减少 L 的投入量 $L_Y^0 - L_Y' = L_X' - X_X^0$,增加 K 的投入量 $K_Y' - K_Y^0 = K_X^0 - K_X'$,则 X 产品和 Y 产品的产量都增加了。

由于 E_1, E_2, E_3, E_4 及 E_e 点都是 X 产品的某一等产量曲线与 Y 产品的某一等产量曲线相切的切点,不难发现,在这两种产品的等产量曲线相切的切点以外的任何点上,都能通过对生产要素 L 和 K 的投入量的调整,或同时提高两种产品的产量水平,或在不降低一种产品产量的前提下,增加另一种产品的产量水平;而在两种产品等产量曲线相切的这些切点上,再想通过要素投入量的调整,在不降低某种产品产量的情况下,增加另一种产品的产量是不可能的。因此,在这些点上,用于生产 X 产品和 Y 产品的要素数量不再调整,即达到了生产的均衡。

在艾奇沃思盒中,将 X 产品和 Y 产品的等产量曲线两两相切的所有切点,如 E_1, E_2, E_3, E_4 及 E_e 点等连结起来所形成的曲线 $Q_X Q_Y$ 称为生产的契约线 (Contract Curve of Production)。根据上面的分析可知,生产契约线上的所有点都是生产的均衡点。在这些均衡点上,X 产品的等产量曲线的斜率的绝对值与 Y 产品的等产量曲线的斜率的绝对值相等,或者生产 X 产品的边际技术替代率与生产 Y 产品的边际技术替代率相等,即 $MRTS_{LK}^X = MRTS_{LK}^Y$,从而有:

$$\frac{MP_L^X}{MP_K^X} = \frac{MP_L^Y}{MP_K^Y} \tag{9-10}$$

其中,MP_L^X 表示生产 X 产品时要素 L 的边际产量,其余的依此类推。同样,这个结论可推广到 m 种投入和 n 种产品的经济中去,即在完全竞争条件下,实现生产的一般均衡的条件可以表示为:

$$\frac{MP_h^i}{MP_k^i} = \frac{MP_h^j}{MP_k^j}, \ h, k = 1, 2, \cdots, m; \ i, j = 1, 2, \cdots, n \tag{9-11}$$

其中 MP_h^i 表示用第 h 种要素生产第 i 种产品的边际产量,其余的依此类推。式(9-11)表示在一个用多种要素生产多种产品的经济中,只要每两种要素生产任意两种产品的边际技术替代率相等,那么社会的总产量达到最大,或者说实现了生产的一般均衡。

由于生产契约线上的各点代表了在既定的要素投入和技术条件下,两种产品的最大产量组合,因此可由生产契约线推导出生产可能性曲线,见图9-8。

图9-7中生产契约线上的点,表示在既定的技术条件下,要素投入固定时(分别为 $\overline{L}$ 和 $\overline{K}$)所能生产的两种产品的最大产量的组合。如在 E_1 点,X 产品的产量为 X_1,Y 产品的最大产量为 Y_4;在 E_2 点,X 产品的产量为 X_2,Y 产品的最大产量为 Y_3;在 E_3 点,X 产品的产量为 X_3,Y 产品的最大产量为 Y_2。把 E_1,E_2 和 E_3

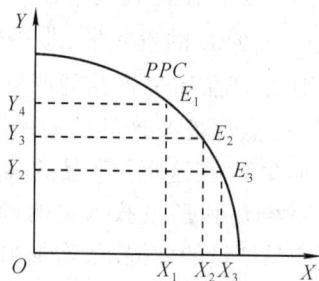

图 9-8 生产可能性曲线

这些组合描绘到图 9-8 中,并联结这些点所得到的曲线就是生产可能性曲线(Production Possibility Curve),通常用 PPC 表示,它是在技术水平不变的条件下,既定资源能够生产的两种产品的最大产量组合的连线。这是一条向右下方倾斜,并且凹向原点的曲线。该曲线的斜率的绝对值被称为产品的边际转换率(Marginal Rate of Transformation, MRT),它表示在技术水平不变,资源既定的条件下,增加一单位 X 产品所必须放弃的 Y 产品的数量。

产品的边际转换率是递增的,即随着 X 产品的产量的连续增加,所必须放弃的 Y 产品的数量是越来越多的。这是边际收益递减规律作用的结果。因为要增加 X 产品的产量并放弃 Y 产品的产量,就得逐渐把劳动 L 和资本 K 从 Y 产品的生产转移到 X 产品的生产中。在初始阶段,增加一单位 X 产品,要放弃的 Y 产品很少,但随着劳动和资本在 X 产品生产中的边际产量的递减,劳动与资本在 Y 产品生产中的边际产量递增。这样,每增加一单位 X 产品所必须放弃的 Y 产品的数量越来越多,也即由 Y 产品转换为 X 产品的边际转换率变大,在几何上,这就表现为生产可能性曲线凹向原点。这一结论隐含着 X 产品和 Y 产品生产的规模收益是递减的。实际中,某种产品生产的某个阶段可能具有规模收益递增趋势。在上例中,如果 X 产品的生产具有规模收益递增趋势,那么随着 X 产品的数量的增加,所放弃的 Y 产品的数量就会越来越少,从而边际转换率将是递减的,相应的生产可能性曲线至少会在一定范围内呈现出凸向原点的状况。

五、交换与生产的一般均衡

在交换处于一般均衡时,消费者各自达到了效用最大,此时各消费者的边际替代率相等,即 $MRS_{XY}^{A} = MRS_{XY}^{B}$;在生产处于一般均衡时,企业各自实现了产量最大,此时各企业的边际技术替代率相等,即 $MRTS_{LK}^{X} = MRTS_{LK}^{Y}$。下面我们来讨论,在两种投入、两种产出和两个消费者的特殊情况(也是最简单的情况)下,交换与生产的一般均衡问题。如图 9-9 所示。

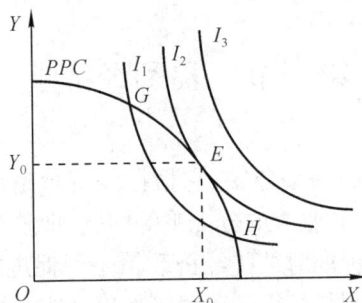

图 9-9　生产和交换的一般均衡

在图 9-9 中，PPC 为生产可能性曲线，I_1，I_2，I_3 是三条不同的社会无差异曲线，每一条无差异曲线都表示社会消费不同数量的 X 和 Y 产品组合能带来相同的总效用。可以知道，在生产可能性曲线 PPC 与无差异曲线 I_2 的切点 E 实现了交换与生产的一般均衡，其充分必要条件是产品的边际替代率等于产品的边际转换率，即：

$$MRS_{XY} = MRT_{XY} \tag{9-12}$$

这一结论的严格证明已超出了本书的范围，这里我们只给予简单的说明。假定 $MRS_{XY} > MRT_{XY}$，具体可以设 $MRT_{XY} = 2$，即在一定的资源和技术条件下，为多得到 1 个单位的 X 产品必须放弃 2 个单位的 Y 产品；设 $MRS_{XY} = 3$，即消费者愿意用 3 个单位的 Y 产品换取 1 个单位的 X 产品，而仍保持原效用水平。这种情况下，意味着消费者愿放弃 3 个单位的 Y 产品用来换取 1 个单位的 X 产品，厂商却只需通过少生产 2 个单位的 Y 便可以获得 1 单位 X 产品，这就表明，用同样的资源和技术多生产一些 X 产品少生产一些 Y 产品可使消费者的效用水平得到提高，因此，当 $MRS_{XY} > MRT_{XY}$ 时，经济并没有达到一般均衡。此时，通过资源的重新调整，能使消费者的效用水平得到提高。类似地，如果 $MRS_{XY} < MRT_{XY}$，则可通过在既定的资源和技术条件下，多生产 Y 产品少生产 X 产品，使消费者的效用得到提高。而当 $MRS_{XY} = MRT_{XY}$ 时，就无法在既定的技术条件下，通过资源的重新配置，使消费者的效用进一步提高，也就是说，当且仅当 $MRS_{XY} = MRT_{XY}$ 时，交换与生产实现了一般均衡。

上面的结论可以推广到 1 种资源、m 种产品和 n 个消费者的经济中，也就是说，我们可以得出如下的结论：在 1 种资源、m 种产品和 n 个消费者的经济中，实现交换与生产的一般均衡的充分必要条件是任何一个消费者消费任何两种产品的边际替代率与这两种产品的边际转换率相等。设 i 和 j 是 m 种产品中的任意两种，那么可以用公式表示如下：

$$MRS_{ij} = MRT_{ij} \tag{9-13}$$

第三节　福利经济学

福利经济学是经济学的一个分支,它根据经济理论,试图建立一系列评判标准,以考察资源的配置效率和收入的分配平等问题,即整个社会的福利问题。由于福利经济学将根据自己的标准对某些经济政策是否促进社会福利的增加,以及经济现状与以前相比社会福利是否得到改善等作出好或不好的评比,因此,福利经济学属于规范经济学的范畴。而在此以前我们所介绍的内容都属于实证经济学。

由于要评价整个经济的效率需同时考虑整个经济的各个部门、各个市场,因而,局部分析就显得无能为力,必须掌握一般均衡理论才能理解和掌握福利经济学。这就是为什么绝大部分经济学教材都将一般均衡与福利经济学放在一起的缘故。这一节我们将介绍福利经济学的一些最基本的内容。

一、庇古的福利经济学

英国经济学家庇古(A. C. Pigou)于 1920 年出版了一部书名为《福利经济学》的著作,可以说此书为社会经济福利理论的建立并使福利经济学成为经济学的一个分支奠定了基础。在庇古的福利经济学中,将国民收入的数量和国民收入的分配状况作为衡量社会经济福利的尺度,也就是说,国民收入愈大,社会经济福利就愈大;国民收入分配愈平等,社会经济福利也就愈大。

根据以上两个衡量社会经济福利的标准,庇古得出使社会经济福利达到最大的两个基本条件:①边际私人产值等于边际社会产值;②社会成员货币收入的边际效用彼此均等。

企业增加一个单位生产要素的使用量所增加的产品,叫边际私人产品,边际私人产品乘以该产品的市场价格,叫边际私人产值。而社会增加一个单位生产要素的使用量所增加的产品,叫边际社会产品,边际社会产品乘以产品的市场价格,叫边际社会产值。边际私人产值并不总是等于边际社会产值。如果经济活动除对从事这项活动的个人有利外,使社会上其他人也得利,那么,这样的经济活动的边际社会产值就大于边际私人产值;如果经济活动对个人有利而对社会有害,例如环境污染,则边际社会产值就小于边际私人产值。在完全竞争的条件下,通过资源的自由流动,可以使边际私人产值等于边际社会产值,实现资源最优配置,达到国民收入极大。然而,现实经济并不是完全竞争的经济,因此,对于那些边际社会产值小于边际私人产值的部门,国家往往通过税收及其他政策加以限制,对于那些边际社会产值大于边际私人产值的部门,国家则通过补贴等政策加以鼓励,以实现最大的社会经济福利。

由于社会成员的货币收入是不相等的,因此各自的货币收入的边际效用是不等的。一般来说,富人货币收入的边际效用小于穷人货币收入的边际效用。根据边际效用递减规律,通过累进税政策将富人缴纳的一部分税款用于社会福利事业,使富人的货币收入相对减少,穷人的货币收入相对增加,从而达到富人、穷人货币收入的边际效用彼此均等,此时,货币收入的总效用达到最大,实现了社会经济福利的最大化。

二、帕累托最优

意大利经济学家弗雷多·帕累托(Vilfredo Pareto)于1906年出版的《政治经济学教程》是帕累托对经济学的三个主要贡献之一。该书最后一节的数学附录被认为是帕累托对一般均衡理论和帕累托最优的基本贡献。这篇附录虽只占整部书的1/4,但它被广泛地引用。帕累托的《政治经济学教程》对福利经济学的发展起了极为重大的作用,可以说,新福利经济学的理论基础就是"帕累托最优"。

帕累托最优(Pareto Criterion)状态,也称帕累托效率(Pareto Efficient)状态,是指经济状态的任何改变都不能使此经济状态中的任何一个人的境况变得更好而不使别人的境况变坏的这样一种经济状态。或者说,如果不使别人的境况变坏,就无法使任何一个人的境况变得更好这样一个经济状态。这里经济状态取决于资源的数量、资源的配置、技术水平、产品的分配和经济制度,等等。其中任何一项的不同就意味着对应的经济状态也是不同的。

图9-10是说明两个人、两种产品的最简单的经济体系的艾奇沃思盒状图。与前节类似,图中 O_a 和 O_b 分别代表个人 A 和个人 B 的原点。对应于当前收入分配的经济状态是 S。这一状态表示 A 处于效用水平 a_2,B 也处于效用水平 b_2。如果将收入重新分配,使经济状态由 S 变到一个新的经济状态 Q,此时,由于 S 与 Q 都在无差异曲线 b_2 上,因此 B 的境况没有变坏;但 Q 在比 a_2 具有更高效用水平的无差异曲线 a_3 上,因此 A 的境况得到了改善,即比原来更好,因此,经济状况 Q 优于经济状况 S(通常称之为"Q 帕累托优于S")。若将 Q 优于S记为:$Q>S$,则从图中不难发现 $R>P,Q>F,R>S$,但 P 与 F 及 R 与 Q 是不可比的。一般来说,我们可以得出如下结论:①如果存在一个经济状态优于当前的经济状态;那么必定存在无数个连续的经济状态,它们都优于当前的经济状态;②也存在无数个经济状态,它们并不优于当前的经济状态,③帕累托最优经济状态发生且只能发生在契约线上;④契约线上的各帕累托最优经济状态是不能比较的。

帕累托最优经济状态还可以用下面的定义来描述:设 $S_1,S_2,\cdots,S_n$ 是 n 个经济状态,如果没有一个经济状态优于 S_n,则 S_n 便是这 n 个经济状态中的帕累托最

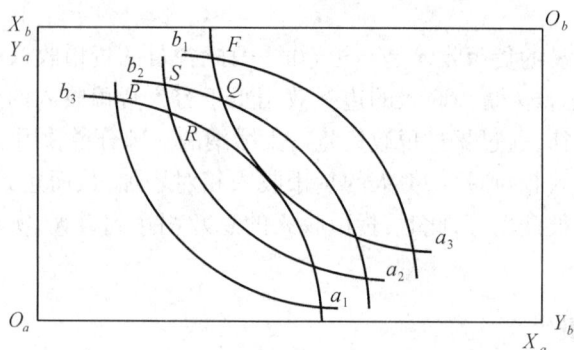

图 9-10 最简单经济体系的艾奇沃思盒状图

优经济状态。当某一经济状态 S 优于另一经济状态 S' 时,相应地,S 的社会经济福利就大于 S' 的社会经济福利,因此,经济处于帕累托最优经济状态时,社会经济福利便达到最大。正因为这样,许多人把帕累托最优作为评价经济状态的标准,并证明完全竞争的市场经济是最佳的。以下两个说明完全竞争与帕累托最优之间关系的定理是经济学诺贝尔奖获得者科普曼斯(Koopmans)于 1957 年证明的。

定理一,在特定条件下,每一完全竞争均衡是帕累托最优的。

定理二,每一帕累托最优可以通过完全竞争来达到。

以上两个定理看似一样,但所表述的内涵是有区别的。从福利经济学的角度来看,定理一说明完全竞争经济是最有效率的;而定理二则表明完全竞争经济是无偏的,即是公正的经济。由于这两个定理的证明用到较多较深的数学知识,超出了本书的范围,有兴趣的读者请参看科普曼斯的关于经济学现状的三篇论文。

三、社会福利函数

正如消费者对产品有偏好一样,社会中的个人对经济状态也有偏好。如果每个个人对经济状态的偏好是给定的话,我们就可以像建立消费者效用函数那样建立个人对经济状态的效用函数 $U(X)$,并且具有与消费者效用函数完全类似的性质,比如,$U(X)>U(Y)$ 的充分必要条件是个人对 X 的偏好超过对 Y 的偏好。

现设一个社会有 n 个人,第 i 个人的效用函数记为 $U_i(X)$,则社会福利函数 W 就是所有个人效用函数的函数,即:

$$W = W(U_1(X), U_2(X), \cdots, U_n(X)) \tag{9-14}$$

它是每个个人效用函数的增函数,或不减函数,在可微的条件下满足:

$$\frac{\partial W}{\partial U_i} \geqslant 0, i = 1, 2, \cdots, n \tag{9-15}$$

经常使用的社会福利函数有:

1.加权效用和福利函数

$$W = \sum_{i=1}^{n} a_i U_i(X) \tag{9-16}$$

其中,a_i是正常数,称为权数,其大小取决于个人的效用在整个社会福利中的重要程度。特别当每个a_i都等于 1 时,我们有:

2.古典效用主义或边沁福利函数

$$W = \sum_{i=1}^{n} U_i(X) \tag{9-17}$$

它是将每个人的效用函数相加得到的,是最简单、最直接的一种社会福利函数。

3.最大最小或罗尔斯社会福利函数

$$W = \min\{U_1(X), U_2(X), \cdots, U_n(X)\} \tag{9-18}$$

这一社会福利函数表明社会福利是由境况最差的个人效用水平决定的,其他人效用水平的提高并不增加社会福利。

有了社会福利函数,我们就可以考察社会福利的最大化问题。设 X 是所有经济状态构成的集合,那么,社会福利最大化问题是:

$$\max_{X \leftarrow x} W(U_1(X), U_2(X), \cdots, U_n(X)) \tag{9-19}$$

即寻求一个经济状态 X^* 使相应的社会福利:

$$W^* = W(U_1(X^*), U_2(X^*), \cdots, U_n(X^*))$$

是最大的。可以证明这样的经济状态 X^* 也是帕累托最优经济状态。然而,在实际经济中,人们几乎无法准确得出社会福利函数。因此,真正得到使社会福利最大的经济状态实际上是极其困难的。

练习与思考

一、名词解释

局部均衡　一般均衡　艾奇沃斯盒状图　交换的一般均衡　生产的一般均衡　交换与生产的一般均衡　福利经济学第一定理　福利经济学第二定理　社会福利函数

二、分析题

1. 瓦尔拉斯是如何解决一般均衡存在性问题的？其主要不足之处是什么？

2. 为什么完全竞争的市场机制符合帕累托最优状态？

3. 什么是社会福利函数？是否存在一个被广泛接受的社会福利函数能被用来客观地比较不同国家或一个国家不同发展阶段的福利水平？

4. 整个经济原来处于全面均衡状态,如果某种原因使商品 X 的市场供给(S_x)增加,试问(1)在 X 商品市场中,其替代品市场和互补品市场会有什么变化? (2)在生产要素市场上会有什么变化? (3)收入的分配会有什么变化?

5. 假设一个简单经济最初处于全面的长期的完全竞争均衡,仅有 L 和 K 两种生产要素,X 和 Y 两种产品,X 的劳动密集度大于 Y,商品 X 和 Y 互为替代品,X 行业和 Y 行业是成本递增行业。(1)用局部均衡讨论 X 商品的需求增加可能发生的情况; (2)Y 商品市场将会发生什么情况? (3)劳动和资本市场中发生的变化是如何影响整个经济的?

第十章 市场失灵与政府干预

在完全竞争市场的一系列理想化假设条件下,整个经济能够实现一般均衡,从而资源配置达到帕累托最优状态,因而,市场经济是有效率的。但是,在现实经济生活中,完全竞争市场及其所需的条件并不能得到满足,从而资源配置不能达到帕累托最优状态。通常把市场机制不能正常发生作用,导致资源配置不能达到最优状态的状况,称为市场失灵。造成市场失灵的原因是多方面的,主要有垄断、外部性、公共物品、信息不完全和信息不对称等。本章主要讨论垄断、公共物品、外部性、信息不完全和信息不对称对市场效率的影响,并在此基础上提出矫正市场失灵的微观经济政策。

第一节 垄断及其规制

在现实经济生活中,垄断现象到处存在,它们会或多或少地破坏市场机制运行的效率。因此,世界各国政府对垄断都有不同程度的干预。

一、垄断及其低效率

严格地说,垄断是指一家厂商控制一个行业的全部销售量,即只存在唯一卖者的市场结构。但是,如果按照这一定义,在西方国家很难找到一个垄断组织,从而在理论上垄断干扰市场机制的说法也就很难成立。因此,西方经济学在提供微观经济政策建议时,不得不给垄断下一个广义的定义,认为垄断是一个或几个企业控制一个行业的全部或大部分供给的情况。按照这一定义,垄断包括了完全垄断和寡头垄断。

1. 垄断的衡量

在不同的垄断市场上,垄断程度会有很大差别。因而,对于一个具体的垄断市场,需要用某些指标来测定市场的垄断程度。测定市场垄断程度的方法很多,其中比较常用的方法是计算市场集中率、勒纳指数和赫芬达尔—赫希曼指数。

所谓市场集中率(Concentration Ratios),是指一个行业中少数几家最大企业的产品销售量(额)占整个行业销售量(额)的百分比。将市场上的企业按占有市场的份额,从大到小排列,以 X_i 代表第 i 个企业在市场上所占的份额。用 CR_n 代表市场上前 n 个企业的市场集中率,则

$$CR_n = \sum_{i=1}^{n} X_i \qquad (10\text{-}1)$$

一般 n 选择 4,8 或 20,也就是说,常用的是 4 家企业、8 家企业或 20 家企业的市场集中率。如果某市场上 4 家企业的集中率或 8 家企业的集中率等于或接近于 100%,那么该市场就可以被认定为寡头垄断市场;如果某市场上 4 家企业的集中率或 8 家企业的集中率接近于零,那么该市场就可以被认定为是完全竞争市场。因此,市场集中率与某一市场的垄断程度成正比,即某一市场的集中率越高,垄断程度也就越高;相反,集中率越低,垄断程度也越低。

勒纳指数(Lerner Index)是测定市场垄断程度的另一个指标,可以表示为:(价格 - 边际成本)/价格。如果以 LI 表示勒纳指数,以 P 表示价格,MC 表示边际成本,那么:

$$LI = \frac{(P - MC)}{P} \qquad (10\text{-}2)$$

在完全竞争市场中,企业均衡的条件是价格等于边际成本,所以勒纳指数为 0;而在不完全竞争市场上,企业均衡的条件是边际收益等于边际成本,价格大于边际收益,所以价格大于边际成本,因而勒纳指数将为正值。一般情况下,勒纳指数介于 0 与 1 之间。勒纳指数越接近 1,企业的垄断程度就越高。

一些经济学家认为,要充分了解那些占统治地位的企业在行业中的角色,一种更好的衡量方法是赫芬达尔—赫希曼指数(Herfindahl-Hirschman Index,简称 HHI)。该指数是通过将一个市场中所有参与者所占的市场份额的平方加总而获得的。如果以 X_i 代表第 i 个企业在市场上所占的份额,那么:

$$HHI = \sum_{i=1}^{n} X_i^2 \qquad (10\text{-}3)$$

显然,HHI 能够更加一目了然地反应市场的垄断力量。如果是完全竞争市场,那么 HHI 接近于 0,如果是完全垄断市场,HHI 则是 10000。

2. 垄断的低效率

现实经济生活中,垄断现象普遍存在。虽然某些垄断,有利于获取规模经济效益,有利于科学研究和技术创新。但是,在没有政府管制的情况下,垄断企业总可以凭借自身的垄断势力制定垄断高价,损害消费者利益,获取高额的垄断利润。因而通常人们认为,垄断会妨碍正常的市场秩序,造成收入分配不公,导致产业结构倾斜,形成市场进入壁垒,阻碍经济的正常发展。古典经济学家亚当·斯密曾提出著名的垄断弊害论,认为垄断会使产量减少、资源浪费、效率降低,并指出"垄断价

格是在一切场合都能达到的最高价格"。现代经济学和寻租理论有关垄断损失的研究支持了这一观点。在没有政府管制的情况下,哈伯格三角形表明了垄断的福利净损失。(可参考第六章第四节图 6-19 和图 6-20)

二、对垄断的经济规制

1. 规制及其分类

规制(Regulation),又称管制,是政府对微观经济活动进行的各种干预。按照规制是事前的还是事后的,可以分为直接规制和间接规制。

直接规制是指具有政府直接干预性质的规制,即政府通过批准、认可等制度,对一些行业的进入、退出、价格、投资等所进行的制约和干预,以及在防止公害、环境保护、保证健康、安全、取缔毒品等方面进行的规制,因而,直接规制具有依据由政府认可和许可的法律手段直接介入经济主体决策的特点,并属于事前规制。

间接规制是以不直接介入经济主体的决策而仅仅制约阻碍市场机制发挥作用的行为,以形成和维护市场竞争秩序为目的的规制。间接规制主要是对不公平竞争的规制,即通过反垄断法、民法、商法等对垄断等不公平竞争的制约。间接规制是一种事后规制,在西方是由司法部门来实施的,一般不纳入政府规制范围。所以,在经济学中,广义的政府规制包括了直接规制和间接规制,而狭义的政府制仅指直接规制。

在直接规制中,按照规制对象的不同,又可以划分为经济性规制和社会性规制两大类。经济性规制(Economic Regulation)是指在自然垄断和存在信息偏差的领域,主要为防止发生资源配置低效和利用者的公平利用,政府机关用法律权限,通过许可和认可等手段,对企业的进入和退出、价格、服务的数量和质量、投资、财务会计等有关行为加以规制,主要形式有进入规制、退出规制、价格规制、投资规制等。社会性规制(Social Regulation)是指以保障劳动者和消费者的安全、健康、卫生以及保护环境、防止灾害为目的,对物品和服务的质量和伴随着提供它们而产生的各种活动制定一定的标准或禁止、限制特定行为的规制。具体形式主要有产品质量规制、工作场地安全卫生规制、环境污染规制以及合约条款规制等。

垄断往往导致生产的低效率和资源配置的低效率,并以高价低产损害消费者福利,垄断利润通常也被看成是不公平的表现,这就使得政府有必要对垄断进行规制。鉴于政府对垄断的规制多种多样,下面我们分一般垄断(成本递增行业的垄断)和自然垄断(成本递减行业的垄断),来讨论政府对垄断的经济规制。

2. 对一般垄断的经济规制

对除自然垄断以外的一般垄断的经济规制主要是西方国家的管制机关对公用事业的价格和产量的规制,如对航空、铁路和公路运输等行业的规制。

在图 10-1 中，垄断企业的需求曲线为 $D = AR$，即需求曲线等于平均收益曲线。它的边际收益曲线为 MR，平均成本曲线为 AC，边际成本曲线为 MC。一般垄断企业的特征是其具有递增的成本曲线。在没有管制的条件下，垄断企业将按照边际成本（MC）等于边际收益（MR）的原则，确定均衡产量为 Q_m，价格为 P_m。在这一均衡状态下，垄断企业的价格高于边际成本，表明垄断是缺乏效率的；同时，价格又高于平均成本，企业获得超额利润，消费者的利益受损，因而表明垄断又是不公平的。现在考虑政府的价格规制。如果政府规制的目标是提高效率，那么可以按照完全竞争企业的利润最大化原则 $P = MC$ 来确定管制价格，从而可以根据曲线 MC 与 D 的交点 F 来决定帕累托最优的产量为 Q_c，管制价格为 P_c。

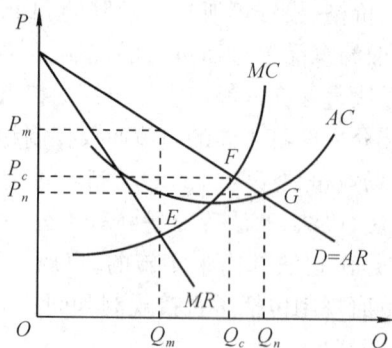

图 10-1　对垄断的管制：成本递增行业

显然，当政府将价格定为 P_c 时，价格高于平均成本，从而企业仍然能够获得一部分垄断利润。如果政府试图制定一个更低的价格消除垄断利润，那就要按照 $P = AC$ 的条件，由曲线 AC 与 D 的交点 G 来决定产量 Q_n 和管制价格 P_n。但在此时，边际成本大于价格，没有达到帕累托效率。

3. 对自然垄断的规制

自然垄断是指这样一种情形，当平均成本曲线仍处于下降过程时，需求已被全部吸收。在这种情况下，如果市场上存在多于一个供给者，每一个企业的平均成本都将高于最低的平均成本。因此，自然垄断有两个识别标志：一是固定成本非常之高，而边际成本非常低，这意味着随着产量的增加平均成本会不断地下降。二是当平均成本曲线仍处于下降过程时，需求已被全部吸收。

假设某企业具有非常大的初始固定成本和非常低的近乎不变的边际成本，任何低于市场需求量的产量所需要的生产成本都很高，这就意味试图通过竞争来消除垄断是不现实的，因为生产规模小于现有企业时，进入该行业的企业不可能与原有企业进行竞争。此外，如果进行竞争，就会花费大量的固定成本，并出现生产能力过剩。如一个城市的自来水公司之间的竞争极有可能出现多条输水管线，导致重复建设。因此,在自然垄断行业中,过度竞争也是一种资源浪费。为此,政府应该让其特许经营,设置进入障碍,同时,对其进行价格规制。如果不进行价格规制,让其自由选择价格和产量组合,企业就会把价格定在 P_m,产量定为 Q_m,获取超额利润,即企业拿走了所有来自规模经济的利益。

那么,如何对自然垄断进行价格规制呢?在图 10-2 中,自然垄断企业按照 $MR = MC$ 的原则确定的利润最大化的产量和价格分别为 Q_m 和 P_m。如果按照 $P = MC$ 的原则来确定管制价格 Pc 和相应的产量 Q_c,虽然价格较低,产量较高,并符合帕累托效率,但由于 $AC > MC$,自然垄断企业就会亏损,因此,要维持低价 P_c,政府就必须给自然垄断企业相当于亏损部分的补贴。如果允许具有自然垄断性质的公用事业企业获取"公平收益率",也即"正常利润率"(对应的经济利润或垄断利润为 0),那么就要按照 $P = AC$ 来确定管制价格 P_a 和产量 Q_a。

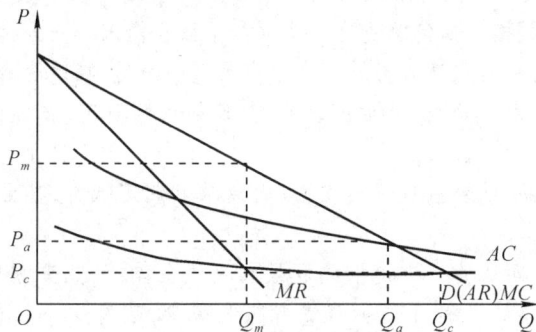

图 10-2　对自然垄断的管制

在有政府管制的情况下,企业可能为获取垄断的"租金"(即垄断利润)而竞相寻租。所谓寻租(Rent-seeking)就是指企业花费资源以获取垄断地位的行为。寻租使垄断的损失增加,除了哈伯格三角形的净损失外,还包括寻租成本(相当于从消费者向生产者转移的垄断利润的一部分)。波斯纳在假设所有垄断利润都浪费在寻租行为中的前提下,计算了受管制与不受管制的垄断所带来的损失。发现受管制的垄断比不受管制的垄断损失更大,而更大的经济损失是与使某些企业脱离竞争的政府机构的存在直接相联系的。因而解除政府管制(反行政垄断)可以给社会带来可观的收益。

20 世纪 70 年代以来,由于财政困难、技术创新、经济全球化及其管制成本上升等方面的原因,美、英、日等国都对通讯、运输、金融和能源等行业实行了放松管制。放松管制提高了服务质量,降低了收费水平,使费率结构更加合理,并促进了技术创新。

例 10.1　中国自然垄断产业的规制改革：南京液化气公司案

2000 年南京市市政公用局下属的南京液化气公司与香港中国百江投资公司合资成立了南京百江液化气公司，香港中国百江公司占合资公司 55% 的股权。合资前，南京液化气公司在南京市主城区液化气供应市场占有率接近 50%，其用户大多为计划内用户，即用气价格要比普通市场用户的价格低。由于价格较低，加之经营管理方面的问题，到 20 世纪 90 年代末期，南京液化气公司每年亏损额达 3000 万～4000 万元。面对巨大的财政补贴压力，政府急于通过引资引智帮助企业摆脱困境并减轻财政负担，于是合资公司成立了。但在合资公司成立后，合资公司在液化气供应价格、服务等方面与社会及政府之间时有摩擦，总的体现为合资公司想提高价格，但政府要求其以较低的价格较好的服务充足地供应。以致 2002 年元旦前后，在南京城区发生了液化气供应濒临中断的情况，严重影响了社会稳定。

合资前南京液化气公司亏损的根源是什么？合资后为什么会发生合资公司与社会及政府间的种种摩擦？如何解决这一摩擦？下面我们来一一分析这些问题。

首先，合资前南京液化气公司属于南京市市政公用局，在政企合一的管制体制下，企业由政府建，领导由政府派，资金由政府拨，价格由政府定，赢亏由政府负，这样，企业在经营上不存在任何风险，因此，往往生产效率和管理效率低下，机构庞杂。并且液化气属于生活必需品，从公益目标出发，政府要求其制定低价，甚至低于成本，从而导致亏损。

其次，合资后公司成为一个追求利润最大化的主体，为减少亏损，争取盈利，企业就会想办法提高价格。而提价会使消费者福利减少，政府从公共利益最大化目标出发，就会要求企业仍然维持低价，从而公司与社会及政府之间的矛盾自然就会产生。

最后，鉴于液化气商品的必需性，政府在实行液化气企业民营化的过程中，没有建立相应的政府管制，如价格管制制度等。如果能够运用价格管制理论，同时通过价格听证会，既考虑企业是一个利润最大化的主体，从而考虑其成本和收益，又考虑到消费者的利益，制定合理的管制价格，那么既能激励企业提高效率，又不至于企业通过提价损害消费者的利益。

三、反垄断立法

所谓反垄断，是指在垄断行业取消政府管制，引入竞争，并主要依靠反垄断法来控制企业的垄断行为，除了对垄断行业的放松管制，还包括通过制定和执行反垄断法或反托拉斯法，对不公平竞争导致的垄断进行管制。这是世界各国政府对垄断最为强烈的反应。

目前全世界总共已有 84 个国家颁布了反垄断法，世界发达国家，包括美、日、英、法等国早已颁布并实施反垄断法。以美国为例，从 1890 年到 1950 年，国会通过了一系列法案反对垄断。其中，最主要的是《谢尔曼法》(1890)、《克莱顿法》

(1914)和《联邦贸易委员会法》(1914)。依据这些反垄断法案,美国实施了众多的反垄断案,有效地保护和促进了市场竞争。从 70 年代各国放松管制的实践看,对通讯、运输、金融和能源等行业的开放和竞争,也主要是依据反垄断法,借助法院判例来实现的。

西方发达国家的垄断是市场经济发展到一定高度后的产物。它是源自市场竞争反过来又阻碍市场竞争的力量,是各经济主体为追求垄断利润而凭借市场力量形成的垄断。因而,在实施反垄断过程中,发达国家侧重于垄断的判定或垄断行为及其后果。在经济学中,存在着两种垄断理论:结构主义垄断理论和行为主义垄断理论。结构主义垄断理论认为,市场结构对市场行为和市场绩效具有决定性的影响,主张从市场结构角度出发,主要根据市场集中度指标来判断占市场支配地位的企业的行为性质,并据此调整阻碍市场竞争的不良市场结构和产业结构。行为主义垄断理论不仅关心市场集中度,更注重占市场支配地位的企业的市场行为及其绩效,主张根据效率来灵活判断企业的行为性质。从世界各国的反垄断看,一般认为,美国和日本是结构主义的代表;而一些欧共体国家如德国、法国、英国等是行为主义的代表。但不管是结构主义还是行为主义,世界大多数国家反垄断的基本准则是:只禁止滥用垄断地位的企业的行为,而不禁止垄断状态本身。这就是说,发达国家在反垄断时,对有些垄断不仅不反,反而是给予保护的,比如自然垄断和专利垄断。事实上,西方国家在大力反垄断的时候,对由于规模经济而形成的自然垄断是鼓励的,对有利于创新的专利垄断也是保护的。20 世纪 80 年代以来,国际上掀起的跨国公司兼并浪潮是追求规模经济的结果,即使是像美国这样实施反垄断最严厉的国家,对有利于规模经济的兼并,尤其是国际化兼并也是认可的。

从目前西方发达国家的反垄断法和反垄断实践看,反垄断主要体现在以下三个方面:

一是禁止垄断和卡特尔协议。在各国的反垄断法中,垄断是指企业通过并购、收购或低价倾销等手段,把其他竞争对手从市场上排挤出去,从而确定自己在市场上的垄断地位,并以此支配市场的行为。许多国家通过反垄断法,对危害竞争的垄断企业实行分割,如著名的微软案件。美国地方法院认定微软垄断事实,曾经判决其拆分为二的主要理由就是:(1)微软占有巨大稳定的市场份额(占世界软件市场的 80%),已处于垄断地位;(2)微软公司把浏览器与视窗操作系统捆绑销售,从而以不正当手段排挤竞争对手,获取垄断地位。

二是限制削弱竞争对手的并购。市场集中有利于发挥规模经济的作用,但过度集中又会产生垄断,从而限制竞争。由于企业并购是实现市场集中的主要途径,因此各国反垄断法都对导致市场过度集中的企业并购,尤其是对大企业之间的并购加以必要的规制和严格的审查。如 1998 年美国两大家具连锁店(STAPLES 和

OFFICE DEPOT)合并案。联邦贸易委员会的经济学家通过对两个销售商的每一商品的销售价格和数量的细致观测，认为两家合并后，很有可能提高价格，从而没有批准这个合并案。

三是禁止滥用市场力量。所谓滥用市场力量是指在市场中居支配地位的大企业，凭借其自身实力对其他企业施加影响，迫使其他企业按照自己意愿行事，从而妨碍市场竞争。具有市场力量的大企业并不等于垄断，只有那些利用其市场力量，采取非法行为的企业才是垄断企业，因此，各国反垄断法都对价格歧视、排他性独家交易、搭配销售和限定销售区域等滥用市场地位的行为加以限制。如美国的反托拉斯法就规定，限制贸易的协议或共谋、排他性规定、价格歧视、不正当竞争或欺诈行为等，都是非法的。

第二节　信息不完全与信息不对称

价格这只"看不见的手"能够有效地调节市场的一个重要前提就是充分的信息，即消费者和生产者拥有一切做出正确决策所需要的信息。例如，生产者所需要的各种投入要素价格方面的信息、产品需求方面的信息，消费者所需要的产品质量、性能和用途方面的信息等等。这些信息对于一个统一、高效的完全竞争市场是不可缺少的。然而，在现实世界中，生产者和消费者并不能获取完全的信息，生产者可能无法准确地预测市场上各种产品需求和要素价格变动的信息；消费者也无法获知所有商品市场上待售的商品的质量和价格信息；在劳动市场上，寻找工作的人并不知道哪里有空缺职位，而雇主也无法轻易了解每一位雇员的才能和潜力。因此，经济主体决策时所面对的信息都是不完全的。这种信息不完全在交易过程中体现为交易双方对交易对象的信息拥有是不对称的。信息不完全和信息不对称会引发逆向选择和道德风险，导致市场经济的低效率，因而需要一定的政府干预。

一、信息不完全和信息不对称

在现实经济中，信息经常是不完全的，甚至很不完全。信息不完全包含了绝对意义上的不完全和相对意义上的不完全。所谓绝对意义上的不完全，意指由于认识能力的限制，人们不可能知道任何时间、任何地点发生或将要发生的任何情况。所谓相对意义上的不完全，意指市场经济本身不能够生产出足够的信息并有效的地配置它们。因为信息是一种有价值的资源，其分布通常是分散的，获得信息也往往需要付出一定的代价，包括时间、精力和直接的货币成本。也就是说，信息和其他资源一样，也是稀缺的，并不是无代价地唾手可得。因此，理性的信息消费者通常总是按照边际原则来搜寻信息。比如说，某人为了买一块玉，就得专门学习鉴别玉的知识，但如果学习鉴别玉的成本很高，他就会放弃学习，从而他在玉器市场上对玉的信息就是不完全的。实际中，人们在许多情况下并不具备完全信息。如，我们对于陌生人甚至长期共事的同事或共处一室的同学并不完全了解；消费者常常弄不清哪里的商品最便宜，有时对于所购买的商品的质量也不是很清楚；企业往往并不了解竞争对手的情况。另外，信息是不同于普通商品的商品。人们在购买普通商品时，先要了解它的价值，看看值不值得买。比如，对于你所要购买的衣服，你可以仔细地看，仔细地挑，还可以穿一穿试一试，甚至可以穿回家，让家人评头论足一番，不行还可以退换。但是，购买信息商品时却无法做到这一点。事实上，人们之所以愿意出钱购买信息，是因为还不知道它，一旦知道了它，就没有人会愿意再花钱购买它。在信息商品市场上，卖者也许会说："相信我，这是一个重要的信息，你出一个价。"你也许会说："你不告诉我，我怎么知道信息值什么价，我不能出价。"一旦卖者将信息先提供了，说："我都告诉你了，付钱吧！"买方的反应也许是："这信息我早就知道了，一文不值。"既然卖者不会让买者在购买之前充分地了解所出售的信息的价值，买者在充分了解所要购买的信息之后不愿意再购买，那么，就算信息交易成功，也只能靠买卖双方并不十分可靠的相互依赖，即卖者让买者充分了解信息的用处，而买者则答应在了解信息的用处之后购买它。显而易见，市场的作用在这里受到了限制。

信息的不完全又往往表现为交易双方的信息不对称，即市场上买方与卖方关于交易对象所掌握的信息是不对称的，一方掌握的信息较多，另一方掌握的信息较少。通俗地讲就是，你所知道的我不知道，或者相反，我所知道的你不知道。在一些市场上，卖方掌握的信息多于买方所掌握的，例如，在药品市场上，药品的出售者比购买者更了解药品的功能；在旧车市场上，旧车的出售者比购买者更了解该汽车的质量、性能。但在另一些市场上，买者所掌握的信息多于卖者所掌握的，如医疗保险的购买者显然比保险公司更了解自己的身体健康状况。

信息会影响人们的预期，从而影响他们的决策。对于企业来说，掌握的信息越多越准确，在经济活动中赢利的可能性越大；对于个人来说，关于就业的信息渠道越多，就越容易找到好的工作。然而，在信息不完全和信息不对称的情况下，市场体系就不会有效率地运作，由此产生市场失灵，这种市场失灵主要表现为逆向选择、道德风险和委托—代理问题。如，消费者可能购买了保证能够减肥的药片，结果毫无作用，那么，这种药片的生产和消费量就会大于帕累托最优的数量。信息不完全和信息不对称可以解释许许多多的经济现象和经济制度安排。

例 10.2　樱桃是柠檬吗？

樱桃是柠檬吗？这听起来似乎有点鹿马不分的诡异，但事实上这是经济学发展过程中的一则小典故,而且是相当有趣的一段……

1970年经济学者阿卡洛夫教授发表一篇论文《旧车市场:质量不确定性和市场机制》,讨论旧车市场的特色。因为车主所卖的旧车已经使用过一段时间,所以很清楚车子的性能,但买车的人多半不能判断车的好坏。所以,卖主和买主对车子拥有不同的资讯,也就是两者之间存在着一种"资讯上的不对称"。而且,性能好的车通常没有人舍得卖,所以被送到二手车市场的多半是有问题的车,被称之为令人龇牙咧嘴的"柠檬"。

既然买卖双方所拥有的资讯不同,而出现在旧车市场的又多半是柠檬。那么,即使有人想买车、有人想卖车,最后也可能谈不成买卖,从而市场里没有交易发生。

旧车市场的例子很深刻地反映出,"资讯"这个因素对市场交易的关键性影响。这对当时被经济学者奉为圭臬的观念"市场里有人想买、有人想卖,就会有交易发生",可以说是直接的冲击和挑战。因此,阿卡洛夫这篇开创性的论文也就成为经济学文献的经典之作。他也因此在2001年被授予诺贝尔经济学奖。

柠檬市场的特性除了学理探讨上的兴味之外,也使我们对日常生活有所启示。

美国西北角的华盛顿州盛产樱桃,产品销售全美各州。樱桃有大有小,大的漂亮可口,价格比较高。因此,樱桃可以依大小先拣选,然后按规格分级出售。当然,樱桃也可以不拣,大小参差地"混合出售"。同时,拣樱桃要耗用人力物力,而且生手和熟手筛选的功力大不相同。所以,樱桃商自己会决定要不要费事拣樱桃。经过一段时间的发展摸索,产地的樱桃商人变成两类:第一类商人完全不拣樱桃,樱桃全部"混合出售";第二类商人一方面拣樱桃,一方面也会任某几批樱桃混合不拣。

分好等级的樱桃固然可以依等级在价格上有高低之分,可是那些"混合"的呢?既然卖樱桃的人知道这些樱桃的品质如何,而买樱桃的商人可能是身在数千里之外的纽约、波士顿,因而买卖之间也有资讯上的不对称,那么这些樱桃会不会就像阿卡洛夫的"柠檬"一样,因为"混合"不分,所以被一视同仁,而只有"一种"价格呢?

可是,仔细想想,由第二类商人所卖的"混合"型樱桃事实上有点不同。既然这些商人可以拣而不拣,很可能就是因为他们看到这几批樱桃成色不佳,不值得拣。所以,同是"混合"型樱桃,第二类商人卖的"平均品质"很可能比第一类商人卖的"平均品质"来得差。如果这个推论成立的话,同是"混合出售"的樱桃,第二类商人卖的价格应该会比第一类商人卖的价格低。

两位美国经济学者针对1983年的1000多次交易资料加以分析,他们发现:同是"混合出售"的樱桃,第二类商人的价格"确实"比第一类商人的低。也就是说,在资讯不对等的情形下,只要根据这些"混合出售"的樱桃是来自于第一类或第二类商人的这个"讯号",市场已经发展出一种机能来分辨樱桃的品质。因此,经过这么一番探讨,两位学者的结论是"樱桃不是柠檬"!乍听之下,这句话似乎有点荒谬,但是,如果了解背后的曲折,恐怕你现在也会微笑颔首吧!

对经济学者而言,"樱桃不是柠檬"的结论再一次地证明,市场机能可以经由供需交会时各擅所长、各取所需而区分出高低的威力。对一般消费者而言,这段典故的启示是,只要市场发挥作用,就可以从"价格"上来粗略地判断商品品质的好坏。而且,更深一层的意义是,每一个人事实上都可以试着成为一个(小)市场,培养自己的判断力,然后再斟酌取舍、自求多福。想一想,为什么你"总是"会去固定的水果摊、杂货店、医院、餐馆呢?是不是你也找到了一些"讯号",也发展出一些判断力了?……

二、逆向选择和信息沟通

1. 逆向选择

逆向选择(Adverse Selection)是指在市场中缺乏信息的一方对物品作出不合意的选择。信息不对称的一个典型例子就是旧车市场。在旧车市场上,尽管购买者可以通过察看车的外表和试车来得到一些有关这辆车的信息,但这些信息并不足以确定该车是低质量的旧车(次品车)还是高质量的旧车(正品车)。相对而言,卖者(旧车主)则能根据经验知道他的汽车是次品还是正品。因此,旧车的卖者比买者知道更多的信息。由于买者不能区分正品还是次品,所以这两类车难以分开在两个不同市场上销售,而只能在一个混合市场上一道出售。

消费者愿意出多少钱来购买一辆可能是次品也可能是正品的旧车呢?现在假定市场上有 100 个人想卖出他们用过的旧车。在这 100 辆旧车中,50 辆是高质量的正品车,50 辆是低质量的次品车。假设正品车的价值是 4000 美元,而次品质量的价值是 2000 美元,并且购买方知道旧车市场上正品车和次品车各占 50% 的事实。那么,购买方愿意为该市场上每一辆车所支付的价格是这两类车价格的平均数(即期望值):$0.5 \times 4000 + 0.5 \times 2000 = 3000$ 美元。

那么,谁愿意在 3000 美元的价格出售旧车呢?肯定不是正品车的车主,因为正品车的价值是 4000 美元。于是只有次品车的车主愿意出售。但是,一旦购买方认识到,在车价为 3000 美元的市场上,他们只能购买到次品车时,他们也就根本不会愿意支付 3000 美元了,而只愿意支付 2000 美元,因为次品车的价值只有 2000 美元。这样,在这个旧车市场上,均衡价格只能是 2000 美元,而交易对象只剩下次品车。可见,在信息不对称的市场上,正品车最终会退出市场,这就是市场的逆向选择。

在许多市场上都存在着信息不对称,如在珍稀邮票、钱币、书籍和书画的市场上,出售者对这些物品的真实性(是真品还是赝品?)比你要知道得多;修屋顶的人、管子工也比你掌握更多的信息(如你很难爬上屋顶去检查他的工作质量);电视、电脑等家用电器的修理工比你掌握有更多的关于家用电器的修理状况的信息。在以上所有情况下,销售者对产品质量的了解都比购买者多得多。如果销售者不能够向购买者提供有关产品质量的信息,那么"逆向选择"就会不可避免地发生,低质量产品和服务就会把高质量产品和服务驱逐出去,从而出现市场失灵。

2. 信息传递与信息甄别

要解决信息不对称所引起的逆向选择,一是利用市场机制本身;二是通过政府干预。利用市场机制缓解信息不对称问题的基本思路是,在交易者之间加强信息沟通。实现信息沟通的基本途径是信息传递和信息甄别。信息传递是指信息优势方主动向市场发送信息的行为;信息甄别则是信息劣势方主动发现或诱使信息优势方暴露信息的行为。信息传递的主要方式是广告、产品"三包"和信誉。

广告是现代社会信息传递的一种最为普遍的方式,按照广告的功能,可以分为告知性广告和说服性广告。告知性广告的主要功能就是:让消费者了解某种新产品已经投入市场;向消费者介绍某种新产品的用途;介绍某种产品的价格调整情况;解释产品的使用、保养方法;企业能够提供的服务项目等等。而说服性广告的主要功能则是:当市场上存在许多种同类产品时,企业通过广告使消费者认识到本企业产品的高质量和特色,能为消费者带来满意的使用价格,促使消费者对本企业的产品产生偏好。因此,向市场传递高质量信息的广告实际上都是说服性广告。企业愿意花费高昂的成本做广告这一事实让消费者相信,企业对自己的产品的质量很自信,因而,这些消费者认为做广告的产品比一般的产品具有较高的质量。事实上,不少消费者正是以广告为指示器来辨别产品质量,采取购买行为的。

产品"三包"是指包修、包换和包退,是优质产品的所有者向市场传递信息的一种重要手段。"三包"服务里一般都保证如果有质量问题的话,可以在一定时间内退货或得到经济补偿,或承担在相当长一段时间内的修理服务。那么购买者为什么会相信这样的信号呢? 因为发送假信号的成本非常高。如果低质量的产品也提供"三包"服务,提供者会为此付出昂贵的代价。例如,前面讨论的旧车市场的例子中,高质量的旧车卖主可以向买主提供"三包"服务,其预期成本较低;而低质量的旧车卖主如果也仿效提供"三包"服务,就会发生高额的成本。因此,出于自身的利益,低质量产品的出卖者就不会提供内容广泛的保证。只有那些生产高质量产品的企业,因为产品销售后返修、退换的可能性很小,提供"三包"服务的成本较低,才敢实行"三包"服务。这样,消费者就有理由把一张内容广泛的"三包"书看作是高质量产品的信号,并愿为提供保证书的产品支付更高的价格。

从长远的观点来看,信息传递最有效的方式是信誉。信誉是企业经过长期努力逐渐形成的,信誉一旦形成便成为企业的无形资产。信誉可分为企业信誉和产品信誉,两者相互联系、相互转化。名牌也是产品信誉的一种指示。因为名牌是靠长期稳定过硬的质量建立起来的。在消费者心目中名牌代表着优质。因此,他们愿意支付一定的溢价来取得质量的保证。虽然,在市场上,某些非名牌产品的质量不一定比名牌差,但在良莠不齐的市场上,由于信息不对称,消费者购买非名牌产品碰到劣质产品的风险更大一些,因此,风险规避的消费者愿意为名牌产品支付更高的价格,其溢价部分相当于消费者从非名牌产品中搜寻优质产品的成本。

有时一项生意很难建立其声誉。例如公路旁边的餐馆、小旅馆等。它们的顾客往往是那些一次或几次的消费者,它们根本就没有机会做出声誉来。对于这种情形,声誉可能无助于解决信息不对称带来的逆向选择问题。一种可行的办法是标准化(Standardization),即生产一种标准化的产品,以连锁经营或其他方式提供给客户,例如麦当劳、肯德基等。平狄克、鲁宾费尔德著的《微观经济学》中有一段话:"在你的家乡,你可能不愿意经常到麦当劳去吃饭,但是当你在外地公路上行驶并想停下来吃午餐时,麦当劳看上去就更有吸引力。由于麦当劳提供一种标准化产品,在这个国家的任何地方,每一麦当劳店提供的配料和食品都是一样的。你可能难以预料在其他餐馆会吃到什么质量的食品,可能比麦当劳好,也可能更差。但是,你确切地知道,你在麦当劳将买到什么。"

伪劣商品充斥的市场也可以由具有信誉的商人或机构来重建秩序。中间商或经纪人利用自己的专长来鉴别优质产品和劣质产品,他们的信誉可能通过正确地区分出售的产品质量而建立起来。在消费者无法直接观察质量、或产品鉴定专业知识要求较高的市场,如旧车市场、房屋市场及珍稀邮票、书画、钱币、文物等市场上,经纪人的活动尤为活跃。只要他们能赢得消费者的信赖,由于信息不对称而失灵的市场就能够重新运转起来。经纪人得到的报酬为佣金或介绍费。出卖者愿意支付佣金是因为它比优质产品在不对称信息市场上直接出售所遭受的价值损失要小;消费者愿意支付佣金是因为它比自己直接在不对称信息市场上搜寻优质产品的成本要低。一个具有比较全面信息的中间人的介入使市场运转的效率大大提高了。在某些情况下,这些中间人的角色是由某个机构来承担的,比如同业商会。政府机构或民间组织可以对某类产品进行等级评定,使之成为传递给消费者的信号。

在信息的优势方通过各种方式努力向市场发送信息的同时,信息的劣势方也可以通过多种途径进行信息甄别,主动发现或诱使信息优势方暴露信息的行为。一是价格信号,所谓的便宜没好货,一般来说,价格高的产品质量相对也高,因此,消费者希望买到高质量的产品就得支付较高的价格。而在不知道产品质量的情况下,就可以根据价格的高低来简单地判断产品的质量。二是学习或积累一定的专门知识。例如,对于假烟、假酒、甚至毒大米、毒奶粉,如果有一些必须的鉴别知识,受骗上当的可能性大大下降。经常抽某种牌子烟的人,对于该种牌子的假烟往往吸一口就能识别;经常喝某种牌子酒的人,对于该种牌子的假酒也总是喝一口就知道;就算对毒大米、毒奶粉,也可能通过听声、观色、闻味、品尝等方式来加以鉴别。

　　然而,在利用市场机制缓解信息不对称时也会出现市场失灵,主要表现在:(1)虚假广告的大量存在使消费对广告信息产生怀疑,从而降低了广告传递优质产品信息的功能;(2)对产品担保的承诺与实施之间的差异弱化了产品担保在信息传递中的作用;(3)假冒产品造成信誉传递机制不能正常运作。这种市场失灵为实行政府管制提供了客观必要性。政府管制具有权威性和强制性。因为政府可以运用其公共权力,通过对广告、产品质量的管制,整治虚假广告,打击假冒伪劣产品,强制生产经营者落实产品担保承诺等管制措施。政府也可以采取行政法规手段,强制生产经营者向市场提供真实的、比较全面的信息,以缓解交易双方的信息不对称问题。政府还可以通过产品质量检查、市场调查等方式收集有关信息。

三、道德风险及其防范

　　道德风险(Moral Hazard),也称败德行为,是指交易双方在交易协议签订后,其中一方利用自己比另一方拥有更多信息的优势,采取了损害另一方利益而增加自己利益的行为。道德风险在很多场合都存在,但在保险市场上表现得最为明显。当投保人保了险,而保险公司又不能有效地监督他的话,投保人可能采取提高事故或受伤发生概率的行为。例如,购买了医疗保险的人会更多地看医生,让医生多开一些不必要的贵重药品;买了家庭财产盗窃险的人,也可能不再愿意花钱加固门锁;买了汽车偷盗保险的车主不再愿意安装先进的防盗装置;买了火灾险的大楼主人不再费心察看每一层楼的灭火设备是否完好周全等。所有这些行为都是保险市场上的道德风险。

　　道德风险是在信息不对称的情况下产生的。保险市场上的保险公司和投保人在保险合约签订后,在保险公司无法观察到投保人的行为,或者说无法完全获知投保人行为的全部信息的情况下,投保人就能利用这种信息不对称中的自身优势使自己受益而让保险公司受损。在这里,保险公司获知的信息只是最后遭受损失的事实情况,但这种损失纯粹是意外情况造成的,还是由于投保人的行为不当(未采取防范措施)造成的,保险公司无从得知,或者说,保险公司要了解这些信息所付出的成本高得惊人,以至于超过收益。

　　道德风险不同于犯罪行为。例如,如果投保人购买保险后,就放火把房屋烧了,这就是犯罪行为,犯罪行为可以通过法律来制裁。但如果房屋投了火灾险后就不注意防火措施而导致房屋失火,这是道德风险。道德风险毕竟只是道德范围内的事,无法用法律对投保人实施强制性约束,因此,对保险公司来说,更难对付。

　　道德风险改变了损失发生的概率,并迫使保险公司提高他们的保险收费。严重的情况下会使得某些服务的私人市场难以建立,即导致市场失灵。下面,我们以财产保险为例加以说明。

　　假如有一家仓库价值 10 万元,仓库所有者实施了一项防火计划,使发生火灾的概率控制在 0.005 的水平上。若没有这项计划,火灾的概率为 0.01。在有防火计划的情况下,保险公司以等于预计的火灾损失来收取该仓库保险费,数额为 500 元(0.005×100000)。然而,一旦购买了保险后,仓库所有者就不再有实施防火计划的动力了。因为如果发生火灾,他的损失能完全得到补偿,而实施计划需要增加开支。这样,保险公司以 500 元出售保险单,而这时的火灾损失却是 1000 元(0.01×100000),结果保险公司遭受了亏损。可见,如果没有有效的措施对付道德风险,将不会有任何人愿意投资从事财产保险。

　　如何解决道德风险问题呢? 主要通过某些制度设计使投保人自己约束自己的行动。例如,通过风险分享,让投保人也承担一部分风险。具体来说,也就是保险公司只对承保财产的部分价值承担风险,其余部分由投保人自己负责;或在保单内加入扣除条款,规定保险公司对某一数额的损失不承担赔偿责任。这样可以留给投保人一些动力去采取防范措施。例如,在家庭财产保险中,保险公司并不对投保人实行全额保险,一旦投保人的财产发生损失,投保人自己也将负担一部分损失。

　　对于财产险,保险公司或许可以通过以上机制设计来防范投保人的道德风险。可对于另一些风险,保险公司根本无法通过机制设计来做到这一点,从而没有一家保险公司愿意提供那样的保险,如失业保险和老年人的医疗保险等。因为如果某一家保险公司愿意提供失业保险的话,首先,保险公司难以提供巨额的失业赔偿,因为在失业能够保险的情况下,人人都有严重的道德风险,即宁可选择失业而不工作,反正没有工作可以得到相应的补偿的;其次,存在严重的逆向选择,即越是经常失业的人越愿意参加失业保险;第三,个人的失业风险的增减并不是相互独立的,通常经济衰退时,大批地失业,会导致保险公司这一时期的负担沉重。这些问题的存在必然导致保险市场的无效。但从另一方面来讲,人们在失业时需要一张安全网。在这种情况下,政府就可以进入保险领域,并提供包括失业保险在内的广泛的社会保险(Social Insurance)。政府具有税收和调节权力,也有能力通过扩大保险的覆盖面以避免逆向选择,因而政府的保险能力能够成为增进社会福利的举措。

例 10.3　西瓜的故事

　　中国古代有所谓"金玉其外,败絮其中"的故事,讲的是商人卖的货物表里不一,由此引申比喻某些人徒有其表。在商品中,有一些大类商品是内外有别的,而且商品的内容很难在购买时加以检验。如瓶装的酒类、盒装的香烟、录音和录像带等。人们或者看不到商品包装内部的样子(如香烟、鸡蛋等),或者看得到、却无法用眼睛辨别产品质量的好坏(如录音、录像带)。显然,对于这类产品,买者和卖者了解的信息是不一样的。卖者比买者更清楚产品实际的质量情况。这种情况被经济学称为买者和卖者的"信息不对称"。这时卖者很容易依仗买者对产品内部情况的不了解欺骗买者。在实际中,不仅出现过"败絮其中"的情况,如在最初的农贸自由市场中,有人用土豆外面包一层泥灰冒充松花蛋,而且出现过"毒药其中"的事情,如有人竟然在劣质白酒中掺上"敌敌畏"当作"茅台"卖,致使饮用者中毒身亡。这些当然是比较极端的例子。更多的是以次充好,从中牟取暴利。据说,前些年甚至在高级宾馆或国营大商店买的茅台酒,也不见得货真价实;伪造的云烟和外烟到处泛滥;假富士胶卷也曾大行其道。如此看来,消费者的地位相当脆弱,对掌握了"信息不对称"武器的骗子似乎毫无招架之术。

西瓜也是一种具有信息不对称特征的物品。卖西瓜的摊主一般都有丰富的选瓜经验,而一般消费者则是挑瓜的门外汉。尽管摊主有时会在秤完西瓜重量后,在瓜上切一个三角形小口给顾客看,但一般只有回家切开以后,才真正知道瓜的好坏。这样一来,岂不是消费者有可能冒吃坏瓜的风险?其实不然。

每到夏天,居民楼附近总有若干个瓜摊。开始时,你可能并不会特意到哪个瓜摊买西瓜。但渐渐地你会发现,有一个瓜摊的摊主与众不同。每次卖出瓜,他总是说,"如果回去切开后不沙不甜,尽管拿回来换;别因为瓜不好以后就不到我这来了。"后来你还真去换过瓜,他也认了账。于是你就总到他那里买瓜。这样,整整一夏天,你吃的都是最好的西瓜。而他也并不会吃亏,因为拥有了包括你在内的一群忠实的顾客,他的生意很好做。

人们常说,"吃亏上当就一回"。这并不是说,这次喝了假"茅台",下次就一定能够辨别茅台酒的真假;而是说,人们总会记得,他们是从哪里、从谁那里买的伪劣产品,下次不会再到那里去买了。具有"信息不对称"性质的商品的真假优劣不好辨认,卖这些商品的人却好辨认。人们的买卖活动其实是通过同人打交道而实现物品转移的。因此人们可以通过对人(或由人组织的企业)的品质的辨别来辨别商品的品质。曾经利用信息不对称欺骗过别人的人,他所卖的商品是假、伪、劣商品的可能性就很大;而一直童叟无欺的人,我们就更有把握认为,从他那里买的东西货真价实。据说,美国银行巨子摩根在晚年时酷爱艺术品收藏。但他购买价格高昂的艺术品时,从来不正眼看一下,而是直视卖者的眼睛。有人评论说,"这就是他如何达到金融界顶峰和取得成功的决窍"。正是因为他把贷款对象的品格看得比其他条件都重要,他才成为了银行界的成功者。

所以,信息不对称也有另外一面。它虽然会在短期内给一些钻营取巧之徒带来欺骗消费者的便利,但长期看,也会给一些正直、聪明的企业家创造脱颖而出的机会。设想一下,当利用信息不对称欺骗顾客的现象普遍存在的情况下,有一个人诚实无欺,将会是什么样的结果。更进一步,如果这个人采取一种顾客能看得见的方法来证明自己的诚实,又会怎么样呢。听说,在某一个农贸市场中,每一个卖鸡蛋的人手中都拿着一个手电筒。每当顾客买鸡蛋时,就主动用手电筒检查鸡蛋的好坏。我想,这大概是由某一个聪明人发明的,由于这种主动消除因信息不对称而给消费者带来的疑虑的方法,为他吸引了大量顾客,很快就被别人仿效并普及了。在北京百货大楼,某一生产鸭绒制品的公司开设了一个透明车间,当场为顾客填充鸭绒被,消除了生产者和消费者之间的信息不对称。在国外,股份有限公司自动公布财务帐目,并邀请中立的会计师事务所加以审计,也是增强股东信心、吸引投资者的明智之举。

四、委托人—代理人问题

1. 委托—代理问题

企业主雇用经理来管理企业,企业主的目标是追求企业利润最大化,而企业主的这一目标需要通过经理来实现。但是,企业主的目标并非就是经理自身的目标,经理人有他自己的目标函数,如薪酬的提高,企业规模的扩张以扩大自己的控制力等等。因此,经理的行为需要企业主来监督和考核。如果企业主监督经理等雇员的生产活动是无成本的,那么,企业主就能够确保经理有效地工作。然而在实际生活中,企业主并不能监督经理所做的一切。只有经理知道自己是否100%地为雇主努力工作,而企业主并不了解经理努力程度的全部信息。在这方面,经理掌握的信息比企业主多,企业主和经理之间的这种信息不对称就产生委托—代理问题。

在上述例子中,企业主(雇主)是委托人(Principal),经理(雇员)是代理人(Agent)。委托—代理问题就是,在代理成果取决于代理人的主观努力和其他客观因素的条件下,由于代理人和委托人之间的信息不对称性,委托人无法区分代理人的主观因素和客观因素,因而无法有效地监督代理人的行为,在这样的委托代理关系中,代理人可能以牺牲委托人的利益为代价而追求他自己的目标。只要存在一种安排,在这种安排中,一个人的利益取决于另一个人的行为时,就会出现委托代理关系(Principal-Agent Relationship);只要委托人和代理人之间掌握的信息不对称,就会产生委托代理问题。

委托代理关系在经济生活中广泛存在。例如,一位农场主雇用一位农民为他耕种土地,某一年收成不佳。农场主很难判断产量是由于自然原因引起还是农民偷懒导致。只要农场主无法肯定产量低下是由偷懒引起的,农民就会有偷懒的动机,损害农场主的利益。在这个问题中,代理人完全知道自己付出多少努力,而委托人最多只知道一个大概,他仅能观察到代理人努力程度的"信号",比如说产量。但在代理人的努力与产量之间的函数关系中,存在许多"噪音",即影响产量的其他因素,如气候、土壤等。使得努力与高产量未必完全相关。由于"噪音"的存在,信息的传递会出现扭曲,如果委托人完全按产量来定报酬,那么代理人所得报酬未必与他的努力成正比。

总之,一方面由于委托人和代理人追求的目标不一致,另一方面,委托人和代理人之间所掌握的信息不对称,因而就产生了委托代理问题,即代理人以牺牲委托人的利益为代价而追求他们自己的目标。一旦出现委托—代理问题,其后果不仅是作为委托人的企业所有者的利润受损,而且也使社会资源配置的效率受损,因为如果不出现委托—代理问题,社会将生产出较高的产量水平。

2. 激励机制的设计

由委托—代理问题而导致的效率损失需要通过设计有效的激励机制加以解决。对委托人来说,激励机制要解决这样一个问题:如何让代理人努力工作,就像为他自己工作一样。显然,任何有效的激励机制的设计需要满足两个约束条件:首先,代理人参与工作所得的净收益不低于不工作也能得到的收益,这是参与约束;其次,代理人让委托人最满意的努力水平也是给他自己带来最大净收益的努力水平,这是"激励相容"约束。显然,固定的报酬或"大锅饭"式的制度是无法同时满足这两个约束条件的。而分成制(Sharecropping)是一种较优的激励机制。在分成制下,代理人可以从他努力工作所获得的成果中得到好处,对于企业主来说,也能从企业利润中得到好处。具体来说,有两种方法。

(1)根据企业赢利情况给经理发奖金

在企业中,经理的努力程度是影响企业盈利的主要因素,但不是唯一因素,企业盈利还受到一些偶发性因素的影响,例如机器的运转情况、各种投入物的质量、原材料的供应等。由于偶发事件的出现不是经理所能左右的,因此,不论经理是否尽力,偶发事件都会影响企业的赢利。为了简化分析,我们把企业的赢利情况概括为受两种因素影响,一种是经理的努力程度,另一种是偶发事件。我们把经理的努力程度简单地分为尽力与不尽力;把偶发事件分为发生与不发生,发生的概率 p 与不发生的概率 q 各为 0.5。在这些假定下我们得到企业下列赢利情况表。

表 10-1　企业赢利情况

	偶发事件发生 ($p=0.5$)	偶发事件不发生 ($q=0.5$)	期望利润
不尽力	60 000 元	100 000 元	80 000 元
尽力	100 000 元	500 000 元	300 000 元

如果经理不尽力工作,他无须付出额外的代价。如果他尽力工作,则需要付出额外代价,例如损失在别处兼职的收入、体力与精力更多消耗的补偿等。假定他额外付出的代价为 2 万元。如果在年终至少要使经理获得 3 万元的奖金才能使经理尽力工作,那么,企业的所有者可采取下列奖励办法调动经理的积极性。

如果企业赢利 6 万元或 10 万元,经理得不到任何奖金。如果企业赢利 50 万元,奖励经理 11 万元。这种奖励办法既能使经理努力工作,又能使企业的所有者获得较高的利润。对于经理而言,如果他不尽力,一分奖金也没有。如果他尽力工作,虽然在发生偶发事件的情况下他也拿不到分文奖金,但是在不发生偶发事件的情况下,他可以得到 11 万元奖金,综合偶发事件发生与不发生两种情况,其奖金的期望值是 55000 元(0×0.5＋110000×0.5)。从中减去因尽力工作而额外花费的 2 万元代价,经理还剩 35000 元期望金额,超过促使经理努力工作所需的 3 万元数额。对于企业所有者而言,采取这种奖励办法,他可以获得 30 万元的期望利润(100000×0.5 ＋ 500000×0.5),其净利润是 245000 元(300000 － 55000)。

(2)经理利润分享

企业所有者也可以同经理采取利润分享的方式调动经理的积极性。如采取下列利润分享方案。

$$B = \alpha(\pi_1 - \pi_2) \tag{10-4}$$

式(10-4)中,α 为分享系数;π_1 为努力工作时的期望利润;π_2 为不努力工作时的期望利润。在上例中,在利润的期望值超出 8 万元的情况下,经理分享的利润份额 B 为:

$$B = 0.25\,(\pi_1 - 80000\,)$$

很明显,在经理尽力工作的情况下,这种利润分享方案与发放奖金的方案产生相同的结果。

例 10.4 皇帝为什么要杀功臣

"飞鸟尽,良弓藏",在中华帝国几千年的历史上,周而复始地上演着这出闹剧。整个历史陷入一个怪圈,无论你如何挣扎,终究不能走出循环,就如齐天大圣跳不出如来佛的手掌心一般。由于每朝每代都发生了此类事情,因此从逻辑上、直觉上来说这都不应该是某个皇帝的个人素质问题,而是一个结构性问题。经济学的发展使人们可用经济理性的分析方法来分析一些历史现象,功臣与皇帝间的关系用信息经济学的理论可以得到一个比较合理的解释,尽管这不会是唯一的解释。

我们可将皇帝与功臣间的关系看作一种委托代理关系。皇帝作为帝国的所有者,控制着帝国的产权,但他不可能直接治理国家,必须委托一个或数个代理人来帮助他管理国家。在这样一个委托代理关系下,皇帝给功臣们高官厚禄,对他们的要求是勤奋工作,为皇帝效命。不过皇帝最主要、最关心的还是要求功臣们不得造反。

解决功臣们造不造反问题的关键在于识别到底谁会造反,但这是一个信息不对称的格局:大臣们自己知道自己造不造反,皇帝却不知道谁是奸臣,谁是忠臣。为此,功臣们必须发出一个信号或皇帝必须用一个信号来确定一个分离条件,使忠臣、奸臣可以分离而不混同。同时由于每个类别人的成本和收益不同,还可以根据一个信号制定出分离条件,使该信号能让不同类型的人根据成本—收益比较自动现出原形,但对造反之类的事来说,当皇帝的收益是如此之高,以至于任何成本都相形见绌。只要有些风险偏好,又有可能造反成功,难保有人不起歹心。

于是,每个开国皇帝都面临着这样的困境:他无法从功臣集团中分离出忠臣和奸臣,但他又必须想尽办法保证自己的儿孙能顺利继承皇位。结果,皇帝们的选择是"宁可错杀三千,不可放过一个",即在不能辨别忠奸时,皇帝们选择了实际上也只能是这样一个分离信号:有能力造反的和没有能力造反的。对于皇帝来说,只要把有能力造反的杀掉,剩下的人即使有造反之心,也无造反之力。每一代皇帝都面临同样的困境,面临着同样的选择,最后让后人见识了一幕幕杀功臣的历史。

资料来源:www.hutc.zj.cn 刘伟,《历史中的经济学——皇帝为什么要杀功臣》。

第三节　外部性及其矫正

在本教材前面各章节的分析中,实际上使用了一个假定:交易各方将获得自己决策的全部收益,同时也为此支付全部成本。然而,在现实经济活动中,不少决策或经济活动会使无意介入者意外受益或受损,从而使决策者的决策未能考虑全部收益或成本,并由此导致市场失灵。本节就此问题进行分析。

一、外部性及其影响

外部性(Externality)是指经济主体在生产或消费的活动中对他人造成了影响,而又未将这种影响计入双方市场交易的成本与价格之中的现象。外部性可以分为正的外部性和负的外部性两类。

正的外部性称有利的外部性,主要指某一经济主体的活动使他人受益,而受益者又无须花费代价。例如你为了自己在晚上进出方便,在公共楼道安装了电灯,邻居由此沾了光;蜂场旁边有个果园,果园主扩大果树种植面积,使养蜂者增加了蜂蜜的产量,养蜂者无须向果园主付费。我们把由正的外部性引起的收益称之为外部收益(External Benefit)

负的外部性,又称有害的外部性,主要指某一经济主体的活动使他人受损,而该经济主体却没有为此承担成本。消费者在公共场所抽烟或随地吐痰,影响了他人的健康,但他不会由此向受害人支付补偿费。又如,化工、钢铁、炼油等污染严重行业的企业在生产过程中排放的废水、废气、废物等污染物污染了周围的环境,给他人造成损害。但是,污染物的排放者却没有给受害者以应有赔偿。我们把这种由负的外部性所引起的损失称之为外部成本(External Cost)。

我们把经济活动中所产生的全部收益称之为社会收益(Social Benefit)。而在经济活动中,由决策者自身所获取的收益称之为私人收益(Private Benefit);同理,经济活动者产生的全部成本称之为社会成本(Social cost),由决策者自身支付的成本称之为私人成本(Private Cost)。在没有外部性的活动中,决策者承担了经济活动的全部成本,并获取由此产生的全部收益,因此,在没有外部性的场合,私人成本和社会成本,私人收益和社会收益是一致的。但一项经济活动一旦产生了外部性,这项活动的私人成本和社会成本,私人收益和社会收益就产生了差异,这时有:

社会成本＝私人成本＋外部成本

社会收益＝私人收益＋外部收益

决策者是根据私人成本和私人收益进行决策的,因此,在存在外部性的场合,生产和消费会过多或过少,这说明市场结果低效率。下面我们以生产活动的负外部性为例进行分析。

有一农场,假定农业生产活动没有外部性,其私人成本与社会成本是一致的。又假定农场周围有一化工厂,化工厂由于排放污染物影响农作物的生长,使农产量下降,农民遭受损失。而化工厂并没有动力来补偿农民的损失,因而化工厂的生产活动具有负外部性,农民的损失程度构成化工厂活动的外部成本。而且,化工厂的产量与农民的损失同方向变动,即化工厂产量越高,排放的污染物也就越多,农民遭受的损失也就越大。

图 10-3(a)显示了化工厂在竞争性市场中的生产决策。图中横坐标表示化工厂产品产量,纵坐标表示成本与化工产品的价格。假定化工厂所面临的是完全竞争市场,它是被动的价格接受者,因此,化工厂所面临的需求曲线 D 和边际收益曲线 MR 是从现行市场价格 P_1 出发的水平线。MC 是化工厂生产化工产品所支出的边际私人成本曲线。MEC 是化工厂化工产品所产生的边际外部成本(Marginal External Cost)曲线,它表现为给农民造成的损失。MSC 是边际社会成本(Marginal Social Cost)曲线,$MSC = MC + MEC$。化工厂在进行生产决策时,并不考虑它的行为给他人造成的影响,而只计算自身的成本与收益,因此,它根据 $MC = MR = P_1$,的原则,决定了它的最优产量水平为 q_1。

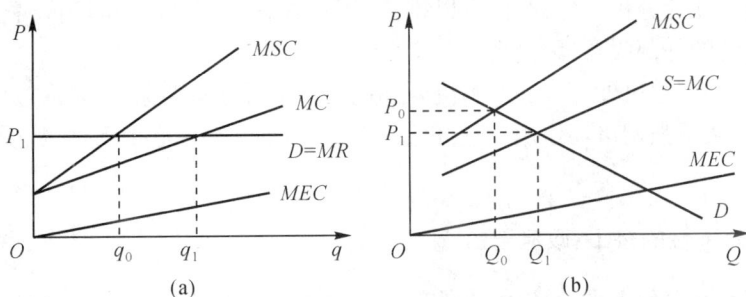

图 10-3 外部成本及其低效率

但是,q_1 的产量水平并非是社会最优产量水平,因为该产量水平并没有把外部成本考虑进去。从社会来看,在 q_1 的产量上,化工品生产的边际社会成本 MSC 大于化工品生产的边际社会收益 MR,这意味 q_1 的产量水平过高,并产生了太多污染,资源配置偏离了最优状态。符合社会最优的产量水平应该是边际收益等于边际社会成本 MSC 时的产量水平 q_0,因为在 q_0 的产量水平上,化工厂承担了决策的全部成本。由于 q_0 低于 q_1,所以 q_0 的产量水平所造成的污染小于 q_1 产量水平所造成的污染,由于污染减少,农民的农产品产量也就相应增加,社会整体的福利水平也相应提高。

以上只考虑了化工产业中某一家典型的化工厂排放污染的情况,现在我们再考虑整个化工产业排放污染会发生什么,见图 10-3(b)。在该图中,整个产业的边际成本曲线 MC 是该产业内所有企业边际私人成本的总和,也就是该产业的供给曲线 S。边际外部成本 MEC 是把每个农民在每种产量水平下受损失的边际成本相加得到的。化工产业的边际社会成本曲线 MSC 代表该产业所有化工厂的边际私人成本和边际外部成本的总和。

当出现外部性时,整个产业的产量水平会无效率。在该图中,有效的产量水平是当边际收益(需求曲线 D 表示)等于边际社会成本 MSC 时的产量水平 Q_0,但是,产业的竞争性产量为边际收益与产业边际成本(即供给曲线 S)所决定的产量 Q_1。显然,Q_1 大于 Q_0,产业的实际产量水平过高了。

综合以上分析,无论是考察一家厂商还是整个产业的状况,每单位的产量都导致废物的产生,都产生太多的废物排放。从整个产业看,产品不正确的定价是无效率的原因。如图 10-3 中的化工产品价格 P_1 太低了,因为它只反映了产业内厂商的边际私人成本,而不是厂商的边际社会成本。

总之,当存在负外部性时,市场价格并不能反映出生产活动对社会产生的全部成本,而只反映厂商的私人成本。在这种情况下,价格所传递的信息是不正确的。按这样的价格信号进行生产导致生产过多,资源配置扭曲。

运用同样的分析方法,我们可以推论,当存在正外部性时,市场价格也不能反映经济活动的外部收益,因而会导致产量过少。

那么,如何解决外部性呢? 解决外部性的基本思路有两条,一是通过政府干预解决;另一条是强调市场作用,通过创造有利于市场交易的必要条件(如明晰产权)来解决。

二、外部性的矫正:政府干预

外部性有多种多样,政府解决外部性问题的方法也是多种多样。例如,汽车排放废气具有负的外部性,政府可以通过规定汽车尾气排放标准来缓解这一问题,还可以通过汽油税来减少开车次数及里程,进而降低污染;对某些企业的排污还可以通过发放可交易的排污许可证的方式。在这里,我们主要讨论三种政府干预方式:庇古税、标准与排污收费以及可交易的排污许可证。

1. 庇古税

英国经济学家庇古(Pigou)在 20 世纪 20 年代提出这样一个法则:如果要达到社会总福利的极大化,任何经济活动的边际社会收益与边际社会成本必须相等。因此,在存在负外部性的场合,政府应该对带来外部成本的经济主体征税,税率等于边际外部成本。而在存在正外部性的情况下,政府应给予相应的补贴,补贴率等于边际外部收益。后来,人们把向产生外部成本的经济主体征收的税收,称为庇古税。下面,我们再次利用化工厂和农场的例子来分析征税对解决负外部性的作用,见图 10-4。

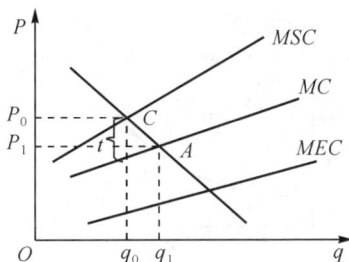

图 10-4　庇古税

在图 10-4 中,MC 曲线为化工厂的边际私人成本曲线,MEC 为化工厂的边际外部成本曲线,MSC 为化工厂的边际社会成本曲线($MSC = MC + MEC$)。然而,由于外部成本的存在,化工厂确定的产量 q_1 过多了,因为社会最优产量为 q_0,$q_0 < q_1$。为此,从整个社会来说,要求化工厂把边际外部成本考虑进去。庇古认为,政府应该对化工厂的每一单位产量征税,税率等于最优产量下的边际外部成本,即 $t = MEC$。这样一来,外部成本变成了厂商的私人成本,在进行生产决策时就不得不将其考虑进去。征税后,当厂商的供给曲线上移垂直距离相当于 $t = MEC$ 从而到达 MSC 时,整个市场的均衡点为 C 点,厂商的最优产量水平调整到社会最优的产量水平 q_0,社会实现了资源的最优配置。

尽管征收庇古税的方法在理论上能够解决外部性问题,但是在实际操作上比较困难。政府要确定最优产量的税收,就必须确切知道外部成本,而这种信息对于政府是很难得到的。因此,庇古税收方案在现实中很难实施。

2. 标准与排污费用

在现实生活中,政府经常运用设立污染标准和征收排污费用的方法来控制污染问题。但政府无论采取哪一种方法控制污染,都必须知道把污染控制在什么程度是合适的。所谓合适是指符合社会最优。因此,在讨论污染标准和排污费用之前,首先应该讨论最优污染程度问题。

从理论上讲,污染程度为零是最优的,但是,在一定的技术水平下,某些产业只要进行生产,就不可避免地造成污染,要想彻底清除污染,除非该产业的所有企业停产。因此,最优的污染程度只能是较轻的污染程度。那么用什么标准衡量这一较轻的污染程度? 我们知道对于整个社会而言,产出的最优条件是边际社会成本等于边际社会收益。由于污染也是一种产品,只不过是一种有害产品,所以其产出的最优条件也是边际社会成本等于边际社会收益。

污染的边际社会成本与污染的边际社会收益是什么? 我们还是以化工厂为例加以说明。图 10-5 描述了污染的边际社会成本与边际社会收益,以及最优污染程度。

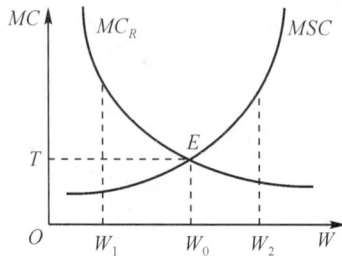

图 10-5　最优污染程度

图 10-5 中,横坐标 W 表示化工产品生产中排放的污染量,纵坐标 MC 表示污染造成的边际成本或者降低污染所花费的成本。MSC 曲线表示污染造成的边际社会成本。MSC 曲线向右上方倾斜,表示排放的污染量越大,污染越严重,农民遭受的边际损失也越大。实际中,对水和空气污染的有关研究表明,低水平的污染没有多少损害,但随着污染水平的提高,损害急剧增加。

MC_R 曲线表示降低污染所花费的边际成本,治理污染的工作可以由企业做,也可以由政府做。例如,厂商可以安装降低污染的装置或采用新的低污染生产技术,政府可以在污染产生后清除污染等。但不管由谁来做,都要花费成本。在不同的污染程度下,降低污染所花费的边际成本不同。在污染比较严重时,如 W_2,要使污染降低一个单位所花费的边际成本较小。随着污染程度的降低,每减少一单位污染所发生的边际成本越来越大。可以设想,当污染已经降低到还剩下最后一单位时,要彻底清除这最后一单位污染所花费的成本将是惊人的。所以,MC_R 曲线向右下方倾斜。MC_R 曲线也可以理解为降低污染给社会带来的边际收益曲线,因为农民将从治理化工厂污染中受益。

在污染所造成的边际社会成本与降低污染所花费的边际成本(即治理污染所带来的边际社会收益)相等时决定了最优污染程度。因此,均衡点是图 10-5 中 MSC 曲线与 MC_R 曲线的交点 E 点,对应于该点的最优污染量是 W_0。在污染量大于 W_0 时,如 W_2 的污染量时,污染程度较为严重,污染所造成的边际社会成本大于降低污染所产生的边际社会收益,继续降低污染是有利的;在污染量小于 W_0 时,如 W_1 的污染量时,污染程度较轻,污染本身所造成的边际社会成本低于清除污染所花费的边际社会成本(可理解为清除污染所带来的边际社会利益),污染量可以适当扩大,整个社会将从污染量扩大从而增加化工产品产量中受益。因此,只有达到 W_0 的污染量才是社会的最优污染程度。

确定了最优污染标准后,政府就可以以此作为制定政策的依据。排放标准是对厂商可以排放多少污染物的法定限制。如果厂商超过限制,它就会面临经济惩罚甚至刑事惩罚。该标准保证厂商有效率地生产,厂商通过安装减少污染的设备来达到这一标准。以上述的化工产品生产为例,政府应该把化工企业的污染标准定为 W_0。如果企业的污染物排放超过这一标准,政府将予以重罚。从而保证企业的污染符合社会最优标准。

政府也可以采取征收污染排放费的办法控制企业的污染,使其污染量符合社会最优标准。排污费是对企业每单位污染物(废水等)收取的费用。在图 10-5 中,对每一单位征收 T 数额的排污费,可以使污染量符合社会最优水平,即达到 W_0 水平。在单位污染排放费为 T 的情况下,无论污染量超出 W_0 的标准,还是未达到 W_0 的标准,对于生产化工产品的企业来说都是不利的。

3. 可交易的排污许可证

政府用来对付污染造成的外部性的另一种方法是利用可交易的排污许可证。在这种制度下,政府首先确定某一地区某一时期的目标污染水平,然而再出售足以达到污染目标的排污许可证数量,每张许可证都明确规定了企业可以排污的数量,一旦超过规定数量将被处以巨额罚款。这样,在政府举办的许可证拍卖会上,许可证的价格将等于社会治理污染的边际成本。因为只要前者低于后者,处于边际上的企业就愿意抬高价格购买许可证;只要前者高于后者,处于边际上的企业就不愿意参加竞拍,从而降低对许可证的需求。在拍卖结束后,政府可再建立许可证流通市场,允许许可证没用完的企业或找到治理污染新办法的企业将剩余许可证出售给其他企业或政府。

只要政府发放的许可证数量适中,可交易的排污许可证就能够像税收一样激励企业的污染治理活动。如果政府担心自己出卖污染权的名声不好,也可以取消发行市场,把排污许可证以一定的方式赠予或分给企业,然后建立许可证流通市场,允许许可证像普通商品一样在市场上买卖。但这样做很容易在分配许可证时出现不公平和腐败。

我国国家环保总局自 2002 年起在全国部分省市开展了排污权交易的综合试点工作,探索在市场经济条件下,运用经济杠杆的作用,充分调动企业主动削减污染物排放总量的积极性,以最小成本实现减排目标。在实施过程面临以下两个难题:一是发放排污许可证的依据问题;二是可交易的排污许可证往往导致污染源集中。

三、产权与科斯定理

以上分析了通过政府干预来对付负外部性的三种方法,其基本思路是外部成本内部化,由产生外部性的企业来承担外部成本,从而使企业的决策考虑其全部成本,以解决资源配置的无效率问题。但有一些经济学家认为,外部性之所以产生低效率问题,是因为产权界定不清晰。产权不清晰,就无法确定究竟谁应该为外部性承担后果。比如,你的办公室里有人吸烟而影响了你的健康,到底是他应该因吸烟而赔偿你的损失呢?还是你应该付钱求他到室外吸烟?归根到底,是你有权享受室内的清洁空气,还是他有权在室内自由吸烟。如果后一个问题解决了,那么前一个问题也就清楚了。为此,这些经济学家认为,在有外部性的经济活动中,不一定需要政府干预,而只要明确界定产权,市场交易自身就可以解决外部性问题。

那么,什么是产权?从狭义上看,产权(Property Rights)是一种界定财产的所有者,以及他们可以如何利用这些财产的法律规则。一项完整的产权应包括以下四方面的权利:一是使用属于自身资产的权利和在一定条件下使用他人资产的权利,统称使用权;二是从资产中获得收益的权利,包括从自己所有的资产上取得收益和租用他人资产并从中获得收益的权利,统称收益权;三是改变资产的形式和本质的权利,即处置权;四是让渡资产的权利,即交易权。从广义上看,产权是一个更为广泛的人的各类权利的综合,它不仅包括以上定义中的人对物的权利,还包括人与人的社会关系,即产权包括一个人或者他人受益或受损的权利,它的一个主要功能是帮助一个人形成他与其他人进行交易的合理预期,引导人们实现将外部性较大的激励,转为内在化的激励。

通过产权界定解决外部性的观点以美国经济学家罗纳德·科斯为代表。科斯指出,当交易成本为零时,只要产权界定清晰,不论产权归谁或作何种分配,都能克服外部性,实现资源的帕累托最优配置,这就是著名的科斯定理(Coase Theorem)。

科斯在1960年发表的《社会成本问题》一文中举了这样一个例子来说明他的观点。一个牧场主和农场主是邻居,牧场用于牧牛的草地紧挨着农场主种庄稼的田地,所以牧场主的牛经常闯入农场主的田地吃庄稼。如果这块田地的产权没有界定(比如说是公共财产),那么牧场主养牛对农场主构成外部成本,或者农场主种田对牧场主构成外部收益。现假定农场主拥有这块田地的产权,那么牧场主就必须为他的牛所犯的过失而向农场主支付赔偿,牛吃庄稼给农场主造成的损失多少,他就向农场主赔偿多少,否则农场主可与他对簿公堂。这样一来牛吃庄稼就成了牧场主的内部成本,他会化费一定的成本约束他的牛,以减少牛吃庄稼的事件发生次数。但是,最优的结果并非是绝对杜绝牛吃庄稼事件的发生。牧场主通过比较牛吃庄稼的收益和成本决定其最优决策,如果边际收益大于边际成本,他就会放任牛的行为;反之他将增加对牛的约束。同样,农场主也通过比较从赔偿中得到的收益和从庄稼被吃中遭受的损失来决定其最优行动方案。当两者的边际收益等于边际成本,即牛吃庄稼给农场主所造成的损失(即牧场主付给农场主的赔偿费)正好等于牧场主约束牛的边际成本时,谈判结束,契约达成,资源得到有效配置。

科斯发现,即使把这块田地的产权界定给牧场主,从而牧场主的牛有吃庄稼的权力,一个资源最优配置的结局也同样能产生。因为在这种产权界定下,农场主将愿意"贿赂"牧场主,请他不要放牛出来吃自己的庄稼,经过讨价还价,当农场主因"行贿"而增加的边际成本与牛不再吃庄稼而增加的边际收益相等,牧场主因"受贿"而增加的边际收益与约束牛而增加的边际成本相等时,两者同时达到均衡,谈判结束,契约达成,资源得到有效配置。

可见,如果只是考虑资源的最优配置的话,那么只要产权界定清楚并受到法律的有效保护,将产权赋予交易的任何一方都没有什么差异,因为双方之间的谈判和交易最终会带来资源的最有效利用。因此,根据科斯定理,政府不必一定要用税收、补贴、收费等方法来处理外部性问题,政府只需界定产权并保护好产权,市场自己就能处理外部性,实现资源的有效配置。

然而,通过产权界定来克服外部性需要注意三个问题:第一,不同的产权分配会决定不同的收入分配。当农场主拥有这块田地的产权时,牧场主必须付出补偿;而当牧场主拥有这块田地的产权时,农场主必须付出补偿。在这两种情况下,牛吃庄稼的事件都下降到最高效率水平(不一定是零),但是由不同的人承担了成本或享受了收益。第二,不同的产权分配可能会导致不同的帕累托均衡点,虽然两者都是帕累托有效配置。第三,最重要的,科斯定理成立的一个重要前提是交易成本为零。上例中,农场主和牧场主之所以能达成协议,使庄稼受损的程度在某一水平上达到"均衡",那是因为外部性涉及的范围很小,只涉及二个人,而且外部性产生的影响也较容易测定。如果外部性的涉及面很广,或外部性产生的影响难以确定,那么即使产权关系明确,有关方面也难以达成协议,从而难以产生有效率的结果。现实中,考虑到交易成本不为零,甚至很大,政府就不能随意地将产权界定给哪一方,而是一般把产权界定给较难控制外部性的一方。比如,政府一般不把清洁河流的产权界定给污染企业,而是界定给居民,然后由政府代表居民与企业谈判。

例10.5 江浙两省边界水污染案十年难断

自1990年代始,江苏吴江市盛泽镇的印染业迅猛发展,与此同时,一些企业将严重超标的工业污水直接排入河道。地处盛泽镇河道下游的浙江嘉兴市所处渔区多次遭受上游的盛泽镇工业污水的侵袭后,渔业生产连连受到重创。

　　从1993年起,国家环保总局就江浙两省交界水域污染事件进行过多次协调,并于1996年1月5日达成协议,江苏方面同意赔偿给嘉兴秀洲区及嘉善县渔民因受污染而造成的损失200万元。不久后国家着手实施以国务院牵头的,治理太湖流域水污染的"零点行动",河道的水质也有了明显好转。

　　2001年嘉兴渔区吸引了200多户养殖户,总投入6000多万元。然而,就在当年3月份,嘉兴水产养殖水域再度受到"盛泽污水"的侵袭,鱼类、珍珠等水产因水中溶解氧过低而惨遭灭顶之灾,污染造成损失达5600多万元。

　　2001年11月22日凌晨,愤怒的嘉兴北部渔民自筹资金100万元,动用8台推土机、数万只麻袋,自沉28条水泥船,截断河流,堵塞江苏盛泽至嘉兴间的航道。这就是曾引起中央领导高度重视、被称为民间"零点行动"的"断河事件"。

　　"断河事件"之后,嘉兴47户因污染遭受巨大损失的渔民将江苏盛泽的21家印染企业告上法庭,要求赔偿总额高达710万元。2002年12月16日,嘉兴市中级人民法院对这起跨省水污染案作出一审判决,47户渔民胜诉。江苏盛泽的21家印染企业共同赔付污水殃及的嘉兴市47户渔民750余万元。

　　资料来源:《青年时报》,2002年12月17日。

例10.6　公地的悲剧

　　公共资源(Common Resources)是指那些没有明确所有者,人人都可以免费使用的资源,如海洋、湖泊、草场等资源。公共资源由于产权不清,通常会受到过度利用。著名的寓言"公地的悲剧"就说明了这个问题。

　　寓言说的是中世纪的一个小镇,该镇最重要的经济活动是养羊。许多家庭都有自己的羊群,并靠卖出羊毛来养家糊口。由于镇里的所有草地为全镇居民公共所有,因此,每一个家庭的羊都可以自由地在共有的草地上吃草。开始时,居民在草地上免费放羊没有引起什么问题。但随着时光流逝,追求利益的动机使得每个家庭的羊群数量不断增加。由于羊的数量日益增加而土地的面积固定不变,草地逐渐失去自我养护的能力,最终变得寸草不生。一旦公有地上没有了草,就养不成羊了,羊毛没有了,该镇繁荣的羊毛业也消失了,许多家庭也因此失去了生活的来源。

　　是什么原因引起了公地的悲剧?为什么牧羊人让羊繁殖得如此之多,以至于毁坏了该镇的共有草地呢?实际上,公地悲剧的产生原因在于外部性。当某一个家庭增加一头羊到草地上吃草时,就会对草地产生损失,这就是养这头羊的成本。但是由于草地是共有的,养这头羊的这种损失(成本)由全镇所有养羊户共同承担,这头羊的所有者只是分担了其中的一小部分成本。这就是说,在共有草地上养羊产生了负外部性。某个家庭增加一只羊给其他家庭带来的损失就是这只羊的外部成本。由于每一个家庭在决定自己养多少羊时并不考虑其外部成本,而只考虑自己分担的那部分成本,因此养羊家庭的私人成本低于社会成本,这导致羊的数量过多。全镇所有养羊家庭都这样做,羊群数量不断增加,直至超过了草地的承受能力。

公地的悲剧说明,当一个人使用公共资源时,就减少了其他人对这种资源的享用。由于这种负外部性,公共资源往往被过度使用。解决这个问题的最简单方法就是将公共资源的产权进行重新构造,使之明确界定,即将公共资源变为私人物品。在上例中,该镇可以把土地分给各个家庭,每个家庭都可以把自己的一块草地用栅栏圈起来。这样,每个家庭就承担了羊吃草的全部成本,从而可以避免过度放牧。如果公共资源无法界定产权,则必须通过政府干预来解决。如政府管制、征收资源使用费等办法来减少公共资源的使用。

现实中,有许多公共资源,如清洁的空气和水,石油矿藏、大海中的鱼类、许多野生动植物等都面临与公地悲剧一样的问题,即私人决策者会过度地使用公共资源。对这些问题,政府通常管制其行为或者实行收费,以减轻过度使用。

第四节　公共物品与公共选择

在我们的经济中,大部分物品是在市场中配置的,买者为得到这些物品而付钱,卖者因提供这些东西而得到钱。对这些物品来说,价格是引导买者与卖者决策的信号。但是在我们的经济中,还有一些物品是不用直接付费就可以消费的,如街道、路灯、公园、国防服务等,当人们选择享用这些物品的好处时,并不直接付钱。我们称这类物品为公共物品。当一种物品不直接付费可以得到时,私人市场就不能保证该物品生产和消费的适当数量。本节我们将分析公共物品的特点以及如何提供公共物品等问题。

一、公共物品的特征

公共物品是相对于私人物品而言的。私人物品(Private Goods)是指那些在消费上既有竞争性,又有排他性的物品。竞争性(Rival)是指一个人使用了这种物品,便减少了其他人对该物品的使用的特性。例如,一个苹果被你吃了,我便吃不到了。如果我把苹果从你手中拿过来,咬了一口,那么你再吃时就少了这一口。排他性(Exclusive)是指可以阻止人们使用这种物品的特性。如商店中的苹果、服装,你不付钱就不能消费。市场经济中的多数物品是私人物品。

公共物品(Public Goods)是指在消费上具有非竞争性与非排他性的物品。非竞争性(Nonrival)是指对于任一给定的公共物品,增加一个消费者并不会减少其他消费者对该物品的消费水平,或者说在任一给定的公共物品产出水平下,向一额外的消费者提供该物品不会引起生产成本的任何增加。典型的例子是海上的航标灯,航标灯一旦建成使用后,能为所有过往的船只指示航向,增加过往船只的数量不会影响对其他船只的导航作用,也不需要额外增加航标灯的运作成本。又如,无线电视台传送节目能同时供一个地区所有观众收看,多一位消费者打开电视机不会影响其他电视机的收看,也不会给电视台带来任何新增成本。非排他性(Nonexclusive)是指公共物品一经提供出来,就难以限制任何人消费该物品。如国防,一国的国防体系一旦建立,所有国民都会从中受益,不管他们是否愿意付费,甚至是否愿意消费。一般把同时具有非竞争性和非排他性的公共物品称为纯粹的公共物品。

除了私人物品和公共物品,现实中还有一些物品可能兼有竞争性和非排他性的特点,我们称这类物品为公共资源。如公共湖泊中的鱼是一种竞争性物品,一个人捕的鱼多了,留给其他人捕的鱼就少了。但这些鱼并不具有排他性,因为谁都可以免费到公共湖泊中去捕鱼,也不可能对任何从海洋中捕到的鱼都收费。

相对应地,还有一类物品,具有排他性却无竞争性。这类物品称之为准公共物品,如有线电视,它具有排他性,因为你不付费就不能收看;但它不具有竞争性,因为增加一个用户,并不影响其他用户收看,同时对有线电视部门增加的成本也是微不足道的。相类似的还有未满座时的电影院,不拥挤的收费道路等。准公共物品有时也被称为"俱乐部产品"。医疗、教育、交通、邮电和其他基础设施,都是准公共物品,就像我们日常生活中常见的电影院或俱乐部,不买票就不能进去消费,可以做到排他、定价、收费,但在所有座位未满之前,增加若干观众并不影响其他观众,也无须增加电影院的成本。

按照物品是否具有竞争性与排他性,可以划分为以下四种类型,见表10-2。

表 10-2 物品的分类

		竞争性	
		是	否
排他性	是	私人物品:苹果、服装、拥挤且收费的道路等	准公共物品:有线电视、电影院、不拥挤但收费的道路等
	否	公共资源:公共湖泊中的鱼、环境、拥挤但不收费的道路等	公共物品:航标灯、无线电视、国防、不拥挤也不收费的道路等

例 10.7 为什么黄牛没有绝种?

在现在的一些非洲国家,由于偷猎者为取得象牙而捕杀大象,大象面临着灭绝的威胁。但并不是所有有商业价值的动物都面临着这种威胁。例如,黄牛是一种有价值的食物来源,但没有一个人担心黄牛将很快绝种。实际上,是对牛肉的大量需求保证了这种动物延续地繁衍。

为什么象牙的商业价值威胁到大象,而牛肉的商业价值是黄牛的护身符呢?原因是大象是公共资源,而黄牛是私人物品。大象自由自在地漫步而不属于任何人。每个偷猎者都有尽可能多地猎杀他们所能找到的大象的激励。因此,大象的数量越来越少,濒临灭绝。由于偷猎者人数众多,每个偷猎者很少有保护大象种群的激励。与此相比,黄牛生活在私人所有的牧场上。每个牧场主都尽极大的努力来维持自己牧场上的牛群,因为他能从这种努力中得到收益。

政府试图用两种方法解决大象的问题。一些国家,例如,肯尼亚、坦桑尼亚、乌干达,已经把猎杀大象并出售象牙作为违法行为。但这些法律一直很难得到实施,结果大象继续减少。与此相比,另一些国家,例如,博茨瓦纳、马拉维、纳米比亚和津巴布韦,通过允许人们捕杀作为自己财产的大象而使大象成为私人物品结果大象开始增加了。但愿在私有制和利润动机的作用下,非洲大象会在某一天像黄牛一样安全地摆脱灭绝的厄运。

资料来源:曼昆著,《经济学原理》,三联书店、北京大学出版社,1999年版。

二、公共物品与资源配置

1.搭便车问题

由于公共物品具有非排他性,一旦有人购买了公共物品,其他人可以照样不误地享受同一公共物品。你在公寓的楼梯上装了一盏灯,其他上上下下的人统统借光,他们从路灯上得到的好处,并没有因为不付费而丝毫减少。既然不付费也同样能享用公共物品,那何必要自己掏腰包购买呢? 这就是公共物品消费上的搭便车问题(Free-rider Problem)。

所谓搭便车问题,就是指虽然参与了公共物品的消费,但却不愿意支付公共物品的生产成本,完全依赖他人对公共物品生产成本支付的现象。如果大家都想搭别人的便车,期待他人购买公共物品,结果便没有公共物品。这就是居民区的楼道里常常是一团漆黑的原因。因此公共物品的特征给由市场提供公共物品带来了严重的问题:即使某种公共物品带给人们的利益要大于生产成本,私人市场也不会提供这种物品。这里产生了一个典型的市场失灵的情形。在市场失灵的情况下,就需要由政府部门来提供公共物品。

2.公共物品生产的"成本—收益分析"

由政府来提供公共物品,首先需要解决提供哪些公共物品及提供多少的问题。在这方面,"成本—收益分析"是基本的分析方法。下面举例说明该方法的使用。

假定你是某市的市长,市政府部门建议在某十字路口建立并经营一个红绿灯。为了判定要不要建设这个红绿灯就需要对此做出决策,决策的基本方法是"成本—收益"分析(Cost-Benefit Analysis),它的目标是估算该项目相对作为一个整体而言的社会的总成本和总利益。假设在这个例子中,建立并经营这个红绿灯的成本为1万美元。红绿灯的利益是增加了市民的安全。市政部门根据类似十字路口的数据估算,在整个红绿灯使用期间可以使死于车祸的危险从 1.6% 降低到 1.1%,你应该决定花钱修这个红绿灯呢还是不修?

一旦你开始用成本—收益来分析这个问题时,你马上就遇到一个障碍:如果你要使成本与收益的比较有意义,就必须用同一种单位来衡量成本与收益,成本可以用金钱来衡量,但收益——减少一个生命失去的可能性,难道可以用金钱来衡量吗?

你可能会认为,人的生命是无价的,毕竟,无论给你多少金钱,你也不会自愿放弃你的生命或你所爱的人的生命。但是,对于成本—收益分析而言,这个回答没有意义。如果我们真的认为人的生命是无价的,我们就应该在每一个街角处都安上红绿灯。同样,我们应该要求每一个人都驾驶有全套最新安全设备的大型车,而不驾驶没有什么安全设备的小型车。但事实上,并不是每个路口都有红绿灯,人们有时选择购买安全设备不全的小型车。无论在公共还是私人决策中,我们有时为了节约一些钱或时间愿意用自己的生命来冒险。这就隐含着一个人的生命是可以用金钱来衡量的。

但我们如何确定生命的价值呢? 有两种方法。一种方法是美国法院在判决过失致死赔偿案时用的方法,这种方法是考察一个人如果活着能赚到的总收入。经济学经常批评这种方法,因为它暗含着没有收入的退休者和残疾人的生命是没有价值的。评价生命的另一种方法是,观察要给一个人多少钱他才自愿从事有生命危险的工作。例如,不同职业的死亡率是不同的。高楼上的建筑工人所面临的死亡危险就大于办公室的工作人员。通过比较职业风险、受教育程度以及各种工资决定因素,就可以得出人们对自己生命评价的某些含义。在美国用这种方法研究的结论是,一个人生命的价值约为 1000 万美元。

现在回到原来的例子,并答复市政部门。红绿灯减少的车祸死亡率危险为 0.5%。因此,安装红绿灯的预期收益是 0.005×1000 万美元,即 5 万美元,大于成本 1 万美元,所以,你应该批准该项目。

例 10.8 从经济学角度看"希望工程"的合理性

教育是公共物品,理应由政府出资,似乎是通行全世界的不争的道理。那么"希望工程"是不是从某种程度上默许了政府的失职行为? 教育体制的缺陷是否会因为这样的宽容而拖延整改? 答案却不能简单地用是或非来概括。

从经济学的角度来说,人们的投资行为是有一定预期的,基本可以用成本—收益模式来解释。也就是说,如果对某一特定项目投资 100 元,10 年后, 收益预期为 150 元(Y_1);而同样的 10 年内,同样的 100 块钱在社会各行业投资回报的平均值是 130 元(Y_0),$Y_1 > Y_0$,那么人们会倾向于投资该项目;反之,就不会投资。

现在用这个非常简单的成本—收益模型来分析政府与个人对基础教育的投资倾

向。对政府而言,教育投资的预期是什么呢?是公民素质的提高,投资环境的改善,犯罪率的下降,高技术含量人力资源的增长,最终促进经济发展,政治稳定;对个人及家庭而言,教育投资的预期又是什么呢?是可靠的工作保障,良好的社会地位,充实的个人生活所带来的物质上与精神上的满足感。假设这些都是可量化的,那么,政府教育投资收益 GR 与政府其他投资的平均收益 GR_0 比较会决定政府的投资行为;个人教育投资收益 PR 与个人其他投资的平均收益 PR_0 比较会决定个人的投资行为。如果 GR 与 PR 相互独立,事情就很好办了。但是,事实是, GR 与 PR 不仅关联密切,而且可以此消彼长。也就是说,人受过良好教育后所得到的收益和满足感是较稳定的,而政府对教育的投入却不易获得收益保证。用通俗的一个不很严密的比方来说,对中国政府,教育总是"失败"的——每一批学生中,小学升中学,好的上了学,失败的流向社会;高中升大学,好的上了学,失败的流向社会;大学读研究生,好的上了学,失败的流向社会;研究生出国,好的出去了,失败的流向社会。再来看看两个重要的参数 GR_0 与 PR_0,其中 GR_0 是同时期内社会投资的平均收益,就是基建投资、企业贷款(企业应与政府分开,但现在地方政府对企业还有很强的影响,因此划在内)、旅游开发、城市建设、环境保护等等在同期内带来的收益平均值。可见与教育的无形收益相比,地方政府有不少投资选择, GR_0 很高。

反过来讲 PR_0,个人的投资渠道又有多少?在调查居民储蓄倾向时,有70%的家庭回答"存钱为孩子上大学",其他的选择还有养老、炒股、买债券、买房,而与孩子有一个良好前途这样一个巨大的 PR 相比,剩下的投资平均收益 PR_0 并不让人心动。 $PR \gg PR_0$,这就是为什么中国的教育投资应当从民间找出路的重要原因之一。与统计数据上的政府低投入同时存在的(现在中国公共教育投资占国民生产总值的2%,低于联合国统计最不发达国家3%的水平)是独生子女们沉重的课外学习,也就是家庭给予的教育追加投资。

有人说:"我捐助希望工程,是掏我的钱,给我不认识的人,何来预期收益啊?"对。所以,希望工程才建立1+1计划,加强捐助人与受助人的联系,分享受助人的 PR 。因为收益不光表现为物化,也体现为"做个好人"的心理满足上。这种联系越密切,您愿为预期收益所付的投入就越大,所以给自个儿孩子舍得成千上万的,给人家孩子一年300元人民币,还是亲疏有别的。而现在希望工程的最大捐款人是摩托罗拉中国有限公司,对它而言,至少还有公共关系融洽、具备良好企业形象的无形资产收益。

3. 公共物品的最优供给量

以上我们以事例分析了政府是否提供公共物品的问题,下面我们再从理论上分析社会资源如何在私人部门与公共部门之间进行最优配置的问题。

为了简化分析,我们考察一个只有一种公共物品、一种私人物品以及两个消费者的简单社会。假设消费者1的收入为 B_1,消费者2的收入为 B_2。再假定私人物品由大量的竞争性厂商生产,因此边际成本恒为5元。公共物品由政府指定的一家厂商生产,边际成本恒为 12 元。消费者的效用函数取决于他们所消费的私人物品和公共物品的数量,消费者 1 和消费者 2 的效用函数为:

$$U_1 = U_1(X_1, X^*) \tag{10-5}$$
$$U_2 = U_2(X_2, X^*) \tag{10-6}$$

其中 X_1 和 X_2 是消费者 1 和消费者 2 所消费的私人物品的数量,X_1 和 X_2 可以是不相同的。X^* 是两个消费者所消费的公共物品的数量,由于公共物品的特点,因而两个消费者消费的公共物品数量是相同的。通过效用的最大化,我们可以得到两个消费者对于私人物品和公共物品的边际收益,即消费者对物品的需求曲线,也就是消费者为物品所愿支付的价格,见图 10-6。

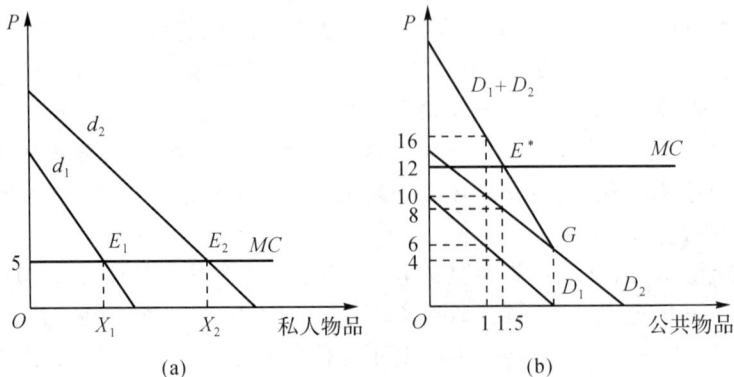

图 10-6　私人物品与公共物品的均衡

图 10-6(a)显示了消费者 1 和消费者 2 的私人物品的需求曲线以及私人物品的边际成本曲线。图中,d_1 为消费者 1 对私人物品的需求曲线(边际效用曲线),d_2 为消费者 2 对私人物品的需求曲线(边际效用曲线)。在完全竞争经济中,私人物品的价格会等于边际成本,即该私人物品的价格为 5 元。

图 10-6(b)则显示了在私人物品的价格为 5 元的情况下,消费者 1 和消费者 2 对公共物品的个人需求曲线和社会需求曲线。其中 D_1 为消费者 1 对公共物品的个人需求曲线;D_2 为消费者 2 对公共物品的个人需求曲线。$D_1 + D_2$ 为公共物品的社会需求曲线(即社会边际效用曲线),它是由消费者 1 和消费者 2 对公共物品的需求曲线(即个人边际效用曲线)垂直加总后得到的。因为公共物品具有非竞争性和非排他性,该社会提供一单位的公共物品,就被该社会的所有消费者同时消费,尽管他们从这一公共物品中所得到的边际效用各不一样(从而他们为这一单位公共物品所愿支付的价格也不一样)。既然所有的消费者享用同一水平的公共物品,这一单位公共物品的社会边际效用就等于所有消费者边际效用的总和。消费者对这一单位公共物品集体所愿支付的价格也应该是所有消费者所愿支付价格的

总和。于是公共物品的总需求曲线由所有消费者个人需求曲线垂直相加而形成。在图 10-6(b)中,社会提供一单位的公共物品,消费者 1 愿支付 6 元来购买该物品,而消费者 2 愿意为此支付 10 元,社会为这一单位公共物品愿付的价格为 6 + 10 = 16 元,这也就是这一单位公共物品的社会效用。应注意的是,图中由两个消费者需求曲线加总而成的社会需求曲线有一拐点 G,整条曲线成折线状。这是因为在 G 点右边,消费者 1 已经没有对公共物品的需求,此时 $D_1 + D_2$ 线就是 D_2 曲线上 G 点右边的一段。

那么在这个模型中,最优的私人物品和公共物品的产量应该是多少呢? 对私人物品来说,消费者的消费应该达到使该物品的边际效用(与需求曲线重合)等于边际成本,因此从图案 10-6(a)中看见,消费者 1 消费 X_1 数量的私人物品,消费者 2 消费 X_2 的私人物品为最优。

根据同样的原则,公共物品的最优产量也是该公共物品的社会边际效用等于社会边际成本时的产量。在图 10-6(b)中,社会边际成本 MC 曲线和社会边际效用 $D_1 + D_2$ 曲线的交点 E^* 决定了公共物品 X^* 的最优供给量为 1.5。在这个产量水平上,消费者 1 愿意支付 4,消费者 2 愿意支付 8,社会边际效用为 12。

1.5 数量的公共物品由政府指定的一家厂商生产,成本则由消费者 1 和消费者 2 分摊。具体办法为政府从两个消费者身上征税,税收的大小等于最优供给量下每个消费者的边际效用,即从消费者 1 上征收 4 个单位税收,从消费者 2 身上征收 8 个单位税收。

4. 公共物品的帕累托最优条件

我们知道判断物品生产是否达到有效率的水平需要比较物品的边际成本和边际效用,如果边际成本等于边际效用,则物品的生产是有效率的,否则就是无效率的。通过一般均衡理论的讨论,从整个社会角度看,边际成本可表示为边际转换率,边际效用可表示为边际替代率。所以在一般均衡的条件下,边际转换率等于边际替代率是达到有效产出水平的重要条件。这一条件无论是对私人物品,还是对于公共物品,都是适用的。但对于这两种不同类型的物品,这一重要条件所表示的形式不同。

对于私人物品而言,边际转换率表现为社会为增加一单位某种物品的生产而放弃的另一种物品的数量。边际替代率表现为消费者为了从某种商品的消费中获得一单位效用增量而需要放弃的消费另一种物品而获得的效用增量。

对于公共物品而言,其边际转换率与私人物品的边际转换率在形式上是一样的。如果把物品简单地分为公共物品和私人物品两种物品,则私人物品与公共物品之间的边际转换率表现为社会增加一单位公共物品的生产而必须放弃的生产私人物品的数量,或者是为了增加一单位私人物品的生产而必须放弃的生产公共物品的数量。

然而公共物品的边际替代率与私人物品的边际替代率的形式完全不同。私人物品是单个人消费的,私人物品的边际替代率表现为个人对于物品的评价。在均衡的情况下,任意两种物品的边际替代率对于每一个消费这两种物品的消费者而言都是相同的,并且等于该两种物品在生产中的边际转换率。而公共物品则是由众多人同时消费的,每个人对于公共物品与私人物品的相对评价不一样,因此每个人的边际替代率不一样。我们不可能像私人物品那样,在均衡的情况下使每个人对公共物品与私人物品的边际替代率相等,在有公共物品的情况下,更不可能使单个人的边际替代率等于边际转换率。单个人对公共物品与私人物品的边际替代率表示个人对于公共物品与私人物品的相对评价,代表个人对于公共物品的支出意愿只占公共支出的一小部分,因此任何单个人对公共物品与私人物品间的边际替代率都远远小于公共物品与私人物品间的边际转换率。公共物品的效率条件是所有消费公共物品的个人对公共物品与私人物品间的边际替代率加总等于公共物品与私人物品间的边际转换率。最后,我们把一个既生产私人物品又生产公共物品的经济的帕累托最优条件叙述如下:(1)私人物品中的任两种物品的边际替代率相等;(2)在生产所有物品的生产要素中,任两种生产要素的边际技术替代率相等;(3)在存在公共物品的情况下,私人物品与公共物品的边际替代率之和等于它们之间的边际转换率。其中第一和第二个条件与前述只生产私人物品的经济完全相同。

5. 公共物品的需求显示机制

知道了公共物品的最优配置条件并没有解决公共物品供求的特殊困难。因为要达到公共物品的最优配置,就必须知道社会每一个成员对公共物品的需求,即公共物品对每个人带来的边际效用。但是,由于"搭便车"的问题,人们一般不会真实透露自己对公共物品的需求。因为,公共物品的生产成本是按照每个人从公共物品中得到的边际效用分摊的,而公共物品的消费具有非排他性,个人无论付费与否,他都能消费和他人相同数量的公共物品。因此,人们往往不愿真实地显示出自己对公共物品的真实需求以便不承担或少承担公共物品的生产成本。当每个人都采取"搭便车"行为时,整个社会将不生产任何数量的公共物品。

因此,我们必须寻找一种方法,使人们有动力显示出他们对公共物品的真实需求。在这里,我们介绍需求显示机制理论。

假设在一条黑暗的街道上住着张三、李四、王五、赵六四户居民,他们决定安装路灯。街道管理协会提出了三个方案,这三个方案的成本都相等。

方案 A 是要安装一盏十分明亮的路灯;

方案 B 是要安装二盏稍暗些的路灯;

方案 C 是要安装三盏较暗的路灯。

表 10-3 是三个方案实施后给每户居民真实收益折合成货币值后的状况。它反映了居民的真实偏好,如张三喜欢方案 A,因为他从该方案中得到的收益为 60元。而从方案 B、方案 C 得到的收益只有 50 元和 40 元;而李四则喜欢方案 B,他从该方案得到的收益为 70 元,而从方案 A、方案 C 得到的收益为 30 元和 50 元;王五也喜欢方案 B,他从该方案得到的收益为 80 元;赵六则喜欢方案 C,因为他从 C 方案得到的收益最大,为 90 元。

表 10-3　居民真实的收益(偏好)情况

居民	方案			税收
	A	B	C	
张三	60	50	40	0
李四	30	70	50	5
王五	20	80	25	40
赵六	40	20	90	0
总额	150	220	205	45

街道管理协会决定根据居民的真实收益来选择一个最优的方案。最优的方案是 4 户居民的收益总额与成本的差异最大的那个方案,由于我们这里假定三个方案的成本相同,因此最优的方案实际上是收益总额最大的方案。从表中可以看出,居民们收益总额最大的是方案 B。

那么,如何才能让居民说出自己的真实收益呢? 需求显示机制具体可以分为以下三个步骤:

第一步,让这四户居民分别上交报告,报告中应写出若三个方案付诸实施,每一方案所能给他带来的收益折合成货币值是多少(即表 10-3 所示)。

第二步,加总各个方案中四户居民的收益总额,所得到的合计值称为各方案的社会收益。在这里,A,B,C 三方案的社会收益分别为 150,220,205。可见,B 方案的社会收益最大,于是,集体决策结果是 B 方案。

第三步,比较某户居民弃权时集体选择结果的变化,并根据该户居民的参与对最终选择结果的影响程度,计算出每户居民所应支付的税收额。具体计算方法是:首先计算出不考虑某户居民的报告时各方案的社会收益,并找出社会收益最大的方案;然后,再计算加进该户居民报告时各方案的收益状态。如果这时最终方案选择并不因他的加入而发生改变,那么,他的税款为零。如果由于他的加入,最终方案的选择结果发生了变化,那么,他就应该缴税。税收的数额为他加入前后所选择的两个方案在不考虑他的报告时所对应的社会收益之差。

例如,如果不考虑张三的报告,即不计算他从各方案得到的收益额,则其余三户居民从方案 A,B,C 得到的收益总额分别为 90 元,170 元和 165 元,方案 B 的社会收益最大,因此初选方案为 B;然后再考虑张三的报告,把他的收益额也计算在内,结果 A,B,C 三个方案的社会收益为 150 元,220 元,205 元,还是方案 B 的社会收益最大,因此最终选择方案还是 B。可见,是否考虑张三的报告,对方案的最终选择毫不影响,这样,张三不用缴税。

再看李四。如果忽略李四的报告,不计算他的收益额,则其余三户居民从方案 A,B,C 得到收益总额分别为 120 元,150 元,155 元。收益总额最大的方案为 C,因此,初选方案是 C。但是当李四的报告被考虑,将他的收益加上去后,A,B,C 三个方案的社会收益改变为 150 元,220 元,205 元,社会收益最大的方案变为 B。因此最终方案将选择 B。可见,是否考虑李四的报告,将影响到最终方案的选择。因此,李四应该缴税。他缴税的数量为方案 C 和方案 B 在不考虑李四的报告时,社会收益的差额,即,155 元 − 150 元 = 5 元。

用同样的方法可计算出王五应该缴税 40 元,赵六则不用缴税。

为什么以上方法会有效,为什么那些自私的、追求效用最大化的居民们会在该方法下说真话呢?为了说明这些问题,我们来看一下对王五的分析。从上表看出,王五最喜欢方案 B,然后是 C,最后是 A。

假如在其他三户居民的报告已经可以使管理协会选择方案 B 的情况下,王五上交一份真实的报告对他来说是最有利的。因为方案 B(王五的第一选择)最终会被选择,而他却不必支付任何税款。如果他撒谎说他从方案 A 或方案 C 中得到的收益更大,他就可能改变管理协会对方案 B 的选择,而他也会因此必须承担一部分税款。

那么,在其他三户居民使管理协会选择 C 的情况下,王五是否还会说真话呢?答案是肯定的。下面对其进行分析。

令其他三户居民从方案 B 中得到的收益总额为 X_B,从方案 C 中得到的收益总额为 X_C,从表 10-3 中看出,

(1)当 $X_C − X_B < 55(= 80 − 25)$ 元时,王五说真话,报出自己的真实偏好情况,结果使管理协会的选择从方案 C 变为方案 B,王五上缴税收 $X_C − X_B$。这时他的净收益为:方案 B 给他带来的收益 80 减去由此而承担的税收 $X_C − X_B$,由于在这里 $X_C − X_B < 55$ 元,因此净收益大于 25 元。如果他上交了不真实的报告,譬如说,他为了避免承担税收,故意低报了方案 B 的收益,对方案 B 只报了 75 元的收益(低于他的真实收益 80 元)。这时,他的报告没有改变管理协会原来对方案 C 的选择,虽然他不必为路灯支付税款,但是他的净收益只有 25 元(他从方案 C 中得到的收益 25 元减去 0 元的税款),小于说真话时的净收益。

(2)当 $X_C − X_B > 55$ 元,如果王五上交了真实的报告,这时他的报告不会改变管理协会已有的选择。管理协会最终的选择还是方案 C,这样,王五就不用承担路

灯的成本,他所得到的净收益为 25 元(他愿意为方案 C 支付 25 元减去 0 元成本)。如果王五上交了不真实报告,即为了使管理协会的选择从方案 C 改为方案 B,故意低报了他对方案 C 的收益,譬如说对方案 C 报了 20 元的收益额(低于他真实收益额 25 元),从而改变了管理协会原来的选择,使方案 B 当选。显然,根据我们的规则这样做的后果是他必须承担数额为 $X_C - X_B$ 的税收。这时他的净收益为:他对方案 B 的收益额 80 元减去承担的税收,由于在这里税收 $X_C - X_B > 55$ 元,因此他这时的净收益小于他说真话时的净收益 25 元。因此,还是说真话的净收益更大。

以上推理说明了当使用这种需求显示机制时,诚实是理性经济人的最佳选择,它使所有参与选择的个体都有充分的激励,说出他对某一公共物品的真实需求状况。然而,这种需求显示机制也存在着不少问题,例如,没有什么能够保证公共物品的成本等于该方案下个人上缴的费用(税收),政府必须面对一个差额。而且,这个方法并没有真正达到帕累托最优配置。

例 10.9 灯塔的故事

在一个靠海的渔港村落里住了两三百个人,大部分的人都是靠出海捕鱼维生。港口附近礁石险恶,船只一不小心就可能触礁沉没而人财两失。如果这些村民都觉得该盖一座灯塔,好在雾里夜里指引迷津;如果大家对于灯塔的位置、高度、材料、维护也都毫无异议,那么,剩下的问题就是分摊盖灯塔的费用了。

村民们怎么样分摊这些费用比较好呢?

既然灯塔是让渔船趋福避祸,就依船只数平均分摊好了!可是,船只有大有小;船只大的船员往往比较多,享受到的好处比较多。所以,依船员人数分摊可能比较好!

可是,船员多少不一定是好的指标,该看渔获量。捞得的鱼多,收入较多,自然能负担比较多的费用。所以,依渔获量来分摊比较好!

可是,以哪一段时间的渔获量为准呢?要算出渔获量还得有人秤重和记录,谁来做呢?而且,不打渔的村民也间接地享受到美味的海鲜,也应该负担一部分的成本。所以,依全村人口数平均分摊最公平!

可是,如果有人是素食主义者,不吃鱼;难道也应该出钱吗?

可是,即使素食主义者自己不吃鱼,他的妻子儿女还是会吃鱼啊。所以还是该按全村人口平均分摊。

可是,如果这个素食主义者同时也是个独身主义者,没有妻子儿女,怎么办?还是船只数为准比较好;船只数明确可循,不会有争议!

可是,如果有人反对:虽然家里有两艘船,却只有在白天出海捕鱼,傍晚之前就回到港里。所以,根本用不上灯塔,为什么要分摊?或者,有人表示:即使是按正常时段出海,入夜之后才回港,但是,因为是讨海老手,所以港里港外哪里有礁石,早就一清二楚,闭上眼睛就能把船开回港里,当然也就用不上灯塔!

好了,不管用哪一种方式,就算大家都(勉强)同意!可是,由谁来收钱呢?在这个没有乡公所和村长的村落里,谁来负责挨家挨户地收钱保管呢?

好吧,如果有人自告奋勇,或有人众望所归、勉为其难地出面为大家服务,总算可以把问题解决了!可是,即使当初大家说好各自负担多少,如果有人事后赖皮,或有意无意地拖延时日,就是不付钱,怎么办?

灯塔的例子很具体而深刻地反映了一个社会在处理公共物品问题上所面临的困难。灯塔所绽放的光芒让过往的船只均蒙其利。而不像其他的东西如面包牛奶,一个人享用了之后别人就不能再享用。多一艘船享用不会使光芒减少一丝一毫,而且,即使你不付钱,还是可以享有灯塔的指引,别人很难因为你不付钱而把你排除在灯塔的普照之外。

和牛奶面包相比,传统上经济学者一直认为,灯塔非由政府兴建不可。因为,灯塔散发的光芒虽然功德无量,可是船只可以否认自己真的要靠灯塔指引,或者过港不入;所以,民营的灯塔可能收不到钱。而且,灯塔照明的成本是固定的,和多一艘船或少一艘船无关。因此,灯塔不应该收费,而应该由政府经营。

然而,美国经济学家罗纳德·科斯在其撰写的《经济学中的灯塔》一文中,引述史料,说明在十七八世纪时,英国境内大部分的灯塔都不是政府经营,而是由英王特许,私人经营,或者是由一个港务公会负责兴建经营的。这些"非公营"的灯塔订有费率,向所有进港的船只收费。

科斯引用的史料很生动。譬如说,他在文章里面提到有一商人花了40万英镑,在一处险恶的礁石上翻修了一座新的灯塔。但是,在暴风雨中,人和灯塔都被扫入海里。灾难过后,英国政府付给商人遗孀慰问金二百英镑和年金一百英镑。文章虽然有趣,似乎重点只不过是点出了传统经济学者在论述时不讲求证据的缺失而已。然而,科斯的真正用意是希望借着这篇文章来提醒所有的经济学者:经济学不该只是漂亮的模型、繁复的数学和想当然的推论。对于人的实际行为多做观察和了解,再归纳出一些智慧,这样的经济学或许比较平实可喜。

可是,科斯对传统经济学的批评也不能说毫无瑕疵。即使英国历史上曾经有过私人的灯塔,并不表示私人灯塔是常态;放眼21世纪初期的今天,试问世界上有几座灯塔不是公营的?因此,传统经济学的观点并不为过。

灯塔,应该是有助于指点迷津的。可是,经济学里的灯塔却好像总是让人坠入云里雾中,不辨西东。

资料来源:http://www.beiwang.com,2002-7-8,北望经济学园。

三、公共选择

前面的分析说明,在市场失灵的情况下,政府应该代替市场发挥资源配置的功能。而在一个民主制度里,政府的行动实际上是一个许多人集体选择的结果。为了分析这些选择,经济学家提出了一种与经济市场理论相平行的政治市场理论,即公共选择理论。

公共选择理论(Public Choice Theory),是一种以现代经济学的基本假设为前提,依据自由的市场交换能使交换双方都有利的经济学原理为基础,分析政府决策行为、民众的公共选择行为及两者关系的理论。在我们的现实生活中有许多决策并不是一人可以说了算的,小的如一家几口人"吃什么好",大到国家领导人的确定,都要通过协商才能解决。这种协商行为就是一种集体选择。需要进行集体选择的情形很多,但公共选择理论所要的研究只是政府行为的集体选择,特别是与外部性的管理与公共物品的供给相关的政府行为的集体选择。

1.政治市场上的经济人

与经济学的其他分支一样,公共选择理论也以"自利"为出发点来解释人类的行为。它的分析的出发点是:人是理性的自利者。一方面,任何个人,不论是国家领袖,还是平民百姓,他的行为动机都是自利的,时刻关心的是他的个人利益;另一方面,在行动上,他又是理性的,能够充分利用他所能得到的各种信息,来最大化自身利益。

在政治市场上,由于各个政治个体所处的地位不同,我们可以将他们划分为三类:选民、政治家和官员,其中,选民是政治市场的需求者(消费者),政治家和政府官员是供给者。

在政治市场上,选民的选择是通过投票来实现的。整个选择过程由四部分组成:(1)目标。有两个:一个是参与投票者个体的追求目标,仍然是极大化自身利益;另一个是他所在团体的利益,这种团体可以小到一个班级,也可以大到一个国家甚至整个世界。当以上这二个目标不一致时,优先满足个人的利益。(2)供选方案。即有多大的选择余地,具体来说就是有几个候选方案(人)可供选择。(3)约束。包括来自集体的约束与来自个体的约束。来自集体的约束是指,公共选择的对象大多是公共产品的供给方式与规模,而它们供给是需要费用的,这就受到国家经济状况的制约。来自个体的约束,是指个人偏好与支付税收能力大小而形成的约束。(4)选举规则与程序。作为投票者,就是在给定的选举规则与程序下,从候选方案(人)中依据自己对约束的理解,选择那种能给自己带来最大利益的方案(人)。

政治家是政府中被选民选举出来的官员,包括各级政府的主要负责人以及立法机构成员。作为政治家,他们的首要目标仍然是自身利益的极大化,但是这种对极大化自身利益的追求在民主制度下受到多种力量的制约。例如在美国,处于政治权力顶峰的政治家是国家总统,他拥有很大的独立决策权,但是他也受到四种力量的制约：参议院、众议院、新闻媒介、利益集团。参、众两院具有直接否决总统提案、甚至弹劾总统的权力；新闻媒介的作用主要是监督，向广大选民提供信息，增加政治透明度；利益集团的工作则主要以集团的形式体现选民的意志，以弥补选民个体对选举权不重视的不足。如果上述四种力量发挥正常，政治家的行为有较大可能体现选民的意志，并且他们对自身利益的追求也会尽可能服务从于对国家利益的追求。假如上述四种制约力量被破坏，政治家将有可能把自身利益置于国家利益之上。

官员是在各级政府部门中工作，处于权力中层的人。大多数高级官员由政治家认命。低级官员则由高级官员任命。他们的行为以追求自身利益为核心，但同时受上级主管部门的强制和所在部门、地区选民的监督。

在政治市场上，政治家和政府官员负责向社会提供一定数量和质量的公共产品，选民与纳税人获得公共产品并支付一定的税收款项。至于具体的公共产品的种类、数量、税收额等等，则是通过选举过程"讨价还价"完成的。每一个政治市场的参与者，无论是选民还是政治家，在进行选择时都要先对个人的成本与收益进行计算，如果一项集体决策给他带来的收益，大于他投赞成票时所需承担的成本，那么，他就会支持这个决策；否则，就不支持甚至反对。

2. 政治市场上的投票规则

在政治市场上怎样进行选择才能保证所得到的结果尽可能有效率呢？这就是投票规则所要探讨的问题。这里，我们分析两种主要的投票规则。

（1）一致同意规则

所谓一致同意规则是指一项集体行动方案，只有在所有参与者都同意，或者至少没有任何一个人反对的前提下，才能实现的一种表决方式。典型的例子是联合国安理会的决议。任何决议的实施都必须事先得到安理会五个常任理事国的一致认可（这里的认可指不反对）。如果有一个常任理事国反对，就意味着相关议案被否决。

由一致同意规则得出的方案，是一种帕累托最优的方案，因为对该方案的任何改动都不可能在不损害任何一方利益的前提下，使参与者中某些人受益。同时，由于在一致同意规则下，每一个参与者都享有否决权，因此，所有参与者的权利能够绝对平等地得到保障，每个个体都有很强的激励去表达真正的个人意愿。但是，这个规则也有一个很大的弊端，由于每项集体决策结果都必须顾及各人的利益与偏好，因此，为了通过一个行动方案，通常需要全体参与者一而再，再而三地协商与讨价还价。

（2）多数票规则

众口难调。每个人的爱好各有差异，如果每人都有充分的自由表达自己的意愿,要达到一致同意自然比较困难,有时甚至是不可能的。因此,在现实中,人们通常退让一步,寻求一种能按多数人意愿来进行决策的多数投票规则。

多数票规则,是指这样一种投票规则,在此规则下,一项集体行动方案,必须由所有参与者中超过半数或超过半数之上的某一比例,如 2/3 的认可才能实施。所谓认可,是指赞同或者至少不反对。在多数投票规则下,最终的集体决策结果所体现的只是参与者中属于多数派的利益,属于少数派参与者的利益则被忽视了。这就意味着,多数派成员无形中将自身的意愿强加给了那些投票遭到否决的少数派成员。最终决策的实施,将使多数派成员的福利得到改善,而少数派成员的福利可能受到损害。

由于单个参与者的选择行为在多数投票规则下具有可忽略性,它无形中助长了选民不重视选举权的行为。这样就可能出现一种危险的倾向:选举结果为利益集团所操纵。所谓利益集团,又称压力集团,它是指为了某种利益而运用各种手段影响政府决策的团体,如商会、财团、工会等。利益集团可以通过一定的代价,收买这些不重视自己选举权而打算投弃权票的选民,让他们按利益集团的意愿投票,从而使利益集团拥有更强的能力显示自身偏好。在实现民主政治的初期,这种行为更值得关注。

3.投票悖论与阿罗不可能定理

采用多数票的投票规则,最终的选择结果可能不是唯一的,而是完全依赖于投票过程的次序,不同的投票次序会导致不同的集体选择结果。现在举例说明这一现象。

假设有同属某一行业的三家国有企业正准备合并成一家大公司,新组建公司的总经理将从三家企业的厂长中产生。对于总经理的产生方式,这三位厂长老张、老李、小王都赞同以下三种可供选择的方案:职工普选(A)、上级主管部门任命(B)、按各自拥有的资金额决定权力分配(C)。现在要由这三位厂长从三种备选方案中挑出一个作为最终决策方案。由于张厂长、李厂长、王厂长分别拥有职工规模大、与上级关系好、资金丰厚的相对优势,他们对三种选择方案的偏好次序自然不同:

张厂长:$A > B > C$(A 优先于 B,B 优先于 C)

李厂长:$B > C > A$(B 优先于 C,C 优先于 A)

王厂长:$C > A > B$(C 优先于 A,A 优先于 B)

现在由三个厂长对三个方案进行投票表决,表决程序为:一人一票,每次表决在两种方案中选取一个,获简单多数者得胜;得胜方案再与余下的第三个方案角逐,最终得胜方案便成为公共决策。我们会发现在这个投票表决中会出现一种奇怪而有趣的现象。

若投票从 A 与 B 的选择开始,张厂长当然选择 A,李厂长则坚定地选择 B,而王厂长在 A 和 B 之间相对偏爱 A,因而选择 A。这样 A 在第一轮投票中胜出。第二轮再在 A 与 C 之间角逐。在 A 与 C 之间,张厂长仍然选择 A,王厂长坚定地选择 C,李厂长在 A 和 C 之间相对偏爱 C,这样 C 方案最后当选。

但是,若投票先从 A 与 C 的选择开始最终获胜的将不是 C 而是 B;而投票若从 B 与 C 的选择开始,最终胜出的方案又变成了 A。可以用图 10-7 来说明以上情形。

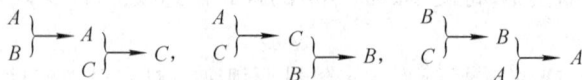

图 10-7 投票悖论

由此我们看到,这时的最终投票结果完全取决于各方案投票顺序的安排,而不是方案本身的优劣。如果排出简单多数制下集体对三个供选方案的偏好次序,就会产生 $A>B>C>A$ 的循环。

实际上早在 1785 年,法国哲学家孔多塞(Margues de Condorcet)就注意到了以上问题,并称之为"投票悖论"。而美国经济学家,诺贝尔经济学奖获得者肯尼斯·阿罗(Kenneth Arrow)则对其进行了数学论证并将之一般化。投票悖论指的是,在集体投票时容易出现的投票结果随投票次序的不同而变化,大部分甚至全部备选方案在选择过程中,都有机会轮流当选的循环现象。由于通过投票进行公共选择的过程,实际上就是个人偏好向社会偏好的转化过程(或称个人偏好的加总过程),因而投票悖论说明,如果社会中所有人具有可传递的偏好,整个社会的偏好却不可传递。

以上我们仅仅讨论了多数投票制下的情况,那么是否存在不会产生这种不可传递性的投票机制? 对此阿罗进行了深入的研究。阿罗认为,任何建立在个人偏好基础上的公众决策机制必须满足一些基本要求。这些要求包括:

(1)集体理性。即由投票过程产生的社会偏好是完备的、可传递的。也就是说,当应用一种投票机制来加总个人偏好时,加总而得出的社会偏好看上去应该来自于一个理性的个人。

(2)无限制性。投票机制不得排斥任何形式的个人偏好,只要该偏好具备完备性,可传递性。

(3)帕累托最优。如果每个人都认为方案 A 比方案 B 优越,那么,社会偏好也必须认为 A 比 B 优越。

(4)偏好独立性。社会偏好对方案 A 和方案 B 之间的排名,只取决于人们对这两种选择之间的排名,而跟人们对其他不相关的备选方案上选择的排名无关。

(5)非独裁性。即不存在下述情况：某一个人的偏好就是社会的偏好，所有其他人的偏好都无足轻重的。

那么，有没有能够满足以上条件的投票机制呢？阿罗认为，只要是超出三种以上的选择，就不存在一种投票机制既能保证社会偏好的可传递性，又能满足建立在个人偏好的基础上的公众决策机制的五个条件。这就是著名的阿罗不可能定理。

根据阿罗不可能定理，能同时满足条件1、2、3、4的机制是有的，那便是独裁决策，也就是以某一个人的偏好取代公众的偏好。当然这不是一般我们所认为的建立在个人偏好基础上的公众决策机制。因为社会偏好应当代表所有人的偏好，而不应基于某一个独裁者的偏好。

4.单峰偏好条件下的决策机制

阿罗不可能定理表明，没有一种可靠的投票机制能将具有完备性和传递性的个人偏好转换为符合民主制要求的社会偏好。除独裁之外的所有的公众决策机制，都免不了种种弊端。但是，民主社会的现实又需要投票表决机制，这导致人们从另一个角度来看阿罗不可能定理：阿罗不可能定理是因为有五项条件，如果我们将这些条件适当放宽一些，能不能得到理性的社会偏好呢？答案是肯定的。

我们来看条件(2)，投票机制不得排斥任何形式的个人偏好。可是，有些在理论上可能存在的偏好在现实中却并不存在或十分罕见。如果把这些罕见的偏好排除在外，就能通过投票机制得到理性的社会偏好。人们发现，当每个人的偏好排列都具有单峰的性质而不是具有双峰的性质时，那么投票悖论现象就不会出现。在总参与人数为单数时，简单多数规则可以产生唯一的集体选择方案，且这一方案正好与处于中间状态的选民的偏好一致。

什么是单峰偏好和双峰偏好？我们以人们对于公共支出的偏好为例来说明，见图10-8。

在图10-8中，横坐标表示某项公共支出，纵坐标表示个人从公共支出中获得的净效用，也可以说是他为该项支出纳税后的净收益，如果个人的偏好是单峰偏好，那么个人的净收益先随公共支出的增加而增加，达到某一最大值后开始下降，直至降到零，如图10-8(a)所示。

如果个人的偏好是双峰偏好，那么个人的净收益先随公共支出的增加而增加，达到某一极大值后随公共支出增加而下降，降到某一极小值后又随公共支出增加而上升，再次达到另一极大值后随公共支出增加而下降，直至降为零，如图10-8(b)所示。

有了个人偏好呈单峰状态的假定，我们就可以说明利用投票来解决是否提供公共产品，提供多少的问题。现在我们假定有三个人：张三、李四、王五就设立社区治安的一笔公共支出进行投票。有三种供选方案。这三种方案分别是5万元公共

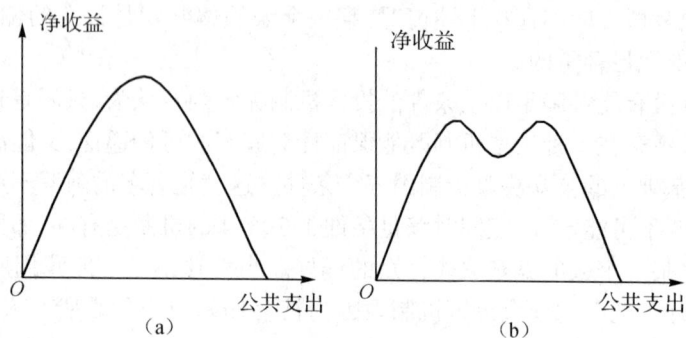

图 10-8　偏好的形状

支出、10 万元公共支出、15 万元公共支出。这三种方案给张三、李四、王五带来的净效用,如图 10-9 所示。

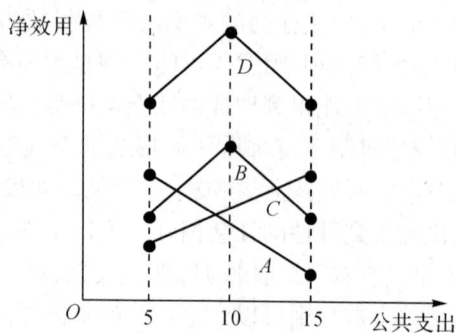

图 10-9　社区治安支水平的确定

图 10-9,横坐标表示社区治安支出水平,纵坐标表示社区治安给居民带来的净效用。从图中可以看到,三人的偏好都呈单峰状态。

图中 A 线代表张三的净效用曲线,对于他来说,将社区治安支出确定为 5 万元给他带来的净效用最大,其次为 10 万元,而 15 万元时带给他的净效用最小。

B 线表示李四的净效用曲线。对于李四而言。社区治安支出水平达到 10 万元时给他带来的净效用最大,其次为 5 万元和 15 万元。

C 线为王五的净效用曲线。王五认为 15 万元治安支出他的净效用最大,其次为 10 万,最小效用的是 5 万元。

D 线为整个社区总的净效用曲线,它通过对张三、李四、王五三个净效用曲线的垂直加总得到。

现在对这三种公共支出方案进行投票表决。按照简单多数规则,表决的结果是 10 万元的社区治安支出方案获得通过。这种结果是唯一的,并不因两两比较的顺序不同而不同,而且分步骤进行与一次进行的结果是一样的(请读者自行验证)。

比较一下三人的偏好顺序,我们发现张三(A 线表示)和王五(C 线表示)都认为 10 万元的方案属于中间方案,同时又意见相反地分别把 5 万元方案和 15 万元的方案当作最好的,这样一来,5 万元和 15 万元的方案就成了最差的。而李四(B 线表示)的偏好顺序正好处于这两种极端情形的中间地段,他认为 10 万元的方案是最佳方案,5 万元和 15 万元均比 10 万元的方案差。这样,最终集体决策结果与他作为中间偏好选民的选择一致。具有中间偏好的投票者称为中值投票者(Median Voter)。从我们的分析中可以引出这样的结论,在按照多数票规则对公共支出方案进行投票的情况下,中值投票者所偏好的支出方案总会获得通过。

练习与思考

一、名词解释

市场失灵　垄断　市场集中率　勒纳指数　赫芬达尔－赫希曼指数　规制　经济性规制　社会性规制　自然垄断　信息不完全　信息不对称　逆向选择　信息传递　信息甄别　道德风险　委托－代理问题　外部性　正外部性　负外部性　外部成本　外部收益　社会成本　社会收益　庇古税　最优污染程度　可交易的排污许可证　产权　科斯定理　公共资源　私人物品　公共物品　物品的竞争性　物品的排他性　物品的非竞争性　物品的非排他性　公共选择　一致同意规则　多数票规则　投票悖论　阿罗不可能定理　单峰偏好

二、分析题

1. 自然垄断的识别和政府规制。

2. 信息不对称如何导致市场失灵?

3. 有哪些措施可以解决逆向选择问题?

4. 保险公司如何对付投保人的道德风险?

5. 为什么外部性导致市场失灵?

6. 举出一个负外部性的例子和一个正外部性的例子。

7. 如何通过政府干预解决外部性?

8. 按照科斯定理,通过明晰产权可以实现资源有效配置,为什么?

9. 公共产品为什么难以由私人部门有效提供?

10. 简述阿罗不可能定理。

11.《经济学家》杂志的一篇文章(1994 年 3 月 19 日)说:"在过去的 10 年间,富裕国家的鱼类已被捕捞到濒临绝灭的地步。"该文继续分析这个问题,并讨论了可能的私人与政府的解决方法:

　　a.“不要指责渔民过度捕捞。当他们这样做时,他们是理性地行事的。”在什么意义上说,"过度捕捞"对渔民来说是理性的?

b."一个由责任和相互私利联系的社会可以靠自身管理一种共有资源。"解释从原则上看这种管理职能如何发挥作用,以及在现实世界中它面临什么障碍。

c."直至1976年,世界大部分鱼资源是向所有人开放的,要进行保护几乎是不可能的。这时一项国际协议把(国家)的司法管辖权从12海里扩大到200海里。"用产权的概念讨论这个协议如何减轻了问题的程度。

d.该文提到,许多政府以一种鼓励增加捕鱼的方式对困难渔民进行补助。这种政策如何鼓励过度捕捞的恶性循环?

e."只有在渔民相信他们长期排他性的捕鱼权得到保证时,他们才会像农民管理土地一样,以一种目光长远的方式管理资源。"为这种论述进行辩护。

f.还可以想出什么其他减少过度捕捞的政策吗?

12.先看下面两个事例:(1)一个自知身患绝症的人在保险公司没有察觉的情况下,买了双份的保险,不久他去世了,他的家人得到了双倍的赔偿。(2)一个已经购买了人寿保险的人,为了从保险公司得到赔偿费来满足其家庭的生计需要,企图自杀。但由于自杀不在人寿保险公司赔偿之列,他丧身于一场预谋的车祸,他的家人也得到了赔偿。请问:哪一例是道德风险问题? 哪一例是逆向选择问题? 两者有何区别? 为什么会产生道德风险和逆向选择问题? 对保险公司来说,怎样才能防止它们?

13.面对生产的轿车修理记录很差的名声,一些美国汽车公司为买主提供广泛的保证。例如,对所有零部件和与机械问题有关的修理给予7年的保修。(1)根据你对柠檬市场的知识,为什么这是一项合理的政策? (2)这一政策是否会产生道德风险问题? 请解释。

14.一个到纽约的印第安纳的旅游者第一次作她的大苹果之旅(大苹果为俗称,一般指赫德逊河以西,指纽约市)。她到一个小商店买水彩画并告诉店主说,她要好好利用这次旅游机会,因为她可能在很多年之内不会再到这里来。为什么她比如果店主认为她在附近租了一套公寓并且还会继续来买东西时更容易受骗呢?

15.假设美国人寿保险公司正在考虑三种类型的盗窃险:(1)赔偿全部损失;(2)赔偿500美元免赔额以上的全部损失;(3)赔偿80%的损失。哪一种保险单最可能导致道德风险? 为什么?

三、计算题

1.假定自然垄断企业的总成本为 $C = 500 + 20Q$,市场需求函数是 $Q = 100 - P$。(1)如果允许垄断企业自由定价,那么利润最大化的价格、产量分别是多少? 相应的利润是多少? (2)如果必须以边际成本定价,该企业的价格、产量分别是多少? 政府必须补贴多少才能使该企业不亏损? (3)如果政府管制垄断企业,以平均成本定价,价格、产量分别是多少? (4)如果政府管制垄断企业,采用两部定价。假定市场由100个相同的消费者构成,固定费用由他们共同分摊,价格等于边际成本,那么每个消费者需支付的固定费用是多少？(5)比较政府管制下三种定价方式的价格和福利水平，说明政府管制应该采用哪种方式较优？

2. 假定有两种类型的生产者生产同一种产品。一种类型的生产者用高技艺生产该种产品，另一种类型的生产者用低技艺生产该种产品。消费者对高技艺所生产的产品愿意支付的价格是 14 元，对低技艺所生产的产品愿意支付的价格是 8 元。假定在市场交易中消费者只了解高质量与低质量产品的平均比例，而并不知道具体某件产品质量的高低。请问：(1)如果两种类型的生产者数目相等，并且每一个生产者都是以 11.5 元这一不变的单位成本进行生产，市场交易将会按照什么样的价格进行？(2)禁止低质量产品生产者生产是否会导致社会福利的改进？(3)现在假定每一种类型的生产者既可以生产高质量产品，也可以生产低质量产品。高质量产品的单位成本是 11.5 元，低质量产品的单位成本是 11 元。在不对市场进行干预的情况下，市场均衡价格是多少？生产者是否有积极性组成商业组织，以便禁止低质量产品的生产？

3. 在果园的附近住着一个养蜂者。每群蜜蜂可以为 1 亩地果树授粉。果园主因蜜蜂在果园为果树授粉而受益。但果园主并不会因此向养蜂者支付分文，养蜂者却要为养蜂而支付成本。这是一个有利的外部性问题。假定养蜂者养蜂的边际成本是 $MC = 160 + 4Q$，其中 Q 是蜂群的数量。每一蜂群给养蜂者带来 200 元收益。由于养蜂者养蜂的边际社会收益大于边际私人收益，因此蜂群的数量低于社会最优数量，现有的蜂群数量不足以满足果树授粉的需要。果园主只有采取人工授粉方法为果树授粉。人工授粉一亩地需花费果园主 60 元成本。请问：(1)为了实现利润最大化，养蜂者将会养蜂多少群？(2)如果要满足帕累托效率条件，社会应该养蜂多少群？(3)怎样才能使生产达到帕累托效率？

4. 假定按照消费者对于公共电视服务的偏好将消费者分为三组。三组消费者从公共电视服务中获得边际收益为：$MR_1 = 150 - T$，$MR_2 = 200 - 2T$，$MR_3 = 250 - T$，其中 T 是公共电视播放时间。假定公共电视服务是纯公共产品，提供该种公共产品的边际成本等于常数，即每小时 200 元。试求：(1)公共电视有效播放时间是多少？(2)如果由竞争的私人市场提供公共电视服务，将会提供多少小时的公共电视服务？

5. 摩纳哥的旧计算机的供给共 3000 台，其中 1000 台值 1000 美元，1000 台值 2000 美元，1000 台值 3000 美元。每台计算机的主人都愿意按其所值出售。旧计算机的需求量等于 $Q = 2V - P$，其中 V 为市场上旧计算机的平均价值；P 为计算机的价格（以美元为单位）。请问：(1)如果潜在的买者基于假定所有旧计算机都要出售来对 V 进行估计，V 的值会是多少？Q 等于多少？一台旧计算机的价格是多少？(2)如果潜在的买者基于假定愿意出售的旧计算机像(1)中愿出售的旧计算机一样，需求曲线会移动吗？如果会，那么向左移动还是向右移动？

6. 假设在一个(很小)的国家只有 3 个公民，每个人所需的国防(在各种价格下)如下表所示。如果每单位国防的边际成本为 9 美元,这个国家有效的国防数量是多少?

1 单位国防的价格(美元)		1	2	3	4
需求的单位数	公民 A	10	9	8	7
	公民 B	8	7	6	5
	公民 C	12	9	7	5

三、讨论题

1. 完全竞争的条件之一是信息充分,而在现实中,信息不完全与信息不对称是一种常态,那么,这是否意味着不失灵的市场是不存在的?

2. 有一句话:"反腐败首先要反垄断。"你如何理解?

3. 为什么高档产品的生产者不愿意在地摊上出售他们的产品? 如果真是高价值、高质量的产品拿到地摊上出售,会有什么遭遇?

4. 政府干预能解决委托—代理问题吗? 为什么?

5. 公共物品就得由政府提供吗?

6. 公有产权的企业必然是低效率吗? 相反,私有产权的企业必然是高效率吗?

参考文献

[1] (美)曼昆著:《经济学原理》,生活·读书·新知三联书店、北京大学出版社,
1999 年版。

[2] (美)保罗·萨缪尔森、威廉·诺德豪斯著:《经济学》(第 17 版),人民邮电出版
社,2004 年版。

[3] (美)平狄克、鲁宾费尔德著:《微观经济学》,中国人民大学出版社,2000 年版。

[4] (美)H.范里安著:《微观经济学:现代观点》,上海三联书店、上海人民出版社,
1994 年版。

[5] 卢锋著:《经济学原理》(中国版),北京大学出版社,2002 年版。

[6] 宋承先著:《现代西方经济学》,复旦大学出版社,1994 年版。

[7] 伊伯成主编:《现代西方经济学习题指南》(上),复旦大学出版社,1993 年版。

[8] 高鸿业主编:《西方经济学》(上册,微观部分),中国经济出版社,1996 年版。

[9] 蔡继明主编:《微观经济学》,人民出版社,2002 年版。

[10] 黄亚钧、姜纬著:《微观经济学教程》,复旦大学出版社,1995 年版。

[11] 金祥荣、汪炜主编:《微观经济学》,杭州大学出版社,1999 年版。

[12] 许庆明、叶航主编:《现代经济学》,浙江大学出版社,2004 年版。

[13] 朱柏铭编著:《公共经济学》,浙江大学出版社,2002 年版。

[14] 陈章武编著:《管理经济学》,清华大学出版社,1996 年版。

[15] 谢识予编著:《经济博弈论》,复旦大学出版社,1997 年版。

[16] 张维迎著:《博弈论与信息经济学》,上海三联书店、上海人民出版社,1996 年
版。

[17] 王俊豪著:《政府管制经济学导论》,商务印书馆,2001 年版。

[18] 梁小民著:《微观经济学纵横谈》,生活·读书·新知三联书店,2000 年版。

后 记

在现代社会,不管你未来从事什么职业或正在从事什么职业,掌握经济学原理不仅能使你更好地参与经济活动,而且有助于你了解你置身的经济世界。微观经济学是现代经济学的重要组成部分,也是经济学类和管理学类学生的专业基础课程。由史晋川教授负责的《微观经济学》课程是浙江大学的本科精品课程,也一直是受全校经济学类和非经济学类专业欢迎的课程,因而是浙江大学选修人数最多的课程之一。

尽管国内外有关经济学原理的教材举不胜举,然而,这些教材仍然存在着一些缺陷。国外的教材虽然面面俱到,给学者以方方面面的启迪,读起来也是朗朗上口,可对于初学者,读后掩卷,总有难以下咽之感,那是因为国外教材较注重发散思维,而较少强调逻辑演绎的结果。国内的教材往往逻辑性很强,符合中国人的思维,也适合中国学生学习,但是较注重逻辑和骨干的同时,往往缺乏血肉和阅读的趣味性。本教材力图取国内外教材的优点,既有清晰的逻辑和条理,又穿插了生动有趣的案例以增强初学者的理解和阅读的趣味性。

本书在参考金祥荣、汪炜主编的《微观经济学》(杭州大学出版社,1999年版)的基础上,由史晋川教授和李建琴副教授共同编著而成。全书由史晋川教授统领提纲,并撰写了第一章,第二至第九章由李建琴副教授撰写并修改完成,第十章由许庆明教授撰写,李建琴副教授修改而成。全书最终由李建琴副教授统稿而成。

本教材得以出版,首先要感谢浙江大学对本课程的重视,并将它列入浙江大学首批本科精品课程;其次要感谢教材写作中给予了极大帮助的郭继强副教授、朱秀君副教授、汪淼军副教授、朱建芳讲师;最后要感谢浙江大学出版社的资深编辑傅百荣先生,没有他孜孜不倦的努力,本教材可能至今也无法与读者见面。

李建琴、史晋川

2006年8月